상담학 연구방법론 2판

사회과학 연구방법의 새로운 지평

Counseling Research Methodology

박성희 저

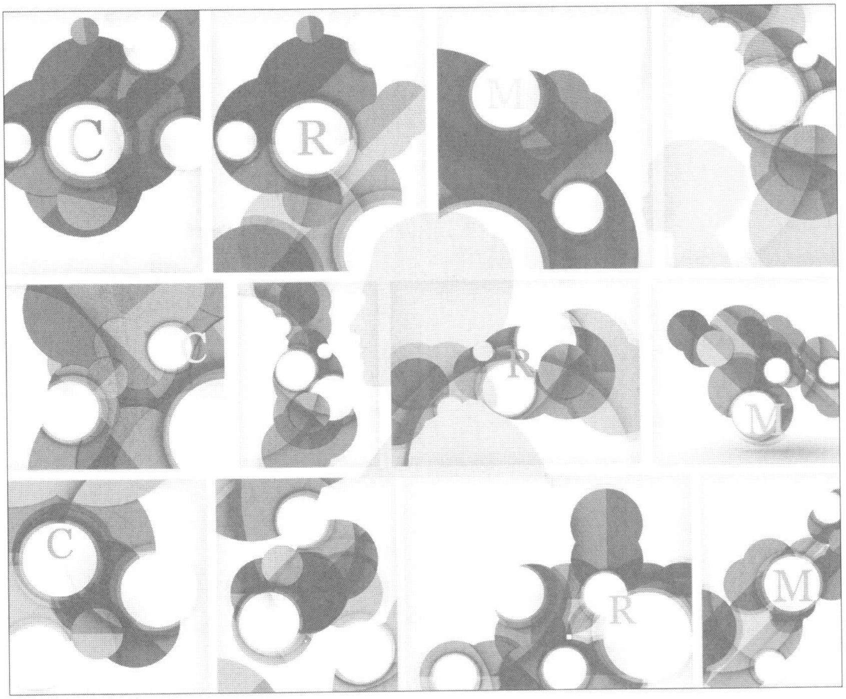

학지사

2판 머리말

『상담학 연구방법론』이라는 제목으로 처음 책을 쓴 지 17년, 그리고 출판사를 바꿔 책을 낸 지 꼭 10년 만에 개정판을 낸다. 상담학 연구법에 관심을 가진 일부 상담학도들의 요청, 그리고 학지사 한승희 부장의 독촉에 못 이겨 오랜 게으름을 털어냈다. 그럼에도 쉽게 써 달라는 요구에 부응하지 못한 것이 못내 아쉽다. 이 책에 실린 내용을 초보자도 이해하기 쉽게 쓰려면 아마 처음부터 글을 다시 써야 할 것이다.

처음 『상담학 연구방법론』을 펴낼 때 질적 연구 또는 대안적 연구에 대해서는 거의 불모지에 가까웠던 상담학계가 이제 이런 종류의 연구를 학술지에 실을 정도로 성장했다. 이는 단순히 연구법에 대한 태도를 넘어서 상담학 자체가 그만큼 성장했다는 의미를 담고 있어서 매우 고무적이다. 아직도 계량 연구가 상담 연구의 주축을 이루고 있지만, 이 책에서 소개한 다양한 연구법을 활용한 상담 연구의 수가 늘어나 새로운 상담학적 지식이 나날이 쌓여 가기를 기대한다.

이 책은 초판의 내용에서 '시계열분석'을 빼고, 대신 '고전분석과 상담'을 추가하였다. 시계열분석은 내용이 어려울 뿐 아니라 실제 연구에 전혀 사용되지 않았기 때문이다. 또한 초판의 '귀납적 이론 구성'은 '근거이론'으로 제목을 바꿨다. 내용으로 보면 '귀납적 이론 구성'이 적합하지만, 워낙 많은 연구가 '근거이론'이라는 제목을 쓰고 있어 현실을 반영한 것이다. 4장 현상학적 · 심리학적 연구와 상담, 5장 체험분석과 상담, 7장 연계분석과 상담, 9장 근거이론과 상담 등에는 국내 연구 동향을 추가하였다. 특히 5장 체험분석과 상담에서는 구체적인 예시를 들어 체험분석의 과정과 절차를 상세히 설명하였다.

개정판을 내라고 압박을 해 온 한승희 부장님, 일사천리로 편집 작업을 진행하고 저자가 괴로울 정도로 꼼꼼하게 교정 작업을 해 준 박나리님, 그리고 항상 저자의 작업에 응원을 보내 주시는 김진환 사장님께 감사를 드린다.

2014년 가을 무심천에서

박성희

초판 머리말

7년 전 필자는 조심스럽지만 한편 희망에 찬 마음으로 『상담학 연구방법론』이라는 제목의 책을 펴냈다. 상담학이라는 용어 자체가 생소한 때에 그에 대한 연구방법론을 집필하는 일은 여러모로 어려운 작업이었다. 하지만 상담학의 학문적 성장에 이바지할 수 있다는 기쁨에 어려움을 무릅쓰고 책의 출판을 감행했다. 그러나 최근 국내에서 출판된 상담 관련 연구들을 살펴보면서 이 책이 한국 상담학의 발전에 별로 기여하지 못했다는 의구심이 든다. 대부분의 상담 연구가 이 책에서 소개한 대안적 방법들을 외면하고 여전히 전통적인 탐구 방식을 사용하고 있기 때문이다. 이렇게 된 원인으로 몇 가지를 꼽아 볼 수 있는데, 첫째, 필자의 잘못이다. 보다 이해하기 쉽고 보다 적용하기 쉬운 형태로 연구방법을 소개했다면 보다 많은 연구자에게 도움이 될 수 있었을 텐데 그러지 못했다. 둘째, 연구하는 사람들의 문제다. 상당히 많은 연구자가 상담을 탐구하는 일보다 연구물을 손쉽게 완성하는 데에 더 큰 의미를 두는 것 같다. 시간과 노력이 많이 들기 때문에 상담의 본질을 깊숙이 파헤쳐 들어가는 방법을 기피하는 것이다. 셋째, 연구 논문을 지도하는 교수들의 문제다. 자기가 모르는 연구방법을 활용한 연구는 아예 지도하려고 하지 않을 뿐더러 논문으로서의 자격 자체를 문제 삼는 풍토가 널리 퍼져 있다. 상담 연구가 본격적인 궤도에 올라서려면 이 같은 문제들이 하루빨리 고쳐져야 한다. 이런 점에서 새로 펴낸 이번 책에서도 글을 이해하기 쉽게 다듬지 못한 점 독자에게 사과드린다.

『상담학 연구방법론』은 외국 서적에 소개된 연구방법을 짜깁기하거나 단순히 번역하여 소개한 책이 아니다. 필자는 세상에 소개된 여러 연구방법 중에서 상담의 세계를 잘 드러낸다고 간주되는 비교적 새로운 방법들을 가려 뽑은 다음, 상담에 이를 적용하는 분석의 실제를 이 책에 담아 놓았다. 이 책의 내용을 접하면서 생소하다거나 다소 부자연스럽다는 느낌이 든다면 이런 이유 때문일 것이다. 그럼에도 상담 지식을 캐내는 상담학 연구방법론을 계속 확장·발전시키려면 이런 시도가 지속되어야 한다고 생각한다. 이전에 나온 책에 비해 이 책에서는 '귀납적 이론 구성'과 '이야기 분석' 등 2개의 장이 추가되었다. 이들을 활용하여 상담을 분석하는 국내 연구물이 많이 출판되기를 기대한다.

또한 이 책에는 '사회과학 연구방법의 새로운 지평'이라는 부제를 달았다. 이 책의 분석 사례들이 상담에 초점을 맞추고 있긴 하지만, 여기에 소개된 연구방법들은 상담 장면 이외의 대인관계나 인간 심리와 행동을 분석하는 기법으로서 손색이 없다. 따라서 여타 사회과학을 전공하는 연구자들에게도 좋은 자료가 될 것이다. 특히 최근에 유행하고 있는 질적 연구방법의 범주에 들어가면서도 국내에 소개되지 않은 연구방법들을 익히는 데 도움이 되리라 생각한다.

출판사를 바꿔 출판하는 데 선뜻 응해 주신 김진환 사장님, 예쁘고 꼼꼼하게 편집을 맡아 주신 이지혜 선생님께 감사를 드린다.

2004년 봄이 오는 길목 수곡골에서

박성희

차 례

제 1 장

상담학 연구방법론의 패러다임과 분석방법

상담은 사람을 돕는 전문 영역으로서 흔히 세 가지 활동을 포함한다고 말한다. 심리적 · 사회적 장애나 문제행동의 예방, 치료 그리고 개인적인 성장과 발달의 지원 등이 그것이다. 그러나 구체적인 조력활동의 내용과 상관없이 궁극적으로 상담은 사람들을 돕는 실천적인 활동이다. 상담이 갖는 이러한 실천적인 특성은 다른 무엇보다도 상담자들로 하여금 상담하는 과정과 결과에 대해서 관심을 쏟게 한다. 어떻게 하면 상담을 잘하고 좋은 효과를 얻을 수 있을 것인가라는 실천상의 문제가 주요 관심사다. 대다수의 상담자들은 이러한 문제에 대해 주로 상담 경험을 많이 쌓고 또 유능한 상위상담자의 지도를 받음으로써 해결할 수 있다고 믿어 왔다. 그러나 일부 상담자들은 상담 과정에 작용하는 여러 가지 변인들에 대한 연구와 탐색을 통해서도 실천상의 효과를 올릴 수 있는 방법을 찾을 수 있다고 보았다. 상담 연구방법론의 발전은 후자의 관심에서 비롯된다.

모든 학문이 그러하듯이 상담 역시 하나의 체계화된 학문체제로 성립되기 위해서는 고유한 지식들을 소유해야 함과 아울러 그런 지식들을 생산해 내는 연구방법을 구비하고 있어야 한다. 물론 상담 연구방법에는 여타 학문 영역에서 발전시킨 방법론들이 포함될 수도 있다. 그러나 상담학이 하나의 성숙한 학문으로 정착되기 위해서는 상담학 자체 내에서 고유하고 독특한 연구방법을 발전시킬 필요가 있다. 이는 상담에 종사하는 모든 상담자와 연구자들이 지향해야 할 방향 중 하나일 것이다. 이 목표를 향한 첫 번째 과제는 상담자들에게 상담 연구방법에 대한 관심과 주의를 환기시키는 일이다. 앞에서 잠깐 언급한 대로 대다수의 상담자들은 상담의 연구에 별 중요성을 부여하고 있지 않다. 조금 심하게 표현하면, 상담 연구와 자기가 수행하는 상담활동은 무관하다는 태도를 보인다.

이렇게 된 데에는 여러 가지 원인이 있겠지만 가장 중요하다고 여겨지는 두 가지를 꼽아 보면, 연구방법론에 대한 무지와 상담 연구와 실제 간의 괴리현상을 들 수 있다. 솔직하게 고백하면, 많은 수의 상담자들이 연구방법론에 대해 필요한 지식을 습득하고 있지 못하다. 상담을 전공으로 선택한 이유 중의 하나가 실증적인 연구방법론(특히, 통계)에 자신이 없는데 상담은 이런 지식이 없어도 해낼 수 있는 부드러운(soft) 과목이기 때문이라고 고백하는 상담자가 아주 많다. 또 상담자를 양성해 내는 대학원의 교육과정을 검토해 보면 연구방법론을 한두 강좌 정도(아예 없는 곳도 있음) 개설해 놓고 있는데, 과연 이 정도의 교육과 훈련으로 상담 지식을 생산해 낼 수 있는 연구 역량이 축적될 수 있을지 의문이다. 상담연구와 상담실제 간의 괴리 역시 심각한 문제다. 두 영역 간의 괴리현상이란 상담연구를 통해서 얻어 낸 결과들이 구체적으로 상담을 실행하는 방식에 아무런 영향을 미치지 못한다는 것이다. 상담자에게 쓸모없다고 여겨지는 연구결과들이 상담의 실제에 반영될 수 있으리라는 기대는 터무니없는 환상에 불과하다.

그 결과 상담현상에 관한 이론적 탐구는 석·박사학위를 취득할 때 또는 연구업적을 쌓기 위해 논문을 작성할 때나 필요한 것쯤으로 격하되어 있는 것이 현실이다. 이론과 실제, 연구와 실천 간의 괴리현상은 여타 다른 분야에서도 발견되기는 하지만 상담과 같은 실천지향적인 영역에서는 연구라는 것이 도대체 필요한 것인가라는 근본적인 문제를 제기하게 된다. 상담을 단순 기능으로 전락시키기를 원하지 않는다면 상담자와 상담연구자들은 이런 사태를 심각하게 염려할 필요가 있다. 상담은 사람의 변화를 주목적으로 하는 고유한 전문 분야다. 이 분야의 학문적 발전은 얼마나 다양하고 세련된 방법들에 의해 새로운 지식이 생산되느냐의 여부에 달려 있다. 상담학을 탐구함에 있어 연구방법론이 중요한 것은 이러한 이유에서다. 상담학도들과 상담자들이 연구방법론에 주의를 기울여야 하는 것도 같은 이유 때문인 것은 말할 나위도 없다. 이제부터라도 상담학자들은 상담학의 발전을 위해서 상담 연구방법론에 대한 인식을 새롭게 해야 할 것이다.

이 글에서는 그동안의 상담연구를 지배해 왔던 전통적 패러다임에 대항하는 새로운 패러다임을 검토하고 또 새롭게 등장하는 상담학 연구방법들을 개괄해 봄으로써 상담 연구방법론에서 중요하게 다루어지는 논점들을 정리할 기회를 갖기로 한다.

1. 상담학 연구방법론에 대한 두 가지 패러다임

상담학의 전통적 연구방법론은 기본적으로 자연과학적 방법론에 입각해 있다. 인간(윤리)과학에 자연과학적 방법의 도입을 제안한 Mill(1843/1953) 이후에 자연과학적 방법은 사회과학적 행동과학에도 채용되어 지식 생산을 위한 주요 도구로 활용되어 왔다. 물론 인간학을 탐구하는 모든 사람들이 자연과학적 처방을 따른 것은 아니지만, 자연과학적 방법이 학문을 탐구하는 지배적인 방법으로 기능해 온 데에는 이론의 여지가 없다. 심리학과 상담학에서도 사정은 마찬가지였다. 상담 영역에서 자연과학적 패러다임에 의문을 던지고 본격적으로 대안적 연구방법론에 관심을 표명하기 시작한 것은 Gelso(1979)로부터 비롯된다. Gelso는 연구자가 선택하는 탐구전략과 연구방법은 탐구하고자 하는 문제의 성격에 비추어 결정되어야 한다고 주장하면서 소위 '패러다임의 다양성(paradigmatic diversity)'을 요청한 바 있다. 그러나 그가 주장한 패러다임의 다양성은 기존의 과학적 연구방법을 전면적으로 대치하자는 것이 아니라, 연구 문제의 성격에 따라 과학적 방법을 융통성 있게 조절하자는 내용이었다. 연구방법에 대한 융통성, 개방성을 강조하는 다소 온건한 주장이라고 볼 수 있다.

한편, Goldman(1976)은 연구방법상 근본적인 패러다임에 변화가 있어야 한다는 강경한 입장을 내세웠다. 상담학의 탐구대상으로서의 인간은 자연현상과 구별되기 때문에 그를 이해하기 위한 접근방식 역시 근본적으로 달라야 한다는 것이다. 탐구하는 현상의 특징에 따라 자연과학적 접근방식을 과감히 탈피할 필요가 있다는 주장이다. 온건론이든 강경론이든 자연과학적 탐구방법에 대한 비판은 소위 과학에 대한 '인정된 관점(received view)'이 인간현상을 탐구하는 데 적절하지 못하다는 인식에 기인한다. 참된 과학적 지식이 어떤 것인가를 규정하는 자연과학의 기본적 규준은 1930년대에 강한 공감대를 얻으면서 형성되었는데, Putnam(1962)은 이를 과학에 대한 '인정된 관점'이라고 지칭하면서 이 관점 속에 담겨 있는 세 가지 명제를 다음과 같이 요약해 제시한 바 있다.

① 지식은 단순한 의견과는 달리, 오로지 직접관찰을 기술한 진술들 또는 직접관찰을 기술한 것과 연역적으로 연관되어 있는 진술들 속에만 포함되어 있다.
② 과학의 목적은 연역적 논리에 의해 함께 연관되어 있는 지식 진술들의 망을 형성하는 것인데, 이는 소수의 공리적 진술들로부터 도출되며 최종적으로는 관찰된 진술들 속에 근거를 두고 있다.
③ 주관적 편견이나 형이상학적 오류로부터 자유로운 진술들은 관찰에 뿌리를 두고 공리체제 내에서 연결된 진술들뿐이다. 모든 참된 과학—인간현상에 관한 과학들을 포함하여—은 이러한 종류의 진술들만을 정당한 것으로 인정한다.

간단하게 말하면, 참된 과학적 지식체제는 감각을 통한 직접관찰과 연역적 논리(검증과정과 관련시키면 귀납적 논리를 포함하고 있음)에 뿌리를 두고 있다는 것이다. '인정된 관점'이란 이렇듯 극단적인 실증론적 입장에서 있으므로 이 관점을 따르는 연구에서 허용할 수 있는 연구전략은 극히 제한될 수밖에 없다. 특히 연구대상이 인간일 때는 더욱 그러하다. 과학적 방법론의 전통을 따르던 상담심리학의 연구물들 대부분이 수와 양으로 표현할 수 있는 자료에 집중되어 있다는 것은 이러한 점을 잘 설명해 준다. 과학성, 특히 감각을 통한 관찰과 검증 가능성에 대한 지나친 강조가 탐구할 수 있는 대상세계는 물론 탐구방법까지도 위축시키고 제한하는 결과를 낳게 된 것이다.

그러나 지난 수십 년 동안 과학에 대한 '인정된 관점'은 대다수의 과학철학자들로부터 맹렬한 공격을 받았으며, 특히 인간을 탐구하는 데에는 근본적으로 적절하지 못하고 인정하기 어려운 입장이라는 비판을 받게 되었다(Suppe, 1974/1977, p. 116). 학자들의 비판은 주로 세 가지 기본적인 문제에 집중되었다.

첫째는 관찰의 특성에 관한 것이다. 관찰하는 사람의 해석으로부터 독립된, 그야말로 객관적인 관찰은 존재하지 않는다. 관찰자는 항상 모종의 이론적 · 문화적 · 개인적 가치체제에 의한 영향을 받으며 관찰을 수행한다. 따라서 있는 '사실'에 대한 객관적 관찰이라는 것은 성립 자체가 불가능하다. 객관적 관찰이 불가능하다면, 관찰되는 사실들은 항상 모종의 정보가 누락된 채로 또는 왜곡된 채로 나타날 수밖에 없다. 그러므로 엄격한 객관적 관찰을 과학적 지식의 밑바탕으로 삼으려고 했던 '인정된 관점'은 출발에서부터 오류를 범하는 셈이 된다.

둘째는 귀납의 문제, 즉 개별적인 관찰로부터 일반화된 진술을 이끌어 내는 과정에 대한 것이다. '인정된 관점'은 지식의 관계망을 형성하는 방법으로 연역적 논리를 사용하고 있다. 연역적 논리는 전제에서 출발하여 결론에 도달한다. 그런데 모종의 일반화된 결론에 도달하기 위해서는 가설을 설정하고 이 가설로부터 연역적으로 도출된 개별 사례들을 실험을 통해 검증하는 과정을 거치는데, 개별적인 사례들을 검증했다고 해서 그 가설이 확실하게 긍정되었다고 볼 수 없다는 문제가 있다. 가능한 사례들을 아무리 많이 표집한다고 하더라도 표집된 사례들이 그 가설이 타당하다는 추론을 보증하는 절대적으로 확실한 근거를 제공하지 못한다는 것이 바로 귀납의 문제다. 가설검증은 양을 바탕으로 한 귀납적 방법에 근거를 두고 있으므로 오로지 확률적인 진술만을 산출해 낼 수 있을 따름이다. 귀납이라는 방법론에 의지하여 과학적 지식의 망을 형성하려는 '인정된 관점'은 이러한 측면에서도 문제가 있다.

마지막으로, 언어와 언어 이외의 실재를 관계 짓는 방식에서도 문제를 발견할 수 있다. Wittgenstein(1953/1968)은 일상언어 분석을 통해 다음과 같은 논의를 전개하고 있다. 모든 지식은 개인의 조망에 따라 상대적이다. 개인이 처한 역사적 · 문화적 상황을 벗어난 절대적인 관점이란 존재할 수 없으며, 순수 감각자료라든가 형식적 논리 역시 지식에 대한 절대적인 근거를 제공할 수 없다. 개인의 지식, 경험을 형성하는 범주, 합리적이라고 생각되는 것 등은 모두 그 개인이 전수받고 또 그 속에서 살고 있는 낱말(언어)게임 또는 세계관의 기능에 불과한 것이다. 실재에 독립적으로 접근할 수 있는 방법은 없다. 사람들은 오로지 자신에게 역사적으로 주어진 세계관의 불투명한 안경을 통해서 바라볼 수 있을 따름이다. 우리가 특별히 구성하고 걸러 낸 경험만이 실재를 정확하고 참되게 기술하고 있다고 믿는 것은 하나의 투사에 불과하다(Polkinghorne, 1984, p. 421). 이렇게 본다면 실증적인 자료로부터 얻어진 진술만이 참된 지식이라는 주장은 지나치게 편협한 것임을 알 수 있다. 따라서 직접 관찰할 수 있는 현상으로 환원할 수 없는 진술들, 예를 들어 '의미' '가치' '정의' '아름다움' 등과 같은 진술들은 조작적 정의를 통해 구체화되지 않는 한, 과학적 지식 속에 포함될 수 없다는 '인정된 관점'의 주장이 억지라는 비판을 받을 만하다. 실증주의자들의 언어 내에서는 그들의 과학적 지식관만이 유일하게 타당한 것일 수 있다. 그러나 다른 언어를 사용하는 사람들에게는 그들의 지식관이 잘못된 것이거나 또는 여러 가지 선택 가능한 지식 중의 하나에 불과한 것일 수 있다. 현상을 파악하는 패러다임은 한 가지만 있는 것이 아니다. 여러 가지 패러다임들이 서로 경쟁관계를 구성하고 있다. 그들 중 유용하다고 인정되거나 또는 새로운 패러다임의 도전을 이겨 낼 수 있는 패러다임은 살아남을 것이며, 그렇지 못한 것들은 대체될 수밖에 없다. '인정된 관점'이 주장하는 과학적 패러다임 역시 여러 패러다임 중의 하나에 불과할 따름이며 여타 경쟁관계에 있는 패러다임들의 도전에 직면해 있다.

소위 '인정된 관점'에 대한 비판들은 여기에서 그치지 않는다. 1984년 『*Journal of Counseling Psychology*』는 상담 연구방법론에 관한 특집을 싣고 있는데, 여기서 Dawis(1984)는 '인정된 관점'에 대한 다른 학자들의 비판을 일곱 가지 측면으로 압축해 제시하고 있다. ① 모든 인간현상을 궁극적으로 물리나 화학적 개념으로 환원하여 설명하려는 점, ② 인과적 설명만을 가치 있는 것으로 여기는 점, ③ 주관적 · 개인적 경험세계를 멀리하고 객관적인 현상에 대해서만 탐구하려는 점, ④ 개인을 비어 있는 대상으로 보고 환경 속에서 인과관계를 찾으려고 하는 점, ⑤ 연구자료를 수와 양의 형태로 표현하고 정밀한 측정을 요구하는 점, ⑥ 일반화를 위해 반복연구를 통한 검증을 강조하는 점, ⑦ 현상을 관찰할 때에 사전에 결정된 구조를 강요하는 점 등이 그것이다.

Hoshmand(1989)는 감환-실증적 전통에 뿌리를 내리고 있는 과학적 접근에 대해 인식론적 차원, 개념적 · 경험적 차원 그리고 이데올로기적 차원으로 구분하여 비판하고 있다. 맥락에 대한 고려 없는 인간탐구는 공허할 따름이며 지식의 토대가 되는 '사실'이 모종의 이론과 분리되어 있는 경우란 있을 수 없다. 따라서 인간현상과 관련된 지식의 준거나 탐구 자체의 성격에 비추어 볼 때 소위 감환론적 방법과 실증주의에 입각한 조작주의는 적합하지 못하다. 또 정밀한 측정과 엄격한 객관적 조작을 위하여 요구되는 표준이 결국은 탐구할 수 있는 개념에 한계를 지우고 탐구 범위 역시 축소시킨다. 지식에 대한 이러한 접근은 인간현상을 외현적 행동과 생물학적 법칙으로 환원해 설명할 것을 요구하는데 이를 위해서는 실험적 방법만이 가치 있는 도구로 여겨진다. 이데올로기라는 측면에서도 이 접근은 문제가 있다. '인정된 관점'은 결정론적 관점에서 인간을 규정함으로써 자기결정력을 무시하는 신념에 입각해 있다. 인간의 수동성, 피결정성을 상정하는 이데올로기 아래에서 포착되는 모습과 인간의 능동성, 주체성을 인정하는 이데올로기 아래에서 포착되는 인간의 모습은 판이하게 다르다. 그러므로 전자에 입각한 탐구 방식만을 고집하는 것은 인간현상을 왜곡되게 드러낼 가능성을 안고 있다. 이데올로기와 관련된 또 하나의 문제는 탐구활동에 개재되는 가치에 관한 것이다. 이미 대부분의 과학자들이 인정하는 것처럼 탐구하는 활동 자체가 어떤 가치에 항상 얽매여 있는 것이라면 객관성을 유지해야 한다는 요구 때문에 무리하게 가치중립성을 표방하기보다는 탐구활동에 스며 있는 가치의 문제를 적극 포용하고 본격적인 논의의 대상으로 삼는 것이 오히려 타당하다는 것이다.

Lincoln과 Guba(1985)는 '실증주의'를 과학과 과학적 방법을 평가함에 있어 극단적으로 실증적 방법을 채용하는 일군의 철학이라고 규정하고 인간을 탐구하는 방식으로서의 실증적 접근을 철저하게 비판하고 있다. 이들에 의하면 실증주의는 지켜 나가기가 점점 더 어려운, 적어도 다섯 가지 가정에 의존해 있다. 첫째, 전체는 단지 부분의 총화일 뿐이라는 존재론적 가정, 둘째, 관찰자와 관찰대상을 분리된 것으로 보는 인식론적 가정, 셋째, 시간적 · 맥락적 상황으로부터 분리된 관찰의 독립성에 대한 가정, 넷째, 직선적 인과성에 대한 가정, 다섯째, 탐구의 가치중립성(탈가치성)에 대한 가정 등이다. 따라서 앞으로 인간에 대한 탐구는 적어도 실증주의를 대체하는 소위 후기실증주의(여기서 후기실증주의는 민족지적, 현상학적, 주관적, 사례지향적, 질적, 해석학적, 인간적 등의 개념과 동의어로 쓰임)에 입각해서 이루어져야 한다는 것이다. 실증주의와 후기실증주의는 적당한 선에서 타협이 가능한 접근법이 아니라 근본적으로 화해가 불가능한 것이다. 따라서 후기실증주의는 실증주의적 방법에 첨가되어서는 안되고 이를 완전히 대치하여야 한다고 강경하게 주장하고 있다.

그러나 '인정된 관점'을 옹호하는 학자들은 이러한 비판들이 과학에 대한 잘못된 생각에 기인해 있거나 또는 과학적 접근의 부분적인 오류를 과학적 접근 전체의 오류로 확산시켜 비판하는 데 문제가 있다는 반응을 보인다. 탕 속의 물을 버리려다가 아이까지 버리게 되는 잘못을 저지르고 있다는 것이다. 예를 들어, 조작주의에 대한 정의는 10여 개가 넘고, 또 극단적 조작주의는 심리학에서 이미 폐기된 지 오래인데도 아직도 실증적 조작주의가 과학적 방법론의 전부인 양 오해하여 심리학에서 과학적 접근 전체를 몰아내야 한다고 주장한다는 것이다(Gelso & Fassinger, 1990).

Dawis(1984)는 과학적 활동의 목적이라는 차원에서 '인정된 관점'을 다음과 같이 대변하고 있다. 과학적 활동(또는 '인정된 관점')은 객관적이고 독립적인 실재(reality)가 존재한다는 가정을 밑바탕으로 그 실재를 구성해 내는 것을 목표로 삼고 있다. 이와 같이 이론(theory)은 과학적 활동의 결과물이다. 그러나 이론은 지속적으로 개정 또는 폐기의 과정을 거치게 되므로 최종적인 이론이란 있을 수 없다. 과학에서의 관찰(observation)은 과학을 실증적인 것으로 만드는데, 이론을 검증하는 역할을 한다. 어떤 경우에는 단순한 호기심 또는 우연과 같이 이론의 도움을 받지 않고 관찰이 시작될 수도 있다. 그러나 궁극적으로는 모종의 이론이 형성된다. 예측(prediction)을 과학의 목적이라고 보는 사람도 있지만, 예측 역시 이론을 검증하는 수단으로 중요한 가치를 가진다. 예측과 그 예측을 입증하기 위해 뒤따르는 관찰들을 통해 이론은 확증될 수도 있고 거부될 수도 있다. 통제(control) 또한 이론검증의 수단으로 사용될 수 있다. 그러나 실생활과 관련된 기술공학적 차원에서 통제는 중요한 목적이 될 수 있겠지만 과학의 목적이라고는 할 수 없다. 현재 과학에서의 설명은 인과적 설명(explanation)이 장악하고 있다. 그러나 인과적 설명만이 과학에서 인정하는 유일한 설명은 아니다. 현상을 다른 방식으로 설명할 수 있는 가능성은 얼마든지 열려 있다. 다만 현재로서는 인과적 설명을 대치할 만한 강력한 대안이 나타나지 않았기 때문에 인과적 설명이 부각되어 있을 따름이다. 결국 과학은 연속적으로 이론을 구성하고 재구성하는 데에 목적을 두고 있고, 여타 과학적 절차와 과정들은 이론을 구성해 나가는 과정에서 그 타당성과 정확성을 검증해 나가는 수단으로서 가치가 있을 뿐이다.

그런데 '인정된 관점'에 대한 많은 비판들은 이론화하는 활동으로서의 과학에 초점을 맞추지 않고 그 중간 과정들의 문제를 비판하고 있다. 이론을 구성하고 또 구성된 이론을 검증해 나가는 과정에서 여러 가지 다양한 방법과 전략들이 동원될 수 있다. 문제는 그렇게 해서 구성해 낸 이론이 얼마나 실재를 드러내고 잘 설명해 낼 수 있느냐에 달려 있다. 어떤 이론이 검증될 수만 있다면 그 이론 속에 객관적으로 관찰 불가능한 '내면적 상태'를 포함시키지 않을 이유가 없다. 또 수량화된 자료 이외에 질적인 자료를 사용할 수 없다는 법도 없다. 사례 수가 하나인 단일피험자연구를 하지 말라는 법도 없다. 단지 신뢰성 있는 판단을 위해 반복적으로 검증이 가능토록 하기만 한다면 단일피험자연구라 하더라도 문제가 있을 수 없다.

다시 강조해 말하면, 이론 구성과 구성된 이론에 대한 검증이 과학적 활동의 핵심이다. '인정된 관점'은 바로 이 과학의 핵심적 활동에 기본적인 관심을 두고 있다. 그런데 아직도 '인정된 관점'에 입각한 탐구방식이 절대적인 우위를 점하고 있는 것은 이를 대치하거나 퇴장시킬 탐구방식이 아직 등장하지 않았기 때문이다. 과학의 세계는 시장경제의 원리에 따라 움직인다. 경쟁력과 생존력이 있는 탐구방식은 계속 살아남을 것이며 그렇지 못한 것들은 사라지게 될 것이다. '인정된 관점'에 입각한 탐구방식이 현재에도 우위를 점하고 있다면 이는 여타 탐구방식들이 아직도 이를 대치할 만한 시장성을 갖지 못하고 있음을 반영하는 것이다. 물론 '인정된 관점'이 과학적 활동 전체를 포괄하는 것은 아니지만 현재로서는 가장 대표적인 접근방식으로 볼 수밖에 없다는 것이 Dawis의 견해다.

Strong(1991) 역시 '인정된 관점'을 옹호하는 글을 발표한 바 있다. 그는 과학은 일종의 순환과정을 거쳐 발전한다는 순환론을 주창하고 있다. 과학에는 발견의 맥락과 검증의 맥락이 있다. 현상에 대한 관찰을 바탕으로 모종의 이론을 발견해 나가는 과정과 검증이라는 방법을 통해서 발견된 이론의 타당성을 따져 나가는 과정이 그것이다. 어느 단계에서 시작하든 과학은 이 순환적 고리를 반복적으로 되풀이하면서 정합성 있는 지식을 축적해 나간다. 소위 '인정된 관점'은 이 단계들 중에서 특히 이론 구성과 검증의 과정을 중시하고 있다. 그런데 이를 비판하는 최근 상담학의 연구들은 '관찰'하고 '기술'하는 발견의 논리(Greenberg & Pinsof, 1986)에 지나치게 치우쳐 있다. 소박한 경험주의(Strong은 상담학의 방법론으로 새롭게 대두되고 있는 발견지향적 접근을 이렇게 부르고 있음)에 입각해서 수많은 사실들을 발견해 낸다고 하더라도 이들이 정합성 있는 이론으로 체계화되지 않는 한, 단지 잡동사니 지식에 불과할 따름이다. 상담연구에서 발견한 많은 사실들이 일관성 있게 축적되지 못하는 것은 바로 이 같은 이론의 결핍에서 기인한 것이다. 과학적 활동의 핵심은 이론 구성에 있다. 상담연구에서 과학적 진전이 더딘 것은 그동안 채용해 왔던 '인정된 관점'이 잘못되었기 때문도 아니고, 발견해 낸 사실들이 부족하기 때문도 아니다. 바로 이론지향적 과학의 중요성을 경시한 탓이 크다. 그러므로 앞으로의 상담연구는 발견지향보다는 이론지향을 강조하는 방향으로 전환되어야 한다는 것이 Strong의 주장이다.

결국 Dawis나 Strong은 '인정된 관점'을 비판하는 것은 과학적 활동의 기본 목적, 즉 이론 구성과 검증의 중요성을 간과하는 데에 있다는 주장을 펴고 있는 셈이다. 잘못된 것은 '인정된 관점'이 아니라 과학의 본질을 착각하고 있는 연구자들의 오해라는 결론이다. 그러나 '인정된 관점'을 옹호하는 입장과 이를 비판하는 입장을 정밀히 검토해 보면 이들의 입장 차이가 단순히 과학활동에 대한 견해차 이상이라는 느낌을 받게 된다. 일찍이 Wittgenstein(1953/1968)은 심리학에서의 혼란과 비생산성은 심리학이 역사가 짧은 학문이기 때문이 아니라, 일종의 개념적 혼란 상태에 있기 때문이라는 지적을 한 바 있다. 자연과학계와 심리학계는 분명히 다른 언어체제를 가지고 있다. 그들의 세계관, 인간관, 과학관, 설명 모델은 분명히 구분된다. 그런데도 심리학자들은 이 두 언어체제를 동일한 것으로 착각하는 오류를 범하고 있다. 하나의 언어체제 내에서 획득된 통찰이 여타 다른 언어체제에 그대로 적용될 수 있다고 단언하기는 어렵다. 탐구방법은 탐구하려는 문제의 성격에 따라 결정되어야 한다. 과학적 방법이 모든 문제를 해결할 수 있는 만병통치약은 아니다. 심리학은 무차별적으로 자연과학적 방법에 의지하지 말고 자기 영역에서 제기되는 문제를 고유하게 탐색할 수 있는 적절한 방법론을 찾아야 할 것이다. 따라서 문제의 핵심은 자연과학적 방법의 어떤 측면을 더 강조할 것인가에 관한 것이 아니라, 심리학적 탐구 문제에 적합한 방법은 어떤 것들인가를 따지는 일이다.

탐구방법에 관한 두 입장의 차이는 근본적으로 탐구대상으로서의 인간을 어떻게 보느냐라는 인간관의 차이에 뿌리를 두고 있는 것으로 보인다. 탐구대상으로서의 인간현상이 물리적인 자연현상과 같은 것인가? 아니면 인간현상은 자연현상으로 환원될 수 없는 고유한 특징을 가지고 있는 것인가? '인정된 관점'이 전자의 가정 위에 서 있다면, 상담 연구방법론의 새로운 패러다임을 요구하는 입장은 후자의 관점 위에 서 있다. 그렇다면 구체적으로 각자의 인간관은 어떻게 다른가? 특히 인간현상의 고유성을 주장하는 학자들이 강조하는 인간 영역의 독특한 특징은 어떤 것인가?

Polkinghorne(1984)은 자연과학적 방법으로는 의미 있게 포착할 수 없는 인간 고유의 영역을 다섯 가지로 정리한 바 있다.

먼저, 인간은 하나의 조직적인 체제라는 점이다. 체제로서의 인간은 분리된 요소들이 더해진 것과는 다른 의미를 갖는다. 하나의 체제는 분리된 요소들을 모두 모아 놓은 것 이상이다. 전체를 구성 요소로 분리하고 분리된 요소들이 형성하는 관계를 통해 전체를 파악하려는 방식으로는 하나의 통합된 전체로 기능하는 측면을 정확하게 파악하지 못한다. 중요한 것은 하나의 체제를 구성하는 요소들을 찾아내는 것이 아니라 주어진 맥락 관계 속에서 그 체제가 어떻게 기능하는가를 밝히는 문제다.

둘째, 인간현상은 그 경계가 불분명하다. 인간은 고정된 채로 있는 것이 아니라 항상 유동적으로 변화하며 맥락에 따라 다른 모습을 보인다. 따라서 인간의 어떤 특성을 그 내연과 외포가 분명한 명확한 변인으로 정의하는 일 자체가 쉽지 않다. 분명한 조작적 정의 그리고 이를 바탕으로 수량화 작업을 시도하는 일은 오히려 인간현상을 왜곡하고 호도하는 잘못을 저지를 수 있다.

셋째, 인간현상은 정지되어 있지 않고 계속적인 흐름 속에서 변화·발전한다. 따라서 끊임없이 이어지는 맥락과 역사를 간과해서는 중요한 내용을 놓칠 수 있다. 시간적·공간적으로 단절된 상태에서 수행된 연구는 잘못된 결과를 낳을 가능성이 높으며 설사 부분적으로 타당한 결과를 산출했다고 하더라도 그 생명이 오래가지 않을 것이다.

넷째, 지식을 추구하는 활동은 그 자체가 하나의 인간현상이다. 연구자나 연구대상자는 모두 같은 인간으로서 함께 지식을 추구하는 활동에 참여한다. 연구자는 의도를 가진 사람이지만 연구대상자는 연구자의 의도에 따라 조작되는 대상에 불과하다는 생각은 잘못이다. 인간현상 바깥에 인간을 탐색할 절대점이라는 것은 없다. 더욱이, 인간이 자신을 연구하여 얻은 지식은 다시 환류되어 인간이 탐구하는 대상(즉, 인간) 자체를 변화시킨다. 인간현상에 대한 예측력이 떨어지고 불확정성을 포함하고 있는 것은 이러한 사실에 연유한다.

다섯째, 인간현상은 감각적 관찰을 통해 쉽게 접근할 수 없다. 인간현상에는 항상 의미가 스며 있으므로 외현적으로 드러난 행태는 반드시 해석과 추론을 요구하게 된다. 내성법이 모종의 의미 있는 보고를 해 줄 수는 있지만, 무의식적 왜곡이라든가 문화의 영향 등은 쉽게 드러나지 않는다.

의미가 축적되어 있는 인간현상은 의미를 배제함으로써가 아니라 오히려 적극적으로 의미를 탐색함으로써 보다 잘 이해될 수 있다.

Howard(1984)는 Harre(1974, 1980)의 연구를 인용하여 자연과학적 방식에 의해 탐구될 수 없는 인간현상으로서 인간의 자기주도적 측면(personal agency)을 강조하고 있다. 인간의 일상행동을 과학적으로 이해할 수 있는 가장 적절한 방법은 인간 각자가 개별적으로 소유하고 있는 인과적 힘을 분석하는 것이다. 인간은 언어를 사용하는데, 언어 사용자가 지닌 두드러진 특징은 자기의 행위를 통제할 수 있는 조정능력이 있다는 점이다. 인간은 행위의 주도자일 뿐 아니라, 감시자이며 비판자이기도 하다. 따라서 인간 자신이 스스로에게 말하는 내용은 그의 행위를 산출해 내는 중요한 인과적 요소다. 인간이 어떤 활동을 지속하거나 또는 변화시키는 것은 자신의 사회적 행위를 적극적으로 통제하는 과정을 통해서 이루어진다. 행위의 주도자로서의 인간은 여러 가지 다양한 상황과 장면에 어울리는 행동을 수행하기 위하여 여러 가지 다른 역할들을 채용한다(예를 들면, 아들로서, 선생으로서, 남편으로서, 아빠로서, 주인으로서 등). 이처럼 어떤 행동을 규율하는 특정한 규칙들은 그에 걸맞은 역할과 연합되어 있다. 그러므로 순차적으로 볼 때 어떤 행위는 이를 규율하는 규칙들로부터 그리고 각각의 규칙은 그에 부합하는 사회적 역할들로부터, 그리고 이 역할들은 자기의 행동을 주도하는 책임 있는 인간으로부터 나온다고 할 수 있다. 인간의 행동과 관련된 이러한 복합적인 요인들을 고려해 볼 때, 인간행동을 독립변인과 종속변인으로 나누고 통계분석을 통해 정해진 변인들 간의 관계에 대한 일반적인 결론을 얻으려고 하는 실증적 접근은 지나치게 단순하다고 평할 수 있다. Kelly(1955; Bannister & Fransella, 1980)의 '과학자로서의 인간', Bandura(1977)의 '자율-조정 모형', Rogers(1975)의 '만발기능인'은 모두 인간을 능동적인 자기주도적 존재로 파악하고 있는 개념들이다.

이 밖에도 자연현상과 구별되는 인간의 특성은 여러 가지 측면에서 드러난다. 인간은 환경이나 외부적인 요소에 의해서 일방적으로 결정되는 존재가 아니라 자유의지를 바탕으로 자신이나 외부 환경세계에 적극적인 결정력을 행사할 수 있다는 점(Lincoln & Guba, 1985), 인간은 목표를 설정하고 자기 행위를 규율해 나가는 목적지향적인 존재라는 점(Hoshmand, 1989; Lincoln & Guba, 1985), 인간에게는 객관적인 법칙으로 쉽게 환원할 수 없는 주관적인 측면의 지식(예를 들어, 사적 지식, 통찰 등)이 있다는 점(Howard, 1984), 인간은 의미를 추구하고 해석하는 존재라는 점(Hoshmand, 1989), 인간에게는 의식이 있다는 점(Howard, 1984; Patton, 1984) 등이 그것이다.

'인정된 관점'에 입각해 있는 자연과학적 패러다임에 대해 인간현상의 고유성을 인정하는 입장을 대안적 연구 패러다임이라고 부를 수 있다. 이 대안적 연구 패러다임은 인간관에 대해서뿐만 아니라 연구의 목적, 연구과정, 연구방법 및 절차 등에 대해서도 자연과학적 패러다임과는 다른 특징을 보인다. 새 연구 패러다임에 속하는 모든 방법론들이 동일한 것은 아니지만, 일반적으로 새 패러다임에서는 '이해'와 '의미의 조명' 등을 주목적으로 삼는다. 따라서 연구하는 방법 역시 해석하는 과정을 강조하게 되고 이를 위해 연구자는 탐구대상 속에 적극적으로 개입해 들어가서 인간체험의 의미와 본질을 따지려고 한다. 탐구과정에서는 이론 검증과 증명보다는 현상에 대한 기술과 새로운 발견을 강조한다. 따라서 연구자의 태도는 개방적·탄력적이며 때로는 특정 이론에 입각하지 않은 무이론적 경향을 띠기도 한다. 여기서 연구자는 하나의 '도구'로서 참여적인 역할을 담당하게 되고 또 연구대상과 변증법적으로 상호작용한다. 그러므로 연구대상자는 공동연구자로 취급되는 경향도 있다. 연구자는 연구대상과 동등한 위치에 서게 되고 비착취적인 관계를 형성한다. 연구과정은 직선적(linear)이지 않고 유기적·창발적(emergent)인 특색을 띤다. 연구자와 연구대상자 간의 의도와 행위가 변증법적으로 상호작용하는 탐구 구조상 일관된 탐구절차가 기대되지도 않는다. 자료 수집을 위한 전략과 절차에서는 인위적이 아니라 자연적이며, 양적 접근이 아니라 질적 접근이라는 특색을 보인다. 분석방법으로는 의식에 도달하려는 현상학적 시도, 맥락 속에서 드러나는 체험을 분석하기 위한 해석학적 시도 등이 주로 사용된다.

Lincoln과 Guba(1985)는 인간의 고유한 속성을 반영하는 연구의 실제는 전통적인 방법과 현격히 달라야 한다고 주장하면서, 새 패러다임이 갖는 실제 연구상의 특징을 14가지 경향으로 정리하고 있다. 자연스러운 배경(맥락) 속에서 연구가 이루어지는 경향, 연구자 자신을 탐구의 도구로 삼는 경향, 명제적 지식은 물론 사적 지식(tacit knowledge)을 활용하려는 경향, 질적 방법을 활용하는 경향, 목적을 염두에 둔 표집을 하는 경향, 귀납적인 방법으로 자료를 분석하는 경향, 경험적인 근거를 튼튼히 갖고 이론화하려는 경향, 사전에 미리 연구설계를 하지 않고 연구를 수행하면서 창발적으로 설계를 구성해 나가는 경향, 연구대상자와 협의하여 결과를 도출하는 경향, 과학기술 보고 양식을 따르지 않고 사례연구 보고 양식을 따라 결과를 보고하려는 경향, 일반적인 법칙에 의존하지 않고 개성기술적인 특징에 따라 자료와 결과를 해석하려는 경향, 발견한 사실을 잠정적 · 시험적으로 적용해 보려는 경향, 연구가 밝히려고 하는 문제에 초점을 두고 그 경계를 한정하려는 경향, 연구의 진실성과 타당성을 밝히기 위하여 연구 문제에 적합한 준거를 사용하려는 경향 등이다.

지금까지 인간관과 연구 실제의 이면에 깔린 기본 가정, 전제, 방법과 절차 등을 중심으로 자연과학적 방법론과 대안적 방법론을 비교해 보았다. 두 가지 연구 패러다임은 그 기본 철학과 탐구방식에 분명한 차이가 있다. 그런데 이 두 가지 패러다임의 우수성을 객관적이고 절대적으로 평가할 수 있을까? 연구가 이루어지는 맥락을 고려하지 않을 경우 이런 질문은 별 의미가 없어 보인다. 탐구방식 자체라는 차원에서 볼 때, 두 가지 패러다임은 모두 고유한 가치를 소유하고 있기 때문이다. 그러나 탐구하려는 문제의 종류와 성격을 기준으로 삼을 때 어떤 패러다임이 보다 타당한지를 판단하는 것은 그리 어려운 일이 아닐 것이다. 예컨대, 물리적 개념으로 쉽게 설명할 수 있는 인간의 신체적 특성은 자연과학적 패러다임으로 보는 것이 타당할 것이나, 연구대상자가 개인적으로 부여하는 의미세계의 탐색은 대안적 패러다임에 입각해서 분석하는 것이 보다 타당할 것이다.

그렇다면 상담학은 인간의 어떤 측면, 어떤 특성을 주로 탐구하려고 하는가? 상담학에서 무게중심을 두어야 할 연구 패러다임은 바로 이 질문에 대한 답과 직결되어 있다고 해도 지나친 말이 아니다. Manicas와 Secord (1983)는 인간을 세 가지 측면으로 나누고 각각의 측면을 이해하기 위한 세 가지 심리학적 탐구방식을 제안하고 있다. 먼저, 실증주의에 입각한 실험심리학은 사람의 신경생리학적 · 지각적 · 인지적 특성 등의 구조나 기제를 파악하는 데 도움을 줄 것이다. 둘째, 사회심리학은 개인적 행동과 사회구조 간의 상호관계 파악을 목적으로 삼는 것으로서 일상적인 생활 속에서 사람들의 삶을 이해하고자 할 때 도움을 줄 것이다. 셋째, 자서전적/해석학적 접근은 각 개인이 고유하고 개성적으로 살아가는 삶을 이해하는 데 도움을 줄 것이라는 지적이다. 이들은 이 세 가지 접근 중에서 상대적으로 무시되어 오던 자서전적/해석학적 접근의 중요성을 특별히 강조하고 있다. 상담에서 주로 다루는 내용이 이들의 분류 항목 중 둘째와 셋째에 해당한다고 보면, 실증적 패러다임보다는 대안적 패러다임이 상담연구에 기여하는 바가 더 많을 것이라는 판단을 할 수 있을 것이다.

하지만 상담에서 다루는 내용이 꼭 의미와 해석에 관한 것들로 제한되는 것도 아니고, 또 의미나 해석에 관련된 사항들도 경우에 따라 수량화가 가능하기 때문에 실증주의에 입각한 자연과학적 접근이 상담에서 무용한 것은 결코 아니다. 따라서 상담학에서는 자연과학적 접근과 대안적 접근이 조화를 이룰 필요가 있다는 주장이 설득력을 갖는다. 소위 상담학에서의 절충적 인식론(eclectic epistemology)을 주장하는 학자들(Borgen, 1984)은 이같이 두 가지 패러다임의 상호 보완과 조화를 강조하고 있다. 대안적 방법론의 필요성을 역설하였던 Gelso(1979, 1982, 1991)도 이 입장에 서 있는 것이 사실이다. 문제에 접근할 수 있는 방법들이 다기 · 다양해지는 것은 상담학의 발전을 위해서도 바람직한 일이다.

그러나 상담연구의 전망과 관련시켜 볼 때 어설픈 절충주의는 당분간 경계해야 할 필요가 있다. 이는 연구와 실천 간의 괴리현상으로 심각한 문제를 안고 있는 상담학계에서는 당연히 고민해야 할 사항이다. 현재 상담학계에서 대안적 패러다임에 입각한 방법들은 전통적인 자연과학적 방법론들과 동등한 위치를 차지하지 못하고 있다. 상담학에서 이루어지는 대부분의 연구들이 실증주의에 입각한 연구들이다. 상당히 많은 경우, 탐구문제의 성격상 대안적 접근을 사용하는 것이 적절함에도 불구하고 끈질기게 실증주의적 접근을 고집하고 있다. 외국의 경우에도 그렇지만 특히 국내의 학위논문들을 검토해 보면 거의 대부분의 연구들이 수량화된 자료와 통계분석을 주요 분석 수단으로 삼고 있다. 그만큼 실증적인 연구 전통의 뿌리가 깊게 스며 있다. 물론 이렇게 연구한 결과들이 상담의 실제에 효과적인 지침을 제공한다면 그나마 다행이겠지만 대부분 그렇지 못한 것이 현실이다. 연구자 스스로도 자신이 사용하는 연구방법이 적합하지 않다는 것을 알면서도, 그리고 자기가 실증적인 방법을 사용하여 연구한 결과가 상담의 실제에 별 영향을 주지 못한다는 것을 알면서도 이 접근법을 포기하지 못하고 있는 실정이다. 상담학을 의사소통을 통해 의미를 주고받는 과정을 분석하는 학문이라고 할 때 이는 이상한 현상이라고 여겨질 정도다. 이런 상황에서 두 패러다임의 상호 보완적 역할을 주장하는 것은 시기상조라고 말할 수 있다. 상호 보완적 조화는 두 입장이 대등한 위치에 있을 때 비로소 가능한 일이기 때문이다. 현재는 상담활동의 본질을 적절하게 규명할 수 있는 대안적 접근법들을 과감하게 도입해야 할 상황이다. 상담 연구방법론상의 패러다임을 근본적으로 대치하자는 앞에서의 Goldman(1976), Lincoln과 Guba(1985)의 주장이 타당한 것은 이러한 이유에서다.

탐구 문제에 맞추어 연구방법이 선정되어야 한다는 주장이 사실이라면, 상담연구에서는 대안적 패러다임에 입각한 방법들이 주로 사용되어야 한다. 상담자와 청담자가 언어적 · 비언어적 상호작용을 통해 주고받는 의미의 세계는 그에 걸맞은 분석틀을 사용할 때라야 분명히 드러날 것이다. 이 견해가 틀리지 않는다면, 앞으로 상당 기간 동안 상담연구를 지배하는 패러다임은 대안적인 것이어야 한다는 주장을 내세워야 한다. 한 걸음 양보하여 절충주의적 인식론을 수용한다고 하더라도 차별적이라는 단서를 달아야 한다. 상담연구에서 활용하는 주요 탐구방식은 대안적 패러다임에 입각한 것이어야 하며, 실증주의적 패러다임은 부차적인 위치에 머물러야 한다. 사실 이러한 주장은 실증주의적 접근을 사용하지 말자는 것이 아니다. 워낙 자연과학적 실증주의가 깊은 뿌리를 내리고서 여타 접근법들의 사용을 방해하고 있으므로 이를 경계하자는 의미다. 대안적 패러다임이 상담을 탐구하는 방식으로 확고하게 자리를 잡게 되면, 그때 비로소 두 패러다임은 상호 보완적인 역할을 담당할 수 있게 될 것이다.

2. 새로운 상담학 연구방법들

상담학의 발달과 더불어 상담과정을 분석하는 연구방법들 역시 발전해 왔다. 특히 앞에서 논의한 새로운 패러다임의 등장은 여러 가지 다채로운 방법들을 출현시켰다. 실증적 또는 양적 연구방법들 중 다른 서적이나 논문들 속에 상세히 소개되어 있는 방법들은 생략하기로 하고, 여기서는 근래 새롭게 등장한 연구방법들, 특히 대안적 패러다임에 입각한 방법들(질적 방법들)을 집중적으로 소개하도록 한다. 각 연구방법들에 대한 보다 전문적이고 구체적인 내용은 별도의 자료들을 참고하기 바란다.

1) 실증적 연구방법

상담연구에서 실증적(양적) 분석방법이 비판을 받아 오던 커다란 이유들로 일원변량에 입각한 단순한 연구설계와 분석절차 그리고 상관자료로부터 인과적 설명을 추출해 내지 못한 점 등을 들 수 있다. 복잡한 상호작용의 세계를 지나치게 단순화된 방식으로 접근하려는 점 그리고 궁극적으로 상담의 실행에 영향을 줄 수 있는 인과적 정보를 제공하지 못하고 애매한 연관성을 제공하는 데서 그친다는 점 등이 비판의 내용이다. 그러나 최근 들어 이러한 추세에 변화가 일기 시작했다. 보다 세련된 방법론적 전략과 고급 통계분석 방법이 상담과정을 분석하는 도구로 이용되기 시작한 것이다. 『*Journal of Counseling Psychology*』는 1987년 Wampold를 초빙 편집자로 삼아 상담심리연구에 적용할 수 있는 여러 가지 통계적인 기법들을 특집으로 소개했다. 각각의 논문은 특정한 통계기법을 활용한 상담분석을 구체적인 예를 들어 설명했다. Wampold와 Freund는 중다회귀분석(multiple regression analysis)을, Poter와 Raudenbush는 공변량분석(analysis of covariance)을, Betz는 변별분석(discriminant analysis)을, Hasse와 Ellis는 중다변량분석(multivariate analysis)을, Tinsley와 Tinsely는 요인분석(factor analysis)을, Fassinger는 구조방정식 모형(structural equation modeling)을, Edgington은 무선화된 단일피험자 실험과 통계검증 방법(randomized single-subject experiments and statistical tests)을, Marasculio와 Busk는 위계직선 모형(loglinear models)을, Borgen과 Barnett는 군집분석(cluster analysis)을, Dawis는 다면적 척도화법(multidimensional scaling)을 이용하여 상담분석의 예를 보여 주고 있다. 1987년도 이후 상담 전문학술지들을 조사해 보면 여기에 소개된 분석방법은 물론 여타 고급 통계기법을 사용한 논문들의 수가 현격하게 증가하고 있음을 알 수 있다. 이들 분석기법은 여러 가지 변인들을 동시에 고려하여 분석할 수 있다는 특징, 수집된 자료를 바탕으로 설정된 변인들 간의 인과적인 관계에 대한 정보를 제공해 준다는 특징 등을 장점으로 삼는다. 앞으로도 실증적인 연구전략이 발달하고 새로운 고급 통계기법이 등장함에 따라 상담연구에 새로운 실증적 방법론이 적용될 가능성은 항상 남아 있을 것이라고 예상할 수 있다.

(1) 연계분석(sequential analysis)

대인 간 상호작용을 전문적으로 탐색하기 위하여 개발된 분석방법으로 연계분석이 있다. 연계분석은 원래 순간순간 일어나는 인간의 사회적 행위의 연계성을 분석하기 위하여 개발된 것으로서 근래 상담과정을 분석하는 새로운 방법으로 각광받고 있다. 특히 연계분석은 상담의 '과정'에 대한 정보를 제공한다는 점에서 종전의 빈도분석이나 성과분석과는 다른 의미를 갖는다. 구체적으로 연계분석은 상담자-청담자 행동에 대한 세분화된 정보, 분석 단위들 간의 연계적인 관계에 대한 미시적 정보 그리고 분석 단위와 상담이 지향하는 결과지점 또는 목표와의 연관성 등과 같은 과정에 대한 정보를 제공한다. 또 연계분석은 상담자가 청담자에게 끼치는 일방적인 영향력이 아니라 상담자-청담자가 상호 영향을 주고받는 양방적인 관계에 대한 정보를 제공한다. 상담자-청담자의 상호성을 수량적인 관계를 통해 밝혀내려는 것이다. 상담에서의 연계분석은 상담자와 청담자의 언어반응과 비언어반응 모두에 대해 이루어질 수 있으나 비언어반응은 유목화, 단위화가 쉽지 않아서 별로 분석되지 않고 있다. 연계분석의 절차는 연계분석을 위한 자료화과정과 분석과정으로 나누어진다. 자료화과정은 다시 녹음 또는 녹화, 코딩체계, 녹음자료의 축어, 코딩 단위 나누기, 코딩으로 세분된다(김계현, 1991). 구체적인 분석과정은 연계분석의 모형과 분석기법에 따라 달라진다. 박성희(1994)는 연계분석의 모형을 Markov 연쇄모형, 지연 연계분석(lag-sequential analysis), 정보모형, 비모수적 모형으로 구분하여 설명하고 있다. 지금까지 연계분석은 두 행동 간의 연계를 분석하는 데에 초점을 맞추었으나 점차로 두 행동 이상의 연계적 관계를 검증하는 방향으로 발전하는 경향이 있다. 상담에서 연계분석의 등장은 양적(실증적) 연구가 대안적 패러다임에 속하는 질적 연구의 비판을 수렴하여 이루어졌다는 점에서 특별한 의미가 있다고 하겠다.

(2) 단일 사례 실험연구법(single case experimental analysis)

단일 사례 실험연구법은 한 개인을 상대로 어떤 처치를 하거나 하지 않는 두 조건을 부과한 뒤 이 두 조건 사이에 나타나는 개인 내 차이를 관찰하여 특정 처치의 효과를 추정하는 연구방법이다(권정혜, 1991). 전통적으로 흔히 사용해 오던 집단 간 비교연구와 단일 사례 실험연구는 몇 가지 점에서 큰 차이가 있다. 집단 간 비교연구는 특정 집단에 속한 사람들의 평균적 반응을 바탕으로, 처치 전후에 발생하는 사람들의 반응 변화를 탐색하려고 하며, 주요 분석 수단으로 통계적 검증에 의존한다. 연구 설계와 절차도 사전에 상세하게 계획된다. 이에 비해 단일 사례 실험연구는 특정한 어떤 사람이 보이는 반응을 주요 관심 사항으로 하여, 그 사람이 변화해 가는 과정을 반복 측정을 통해 상세하게 드러내려고 하며, 통계적 검증에 의존하는 대신 임상적 유의미성을 중시한다. 연구의 설계와 구체적인 절차도 연구를 진행하면서 융통성 있게 조절할 수 있다. 단일 사례 실험연구의 일반적인 절차는 측정방법의 선택, 기저단계의 설정, 평가할 처치의 상세화, 설계의 선택, 처치효과의 평가 등으로 나눌 수 있다. 단일 사례 실험연구법에서 사용하는 연구설계는 크게 ABAB설계(reversal design)와 중다기저선설계(multiple-baseline design)로 구분할 수 있다. ABAB설계는 처치를 시작하고 중지하는 단계를 반복함으로써 처치 유무에 따른 행동 변화의 존재 여부를 관찰하려는 것이다. 중다기저선설계는 서로 다른 여러 시점에서의 처치를 기저선과 비교했을 때 일관성 있는 행동 변화가 일어나는지를 관찰함으로써 처치의 효과를 평가하는 설계를 말한다. 처치효과의 평가는 시각적 검색, 통계검증 그리고 임상적 준거를 이용한 방법 등으로 이루어진다. 특히 통계검증 방법에는 t 검증과 F 검증, 시계열분석법 등이 활용된다.

(3) 2인 상호작용에 관한 시계열분석(time-series analysis in dyads)

시계열분석은 시간의 흐름에 따른 행동의 변화 양상을 추적하려는 방법으로 실험연구와 관찰연구에 모두 쓰일 수 있다. 이 분석은 특히 두 사람 간의 상호작용을 분석하는 데 유용하다. 예를 들어, 시간이 흐름에 따라 '돈'이라는 주제에 대하여 아내와 남편이 어떻게 상호작용하는지를 탐구하고자 할 때에 이 방법을 활용할 수 있다. 시계열 연계분석에서는 세 가지 종류의 자료를 사용한다. 첫째는 사건연계자료(event sequence data)다. 이 자료는 포괄적이고 일련의 관찰된 사건들을 배타적인 분류목에 따라 코드해 놓은 것이다. 둘째는 시간-사건연계자료(timed-event sequence data)로서 단순히 사건의 연계만을 기록하는 것이 아니라 그 사건이 지속된 시간까지 포함한 자료를 말한다. 만일 네 가지 행동을 1, 2, 3, 4라고 코드해 놓았을 경우, 사건연계자료를 12321413이라고 표현한다면 시간-사건연계자료는 1112233333211444133으로 표현될 수 있다. 셋째는 시간-중다-사건연계자료(timed-multiple-event sequence data)로서 어떤 시간 단위 동안에 일어나는 행동들을 동시발생적·비배타적으로 기록한 자료를 말한다. 최종적으로 이 자료들은 시계열이라고 불리는 비유목자료(일종의 연속자료)로 변형된다. 이 변형된 자료를 바탕으로 구체적 분석이 시작되는데, 분석의 종류는 시간영역분석(time domain analysis)과 빈도영역분석(frequency domain analysis)으로 나눌 수 있다. 시간영역분석이란 '과거(시간적으로 앞에 일어난 일들)를 기초로 하여 어떤 하나의 계열(series)이 어느 정도나 예측 가능한가?'를 따지는 분석으로서 이를 '자동회귀에 관한 의문(autoregressive question)'이라고도 한다. 빈도영역분석은 '계열 내에서 어떤 진폭(변화 또는 양상)이 어떻게 나타나는가?'를 확인하려고 한다. 분석은 단일계열(one series)과 교차시계열(cross time-series)에 대하여 이루어지는데, 교차시계열은 구체적으로 교차스펙트럼 방법, 국면스펙트럼 방법을 통하여 분석된다(Gottman, 1979). 두 사람 간에 이루어지는 상호작용의 분석은 교차시계열분석을 통해서 가능하다.

(4) 모의상담연구법(analogue experimental analysis)

모의상담연구는 실제 상담 상황과 유사한 조건을 설정해 놓고 연구자가 탐구하려는 특정 변인들을 조작하여 그 결과를 분석하려는 일종의 가상 실험연구를 말한다. 이 방법은 한때 '축소모형치료'(Goldstein, Heller, & Sechrest, 1966) 또는 '단순화 전략'(Bordin, 1965)이라고 불리기도 하였다. 모의상담연구는 내적 타당도를 높이기 위하여 실제 상담 상황과 유사한 조건을 유지하면서도 연구 변인 이외의 잡음 변인을 철저히 통제하려고 한다. 실제 상담은 상담자와 청담자의 개인적 변인, 상담과정 변인, 상담환경 변인, 배경 변인 등 여러 변인들이 동시에 복합적으로 작용하기 때문에 특정 변인 또는 특정 처치의 효과를 검증하기가 어렵다. 반면, 모의상담연구는 연구자가 탐구하기 원하는 변인과 관련된 실험조작과 통제를 수월하게 할 수 있다는 점, 모든 피험자들에게 동일한 조건을 제공할 수 있다는 점, 실제의 상담에서 실험을 하게 될 때 발생할 수 있는 윤리적·실제적 장애를 피할 수 있다는 점 등을 장점으로 꼽을 수 있다. 그러나 모의적인 상황을 구성해서 연구한 것이므로 일반화의 수준이 제한된다는 점, 실제로는 일어나지 않는 내용을 인위적으로 조작할 가능성, 복합적인 현상을 지나치게 단순화하여 연구함으로써 외적 타당도를 떨어뜨릴 가능성 등이 단점으로 지적되고 있다.

연구자들이 사용하는 모의상담연구의 유형은 매우 다양하다. 인위적으로 조작을 가하는 수준, 분석할 회기 수의 선택, 탐구하는 변인 등에 따라 여러 가지 연구 유형이 있을 수 있다. Munley(1974)는 『*Journal of Counseling Psychology*』에 실린 모의상담연구들을 개괄한 후에 연구 유형을 다섯 가지 종류로 나눈 바 있다. 모의상담연구를 실행하는 구체적인 방법에는 녹음자료를 이용하는 방법, 녹화자료를 이용하는 방법, 실제 상담자를 훈련시켜 실험하는 방법, 지면으로 상담자를 소개한 후 실험을 수행하는 방법 등이 있다.

(5) 포인트 평가기법(point estimation technique)

포인트 평가기법은 행위 주체자로서의 개인의 자기결정력의 정도를 알아보기 위해 개발된 분석기법이다. 종전의 심리학 연구에서는 사람의 행동을 설명함에 있어 그의 자기결정력을 젖혀 두고, 외부적인 작용에 기초한 인과적 영향력을 검증하려고 하였다. 그러나 통계적 방법을 이용해 인과적 결정력을 검증하려고 한 대부분의 연구들은 인간 행동을 나타내는 변량의 30% 정도밖에 설명해 내지 못하는 한계를 지니고 있다. 여러 변인들을 동원해서 분석해 보아도 결과는 그리 크게 호전되지 않는다. 그렇다면 설명하지 못하는 70% 이상의 변량을 어떻게 할 것인가? 이에 대한 돌파구를 Howard와 그의 동료들(1991)은 인간 행위를 결정짓는 주체, 그리고 사회과학의 예측 성격에 대해 생각을 달리함으로써 해결할 수 있다고 하였다. 인간 행동 중 자유의지에 따른 자기결정력이 작용하는 변량을 확인해 낼 수 있다면, 인간 행동을 설명하고 예측하는 힘은 그만큼 커질 것이다. 예를 들어, 어떤 행동을 수행하는 데 피험자의 자기 의지가 30% 작용하고, 여타 외부적인 변인이 30% 작용한다면 그의 행동을 설명할 수 있는 수준이 60%로 증가하게 된다(물론 학자들 간에는 이 두 가지 결과가 쉽게 통합될 수 있는가에 대해서 논란이 있기는 하지만).

포인트 평가기법의 구체적 절차는, 먼저 행동의 기저선을 설정하여 자연 발생적으로 일어나는 특정 행동의 빈도를 확인하고, 일정한 시점에 개입하여 피험자로 하여금 자신의 의지에 따라 도달하려고 하는 목표 행동의 횟수를 결정케 한 다음, 원래 기저선에서 반응하던 행동 빈도와 개인적으로 목표를 설정한 후 반응한 행동 빈도를 비교하여 자기 의지가 작용한 정도를 측정해 낸다. 연구설계를 조금 더 세련되게 만들면, 구체적으로 자기 의지를 발동시킨 기제의 내용이 무엇인가를 확인하는 것도 가능하다(Howard et al., 1991). 이 방법은 개인과 집단 연구에 모두 쓰일 수 있고, 종래에 무시되어 오던 인간의 주관적 측면을 실증적으로 드러낼 수 있다는 점에서 상담연구에 활용될 가능성이 큰 기법이라고 할 것이다.

2) 대안적 연구방법

상담학 연구의 역사를 살펴보면 부분적으로 새 패러다임이 적용될 수 있는 탐구는 소위 과정연구(process research)의 등장과 더불어 시작되었다고 볼 수 있다. 과정연구는 종전의 성과연구(outcome research)와 대립되는 개념으로서 상담이나 심리치료의 과정 내에서 순간순간 일어나는 사건들의 상호관계를 탐색하려고 한다. 성과연구가 상담과정의 결과로서 일어나는 최종적인 변화 또는 효과에 대해 탐색한다면, 과정연구는 어떤 상담회기 내에서 구체적으로 일어나는 작은 변화의 순간들을 포착하려고 한다. 물론 과정과 성과를 상호 배타적으로 구분하기 어려운 경우도 많이 있다. 하지만 연구를 통해 얻어 내려는 결과가 상담회기 전체(big outcome)를 대상으로 한 것이냐 아니면 상담이 이루어지는 과정 중의 작은 시점(small outcome)을 대상으로 한 것이냐에 따라 연구자들은 두 개념을 구분하고 있다.

Hill과 Corbett(1993)는 과정연구라는 차원에서 지금까지의 상담연구를 세 가지 발전 단계로 구분하고 있다. 1940년경에서 1970년에 해당하는 첫 단계에서는 소위 자연스런 과정연구가 주류를 이루었다. Rogers를 중심으로 한 일군의 상담학자들은 상담과정에서 청담자의 변화와 성장을 일으키는 요소가 무엇인지를 탐색하려고 하였다. 이들은 이 요소들을 구체화하기 위하여 이를 측정할 수 있는 척도를 제작하고 척도에 나타난 결과와 청담자의 경험 내용들을 비교하는 연구를 시도하였다. 이런 방법을 통해 상담과정에서 드러나는 변화의 순간을 포착하려고 한 것이다. 그러나 이들의 접근이 지나치게 미세한 부분에 집중되어 상담의 실제에 별 효용이 없는 결과들을 양산해 내게 된 점, 과정연구의 속성상 과정에 작용하는 모든 복합적인 자료를 동시에 분석해야 하는데 이를 다루어 줄 컴퓨터의 역량이 부족하였던 점 그리고 연구자들이 일련의 지속적인 계획에 따라 과정 요소들을 체계적으로 연구하여야 함에도 불구하고 한두 연구를 해내는 것에서 그치려는 경향 등이 복합적으로 작용하면서 초기 과정연구에 대한 열의가 떨어지게 되었다.

두 번째 단계인 1970년대와 1980년대에는 과정연구 대신 모의상담연구가 인기를 끌게 된다. 자연주의적 과정연구(naturalistic process study)에 식상해 있던 연구자들은 과학적 엄격성을 보장하고 인과적 설명을 가능케 하는 실험연구라는 점에서 모의상담연구를 환영하게 된다. 이 시기의 대부분의 상담연구가 모의실험설계를 활용하였다는 것은 이 과학적 실험설계가 매우 인기가 있었음을 반영하고 있다. 그러나 모의상담연구는 외생적 변인 전체를 통제할 수 없다는 점, 실제 상담에 일반화하는 데 문제가 있을 수 있다는 제한점, 임상적으로 중요한 내용을 자극단서로 제시하기 어렵다는 점 등, 실제 진행되는 상담을 연구하는 전략으로서는 문제가 많다는 단점들이 지적되면서 퇴조하기 시작한다. 상담과정을 탐구하려는 여타 대안적인 방법론들이 본격적으로 제시되기 시작한 것은 1980년대에 들어서면서부터

다. 이때부터는 상담의 내부적 과정을 드러내기 위한 다양한 방법론들이 대거 등장하게 된다. 뒤에서 보다 상세히 살펴보겠지만 체험적 연구, 연계분석, 생활사 연구법, 담화분석, 현상학적 분석, 자서전 분석 등 각종 분석기법들이 상담과정을 탐구하는 주요 연구방법들로 부각되기 시작하였다. 대부분의 연구방법들이 개인의 주관적인 정보를 획득하려는 소위 사례지향적 · 질적(qualitative) · 자연적(naturalistic) 탐구방식이라는 점은 주목할 만하다. 본 절에서는 새롭게 등장한 방법론들을 간략하게 소개하도록 한다.

개념상의 혼란을 피하기 위하여 한 가지 언급해 둘 것이 있다. 흔히 탐구방식을 대비시켜 설명할 때, 양적 연구 대 질적 연구, 실험실연구 대 현장연구, 실험연구 대 상관연구라는 이분법적 구분을 사용한다. 그러나 이 말을 양적 연구, 실험실연구, 실험연구는 일률적으로 질적 연구, 현장연구, 상관연구와 대립되는 것이라고 파악하는 오해가 있어서는 곤란하다. 실험실연구 대 현장연구는 연구가 수행되는 맥락이나 배경이라는 차원에서, 실험연구 대 상관연구는 실험설계의 차원에서, 그리고 양적 연구와 질적 연구는 연구의 인식론적 가정의 차원에서 대비시킨 것이다. 따라서 현장에서 실험연구를 수행할 수 있으며 거기서 얻은 자료는 질적 방법에 의해 분석될 수도 있다. 이 글에서 대비 개념으로 사용한 질적 · 양적 연구는 수량화라는 차원에서의 구분이라는 점을 밝혀 둔다.

(1) 현상학적 연구(phenomenological study)

현상학적 연구는 일반적인 탐구의 영역으로 인간의 의식에 초점을 맞추고, 의식활동을 구성하는 체험의 의미를 기술하고 조명하려고 한다. 이 방법은 주로 언어적 자료에 의존해서 의식과 체험에 접근하려고 하는데, 해석적 작용을 중시한다는 점에서 해석학과 동일시되기도 한다. 현상학적 탐구는 해석적 과정을 거쳐서 연구대상의 의식내용에 대한 정확한 이해(verstehen)에 도달하려고 한다. 그러나 의식과 체험내용은 복합적인 동시에 끊임없이 변화하는 유동적인 특성을 띠고 있다. 뿐만 아니라 연구대상의 의식내용은 연구자와의 대화 속에서 새롭게 구성되기도 한다. 다시 말하면, 연구대상으로서의 의식과 체험은 살아 있는 현상이라고 할 수 있다. 이 살아 있는 의식과 체험을 어떻게 포착하고 이해하느냐 하는 것이 현상학자들의 주요 과제라고 할 수 있다. 특히 현상학자들은 개인의 삶을 시간(시간성), 공간(공간성) 그리고 그 개인이 소속해 있는 사회적 세계(지역사회)와의 관계 속에서 이해하려고 노력한다.

현상학적 탐구는 연구자 자신의 선개념과 편견을 가동시키지 않은 개방적 태도, 즉 소위 괄호화(bracketing)라고 불리는 과정으로 특징지어진다. 실제는 여러 가지 해석의 가능성을 지닌 다면체로 파악되며, 모든 자료와 모든 시각은 수평화(horizontalization)라는 개념에 의해서 동일한 가치를 갖는 것으로 간주된다. 연구자는 가능한 한 모든 형태의 사전 판단을 피하기 위하여 잠정적으로 괄호 속에 자신의 주관성을 묶어 놓은 상태를 유지하면서, 연구대상자 안에 머물며(연구대상자와 같은 입장에서) 그가 보고하는 체험에 몰입하려고 한다. 연구자와 연구대상자 간의 작업관계는 상호 협동적이라고 볼 수도 있다(Fischer, 1980). 자료를 수집하기 전에 연구자는 예비적인 자기반성의 과정에 참여하기도 한다. 이것 역시 괄호화와 마찬가지로 연구자가 가지고 있는 편견과 선이론을 찾아내는 데 도움을 준다.

현상학적 연구에서 주로 사용하는 자료 수집 방법은 질적 면접이다(Becker, 1986). 이 면접의 과정은 여러 가지 측면에서 상담하는 과정과 유사하다. 참여관찰자로서 연구대상이 보고하는 내용을 경청하고 해석할 뿐 아니라, 표현상 애매모호한 점을 명료화하면서 연구대상이 체험한 의미를 정확하게 기술하고 이해하려고 한다는 점은 보통의 상담과정에서 정보를 수집하는 방식과 다를 바 없다. 질적 면접을 통해서 수집된 자료의 분석은 해체화과정(deconstructing)과 재구성과정(reconstructing)을 통해서 이루어진다. 때로 연구자는 연구대상을 염두에 둔 채 그의 의식내용을 조각조각 분리 · 해체하기도 하고 또 새로운 주제나 논리에 따라 재구성해 보기도 한다. 다시 말하면, 연구자는 상상적 수법을 동원해서 연구대상의 심리적 실체를 파악하기 위한 다방면의 노력을 시도한다. 이런 방법들을 통해서 현상학적 연구자는 연구대상의 의식내용과 체험내용을 정확하게 기술하고 이해하려고 한다. 현상학적 자료분석과 해석학적 분석의 차이는 전자에서는 연구자와 피연구자가 면접이라는 과정을 거치면서 분석할 자료를 함께 생성해 내는 반면, 후자에서는 분석할 자료가 사전에 주어진다는 점에 있다.

(2) 해석학적 연구(hermeneutical study)

해석학은 의미의 중요성을 특별히 강조하는 질적 접근이다. 모든 체제는 내재적인 의미를 함유하고 있다. 따라서 중요한 것은 이러한 의미를 해석하고 이해하는 문제로 집중된다. 해석학은 특히 하나의 의미체제를 바탕으로 외견상 차이가 있거나 심지어 상반된 것으로 보이는 의미체제를 해석하는 데에 중요한 의미를 부여하고 있다.

Ricoeur(1970)는 의사소통수단으로서 언어를 강조하고 있는데, 자연언어를 의미와 관련지어 볼 때 과소 또는 과대 해석하는 경향이 있다고 지적하였다. 즉, 하나의 낱말(또는 상징)은 여러 가지 중첩된 의미를 나타낼 수 있기 때문에 다양하게 해석될 수 있다. 따라서 연구자는 시인의 관점과 실증적 과학자의 관점을 동시에 소유할 필요가 있다. 과학자는 조작적 정의를 통해 의미가 과대 추정되는 것을 피하려고 하며, 시인은 과대 해석되는 의미의 힘에 의존한다. 따라서 해석학적 연구자는 과학의 방법론적 엄격성과 더불어 시인의 통찰과 창조적인 힘을 추구하여야 한다. 해석학적 연구자는 해석학적 방법을 통하여 어느 한 가지 현상을 고립적으로 이해하는 데서 그치지 않고 그것을 여타 다른 과정들과의 맥락관계 속에서 파악하려고 한다. 이는 마치 어떤 나무에서 시작하여 그 뿌리를 따라 땅속으로 들어가고 또 거기서 뿌리가 땅속의 물과 어떤 관련을 가지고 있는지 그리고 근처에 지나가는 시냇물에 의해 어떤 영향을 받는지를 이해하는 것과 유사하다. 이러한 과정을 거치면서 여러 가지 사건들(thing)의 연관관계를 파악할 수 있을 뿐 아니라 다양한 각도에서 현상을 바라볼 수 있는 조망대를 획득할 수 있게 된다. 그러므로 해석학의 목적은 사회, 문화, 역사 등 다양한 맥락에 바탕을 둔 인식과 조망대를 제공하는 것이라고 할 수 있을 것이다.

해석학적 연구는 연구하려는 특정 용어로부터 시작된다. 그러고 나서 다양한 '맥락들'로 초점을 옮겨 간다. 예를 들어, 불안을 탐구한다고 할 때, 연구자는 먼저 '불안'이라는 용어 속에 담긴 의미를 탐색한 후에 불안과 관련되는 상이한 체험들을 검토한다. 자료 수집은 해당 용어의 사전적 의미를 찾아가는 데서 시작할 수 있다. 그런데 이 사전적 의미도 그것이 기초한 '맥락 자원'이 무엇이냐에 따라 다른 내용을 뜻할 수 있다. 이렇게 맥락 자원을 검토해 가다 보면 그 용어에 대한 의미가 확장되어 다수준적 · 다차원적 이해가 가능하게 된다. 불안의 예를 계속 들면, 불안은 인지적 측면, 행동적 측면, 생리적 측면 등 다른 맥락 속에서 기술될 수 있다. 이를 의미의 확장 단계(stage of expanding)라고 하는데 이 과정을 통해 그 현상의 총체적 특성이 모습을 드러내게 된다. 그러나 이런 방법으로는 탐구해서 밝혀내지 못하는 '알 수 없는 부분'이 항상 남아 있게 되는데 연구자는 이것을 인정할 수밖에 없다.

용어의 의미를 확장하는 단계가 끝나면, 세분화의 단계(stage of differentiation)가 시작된다. 이 지점에서 연구자는 연구하고자 하는 것과 유사한 체험 또는 반대되는 체험들을 검토한다. 불안의 예를 들면, 두려움, 고요함, 흥분 등이 검토 대상이 될 것이다. 자료분석 단계에 이르면 앞에서 세분화한 체험들을 구체화하는 '변증법적 과정'을 거친다. 불안과 흥분의 유사점과 차이점은 무엇인가? 긴장되는 것이 두 체험의 유사점이라면, 차이점은 부정적인 가능성에 사로잡혀 있는 것은 불안이고 긍정적인 가능성에 사로잡혀 있는 것은 흥분이라는 점이다. 이런 식으로 어떠한 체험의 의미를 구체화해 나가게 된다. 마지막으로 통찰적 이해 단계(stage of intuitive understanding)에서는 관련된 많은 체험들과의 관계 속에서 그리고 다양한 맥락의 망 속에서 드러나는 그 체험(예컨대, 불안)의 의미를 이해할 수 있게 된다. 여기서 지적해 둘 것은 해석학적 연구는 연구대상의 구체적 체험내용이 무엇인지를 밝히려고 하는 것이 아니라 그것을 여러 가지 다른 각도에서 살펴볼 수 있는 조망대를 제공하는 것이다. 따라서 해석학적 연구의 결과는 구체적인 결론을 내려 주는 것이 아니라 하나의 책 또는 이해의 맥락을 제공하는 것이라는 표현이 정확할 것이다(Barrell et al., 1987). 해석학적 과정에서 볼 때, 새로운 이해는 새로운 질문을 생성시키고 따라서 그 과정은 지속될 수밖에 없다. 이를 해석학적 순환(hermeneutic circle)이라고 부른다. 그러므로 탐구과정이 이어지면서 이해의 폭을 넓혀 나가는 해석학적 연구는 끝이 없는 연구과정이라고 말할 수 있다.

(3) 법정연구모형(legalistic model)

법정연구모형은 상담을 통해서 일구어 낸 변화가 타당한 것인가를 따지기 위하여 이론적 입장이 서로 다른 여러 전문가들의 의견을 맞붙여 놓는 방법이다(Levine, 1974; Resnikoff, 1978). 법정연구모형이라는 이름은 이 방법이 마치 법정에서 배심원들이 여러 가지 증거들의 경중을 신중히 따져 가며 합의에 도달하는 과정과 유사하다고 해서 붙은 것이다. 이 모형에서 각각의 전문가들은 하나의 사례를 전체적으로 검토한 후 집단으로 모여, 변화가 '어떻게' 발생하였는지에 대해 자신의 입장을 밝혀 가며 토론을 벌인다. 각자의 의견이 다른 사람들의 고려 대상이 되기 위해서는 반드시 증거를 제시하여야 하는데, 상담과정에서 경험하리라고 예상되는 모든 것들이 증거로 활용될 수 있다. 치료적 동맹관계, 기대, 동기, 인구학적 변인들 등등이 모두 증거로 제시될 수 있다. 이 방법의 장점은 어떤 한 사람이 변화에 대해 설명할 때 발생할 수 있는 편견을 최소화할 수 있다는 것이다. 더욱이 여러 가지 이론적 입장이 공방을 벌이는 가운데 변화에 대해 공통된 의견이나 합의를 도출해 낼 가능성도 있다. 그러나 이 절차는 조작적 과정을 거치지 않기 때문에 효율적인 방법으로 결론을 도출해 낼 수 있을지 의문시된다. 전문가들이 전혀 합의를 이루지 않거나 못할 가능성을 배제할 수 없기 때문이다. Neimeyer와 Resnikoff(1982)는 이 모형을 실험한 결과, 생산적인 합의에 도달할 전망이 예상보다 밝다고 보고하고 있다.

(4) 생활사연구(life history approach)

생활사연구는, 사람에 대한 연구는 바로 그 사람 자신의 조망을 바탕으로 연구하고 이해할 때 가장 정확하다는 가정 위에 서 있다. 개인의 객관적 행동조차도 그 행위의 주체와 관련시키지 않으면 타당한 이해를 할 수가 없다. 따라서 어떤 사람을 이해하기 위해서는 그 개인이 살아온 생활의 역사를 검토하는 것이 거의 필수적이라고 본다. 특히 생활사연구법은 장기간에 걸친 지속적 영향력을 탐색함으로써 횡단적 연구들이 빠질 수 있는 여러 함정들을 피할 수 있다는 장점을 갖는다.

Denzin(1970)은 생활사 연구를 세 가지 유형으로 구분한 바 있다. 먼저, '완전한 생활사(complete history)'는 한 개인이 살아온 인생 전체를 대상으로 하여 그 사람이 경험해 온 모든 것들을 다루려고 한다. 이 방법이 연구자에게 주는 부담은 엄청나게 클 것이다. 둘째, '화제중심 생활사(topical history)'는 그 개인생활의 어떤 측면이나 화제(예를 들어, 우울 증상, 적응상의 문제가 발생하는 상황, 자살과 관련된 행동 등)에 중심을 두고 생활 속에서 일어난 일들을 검토하려고 한다. 셋째, '편집된 생활사(edited history)'는 일정 기간 동안의 인생(예를 들어, 총각 시절, 대학에 들어간 이후, 결혼 생활 등)을 축약적으로 검토하려고 한다. 편집된 기간 동안의 일들은 화제중심적으로 다루어질 수도 있고, 완전한 생활사처럼 다루어질 수도 있다.

생활사연구에서 사용하는 자료는 그 사람의 현재 상태 및 체험내용과 관련되는 것이면 어떤 것이라도 좋다. 서류, 사물, 문서 등 모든 것이 가능하다. 회계, 정치, 재판 등을 포함한 각종 공식적 기록자료들은 중요한 자원이 될 것이다. 특히 직업, 입원, 결혼, 이혼, 자살 시도, 치료기관에 접촉한 기록, 약물과 관련한 체포기록 등은 상담연구에서 적절하게 활용될 수 있는 정보가 될 것이다. 개인적 기록자료 역시 중요하다. 자서전, 질문지, 면담, 언어적 반응에 대한 보고, 일기, 편지 등은 개인의 내면 상태를 풍부하게 드러내 줄 소중한 자료들이다. 수집된 자료를 과학적으로 분석하기 위하여 '분석적 귀납 추리(analytic induction)'라는 방법이 사용된다. 이 방법은 연구 가설을 점진적으로 개정해 나가면서 보편적으로 적용할 수 있는 명제들을 찾으려고 한다. 이 방법은 하나 또는 부분적인 생활사를 바탕으로 전체의 경우에 적용할 만한 명제들을 찾으려고 하는 것이다. 이 과정에서 각각의 사례 그리고 각 사례에 속하는 사상(事象)들에 대한 탐구는 이전에 설정했던 가설을 타당화하거나 거부하는 중요한 자료원이 된다. 생활사연구의 단점으로는 자료를 획득하기가 쉽지 않다는 점, 자료 수집에 비용과 시간이 많이 든다는 점, 구체적인 연구 가설을 설계하기가 어렵다는 점 등이 지적된다(Neimeyer & Resnikoff, 1982).

(5) 자서전 연구(autobiographic study)

심리학 연구에서는 오래전부터 자서전적 자료를 사용해 왔다. 일찍이 Dilthey(Howard et al, 1991)는, 자서전은 우리 앞에 있는 인생을 이해하기 위한 최고 · 최상의 형식이라고 표현하여 자서전의 중요성을 부각시킨 바 있다. 그러나 자서전 연구는 상당 기간 침체되어 있다가 1980년대에 들어서면서 새롭게 각광받기 시작하였다. 상담이 전개되는 상황을 생각해 보면 청담자가 자신의 인생과 생활에 대해 자전적으로 기술하는 장면을 항상 만날 수 있다. 상담자와 청담자의 첫 대면부터 청담자의 자기 이야기가 시작된다. 무슨 일로 상담실에 왔느냐는 상담자의 질문은 대개 청담자로 하여금 자기가 현재 시달리는 문제와 연결되어 있다고 생각하는 생활의 이야기를 꺼내 놓게 한다. 상담시간 동안 청담자가 하는 대부분의 이야기는 자서전적 내용들이다. 그럼에도 불구하고 상담학의 연구에서 청담자의 자기 이야기에 대한 탐구는 별로 이루어지지 않았다. 바로 자서전 연구의 타당성과 신뢰성에 대한 의심 때문이다. 많은 학자들이 청담자의 자기 이야기의 타당성에 대해 염려를 해 왔지만(Murray, 1938; Runyan, 1982, 1990), 실제로 경험적 타당화를 시도한 연구는 찾기 힘들다. 결국 자서전 연구법의 생명은 경험적 타당화의 여부에 달려 있다고 판단할 수 있다. 이러한 논의를 측정이론과 관련시켜 보면, 자서전 연구법은 타당도의 종류 중 특히 준거타당도와 구인타당도에서 취약점이 있다는 것을 알 수 있다. 상대적으로 안면타당도와 내용타당도에서는 별 문제가 없어 보인다. 그렇다면 준거타당도와 구인타당도를 어떻게 확보할 수 있느냐 하는 문제가 자서전 연구법이 해결해야 할 중요한 사항일 것이다.

Howard와 그의 동료들(1991)은 이러한 점을 염두에 두고 자서전의 타당화 연구를 시도한 바 있다. 자서전 또는 자기 이야기를 통하여 사람들이 전하고 싶어 하는 핵심적인 정보를 바로 '인생의 주제(life theme)'라고 개념화한 이들은 자서전 분석과 여타 경험적 분석을 통해 얻은 결과들을 비교하면서 자서전 연구의 경험적 타당성을 확보하려고 하였다. 결론적으로 이들은 자서전 연구가 충분한 준거타당도와 구인타당도를 가질 수 있다는 점, 그리고 자서전 분석을 통해 발견하는 '인생의 주제'가 상당히 높은 수준의 신뢰성과 타당성을 가질 수 있다는 점을 보여 주고 있다. 이러한 발견은 자서전 분석법을 옹호하는 고무적인 결과라고 할 것이다.

(6) 담화분석(conversation analysis)

담화분석은 대화의 분석을 통하여 상호작용 과정에 참여하는 사람들의 사유활동의 구조를 탐색하려는 접근법이다. 이 분석방법의 목적은 말하는 사람이 자기의 행동을 관리하는 방식 그리고 다른 사람의 행동을 이해하고 이에 대처하는 절차를 기술하는 것이다(Heritage, 1988). 분석과정은 철저히 자료에 입각하고 있으며, 연구자의 선입견이나 선이론이 작용하지 않은 상태에서 자료 속에 나타나는 상호작용 현상을 파악하려고 한다. 담화분석은 말에 대해서뿐 아니라 말의 부수적인 특징들도 연구대상 속에 포함시킨다. 즉, 대화를 하면서 주고받는 다양한 행동들이 모두 분석의 대상이 된다. 일반적으로 담화분석을 이용한 상담 사례의 분석은 첫째, 분석할 상담회기를 선정하기, 둘째, 선정된 상담회기를 녹음 또는 녹화하기, 셋째, 녹음된 내용을 전사하기, 넷째, 분석 등의 순으로 이루어진다(박성희, 1995). 사실상 '분석' 단계는 앞의 네 단계를 모두 포괄하는 것이며, 각각의 단계는 일종의 순환적인 방식으로 서로 연결되어 있다. 담화분석은 상담자와 청담자가 자연스럽게 주고받는 상호작용과정 전체를 별도의 첨삭 없이 실제 그대로의 자료로 재현할 수 있게 함으로써 그 안에 담긴 변화의 과정 또는 상호작용의 유형을 밝혀내는 일을 가능케 할 뿐 아니라 이 결과를 바탕으로 상담자에게 실천상의 조언을 제공할 수 있게 한다는 점에서 상담활동의 발전에 크게 기여할 수 있는 방법이다.

(7) 체험분석(experiential approach)

체험분석은 청담자가 겪는 경험의 내용과 과정을 명료화하는 방법이다. 이 방법은 먼저 직접적인 경험에서 시작되지만, 최종적으로는 그러한 경험의 구조를 구성하고 있는 요인들을 이해하는 것으로 끝이 난다. 이 요인들이 그 체험이 일어나게 한 필요충분조건들에 해당되기 때문이다. 따라서 체험적 접근은 청담자로 하여금 그가 자신의 체험을 어떻게 무의식적으로 창출해 내는지를 명료화하고, 자신의 삶에 대한 책임감을 갖도록 돕는 방법이라고 할 수 있다. 자기각성(self-awareness)이 특히 강조되는 것은 이러한 이유에서다. 이 방법은 처음 논의된 이후 여러 영역의 문제들을 탐구하기 위하여 적용되어 왔다(Barrell & Richards, 1982; Price & Barrell, 1980; Price & Barrell, 1984 등).

일반적으로 체험적 접근은 일반화가 가능한 타당한 합의(공동연구자들과 함께)에 도달하는 과정으로 구성되어 있는데 보다 구체적으로는 네 단계로 나누어 볼 수 있다. 첫째, 한 개인이 동료 공동연구자들에게 개인적으로 이해하고 있는 어떤 체험의 구조를 제시한다. 둘째, 공동연구자들이 동의하거나 이의를 제기할 수 있는 방법을 분명하게 한다. 셋째, 동의하지 않는 경우가 발생하면, 체험내용을 묘사한 부분으로 돌아가 해결한다. 넷째, 목하 탐구되고 있는 체험의 구조에 대한 합의에 도달한다. 이러한 과정을 활용하는 목적은 어떤 문제(예컨대, 불안)에 대해 공적이고 일반적으로 검증이 가능한 이해에 도달하기 위한 것이다.

체험분석은 어떤 문제(불안)에 대하여 탐구하기를 원하는 공동연구자들로 형성된 집단을 통해서 이루어진다. 공동연구자들은 자신들을 문제(불안)를 느끼거나 또는 문제(불안)를 느낄 만한 상황에 처하도록 한다. 또는 과거로부터 그 문제와 관련된 기억들을 끄집어내어 재경험하고 일정한 절차에 따라 기록하기도 한다. 체험내용을 기록한 후에는 각각의 참여자들이 정해진 절차에 따라 분석에 임한다. 분석을 하면서 참여자들은 자기가 체험한 내용들 중에서 공통적인 요소들을 뽑아 나가게 된다. 그 결과 일반화된 결론들에 도달하게 되면(예를 들어, '나는 결과가 불확실할 때 불안을 느낀다'), 집단토의과정을 멈추게 된다. 때로는 일반화된 결론의 타당성을 검증하기 위하여 탐구가 계속 진행될 수도 있다. 이렇듯 체험적 접근은 탐구의 방식일 뿐 아니라 탐구자가 직접 집단과정에 참여하여 상담과정을 체험해야 한다는 점에서 뚜렷한 특징을 가지고 있다.

(8) 인공두뇌학적 접근(cybernetics approach)

인공두뇌학적 접근은 연구의 과정에 상담자와 연구자는 물론, 청담자도 포함시켜야 한다는 입장을 취한다(Andreozzi, 1985). 우리가 탐구하기를 원하는 인간체제에 어떤 요소가 첨가됨에 따라, 우리는 탐구하려고 하는 바로 그 현상과 적극적인 방식으로 거래를 하게 된다. 따라서 그러한 거래들을 외생적인 변인이라고 간주하여 제거하려고 하지 말고 연구 범위 속에 포함시켜야 한다. 청담자와 상담자는 상담관계 속에서 상호 영향을 주고받는 변증법적인 관계를 구성하고 있다. 그러므로 연구자는 두 사람 모두를(때로는 연구자까지도) 포함하는 탐구를 해야 할 필요가 있다.

인공두뇌학적 탐구는 어떤 체제를 구성하는 부분들과 전체 또는 부분들 간에는 상호 의존성 및 상보성이 변증법적으로 작용하고 있다는 체제이론에 뿌리를 두고 있다. 요소의 변화는 전체의 변화를 야기시키며 정보의 환류체제를 이용하여 자기조율적 통제기능을 활성화시키기도 한다는 것이다. 이와 같은 기능은 상담의 과정에도 그대로 작용한다. 상담자와 청담자로 구성되는 상담관계 속에서 두 사람은 하나의 체제로서 기능하므로 이 체제에 작용하는 여러 요소들에 대한 적극적인 고려가 있을 때라야 두 사람의 상호작용 관계를 정확하게 파악할 수 있다. 특히 상담자가 가지고 있는 여러 가지 자기참조적 작용들에 대하여 정밀하게 이해할 필요가 있다.

Kantor와 Andreozzi(1985)는 인공두뇌학적 접근을 이용하여 가족상담을 분석하는 방법을 소개하고 있다. 이들은 임상적 실제를 이해함에 있어 자기참조적 사항들(self-referential operations)이 치료과정이라고 알려진 환류회로에 통합되어야 한다고 주장하고 있다. 이러한 차원에서 2개의 개념, 즉 경계 프로파일(boundary profile)과 형성된 구조 대 형성되는 구조(formed vs forming structures)라는 개념을 소개하고 있다. 경계 프로파일이란 치료과정에서 작용하는 자기참조적 작용들로서 상담자의 지각과 활동(또는 행동)들을 의미한다. 형성된 구조가 상담을 시작하기 전에 상담자가 이미 가지고 있던 이론적 관점으로부터 파악되는 내용들이라면, 형성되는 구조는 상담자가 상담을 전개하면서 획득하게 되는 개인적 설명체제 또는 실재 파악을 말한다. 이 두 개념은 상담연구라는 차원에서 관심을 갖게 되는 다른 2개의 개념, 즉 상담자의 모형과 방법이라는 개념들과 짝을 이룬다. 인공두뇌학적 접근은 상담과정 속에서 나타나고 드러나게 되는 이 네 가지 작용들이 행사하는 영향력의 양상과 전반적인 효과에 대하여 탐구하게 된다.

(9) 과제분석(task analysis)

과제분석은 실제로 과제를 수행하는 개인을 상세히 탐구하는 연구전략이다. 과제분석은 과제 해결의 과정과 그 속에 포함되어 있는 기제를 이해할 뿐 아니라, 해결과정에 대한 설명모형을 구축하려는 데 초점을 두고 있다. 궁극적으로는 특정한 행동을 산출해 내는 심리적 과정과 인간체제에 대한 모형구축이 과제분석의 목적이다. 진행 중인 과정에 대한 이해에 초점을 둔다는 점 이외에도 과제분석의 몇 가지 특징은 특히 상담과 심리치료 연구에 적절하게 사용될 수 있는 전략을 제공한다. 과제분석은 발견지향적 탐구방법으로서 관찰과 귀납적인 추론 전략을 강조한다. 연구자는 먼저 과제를 수행하는 개인에 대하여 광범위하고 엄격한 관찰을 한 다음, 그 개인에 의해 사용된 여러 가지 심리전략들을 찾아내고 그중에서 성공/실패로 이끈 전략의 특성을 점검한다. 과제분석적 접근은 연구대상을 외부적 자극에 반응하는 수동적 존재가 아니라 자신이 처해 있는 상황의 요구를 읽고 그에 대한 대응 가능성을 신속하게 파악하여 자신의 행동을 조직해 나가는 능동적인 존재로 파악한다. 주어진 과제를 해결하기 위하여 어떤 개인이 채용할 수 있는 전략은 이러한 개인적인 파악의 과정에 의존해 있으며 실제적인 행동은 그가 채용한 전략에 달려 있다. 따라서 개인의 사고과정 그리고 그가 사용하는 전략에 대한 정밀한 분석은 행동의 방향에 대한 구체적인 처방을 내릴 수 있는 대안을 제시할 수 있을 것이다.

구체적인 분석절차는 8단계로 구성된다. 첫째, 전문가가 묵시적으로 사용하는 인지지도(cognitive map)를 명료화한다. 유의미한 치료적 변화를 창출하기 위해서는 심리치료의 전문가들이 치료 또는 변화를 위해 중요하다고 생각하고 있는 바(인지지도)를 명료하게 드러낼 필요가 있다. 이 지도는 청담자의 전략을 분석하는 지침으로 작용한다. 둘째, 분석할 과제를 선정하고 기술한다. 청담자가 겪는 문제에 변화를 일으킬 만한 사상(事象)을 과제로 선정하도록 한다. 셋째, 선정된 과제를 해결하는 것이 중요하다는 것을 입증한다. 넷째, 이성적 분석(rational analysis)을 하고 수행할 일에 대해 도식을 그려 본다. 연구자는 임상적 경험과 이론을 토대로 문제를 해결하기 위하여 수행할 내용을 생각해 보고 이를 도식으로 표현해 본다. 다섯째, 경험적 분석(empirical analysis), 즉 실제적인 수행과정을 기술한다. 이때에는 가능한 한 성공적인 해결에 도달한 수행과정을 기술하도록 한다. 여섯째, 실제 수행하는 것과 수행 가능한 것들을 비교하며 모형을 구축한다. 일곱째, 검증한다. 이 단계에서는 앞의 6단계를 거쳐 설정된 가설이나 모형의 타당성을 검증한다. 필요하면 통계적인 검증과정도 거칠 수 있다. 여덟째, 성과와 과정을 연관시킨다. 이 마지막 단계에서는 청담자의 성공적인 수행과 장기적인 성과의 관계를 탐색한다. 청담자를 변화시킨 치료적 방법과 치료성과를 연결시키는 작업도 포함된다(Greenberg, 1992).

(10) 대인관계 과정 회상법(interpersonal process recall, IPR)

대인관계 과정 회상법은 면담하는 과정을 녹화하고, 면담에 참여한 사람들에게 그들이 끝낸 면담과정을 즉각적으로 되돌려 보여 주는 특별한 면접절차를 일컫는다. 연구자는 녹화된 테이프를 돌려 보면서 청담자와 상담자의 경험과 지각내용을 묻고, 청담자와 상담자는 이에 응답한다. 이러한 방법을 통해서 청담자나 상담자가 쉽게 잊거나 또는 망각해 버릴 상담과정에 대한 여러 가지 인상, 지각, 반응 등에 대한 정보를 획득한다. 원래 Kagan(1975)에 의해서 구안된 이 방법은 상담에서 결정적으로 작용하는 시기(critical incidents)를 분석하기 위한 방법의 하나로 활용되기 시작하였다.

Elliott(1979)은 상담이 끝난 후 IPR을 이용하여, 청담자로 하여금 상담자의 특정 진술이 도움이 된 정도를 평정하게 하고 가장 도움이 되는 진술과 도움이 되지 않는 진술들을 분석한 바 있다. Greenberg(1980)는 게슈탈트의 관점을 이용하여 대화가 분리되거나 양극성에 도달할 때를 찾아내고 상담자가 이를 어떻게 다루는지에 대하여 분석하기도 하였다. Mahrer와 그의 동료들(1987)은 상담에서 치료적 효과가 있던 좋은 순간들을, Strupp, Hadley와 Gomes-Swartz(1977)는 부정적인 순간들을 찾아내기도 하였다. IPR은 상담과정을 연구하는 두 가지 흐름, 즉 현상학적인 접근과 객관적인 행동을 관찰하고 평정하는 접근을 결합하고 있다는 이점을 가지고 있다. 연구자는 이 방법을 통하여 순간순간 이어지는 행동과 반응들에 관한 객관적 정보를 수집할 수 있을 뿐 아니라, 이런 자료나 기록들로부터는 발견할 수 없는 주관적인 인상에 관한 정보들도 수집할 수 있다. IPR이 앞으로 상담연구에 기여할 수 있는 바는 매우 클 것이라고 예상된다. 또한 이 방법은 상담자와 청담자의 상호작용 관계를 탐색하는 도구로서뿐 아니라 상담자의 실천적 기술을 점검하고 개선하는 데에도 활용될 수 있을 것으로 기대된다(Elliott, 1986).

(11) 삼각측량법(triangulation)

동일한 현상을 탐구함에 있어 뿌리가 다른 다양한 방법들을 동원하여 판단의 정확성을 점검하려는 기법을 사회학자들은 '삼각측량법'이라고 부른다. 이 용어는 대상물의 정확한 위치를 파악하기 위하여 여러 거점들을 활용하는 군사전략에서 빌려 온 말이다. 기하학적 원리에 의하면, 여러 시각에서 관찰할 때 그만큼 정확성이 높아진다고 한다. 마찬가지로 사회과학에서도 동일한 행동 변화에 대하여 상이한 종류의 자료들을 수집하여 그 결과를 종합하면 그만큼 판단의 정확성을 향상시킬 수 있다. 사용한 방법들이 다름에도 불구하고 동일한 결과를 얻게 되면, 그만큼 얻은 결과의 타당성을 신뢰할 가능성이 증가하게 된다. 그러나 사용한 방법에 따라 결과가 달라질 때에도 삼각측량법은 중요한 공헌을 하게 된다. 이러한 경우 상이한 방법들이 산출해 내는 새로운 자료들은 새로운 정보를 제공하거나 연구자가 생각하지 못했던 측면을 드러낼 수도 있다. 그러므로 삼각측량법은 동일한 현상을 여러 시각에서 점검하게 할 뿐 아니라, 새롭거나 또는 숨어 있던 차원을 드러나게 하여 이해 수준을 심화시키는 역할을 하기도 한다. 다양한 방법들로부터 수집한 자료들이 제시하는 결과가 수렴적이든 발산적이든 모두 중요한 이유가 여기에 있다.

삼각측량법은 상담의 이론과 방법 모두에 적용될 수 있다. 이론에 대한 삼각측량법은 동일한 문제에 대하여 여러 가지 이론들의 입장을 비교·검토하는 것으로 생각해 볼 수 있다. 최근에 유행하는 인지-행동상담 간의 논쟁을 예로 들어 보자. 인지이론을 옹호하는 사람들은 인지적 개입의 효율성을 보여 주는 증거들을 제공할 것이며, 행동주의를 옹호하는 사람들은 행동주의이론이 더 적합하다는 증거를 제시할 것이다. 그러나 아무리 열심히 논쟁한다고 하더라도 두 이론이 상호 만족하는 결론을 내리기는 쉽지 않다. 이런 경우 이론에 대한 삼각측량법을 적용해 볼 수 있다. 일련의 동일한 자료를 제시하고 각각의 이론적 접근이 이 자료를 설명하는 역량을 검증해 보는 것이다. 이러한 전략은 주어진 자료에 어울리는 설명력이라는 차원에서 대안적인 이론들을 비교하여 생산적인 합의를 도출해 낼 수 있는 보다 과학적인 접근이라고 할 것이다.

방법에 대한 삼각측량법은 다시 집단내방법 삼각측량법과 집단간방법 삼각측량법으로 나눌 수 있다. 집단내방법 삼각측량법은 자료를 점검하기 위하여 동일한 하나의 방법 내에 속하는 여러 전략들을 활용하는 방법이다.

예를 들어, 우울증 검사에 우울증의 심각성을 평가하기 위하여 여러 개의 분리된 질문들이 포함되어 있는 것과 같은 경우다. 이는 동일 현상을 측정하는 척도들의 내적 일관성이나 신뢰성을 따지는 것이라고 할 수도 있다. 집단간방법 삼각측량법은 동일 현상을 탐구하는 여러 가지 다른 방법들을 결합해 보는 것이다. 행동에 대한 관찰, 태도 측정치, 청담자의 주관적인 해석, 담화분석 등 여러 가지 방법을 동원함으로써 주어진 탐구 문제에 대한 결과의 타당성을 높이려는 것이다. 앞에서 언급한 대로 결과가 수렴적으로(동일하게) 나오면, 결과의 타당성은 그만큼 높은 신뢰성을 갖는다. 그러나 연구방법에 따라 동일한 결과를 얻지 못하더라도 탐구하는 현상에 대한 이해 수준을 높이는 계기가 될 수 있다(Neimeyer & Resnikoff, 1982).

삼각측량법은 독자적인 연구방법이라기보다는 여러 연구방법들을 동원하여 얻은 결과의 확실성을 증명해 나가는 절차로 간주할 수 있다. 종전에 삼각측량법은 질적 연구방법들을 통합하는 방안의 하나로 제시되었으나, 최근에 이르러 질적 연구방법뿐 아니라 양적인 연구방법까지도 포괄하는 통합 연구방법론으로 자리 잡고 있다. 상담연구가 탐구하려는 인간의 상호작용과정은 수많은 변인과 의미가 복합적으로 얽혀 있는 현상이다. 따라서 탐구하려는 문제의 성격에 따라 탐구하는 방식 역시 다양할 필요가 있다. 삼각측량법과 같이 다양한 방법론들을 결합하여 탐구하려는 문제를 보다 체계적이고 심층적인 수준에서 이해하려는 노력들은 앞으로도 상담연구에서 계속 이어져야 할 것이다.

3. 맺음말

모든 학문 분야에서와 마찬가지로 상담학에서도 새로운 지식을 생산해 낼 수 있는 방법은 다기 · 다양할수록 좋다. 앞에서는 상담학의 발전에 기여하리라고 생각되는 16개의 상담 연구방법들을 간단하게 소개하였다. 이외에도 상담 영역의 내외에서 유용하게 사용되고 있는 연구방법들을 더 발견할 수 있을 것이다. 여기에서 소개한 16개의 연구방법들 중 5개는 실증적(계량적) 패러다임에 입각한 것이며, 나머지 11개는 대안적 패러다임(질적)에 입각한 것들이다.

실증적 패러다임과 대안적 패러다임은 분명히 구별된다. 이 두 패러다임은 그 기본적인 세계관, 신념, 형이상학적인 원리에서뿐 아니라 연구를 수행하는 구체적인 과정과 절차에서도 커다란 차이를 보이고 있다. 그렇다면 상담학의 성격에 비추어 볼 때 어느 패러다임에 입각한 연구방법이 보다 타당하다고 할 수 있을까? 이에 대한 대답은 부분적으로 상담과 상담학의 성격을 어떻게 정의하느냐에 달려 있다. 행동주의적 입장에 서 있는 상담자와 인본주의적 입장에 서 있는 상담자가 정의하는 상담은 분명히 다를 수밖에 없고, 따라서 각각의 입장에서 적절하다고 판단하는 연구방법도 같을 수가 없다.

또한 연구방법은 방법 자체로서 절대적인 우열을 가릴 수 있는 것이 아니라 항상 탐구하려는 문제의 성격에 비추어서 타당성 여부를 판단할 수 있다. 그러므로 앞의 의문에 대한 일반적 · 보편적 해답을 찾는 것은 가능하지도, 적절하지도 않다. 그러나 만일 탐구하려는 문제의 속성이 실증적인 것이 아님에도 불구하고 굳이 실증적 방법론을 적용하려고 한다면 이는 크게 잘못된 것이라는 비판을 면할 수 없다. 상담학 연구의 역사를 살펴보면 바로 이러한 현상이 나타난다. 탐구하려는 문제의 특성에는 아랑곳하지 않고 거의 무차별적으로 실증적 방법을 동원해 온 것이다. 이런 현상은 한국의 상담연구에서 더 두드러지게 나타난다. 그동안 사회과학 전반을 장악해 온 자연과학적 실증주의 전통, 대안적 방법들의 부재, 대안적 방법을 활용하는 데 드는 시간과 노력의 과다, 상담학자들의 연구방법론에 대한 무관심 등이 이런 결과를 초래한 주요 원인들로 꼽힐 수 있을 것이다. 대안적 패러다임과 연구방법들은 상담연구 활동에서 주변적인 위치를 차지해 왔으며 앞으로도 상당 기간 그러할 것으로 예상된다. 이러한 상황에서 두 가지 패러다임의 상호 공존을 주장하는 것은 결과적으로 한쪽에 편을 들어 주는 꼴이 될 수밖에 없다. 더구나 상담연구에서 탐구하려는 대부분의 문제들이 사실상 대안적 접근에 적합한 것들이라는 점을 고려해 보면 더욱더 그렇다. 이상적으로 보면 패러다임의 다양성(paradigm diversity)을 지향하는 것이 당연하다. 그러나 앞에서 열거한 현실들을 고려해 보면 앞으로도 상당 기간 동안 상담 연구방법론에서의 패러다임 이동(paradigm shift)을 강하게 주장해야 할 것으로 판단된다. 그런 점에서 이 글은 대안적 방법들에 치중해 있다.

대안적 패러다임은 흔히 질적 패러다임이라고도 하는데, 앞 장에서의 논의를 정리하기 위해 질적 패러다임의 일반적인 특징을 간단히 요약해 보기로 한다. 질적 연구의 목적은 인간 행동의 이면에 감추어진 생각, 느낌, 동기, 신념 등을 심층적으로 이해하고 개인의 주관적인 의미세계에 대한 탐구를 지향한다. 실재는 객관적으로 존재하는 것이 아니라 개인이나 집단이 사회적으로 구성하는 것이며, 끊임없이 변화하고 역동적으로 움직인다. 질적 연구자는 내재자의 관점을 강조하고 연구하고자 하는 활동이나 절차를 관찰하거나 참여하는 직접 경험을 중시한다. 연구과정에서 가치의 문제 역시 중요하게 다루어진다. 연구과정에 연구자의 가치가 개입되는 것은 필연적인 현상이므로 억지로 가치중립을 표방하지 않고 적극적으로 이를 포용, 해석, 이해하려는 태도를 취한다. 연구과정은 분석적 · 개별적이라기보다는 종합적 · 총체적이며 설정된 가설을 검증하기보다는 새로운 개념을 탐색하고 발견하려는 발견지향적 성격을 띤다. 수와 양으로 표현할 수 있는 객관적 자료보다는 개인의 언어로 표현되고 보고되는 주관적 자료를 중시하며, 자료를 수집하는 도구로서 다른 무엇보다도 연구자 자신을 가치 있게 여긴다. 자료가 수집되는 상황도 통제적인 조건보다는 자연발생적인 상황을 선호한다.

앞에 제시한 11개의 상담 연구방법들은 질적 패러다임의 특성을 만족시키고 있다고 할 수 있다. 그런데 최근에 등장하는 상담의 질적 연구방법들을 정밀하게 검토해 보면 몇 가지 새로운 경향을 발견할 수 있다.

첫째, 상담과정을 탐구하는 연구방법들이 다른 학문에 의존하지 않고 상담학 내에서 자체 생산되는 경향이 보인다. 종전의 상담연구는 상담 이외의 영역에서 발전된 방법론을 상담분석에 적용한 것들이 거의 대부분이었다. 실증적 분석방법은 말할 것도 없고 질적 연구방법들도 거의 대부분 다른 학문에서 빌려 온 것들이었다. 그러나 앞의 체험분석과 과제분석 등에서 보듯이, 상담과정의 고유한 특성을 내부적인 관점에서 파악하기 위한 접근방법들이 상담학 자체 내에서 생산되고 있다는 점은 주목할 만한 현상이다. 이런 방법들은 앞으로 상담학의 발전에 커다란 공헌을 하게 될 것이다.

둘째, 상담과정과 연구과정을 통합시키려는 경향이다. 종전에 상담연구자는 상담과정 밖에 위치하였고, 상담과정에 참여하더라도 자신의 영향력을 분석의 대상으로 삼지는 않았다. 그러나 최근에는 연구자까지도 연구대상에 포함시키려는 경향이 나타나기 시작한 것이다. 이는 상담이 이루어지는 맥락 자체가 달라지는 데에도 일부 원인이 있을 것이다. 상담연구의 궁극적 목적은 상담 실천에 도움을 주려는 것이므로 아예 상담과정 속에 연구자를 포함시키는 것이다. 따라서 연구자는 상담관계를 구성하는 하나의 축이면서 동시에 상담과정을 연구하는 연구자의 역할도 하게 된다. 이런 경우 상담자와 청담자는 연구에 공동으로 참여하는 공동연구자가 되는 셈이다. 소위 맥락을 강조하는 연구들에서 이런 성향이 강하게 나타난다. 인공두뇌학적 접근, IPR, 체험적 접근 등에서 이런 경향을 발견할 수 있다.

셋째, 탐구대상과 관련된 모든 자료를 가치 있게 여기는 경향이다. 수량화가 가능한 자료는 물론 각종 언어적 · 비언어적 자료, 공문서나 개인문서 등 수집할 수 있는 모든 대상들을 분석자료로 삼는다. 상담과정에 생긴 모든 상호작용의 내용은 물론이고 상담관계가 성립되기 이전의 배경, 생활사 등도 귀중한 자료로 다루어진다. 총체적인 인간분석을 위해서 활용할 수 있는 모든 자료에 대해 개방적인 태도를 유지하려는 것이다.

넷째, 여러 가지 다양한 방법들을 통합하려는 경향이다. 각각의 연구방법은 어떤 특정한 현상이나 문제를 분석하는 데 장점을 가지고 있을 뿐 모든 문제에 다 적용될 수는 없다. 따라서 탐구하려는 문제의 속성에 따라 그에 적절한 방법이 사용되어야 한다. 뿐만 아니라 같은 문제에 대해서도 상이한 방법들을 적용해 보아 얻은 결과의 타당성을 확증하거나 아니면 한 가지 방법으로 드러낼 수 없는 특징을 드러냄으로써 그 문제에 대한 풍부한 이해를 꾀하기도 한다. 대표적인 예로 삼각측량법을 들 수 있다. 최근에는 질적 연구방법들의 통합뿐 아니라 질적 연구방법과 양적 연구방법들의 통합에 관한 논의도 활성화되고 있다(박성희, 1995).

마지막으로 특정 이론에 얽매이지 않는 개방적인 태도다. 상담과정에서 발견할 수 있는 변화의 순간 또는 문제 해결의 순간을 무이론적으로 접근하여 탐색하고, 발견한 사실들을 바탕으로 새롭게 이론을 구성하려는 경향이다. 종전의 많은 연구들이 기존의 이론을 타당화하는 데 초점을 둔 것과 비교해 보면 획기적인 변화라고 할 것이다. 소위 '성과연구'와 대립하는 '과정연구'로부터 시작된 이러한 접근은 지금까지 상당히 많은 사실들을 밝혀 놓고 있다. 발견지향적 접근이 상담과정에서 찾아내는 이러한 사실들(hard facts)은 상담학의 내용을 충실히 하고 새로운 이론들을 형성하는 데 큰 역할을 할 것이라고 기대된다.

참고문헌

권정혜(1991). 임상에서의 단일사례 실험연구법. 현장연구방법론 각론(한국심리학회 편). 서울: 성원사.

김계현(1991). 상담과정 연구에서 연계분석의 이용. 현장연구방법론 각론(한국심리학회 편). 서울: 성원사.

박성희(1994). 연계분석의 모형과 분석기법: 상담과정의 분석을 중심으로. 청주교대논문집, 제31집, 101-135.

박성희(1995). 담화분석기법을 활용한 상담과정의 분석. 교육학연구, 제33권 제3호, 107-129.

Andreozzi, L. L. (1985). Why outcome research fails the family therapist. In L. L. Andreozzi (Ed.), *Integrating research and clinical practice*. Rockville, ML: Aspen.

Bandura, A. (1977). Self-efficacy: Toward unifying theory of behavioral change. *Psychological Review, 84*, 191-215.

Bannister, D., & Fransella, F. (1980). *Inquiring man*. Harmondsworth, England: Penguin books.

Barrell, J. J., Aanstoos, C., Richards, A. C., & Arons, M. (1987). Human science research methods. *Journal of Humanistic Psychology, 27*, 424-457.

Barrell, J. J., & Richards, A. (1982). Overcoming jealousy: An experiential analysis of common factors. *Personnel and Guidance Journal, 61*, 40-47.

Becker, C. (1986). Interviewing in human science research. *Methods, 1*, 101-124.

Bordin, E. S. (1965). Simplification as a research strategy in psychotherapy. *Journal of Consulting Psychology, 29*, 493-503.

Borgen, F. H. (1984). Are there necessary linkages between research practices and the philosophy of science? *Journal of Counseling Psychology, 31*, 457-460.

Dawis, R. V. (1984). Of old philosophies and new kids on the block. *Journal of*

Counseling Psychology, 31, 467-469.

Denzin, N. K. (1970). *Sociological methods: A sourcebook*. Chicago: Aldine.

Elliott, R. (1979). How clients perceive helper behaviors. *Journal of Consulting psychology, 26*, 285-294.

Elliott, R. (1986). Interpersonal Process Recall as a psychotherapy research method. In L. Greenberg, & W. Pinsof (Eds.), *The psychotherapeutic process: A research handbook* (pp. 503-527). N.Y.: Guilford.

Fischer, C. T. (1980). Phenomenology and psychological assessment: Representational description. *Journal of Phenomenological Psychology, 11*, 79-105.

Gelso, C. J. (1979). Research in counseling: Methodological and professional issues. *The Counseling Psychologist, 8*(3), 7-35.

Gelso, C. J. (1982). Editorial. *Journal of Counseling Psychology, 29*, 3-7.

Gelso, C. J. (1985). Rigor, relevance, and counseling research: On the need to maintain our course between Scylla and Charybdis. *Journal of Counseling and Development, 63*, 551-553.

Gelso, C. J. (1991). Galileo, Aristotle, and science in counseling psychology: To theorize or not to theorize. *Journal of Counseling Psychology, 38*, 211-213.

Gelso, C. J., & Fassinger, R. E. (1990). Counseling psychology: Theory and research on interventions. *Annual Review of Psychology, 41*, 355-386.

Goldman, L. (1976). A revolution in counseling psychology. *Journal of Counseling Psychology, 23*, 543-552.

Goldstein, A. P., Heller, K., & Sechrest, L. B. (1966). *Psychotherapy and the psychology of behavior change*. N.Y.: Wiley.

Gottman, J. M. (1979). Time series analysis of continuous data in dyads. In M. E. Lamb, S. J. Suomi, & G. R. Stephenson (Eds.), *Social interaction analysis: Methodological issues* (pp. 207-229). Madison, Wis: University of Wisconsin Press.

Greenberg, L. (1980). The intensive analysis of recurring events from the practice of Gestalt therapy. *Psychotherapy: Theory, Research, and Practice, 17*, 143-152.

Greenberg, L. S. (1992). Task analysis: Identifying components of intrapersonal conflict resolution. In S. G. Toukmanian, & D. L. Rennie (Eds.), *Psychotherapy process research: Paradigmatic and narrative approaches.* Newbury Park, CA: Sage.

Greenberg, L. S., & Pinsof, W. M. (1986). Process research: Current trends and future perspectives. In L. S. Greenberg, & W. M. Pinsof (Eds.), *The psychotherapeutic process: A research handbook* (pp. 3-16). N.Y.: Guilford.

Harre, R. (1974). Blue print for a new science. In A. Nigel (Ed.), *Reconstructing Social Psychology.* Baltimore: Penguin Books.

Harre, R. (1980). *Social being: A theory for social psychology.* Totwa, N.J.: Littlefield, Adams.

Heritage, J. (1988). Explanation as accounts: A conversation analytic perspective. In C. Antaki (Ed.), *Analysing everyday explanation: A case book of methods* (pp. 127-144). London: Sage.

Hill, C. E., & Corbett, M. M. (1993). A perspective on the history of process and outcome research in counseling psychology. *Journal of Counseling Psychology, 40*, 3-24.

Hoshmand, L. T. (1989). Alternate research paradigms: A review and teaching proposal. *The Counseling Psychologist, 17*(1), 3-79.

Howard, G. S. (1984). A modest proposal for a revision of strategies for counseling research. *Journal of Counseling Psychology, 31*, 430-441.

Howard, G. S., Curtin, T. D., & Johnson, A. J. (1991). Point estimation techniques in psychological research: Studies on the role of meaning in self-determined action. *Journal of Counseling Psychology, 38*, 219-226.

Kagan, N. (1975). *Interpersonal Process Recall: A method of influencing human interaction.* Educational Psychology Department, University of Houston.

Kantor, D., & Andreozzi, L. L. (1985). The cybernetics of family therapy and family therapy research. In L. L. Andreozzi (Ed.), *Integrating research and clinical practice*. Rockville, ML: Aspen.

Kelly, G. A. (1955). *The psychology of personal constructs*. N.Y.: Norton.

Levine, M. (1974). Scientific method and the adversary model: Some preliminary thoughts. *American Psychologist, 29*, 661-677.

Lincoln, Y. S., & Guba, E. G. (1985). *Naturalistic inquiry*. Newbury Park, CA: Sage.

Mahrer, A. R., Dessaulles, A., Nadler, W. P., Gervaize, P. A., & Sterner, I. (1987). Good and very good moments in psychotherapy: Content, distribution, and facilitation. *Psychotherapy, 24*, 7-14.

Manicas, P. T., & Secord, P. F. (1983). Implications for psychology of the new philosophy of science. *American Psychologist, 38*, 399-413.

Mill, J. S. (1953). A system of logic, Book IV, On the logic of the moral sciences. In P. P. Weiner (Ed.), *Readings in Philosophy of Science* (pp. 255-281). N.Y.: Scribner' s (Original work published 1843).

Munley, P. H. (1974). Review of counseling analogue research methods. *Journal of Counseling Psychology, 21*, 320-330.

Murray, H. A. (1938). *Explorations in personality*. N.Y.: Oxford University Press.

Neimeyer, G., & Resnikoff, A. (1982). Qualitative strategies in counseling research. *The Counseling Psychologist, 10*, 75-85.

Patton, M. J. (1984). Managing social interaction in counseling: A contribution from the philosophy of science. *Journal of Counseling Psychology, 31*, 442-456.

Polkinghorne, D. E. (1984). Further extensions of methodological diversity for counseling psychology. *Journal of Counseling Psychology, 31*, 419-429.

Price, D., & Barrell, J. J. (1980). An experiential approach with quantitative methods: A research paradigms. *Journal of Humanistic Psychology, 3*, 75-95.

Price, D., & Barrell, J. J. (1984). Some general laws of human emotion: Interrelationships between intensities of desire, expectations and emotional feeling. *Journal of Personality, 52*, 389-409.

Putnam, M. (1962). What theories are not. In E. P. Nagel, P. Suppes, & A. Tarski (Eds.), *Logic, methodology, and philosophy of science: Proceedings of the 1960 international congress* (pp. 240-251). Stanford, CA: Stanford University Press.

Resnikoff, A. (1978). Scientific affairs committee report, 1975-1977: A discussion of methodology. *The Counseling Psychologist, 7*, 67-71.

Ricoeur, P. (1970). *Freud & philosophy: An essay on interpretation*. New Haven, CT: Yale University Press.

Rogers, C. (1975). The emerging person: A new revolution. In R. I. Evans (Ed.), *Carl Rogers: The man and his ideas* (pp. 147-176). N.Y.: Dutton.

Runyan, W. M. (1982). *Life histories and psychobiography: Explorations in theory and method.* N.Y.: Oxford University Press.

Runyan, W. M. (1990). Individual lives and the structure of personality psychology. In A. I. Rabin, R. A. Zucher, R. A. Emmons, & S. Frank (Eds.), *Studying persons and lives* (pp. 10-40). N.Y.: Springer.

Strong, S. R. (1991). Theory-driven science and naive empiricism in counseling psychology. *Journal of Counseling Psychology, 38*, 204-210.

Strupp, H. H., Hadley, S. W., & Gomes-Swartz, B. (1977). *Psychotherapy for better or worse: An analysis of the problem of negative effects*. N.Y.: Aronson.

Suppe, F. (1977). *The structure of scientific theories* (2nd ed.). Urbana, IL: University of Illinois Press (Original work published 1974).

Wittgenstein, L. (1968). *Philosophical investigations* (3rd ed.). N.Y.: MacMillan (Original work published 1921).

제2장

과제분석과 상담

1. 과제분석의 필요성

시험불안 증세에 시달리던 어떤 사람이 그 문제를 극복하였다고 가정하자. 그의 문제가 해결되는 동안 어떤 심리적인 과정이 진행되었을까? 시험불안의 문제는 어떤 과정을 거쳐 해결되었으며, 그 해결의 과정에는 어떤 기제가 작용하였을까? 그리고 만일 그런 기제나 과정이 존재한다면 이를 찾아내어 문제해결 과정에 대한 이론적 설명모형을 구축할 수 있을까? 바로 이러한 관심사에 답하려는 것이 과제분석이다. 물론 실험을 포함한 여타 다른 접근을 통해서도 같은 문제를 탐구할 수 있겠지만, 과제분석은 어떤 구체적인 과제의 수행에 직접 참여하고 있는 개개인의 내부적인 세계를 이성적 · 실증적 방법을 함께 동원하여 세부적으로 탐구하는 전략이라는 특징이 있다.

원래 과제분석(task analysis)이라는 말은 1940년대 산업심리학 또는 직업심리학에서 모종의 과제가 요구하는 능력 요소의 분석을 의미하는 데 사용되었다. 따라서 초기의 과제분석은 심리현상보다는 과제 행동의 분석에 초점을 두고 있었다. 실제 행동으로 수행해야 할 과제가 요소로 분석되면, 어떤 형태로든 과제분석이 포함되어 있다고 본 것이다.

인간의 심리현상에 대한 과제분석을 최초로 시도한 것은 정보처리 분야에서다. Newell과 Simon(1972)은 인간의 문제해결 과정에 대한 이론을 구축하기 위하여 과제분석 방법을 사용한 바 있다. 교육심리학자들은 학습위계를 구성하는 방식으로(Gagne, 1974), 수업목표를 구성하는 방식으로(Klahr, 1976), 그리고 성취 장애를 진단하는 방식으로(Ysseldyke & Salvia, 1974) 과제분석을 활용해 오고 있다. 수업이론과 설계의 분야에서도 지적인 과제의 해결에 포함된 심리적 과정을 탐구함에 있어 과제분석은 중심적 역할을 담당하고 있다(Gregg, 1976; Resnick, 1976). 특히 인지 발달 영역에서는 많은 학자들(Baylor & Lemoyne, 1975; Pascual-Leone, 1976)이 과제분석을 주요 연구 수단으로 삼고 있다. 심리치료 분야에서 과제분석을 적용하기 시작한 것은 극히 최근의 일이다. Greenberg(1979, 1984a, 1992)를 중심으로 한 일련의 학자들은 심리치료를 받고서 심리적 문제를 해결한 사람들과 해결하지 못한 사람들의 심리적 과정을 비교 · 분석하고 긍정적 변화를 야기하는 요소와 기제를 찾아내는 방법으로 과제분석을 도입하였다.

현재 사용되고 있는 과제분석은 세 가지 전통에 뿌리를 내리고 있다(Greenberg, 1984a). 첫째는 행동주의에 근거를 둔 것으로서 '요소 또는 구성인자' 분석이라고 하는 비교적 간단한 과제분석이다. Gagne의 학습 위계에서 보는 것처럼, 학습 과제를 그 과제에서 사용되는 기능들을 중심으로 위계적인 요소나 구성인자로 분할하는 방식이 이에 속한다. 둘째는 Gestalt 전통에 입각한 '능력' 또는 '구조' 분석이라고 불리는 것이다. 이 접근은 Chomsky와 Piaget 등에 의해 발전된 것으로서 개인의 내면적인 사상(事象)이나 전반적인 전략 등에 관심을 두고 있다. 셋째는 '과정-구조' 또는 '정보-처리' 분석이라고 불리는 것으로 개인이 모종의 과제를 수행하는 데에 요구되는 단계들의 과정을 아주 상세하게 기술하는 분석 방법이다. 과정-구조분석은 개인이 과제를 수행해 간 실제 흐름을 기술하고, 일어난 행위들을 일정한 순서를 지닌 연계로 조직하려고 한다. 이런 과정을 거쳐 한 개인이 주어진 과제를 수행하면서 실제로 거쳐 간 심리적 과정을 정밀하게 밝혀내려고 한다.

Greenberg 등이 심리치료 분야에서 활용하고 있는 과제분석은 과정-구조분석에 입각해 있다. 상담과정을 통해서 청담자가 변화하는 기제를 구체화하기 위하여 순간순간 일어나는 청담자의 과제 수행과정을 정밀하게 기술할 필요가 있다. 청담자의 변화과정에 대한 이러한 정보의 축적은 청담자를 성공적으로 변화시키는 기제나 요소들을 드러냄과 아울러 그 요소들의 시간적인 관계에 대한 정보까지도 제공할 수 있을 것이기 때문이다. Greenberg 등이 상담에서 일어나는 변화를 설명하는 방법으로 과정-구조모형에 입각한 과제분석에 기대를 걸고 있는 것은 이러한 이유에서다.

과제분석은 여러 가지 측면에서 상담과 심리치료의 연구에 기여할 수 있다.

첫째, 이 분석방법은 특정한 변화현상과 그 변화를 도출해 내는 기제들에 대하여 이해할 수 있도록 한다. 변화가 일어나는 주변 맥락과 변화현상 자체에 대해 상세하고 정밀하게 기술함으로써 특정한 변화가 진행되는 과정에서 실제로 일어났던 일들에 대하여 분명한 정보를 제공한다. 이러한 정보는 연구자로 하여금 변화를 도출하기 위하여 핵심적인 요소로 기능했으리라고 여겨지는 청담자의 심리적 과정들에 대하여 일련의 모형들을 점검해 보도록 할 수 있고, 최종적으로는 변화현상 속에 내재해 있는 이론적 모형을 구축하는 것도 가능할 것이다. 이렇게 형성된 이론들은 더 나아가 인간의 기능과 변화에 대한 보다 일반적인 이론들과 통합될 수도 있을 것이다.

둘째, 변화의 과정과 성과들이 보다 체계적인 방식으로 연결될 수 있을 것이다. 변화와 관련된 각종 정보들이 기술되고 이해되면, 이 정보들과 특정 성과의 관련성을 검증하는 작업이 구체적으로 이루어질 수 있다. 상담에서의 치료 효과는 여러 가지 변인들이 복합적으로 연관되어 나타나는 것이기는 하지만, 특정한 변화현상을 이해할 수 있으면 최종적인 치료 효과를 이해하는 데에도 한걸음 다가가는 것이 될 것이다.

셋째, 치료자는 보다 상세한 정보들을 바탕으로 적절한 개입방식을 선택할 수 있다. 치료자가 하는 일은 청담자의 변화과정을 촉진시켜 주는 것이다. 따라서 만일 청담자의 변화과정을 가속화시키는 청담자의 핵심적인 기능들을 분리하고 이해할 수 있다면 특정한 개입방식의 효과를 평가하는 준거가 훨씬 더 명료해질 것이다. 이 접근은 상담자 훈련과 슈퍼비전(supervision)에도 중요한 정보들을 제공할 수 있을 것이다.

넷째, 과제분석을 통해서 연구자는 치료과정에 대한 심층적인 임상적 이해를 얻게 될 것이다. 연구자는 상담 테이프를 들으면서 자신의 임상 경험을 바탕으로 생각을 정리해 보고, 의문을 던져 보고, 이론적으로 새롭게 사고해 볼 수도 있다. 그러나 이러한 사색은 끊임없이 실제로 일어나는 행동에 비추어 객관적인 점검을 받아야 한다. 이처럼 생각하고 의문을 던지는 과정을 반복하면서 연구자는 상담과 치료에 대한 보다 깊은 이해에 도달하게 될 것이다.

이 글에서는 과제분석의 절차와 구체적인 분석 예를 제시하도록 한다. 과제분석을 소개하기 위하여 주로 참고한 저서는 Rice와 Greenberg(1984)의 『변화의 유형(Patterns of change)』과 Greenberg(1992)의 『과제분석(Task analysis)』 등이다.

2. 과제분석의 절차

과제분석을 소개하는 자료에 따라 구체적인 분석의 절차에 다소 차이가 있다. Rice와 Saperia(1984)는 과제와 과제 환경의 선정 및 기술, 분석대상으로 선정된 사상(事象)의 잠재성과 고유성의 평가, 이성적 분석, 이성적 모형과 실제 수행내용과의 비교, 관찰유목의 신뢰성과 적합성 분석, 청담자의 작용모형 구축 등 여섯 단계를 기본 절차로 제시한 바 있다. Greenberg(1984a)는 과제에 대한 기술, 과제 환경의 구체화, 이성적 과제분석, 실증적 과제분석, 모형구축 등 다섯 단계로, Greenberg(1984b)는 과제의 선정과 기술, 과제 환경의 기술, 청담자의 실행에 대한 이성적 · 실증적 분석, 모형의 검증 등 네 단계로, Greenberg(1992)는 전문가로서 가진 암묵적 지도의 명료화, 과제의 선정과 기술, 과제해결의 중요성에 대한 검증, 이성적 분석: 실행도의 구성, 실증적 분석: 실제 실행에 관한 기술, 실제 실행과 예측한 수행과의 비교: 모형구축, 검증, 성과와 과정 연관시키기 등의 여덟 단계로 나누어 분석절차를 제시하고 있다.

과제분석의 내용을 이론적으로 설명하느냐 아니면 구체적인 예시를 제시하느냐에 따라 분석절차가 다소 달라진 것으로 여겨진다. 이 글에서는 과제분석의 절차와 구체적인 예들은 별도의 절로 나누어서 제시하도록 하되 Greenberg(1992)의 견해를 따르도록 한다.

1) 전문가로서 가진 암묵적 지도의 명료화

과제분석을 시도하는 연구자는 대개 전문 상담자나 치료자로서 임상전문가-연구자라고 말할 수 있는 사람들이다. 이들은 대부분 인간이 기능하는 방식에 대한 나름대로의 일반 모형 또는 암묵적 지식을 가지고 있는데, 이러한 지식은 은연중에 인지지도를 구성하여 심리치료의 구체적 과정이나 치료 행위에도 중요한 영향을 미친다. 이러한 인지지도는 성격이론, 치료이론 등과 같은 명시적 일반 이론에 의해서도 영향을 받지만, 상담자로서의 오랜 경험과 사적인 지식 등을 통해서도 영향을 받는다. 만일 연구자가 임상적인 상황에 대한 암묵적 지식을 가지고 있다면, 먼저 자신의 인지지도 속에서 기능하는 내용들에 대하여 분명히 드러내는 작업을 해야 할 필요가 있다. 상담자의 인지지도는 청담자의 실제적인 심리 행동을 관찰하는 기본 틀을 제공하는 것으로서 상담의 과정 속에서 치료적으로 중요하다고 여겨지는 부분을 찾아낼 기회를 극대화할 것이기 때문이다. 이 단계에서 상담자는 자신의 인지지도를 바탕으로 청담자의 변화에 대한 다양한 가설들을 설정한다. 예를 들어, (Gestalt이론의 주장대로) '청담자의 변화는 갈등상태에 있는 두 가지 대립된 감정의 극적인 해소를 통해서 이루어질 수 있다' 또는 (인본주의상담의 주장대로) '상담자의 공감적 이해는 청담자를 변화시키는 촉진 반응이다' 등의 탐구 가설을 설정하는 것이다. 연구자에 따라 치료과정에 대한 보다 구체적인 단계를 설정할 수도 있을 것이다.

2) 과제의 선정 및 기술

과제분석에서는 상담의 결과 도달하는 해결 상태(최종적인 변화)가 일련의 작은 단계로 분할된 청담자의 과제로 구성되어 있다고 본다. 따라서 문제해결에 도달하는 치료의 과정은 작은 단계로 나누어진 과제들에서 성공적인 변화를 얻어 내는 과정이라고 할 수 있다. 변화가 일어난 적절한 과제를 선정하는 것이 중요한 것은 이러한 이유에서다. 연구자는 명시적 · 암묵적 지식을 바탕으로 청담자에게서 구체적인 변화가 일어난 과제를 찾아내고 이를 분명히 기술할 필요가 있다. 대개의 상담자들은 '청담자가 이렇게 이렇게 될 때에 치료 효과가 이렇게 이렇게 나타날 것이다(when-then)'라는 치료적 가정을 하고 있다. 사실상 이러한 가정들이 여러 가지 상이한 치료적 접근을 등장하게 한 요인들이기도 하다. 연구자는 이러한 'when-then'에 해당하는 과제들[Rice와 Greenberg(1984)는 이를 marker라고 표현하기도 하였음]을 적절하게 선정하여야 한다. marker로 선정되는 과제는 청담자의 심리적 과정에 변화를 준 것으로서, 가능한 한 청담자의 심리적 과정 속에서 반복적으로 발생하는 것이 좋으며, 또한 한 청담자에게서뿐 아니라 여러 청담자들에게서 공통적으로 발견할 수 있는 일반적인 것이면 더욱 좋을 것이다.

일단 선정된 과제에 대해서는 행동 용어를 사용하여 그 과제의 특징을 분명하게 기술하고, 치료자가 수행한 적절한 역할에 대해서도 정확하게 기술하도록 한다. marker에 대한 기술(記述)은 청담자의 문제에 대한 해결

과정상의 진단자료를 제공하며, 치료자의 수행에 대한 기술(記述)은 이러한 유형의 문제를 다루는 데에 유용한 개입절차를 제공해 줄 것이다. 치료자의 수행절차에 대한 기술은 과제 환경(task environment: 과제가 해결되는 환경)을 구성하는 것이기도 하다. 이는 marker가 청담자의 과제를 정의하는 것이라면, 치료자의 역할 수행은 청담자가 그 과제에 대하여 생각하는 바와 그리고 그 과제가 펼쳐짐에 따라 지속적으로 생각을 고쳐 가는 과정에 영향을 미치는 일련의 과제 수업으로 간주되기 때문이다.

Greenberg(1979)는 Gestalt이론을 적용한 상담과정을 분석하면서 과제로 선정된 marker들을 'split'라고 부른 바 있다.

3) 과제해결의 중요성에 대한 검증

구체적인 연구를 진행하기 전에 연구자가 중요하다고 여겨 선정한 과제가 과연 청담자의 변화에 의미 있고 타당한 것인가를 탐색하는 과정이 필요하다. 즉, 선정된 부류의 과제 속에는 변화를 촉진시키는 활동적인 요소들이 들어 있고, 따라서 집중적으로 연구할 가치가 있다는 점을 확인해야 한다. 이 검증 작업은 여러 가지 다양한 실험방법을 통해서 이루어질 수 있다. 예를 들어, 치료자의 특정 상담 행위가 청담자에게 과제해결의 효과가 있었다는 느낌을 주었는지 알아보기 위하여 매 상담회기마다 청담자에게 사전 · 사후 자기 보고 평가지에 반응하도록 하고 그 결과를 분석해 볼 수 있을 것이다. 또 과정을 측정하는 도구들을 활용하여 상담이 진행되는 동안 marker로 선정된 과제가 발생한 시점과 발생 여부를 확인하고 상담 성과와 비교하는 작업도 가능하다. 이 부분은 과제분석에서 이성적 분석과 실증적 분석이 함께 활용될 수 있는 최초의 단계라고 말할 수 있다.

4) 이성적 분석: 실행도의 구성

과제의 치료적 중요성에 대한 검증이 끝나면, 청담자의 과제수행 과정에 대한 본격적인 분석이 시작된다. 첫째, 연구자는 자신의 임상 경험과 인지지도에 들어 있는 명시적 · 암묵적 지식을 총동원하고 때로는 녹음된 면담 테이프를 돌려 가며 청담자가 문제해결을 향해 거쳐 갔으리라고 예상되는 실행 통로를 추정해 본다. 즉, 연구자는 자기가 가진 상상력과 추리력을 활용하여 문제가 해결되는 과정에서 작용했으리라고 여겨지는 청담자의 심리과정, 전략, 기제 등을 추측해 보는 것이다. 이 과정은 순전히 연구자의 논리적 · 합리적 · 이성적 사고에 기반을 둔 분석이기 때문에 일종의 '사고실험'이라고 불리기도 한다. 필요하면 연구자는 문제해결 과정에 중요하게 작용했으리라고 여겨지는 요소나 기제들에 대한 실행도를 그려 볼 수도 있다. Gestalt의 두 의자 기법에 입각한 갈등해결 과정을 연구하기 위하여 이 접근법을 사용한 Greenberg(1984b)는 다단계 실행도를 구성하여 갈등해결에 도달하는 통로들을 몇 가지 단계로 명시한 바 있다. 그는 갈등해결에 이르는 심리적 과정의 통로를 자신을 비난하는 단계, 비난에 대하여 정서적으로 반응하는 단계, 욕구와 필요를 진술하는 단계 등으로 구분하여 제시한 바 있다. 연구자에 따라 이러한 과정을 보다 더 상세하게 정교화해 나갈 수도 있을 것이다.

실행도를 다단계로 수정하는 목적은 청담자가 실제로 수행해 나간 과정을 이해할 수 있는 틀을 제공하기 위한 것이다. 따라서 과제분석의 다음 단계인 '청담자의 실제 수행에 대한 관찰'을 할 때, 청담자가 실제 수행한 과정과 지금 이 단계에서 예측한 과정을 비교하는 지침으로서 이 실행도를 활용할 수 있을 것이다. 이렇게 함으로써 예측했던 전략이나 심리적 과정 중 어느 것이 실제로 발생했는지, 그리고 그런 요소들이 어떤 순서로 일어났는지를 결정하는 데 도움을 얻을 수 있다. 지금 기술하고 있는 과제

적 · 추론적 성격을 띠고 있는 반면, 후기 단계에서는 실증적 검증이 가능한 보다 세분되고 정밀한 성격을 띠게 된다. Greenberg(1984a)는 이성적 분석, 실증적 분석, 모형구축 등의 순서로 이어지는 반복적 순환과정을 3회나 거치면서 이론 모형이 정련되고 다듬어지는 과정에 대해 예를 들어 설명한 바 있다. 연구자에 따라 또는 연구 문제의 특성에 따라 반복적인 순환과정을 거치는 횟수는 더 늘어날 수도 줄어들 수도 있다.

모형의 구성과 더불어 연구자는 과제해결에 결정적인 역할을 하는 치료자가 어떤 방식으로 청담자의 문제해결 과정을 촉진하거나 지연시키는지에 대해서도 검토해 볼 수 있다. 문제해결의 과정을 요소화된 심리적 과정으로 나누어 분석하는 것은 어떤 요소들이 변화를 촉진하며 또 그 요소들이 어떻게 변화하는지에 대한 통찰을 제공하게 된다. 이러한 지식은 다시 변화의 과정들을 촉진하는 치료적 개입전략에 관한 정보를 제공할 수 있을 것이다.

7) 모형의 검증

앞의 여러 과정을 통해서 문제해결에 도달하는 과정에 대한 이론 모형을 구축하기는 하였지만, 이 모형의 일반성은 다른 사례들에서도 같은 과정을 발견할 수 있는가를 확인하는 검증 작업에 의해 확보될 수 있다. 사실상 이 단계에 도달하기까지 이미 몇 번의 검증 절차를 거쳐 왔다. 3단계에서는 분석의 대상으로 선정된 과제가 청담자가 지각한 변화와 유의미한 관련이 있는가를 검증하는 절차가 있고, 4단계와 6단계를 거치는 재순환의 과정에는 여타 다른 청담자들에게도 예측한 변화의 과정이 적용되는지를 검증하는 작업이 들어 있다. 7단계에서는 새롭게 구성된 특정 모형을 바탕으로 해결 과제에 대해 청담자가 수행하리라고 여겨지는 가설을 설정하고 여러 사례들을 통해 이를 검증하려고 한다. 성공적으로 문제를 해결한 사람과 실패한 사람의 실행 과정을 비교한다든가, 통계적 방법을 이용하여 가설로 설정한 실행 과정과 관찰한 실행 과정의 차이를 검증하는 등의 방법들이 적용될 수 있을 것이다.

8) 성과와 과정을 연관시키기

마지막 단계는 과제해결 시 청담자가 거쳐 간 심리적 과정과 최종 성과와의 관련성을 검토하는 단계다. 또한 청담자를 변화시킨 여러 가지 치료적 개입들과 치료 효과와의 관련성도 점검할 수 있다. 과제분석의 마지막 단계에서 실시하는 이러한 작업은 청담자의 특정한 심리적 과정과 성과에 대한 인과적 관계를 확인함으로써 청담자의 치료적 변화에 대한 예측력, 통제력 및 설명력을 높일 수 있는 기회를 제공할 것이다. 더불어 치료자에게는 청담자의 변화를 초래할 수 있는 적절한 치료전략들에 관한 정보를 제시해 줄 것이다. 치료 과정과 치료 성과를 연결하는 이러한 연구결과의 축적은 치료적 변화에 대한 새로운 이론을 구성하는 데에도 커다란 공헌을 할 수 있을 것으로 보인다.

연구자는 치료 성과를 측정하는 전통적인 여러 도구들도 자유롭게 활용하여 실증적인 분석에 임해야 할 것이다.

3. 과제분석의 예

앞에서 설명한 과제분석의 절차를 구체적인 사례를 들어 살펴보도록 한다. 여기에 제시하는 사례는 Greenberg가 Gestalt 치료 기법을 중심으로 과제분석을 시도한 글들(1984a, 1984b, 1992)에 소개된 내용을 바탕으로 필자가 적절하게 재구성한 것이다. 편의상 앞에 제시한 8단계에 맞추어 제시하도록 한다.

1) 전문가로서 가진 암묵적 지도의 명료화

Gestalt이론에서는 사람을 여러 부분들로 구성된 일종의 유기적인 체제로 간주한다. 이러한 부분들은 서로 조화로운 관계를 유지할 수도 있고, 갈등 상태에 놓일 수도 있다. 체제(또는 성격)를 구성하는 부분들이 조화롭게 통합된 상태를 유지할 때 유기체는 건강한 삶을 영위할 수 있지만, 이 부분들이 갈등관계를 지속하면 개인은 부적응 상태에 처하게 된다. 결국 개인이 경험하는 갈등은 성격을 구성하는 부분들 간의 불화와 갈등에 기인하는 것이다. 구체적으로 개인이 갈등을 경험할 때에는 주로 상전(topdog)과 하인(underdog)이라고 불리는 부분들 간의 대화가 벌어진다. 상전은 성격 중에서도 사회생활을 하기 위하여 요구되는 '당위'적인 내용들을 내면화한 권위주의적 · 비판적 역할을 하는 부분이고, 하인은 변명과 핑계를 대며 조작하려는 부분이다. '반드시 이렇게 해야 한다'는 상전의 대화에 '그렇기는 하다. 그러나…'라고 꼬리를 붙여 나가는 대화가 하인의 대화에 속한다. 상전과 하인의 이러한 대화가 지속되면 개인은 쓸모없는 소모적인 투쟁을 지속하게 된다. 이러한 대화를 다루어 나갈 때, 치료자는 청담자가 싸울 '문제'로 구체화하고 있는 갈등의 내용에 신경을 쓰기보다는 청담자가 현재 경험하고 있는 분열(split)에 초점을 두어야 한다. 만일 청담자가 자신의 갈등을 충분히 인식하고 대립되는 부분들을 생생하게 접촉하면, 이 대립된 부분들이 통합되면서 화해할 수 있는 가능성이 열리게 된다. Gestalt 치료의 목적은 자아에 속한 여러 부분들을 인식하고 통합하도록 하는 것인데, 여기서 통합이란 한 부분이 다른 부분을 통제한다는 차원을 넘어서는 훨씬 더 수준 높은 조화의 관계를 말한다.

치료자로서 연구자(앞으로 연구자는 Greenberg를 지칭하는 것임)는 심리치료 중 많은 사람들이 자신에 속한 부분들을 대립된 것으로 체험하는 순간적인 상태들에 대해서 자주 언급하는 것을 주목한 바 있다. '내 속의 일부는 이렇게 하고 싶은데, 다른 부분은 그렇게 하고 싶지 않습니다, 한편으로는 이렇게 느끼는데, 한편으로는 다르게 느낍니다, 그렇게 하고 싶지만, 그렇게 할 수 없습니다' 등의 표현이 바로 부분들 간의 대립된 분열 상태를 나타내는 언급들이다. 연구자가 관찰한 Gestalt 치료자들은 거의 항상 이러한 분열의 시점에 개입해 들어가서 대립된 부분들을 접촉케 하려는 시도를 한다. 청담자가 분열 상태에 대해서 탐색하고 자신이 체험하는 부분들을 깊이 있게 접촉하면, 대개의 경우 청담자는 혼란과 갈등에서 벗어나는 것으로 보인다. 이러한 결과는 중요한 분열 상태가 해결됨으로써 청담자가 자신을 새롭게 지각하고 자신의 문제에 대해 새로운 접근을 시도하는 것이 가능하기 때문이라고 추론된다. 분열 상태가 해결되면 치료적 변화가 일어나는 것은 분명한 것 같다. 그러나 이러한 변화가 어떻게 일어나는가는 분명하지 않다.

Gestalt이론과 치료자들의 말을 검색해 보면 두 가지 공통점, 즉 현재의 체험과 인식이 중요하다는 것과 분열이 해결되는 방식은 통합이라는 점을 발견할 수 있다. 문제해결 과정에 대해 이보다 상세한 지적은 Gestalt 치료의 범위 내에서는 찾기 어렵다. 청담자가 갈등을 경험할 때 변화가 어떻게 일어나는가에 대한 보다 상세한 이해를 할 수만 있다면 심리치료에서 일어나는 변화에 대해 보다 정밀한 설명이 가능해지고 아울러 치료의 실제에 커다란 기여를 할 수 있을 것이다.

2) 과제의 선정 및 기술

청담자의 심리적 과정을 추적하기 위해서 분석할 과제 또는 marker를 이 연구에서는 '갈등 분열(conflict split)'로 정한다. 갈등 분열은 네 가지 특징에 의해서 내적 갈등을 나타낸다고 여겨지는 직접적인 언급을 말한다.

네 가지 특징은 다음과 같다.

① 자아의 부분적인 측면이나 성향에 대한 언급(예를 들어, '다가가고 싶다, 나는 이러한 느낌들을 가지고 있다, 안전을 원한다' 등)
② 자아에 대한 두 번째 측면이나 성향에 대한 언급(예를 들어, '끌어당겨지는 것 같다, 내 느낌이 다 말라 버릴 것 같아 두렵다, 나는 자유로워졌으면 좋겠다')
③ 두 부분이 대립 상태에 있다는 것을 나타내는 내적 모순의 표출(예를 들어, '그러나, 하지만, 만일' 등으로 시작하는 어구)
④ 청담자가 언어적으로 '나는 할 수 없어, 나는 두렵다, 어떻게 해야 할지 모르겠어' 등과 같은 말투로, 또 비언어적으로 음성과 몸짓 등을 통해 현재 분쟁과 갈등의 소용돌이 속에 있다는 것을 드러냄

위의 네 가지 특징을 다 갖춘 예를 들어 보면, 사람들과 친밀해지는 것에 대한 청담자의 다음과 같은 발언 '나는 사람들에게 가까이 다가가고 싶어. 하지만 그럴 수가 없어. 나는 그냥 무엇인가에 의해 끌어당겨지는 것 같아', 자기통제력에 대한 청담자의 발언 '내 속에는 이런 모든 감정들이 다 들어 있어. 나는 두려워. 만일 내가 그것들을 다 쏟아 내면 무슨 일이 일어날지 모르겠어'. 결정해야 할 사항에 대한 청담자의 발언 '이러한 관계를 계속 유지해야 할지 말아야 할지 모르겠어. 안정된 생활을 하고 싶기도 하지만 좀 더 자유로워졌으면 좋겠어' 등을 들 수 있다. 이상 네 가지 특징을 갖춘 갈등 분열의 상태를 분석할 과제 또는 marker로 설정한다.

문제해결에 결정적으로 작용한 요소들을 분리해 내기 위해서는 과제분석의 초두에 '성공적 문제해결'에 관해서 정의를 내려 놓는 것 역시 중요하다. 성공적 문제해결이라는 기준은 적절한 과제(marker)를 선정하기 위해서도 분명히 해 둘 필요가 있다. 그러나 Gestalt 치료의 문헌이나 자료들

을 검토해 보면 문제가 해결되었다는 기준에 대해 명확하게 정의를 내리고 있지 않다. 아마도 처음에는 애매하고 흐릿하다가 어느 시점에선가 청담자가 스스로 새로운 Gestalt가 형성되었다는 감각 또는 무엇인가가 완성되었다는 감각을 갖게 될 때가 문제해결에 도달한 것이라고 보기 때문인 것 같다. 마치 조각난 그림 맞추기를 하듯이 서서히 문제를 풀어 나가다가 어느 시점에서 완성된 그림에 대한 형태감을 잡고 더 이상 혼란과 당황스러움을 경험하지 않는 상태에 도달하는 것과 유사한 과정이라고 말할 수 있다. 이처럼 문제해결의 상태를 청담자가 주관적으로 체험하는 완성(해결)의 상태라고 본다면, 성공적인 문제해결 과정의 존재 여부를 따지는 첫 번째 준거는 바로 치료 경험에 대한 청담자의 자기 보고내용이 될 것이다. 또 청담자의 보고내용 이외에 문제가 해결되었다는 상담자의 판단도 중요하게 취급되어야 한다. 이 두 가지 방법 이외에도 이 연구에서는 Experiencing Scale(Klein et al., 1969)을 이용하여 청담자의 문제해결 여부를 판단하는 보조 자료로 삼았다.

청담자의 문제를 해결하기 위하여 상담자가 제공하는 개입전략이나 환경을 과제 환경이라고 하는데, 이것 역시 상세히 기술되어야 할 필요가 있다. 이 연구에서는 과제 환경으로 Gestalt 심리치료에서 흔히 활용하는 두 의자 기법(two-chair technique)을 이용하였다. 물론 같은 두 의자 기법을 적용하더라도 상담자에 따른 변수, 상담자의 순간적인 개입 행동의 변수, 상담자-청담자의 상호작용의 변수 등에 따라 청담자에게 미치는 영향에 차이가 있을 수 있다. 그러나 이 연구에서는 이론적 배경과 치료에 대한 신념이 유사한 Gestalt 상담자들을 특별히 훈련하여 연구에 참여시켰으므로 비교적 일관성 있고 표준화된 과제 환경이 제시되었다고 판단할 수 있을 것이다. 이 연구의 과제 환경에 대해 좀 더 상세히 설명하도록 한다.

상담자는 분열 상태에 있는 두 부분을 분리시키고, 그들 간의 접촉을 이루어 내기 위하여 Perls(1969)가 창안한 두 의자 기법을 과제 환경으로 삼는다. 청담자 분열 상태의 대립된 측면들을 통합하기 위하여 다음과 같은 일반 원칙을 바탕으로 두 의자 기법을 적용하도록 한다. ① 분리와 접촉의 창출, ② 청담자의 책임감, ③ 주의를 기울이는 기능, ④ 각성의 고양, ⑤ 표현적 기능 등 다섯 가지 원칙이 그것이다.

가장 중요한 첫 번째 작업은 청담자 자아의 부분적인 측면들을 분리시키고 이들을 접촉하도록 안내하는 것이다. 청담자 속에 있는 양 측면이 분리되어 대화를 할 수 있어야 청담자는 각 측면들의 차이와 타당성을 체험할 수 있게 된다. 이 양 극단의 측면들 간에 접촉이 회복되면 청담자는 거의 예외 없이 그동안 내버려 두었던 부분들을 새롭게 인식하게 된다. 두 번째는 자기 속에서 일어나는 두 측면 간의 갈등에 대해서 청담자가 책임을 느끼도록 격려하는 것이다. 즉, 청담자로 하여금 대립되는 각 부분에 대하여 철저하게 자신의 것으로 체험하고, 이를 '나'라는 주어를 사용하여 표현하도록 한다. 세 번째는 청담자가 체험하는 상이한 측면들에 대해 인식을 증가시켜 주는 기능이다. 상담자는 요청, 지시, 직면 등의 기법을 사용하여 청담자의 주의와 초점을 분열 상태에 맞추도록 한다. 네 번째는 청담자의 각성 수준을 높임으로써 체험의 충격을 증가시키는 것이다. 청담자에게 과장된 동작을 시키거나, 같은 말을 반복시키거나, 속생각을 행동으로 표출하도록 함으로써 청담자가 체험하는 내용에 대해 더 각성되도록 유도하는 것이다. 마지막으로 표현하는 기능은 그냥 말만 하도록 하는 것이 아니라 이를 실제로 행동하도록 이끄는 것이다. 실제 행동을 하는 것은 말하는 것보다 그 충격이 훨씬 더 크다. 따라서 상담자는 청담자에게 자신이 스스로에게 행하는 내용에 대해 인지하도록 하고 이러한 과정을 특별한 방법으로 실행해 보도록 요청한다. 이런 과정을 거쳐서 청담자는 보다 구체적 · 실제적인 대화를 진행할 수 있게 된다.

앞의 원리들은 과제 환경을 구체적으로 정의하는 것임은 물론 상담자의 치료요강이라고도 할 수 있다.

3) 과제해결의 중요성에 대한 검증

과제해결의 중요성에 대한 검증은 실제로 모형구축의 단계에서 본격적으로 이루어지므로 상세한 설명은 뒤로 미루기로 한다. 단, 논리적인 순서 차원에서 볼 때 모형구축의 단계에 들어가기 전에, 연구자가 선정한 과제를 해결하는 것이 치료상 중요한 의미가 있음을 밝히는 작업이 선행되어야 한다는 점을 기억할 필요가 있다.

4) 이성적 · 실증적 분석과 모형구축

앞의 과제분석 절차에서는 이성적 분석, 실증적 분석, 모형구축을 별도의 항으로 설명하고 있으나 이 연구에서는 이 세 과정이 일회적으로 끝나지 않고 세 번에 걸쳐 반복적으로 순환되기 때문에 함께 묶어 제시하는 것이 바람직할 것 같다. 과제분석에서 가장 중요한 부분이므로 비교적 상세한 분석과정을 옮겨 보도록 한다. 첫 번째 순환과정부터 제시한다.

(1) 순환과정 1: 모형의 구성

① 이성적 분석

연구자는 여러 문헌에 실린 내용과 상담자로서의 임상적 경험을 바탕으로 문제해결로 이끄는 가능한 전략들과 실패로 이끄는 오류전략들에 대하여 이성적인 분석을 시도하였다. Gestalt 두 의자 기법에서 갈등을 해결하는 방식은 모종의 통합에 의해 얻는 해결, 이전에 표현되지 않았던 느낌들을 표출함으로써 얻는 해결, 관점을 바꿈으로써 얻는 해결 등으로 나누어 볼 수 있다. 청담자의 갈등을 해결하지 못하는 오류전략은 갈등에 대하여 말로 표현하기만 하는 경우와 갈등을 최소함으로써 이를 피하거나 자신에게 의미 있는 것으로 논의하지 않으려는 경우 등을 들 수 있다.

② 실증적 분석과 모형구축

첫 번째 실증적 분석은 두 의자 기법의 대화에 참여한 청담자 세 사람을 대상으로 한 사람당 3개씩 추출해 낸 총 9개의 marker로부터 시작하였다. marker들의 체험적 깊이는 Experiencing Scale(ES: Klein et al., 1969), Client Voice Quality(CVQ: Rice et al., 1979) 등의 척도에 의해 평정되었다. 선정된 9개의 과제는 분열 상태에 대한 청담자의 언급으로 시작해서, 두 의자 기법의 원리에 충실한 대화의 진행, 그리고 두 의자 작업(또는 그 회기)의 종결로 끝이 난다. 평정자들은 분열 상태를 찾아내는 데 100%의 일치도를 보이고 있다. 9개의 과제분석 결과, 갈등해결 전과 갈등해결 후 체험의 깊이를 나타내는 점수는 현격한 차이를 보이는 것으로 나타났는데 이를 보다 상세히 기술하면 다음과 같다.

- '체험 의자'라고 부르는 의자에서 청담자는 처음에 ES척도의 4수준에 이르는 높은 수준의 느낌을 표현하고 있었다.
- '상대 의자'라고 부르는 의자에서 청담자는 처음에 ES척도의 4수준 아래의 낮은 체험 수준에서 시작해서 융합 지점에 도달하자 '체험 의자'에 필적할 정도로 체험의 깊이가 증가하였다.
- 융합 지점 이후에 체험의 깊이가 5, 6수준으로 높아지면서 두 의자에서 문제해결을 도출하였다. '상대 의자'가 융합 지점에 도달한 것이 문제해결의 충분조건인 것으로 보이며, 대화에서 문제해결의 국면이 시작된다는 신호로 간주할 수 있을 것 같다.

여러 청담자들을 대상으로 실제 관찰한 체험자료와 이상적으로 구성한 실행과정을 비교하면서 첫 번째 모형을 구상해 볼 수 있다. 이 경우에 두 의자로 분할된 자아의 부분은 체험의 깊이 차이라는 점에서 보여지듯이 처음에는 독립된 2개의 하위체제로 기능하는 것처럼 보인다. 또 심리적 과정이 수행되는 어느 시점에서 2개의 하위체제가 융합되는 것으로 보이는데, 이것은 '상대 의자'의 낮은 체험 수준이 깊어지면서 생기는 현상으로 보인다. 융합의 시점 이후에는 두 체제가 상호 불가분의 체험 수준을 유지하면서 문제해결을 지향하는데, 이때는 평균적으로 융합 전의 시점보다 체험 수준이 깊은 것으로 나타났다.

청담자의 음성적 특징(CVQ) 속에서도 앞의 ES에서 발견한 결과가 나타나는지를 검토해 보았다. 만일 두 의자에서 사용된 음성의 특징이 다르다면 2개의 의자를 독립된 체제로 보려는 이론 모형을 지지하는 것으로 해석할 수 있을 것이다. 분석결과는 '상대 의자'에서 정력적 · 외부지향적인 음성(externalizing: X)과 맥없고 위축된 음성(limited: L)의 결합형태가 많이 발견된 반면, '체험 의자'에서는 높은 에너지, 내부지향적인 음성(focused: F)과 감정적 음성(emotional: E)의 결합형태가 많이 발견되었다. 음성자료의 분석결과를 볼 때, '상대 의자'에서는 '체험 의자'에서보다 자신에 대한 관여 수준과 접촉 수준이 떨어지는 것으로 해석된다. 그러나 '상대 의자'에서 E와 F를 나타내는 음성의 비율은 해결 국면에 이르러 현저히 증가하였다. 또한 이러한 음성의 변화는 융합 지점 근처에서부터 일관성 있게 나타났다. 따라서 '상대 의자'에서의 F 음성으로의 변화는 해결을 위한 필요조건으로 보이며, 중요한 치료적 단서라고 여겨진다. 상대 의자에서의 이러한 음성의 변화가 '체험 의자'에서의 체험 수준에 도달하는 결과와 함께 발생하면, 거의 언제나 해결 국면에 들어서는 것으로 보인다.

이상의 결과들은 '통합에 의한 두 부분의 화해'라는 개념에 아주 가깝다. 하지만 음성자료와 전사내용을 상세히 검토해 보면 해결 단계에서 보다 특징적인 해결의 기제가 작용하고 있음을 감지할 수 있다. 즉, '상대 의자'는 '체험 의자'에 대한 태도를 부드럽게(soften) 하는 것으로 보인다.

'상대 의자'에서의 음성자료는 시종 강의하듯이 하는 특징으로부터 새로운 정보를 찾아 내부적으로 탐색하는 특징의 음성으로 변화하였음을 보여 주고 있는데, 이러한 현상은 '상대 의자'의 체험 수준이 외부지향적인 묘사로부터 보다 주관적인 느낌과 관심사에 참여하는 형태로 변화해 가는 것을 보여 주는 EC척도에 의해서도 확인할 수 있다. 전사내용을 점검해 보아도 '상대 의자'에서의 태도는 비판적인 입장으로부터 보다 수용적인 입장으로 변화함을 보여 주고 있다. 바로 이러한 비판적인 태도의 부드러워짐이 통합을 위한 필요충분조건으로 여겨진다.

청담자의 심리적 과정에 대한 첫 번째의 이성적 분석과 실증적 분석을 비교해 보면 통합, 감정표출, 관점의 변화 등 세 가지 갈등해결방식 중 통합의 방식이 가장 설득력이 있는 것으로 보인다. 문제의 해결은 2개의 하위체제, 즉 '체험 의자'와 '상대 의자'에서의 체험 수준이 통합될 때 이루어지는 것으로 보는 것이 가장 타당할 것 같다. 청담자의 체험 수준이 통합되었다는 것은 CVQ를 통한 음성의 변화라는 차원에서도 뒷받침되고 있다. 따라서 본 모형에서는 다른 두 가지 가능성을 제외하고 '통합'의 차원만을 고려하도록 한다.

(2) 순환과정 2: 모형의 수정

① 이성적 분석

첫 번째의 실증적 분석과 여타 새로운 해결과정에 대하여 관찰한 바를 바탕으로 새로운 이성적 분석을 시도하였다. 이번에는 해결과정을 보다 상세한 요소들로 분할하고 예상되는 발생 순서에 따라 배치하였다. [그림 2-1]은 청담자의 문제해결을 향한 심리적 과정을 9단계로 분할하여 제시하고 있다. 하나의 상자로 표시된 각 단계는 다음 단계에 도달하기 전에 완료되어야 할 과제로서 문제해결을 위해 반드시 거쳐야 하는 심리적 과

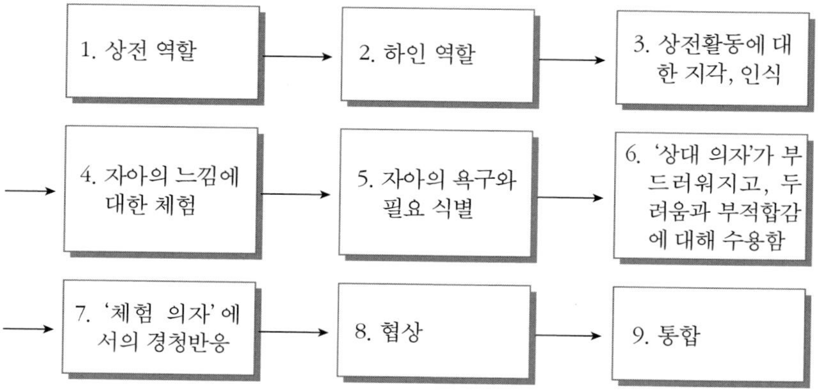

[그림 2-1] 갈등 분열 상태의 이상적 해결과정도

정으로 간주된다. 이 그림은 분열 상태가 해결되는 이상적 수행모형으로서 앞의 첫 번째 실증적 분석에서 발견된 '부드러워짐'이라는 개념과 통합의 개념을 포함하고 있다.

이 두 번째의 이성적 분석은 분열 상태의 해결과정에 담겨 있는 단계들을 보다 정밀하게 검색할 수 있는 길을 열어 놓고 있다. 과연 청담자가 앞에 설정한 이상적인 심리적 과정을 그대로 거치고 있는가 아닌가를 확인하기 위한 기준으로 다음 다섯 가지의 과정지표를 제시하고 아울러 각 지표마다 예상되는 청담자의 반응 수준을 사전에 정하고 있다. 연구자는 현실적인 자료와 예상자료를 비교하면서 이상적 해결과정도가 실제에 부합하는지의 여부를 쉽게 따져 볼 수 있다.

1. 체험의 깊이(EC)
2. 음성의 특징(CVQ)
3. 말의 내용
4. 행동과 동작

5. 면담 중 또는 대인관계 과정 회상(IPR)을 하는 도중에 청담자가 한 언급

[그림 2-1]에 들어 있는 각 단계의 특성과 각 단계별 과정지표들에서의 예상 수준을 간단히 제시하도록 한다.

●단계 1: 역할 놀이(상전)

청담자는 비난하고 요구하는 역할을 하며, 도덕적 · 윤리적 · 사회적 의무나 강력한 언어적 힘을 동원하여 상대측(자아의 다른 부분)에게 겁을 주거나 압도하려고 한다.

1. EC: 2~3수준
2. CVQ: 외부화
3. 언어: '너' '만일' '반드시' '꼭' '결코' 등의 어구를 많이 사용함
4. 행동: 꼿꼿하고 경직된 자세; 겁주려는 손동작(손가락질을 하거나, 손을 들어 올리는 등); 차갑고 냉정한 표정
5. 청담자의 언급: 권위인물(부모, 목사, 교사 등)을 인용, 강압을 나타내는 낱말이나 어구

●단계 2: 역할 놀이(하인)

청담자는 상전의 힘에 굴종해야 하는 약골의 역할을 한다. 겉으로는 겸손하고 수동적으로 행동하는 듯하나, 불평이나 핑계를 대며 상전에게 대들려 한다. 교활하고 간사한 역할을 하기도 한다.

1. EC: 3수준
2. CVQ: 위축된 또는 감정적인
3. 언어: '나' '할 수 없다' '모른다' '예, 하지만' '글쎄요' 등의 어구를 많이 사용함; 사과, 복종, 불평; 간접적
4. 행동: 폐쇄적인, 웅크린, 움츠린 자세; 눈 마주침 기피; 머리를 수그림

5. 청담자 언급: 비난에 대해 반작용하는 듯한 암시, 무력감, 무기력감 등; 작고 약하다는 암시

●단계 3: 상전활동에 대한 지각, 인식

청담자는 상전의 역할에 해당하는 태도나 행동이 완전히 외부적인 것이 아니라 자신의 한 측면을 나타내는 것임을 깨닫는다. 청담자는 자기가 스스로에게 실제로 어떻게 겁을 주는지, 어떻게 압력을 넣는지 인정하기 시작한다.

1. EC: 2~3수준(3수준의 절정)
2. CVQ: 외부화; 초점이 맞을 때도 있음
3. 언어: '너' '그것' '반드시' 등의 어구를 많이 사용함; 자각이 들 때 '나' 라는 말을 사용하기도 함
4. 행동: 꼿꼿하고 경직된 자세; 겁주려는 손동작; 차갑고 냉정한 표정
5. 청담자 언급: 인식과 자각이 되었음을 알리는 언어적 진술; 상징적인 언급(은유나 비유)

●단계 4: 자아의 느낌에 대한 체험(체험 의자)

상전 또는 '상대 의자'가 자아에 대해 자각하기 시작함에 따라 이에 직면하여 '체험 의자'는 하인의 역할을 벗어 버리고 자아의 진실된 느낌을 탐색하고 표현하기 시작한다. 대개 초기에 표현되는 느낌은 부적합감, 외로움, 슬픔, 두려움 등 비교적 허약한 감정들이다. 때로는 공격적 감정들이 드러날 때도 있다.

1. EC: 4수준
2. CVQ: 초점이 맞추어진; 감정적일 수도 있음
3. 언어: '나'를 표현하는 진술; 현재 시제의 진술; 감정을 담은 진술
4. 행동: 한숨, 피곤한 태도, 숙인 자세, 아래를 쳐다봄, 눈물, 경련 등을

보일 가능성이 있음

5. 청담자의 언급: 느낌과 관련된 진술, 특히 새롭다는 것을 암시하는 표현들; 자신의 개성적인 느낌을 인지하고 있다는 표현들

● 단계 5: 자아의 욕구와 필요 식별(체험 의자)

'체험 의자'에서 청담자는 자신의 느낌들을 보다 세분화하는 과정을 거친다. 청담자는 자신의 본능적인 욕구나 필요를 구체적으로 진술하고, 이의 만족을 요구하기도 한다. 이 단계는 명료화, 세분화, 주장의 과정이라고 말할 수 있다.

1. EC: 4수준, 5수준도 가능
2. CVQ: 초점이 맞추어진; 감정적일 수도 있음
3. 언어: '나는 원한다'와 '나는 필요하다'는 진술; '상대 의자'에 대한 요구; 구체화되고 개성화된 의미의 증가
4. 행동: 위를 쳐다보거나 보다 주장적인 특징과 손동작이 증가할 가능성
5. 청담자 언급: 욕구와 필요에 대해 자각하고 있음을 보이는 진술; 욕구와 필요에 대한 명료성이 증가하는 것을 보이는 진술

● 단계 6: '상대 의자'가 부드러워지고, 두려움과 부적합감에 대해 수용함

'상대 의자'에서 청담자는 경직되고 거친 자세를 이완하고 근심거리, 연약함, 공포, 무능력감 등의 느낌을 서서히 노출시켜 나간다.

1. EC: 4수준, 5수준도 가능
2. CVQ: 초점이 맞추어진
3. 언어: '상대 의자'에서의 '나'로 시작되는 진술; 현재 시제의 진술; 정서적 상태를 표현하는 진술
4. 행동: 이완된, 부드러운 자세; 몸을 앞으로 굽힐 가능성도 있음
5. 청담자 언급: 연민 또는 두려움, 연약함, 부적합감, 신경 쓰임 등의 느

낌과 관련된 진술; 새롭다는 느낌 또는 놀라는 듯한 느낌을 반영하는 진술

● 단계 7: '체험 의자' 에서의 경청반응

'상대 의자' 에 반응하여 '체험 의자' 에서의 청담자가 공감적 태도를 견지하며 '상대 의자' 의 말을 경청하고 그에 대해 진지하게 고려한다.

1. EC: 5수준
2. CVQ: 초점이 맞추어진
3. 언어: 공감적으로 이해하는 진술
4. 행동: '상대 의자' 와의 훌륭한 시선 접촉; 의자 전방으로 몸을 굽힘
5. 청담자 언급: '상대 의자' 에서 표현한 느낌들을 인정하고 이해하려는 진술; '상대 의자' 의 느낌에 대해 놀라는 반응을 자주 보임

● 단계 8: 협상

'체험 의자' 와 '상대 의자' 모두 자신들이 채우기를 원하는 느낌이나 소원과 관련된 조건들을 제시한다. 그리고 서로 협상과정에 참여한다.

1. EC: 5수준
2. CVQ: 초점이 맞추어진
3. 언어: 두 의자 모두에서 '나' 로 시작되는 진술; 잠정적 · 조건부적 진술; '만일 그 편에서 …한다면, 나는 …하겠다' 는 형식을 갖춘 진술; '만일 …하다면 어떨까?' 라는 가설적 진술
4. 행동: 이완된, 주장적 자세
5. 청담자 언급: 협상이나 타협과정에 참여한다는 언급; 동등하다는 느낌과 힘의 균형이 동등하게 배분되어 있다는 언급

●단계 9: 통합

두 의자는 갈등이 해결되는 만족할 만한 합의에 도달하고, 양측의 상이한 입장을 병합함으로써 통합에 이른다.

1. EC: 6수준
2. CVQ: 초점이 맞추어진
3. 언어: 두 의자에서 합의에 도달하는 진술
4. 행동: 침착하고 이완되고 평온한 자세 또는 문제해결과 관련하여 흥분되고 활기 있는 자세
5. 청담자 언급: 갈등해결과 관련된 진술; 통합의 성취를 보이는 진술; 갈등이 해결되어 안심이 된다는 표현

② 실증적 분석

이성적으로 구성한 모형과 실제 청담자가 실행한 과정을 비교하기 위하여 2개의 성공적인 해결 사례와 1개의 실패 사례를 선정하였다. 여기서 방법론적으로 중요한 것은 전사된 내용을 어떻게 분할할 것인가라는 문제다. 분열 상태로 시작해서 갈등해결로 끝나는 marker 내용의 전사를 완료한 후, 이를 모형과 비교할 수 있는 단계들로 분할하였다. 객관적 판단자 한 사람과 연구자는 전사된 내용을 과도적인 단계들로 쪼개는 작업에 참여하였다. 이 작업은 검증이라기보다는 실제로 일어난 일들을 사후적으로 기술하는 것이라고 보아야 할 것이다. 위의 두 사람은 먼저 전사된 내용을 '체험 의자'와 '상대 의자'라는 두 통로로 분할하였다. 그리고 각각의 의자는 판단자들의 판단에 따라 이성적 모형에 있는 각 단계들로 할당되었다. 연후에 판단자들이 각 과정지표들에 대해 판단한 자료를 기술해 넣을 수 있도록 청담자의 실제 수행을 그림으로 구성하였다. 이 방법은 연구자들로 하여금 자료에 근접하게 하여 앞에서 선정된 3개의 대화 사례에 대하여 정밀한 추적이 가능하게 하였다. 청담자의 실제 수행과정을 그

림으로 구성한 예는 [그림 2-2]와 같다.

이 그림의 각 상자는 이성적 모형에서 제안한 틀을 따라 실제 수행과정 속에서 발생한 능력의 단계나 요소들을 나타낸다. 각 의자에서 수행한 내용을 압축적으로 보이기 위하여 각 상자 안에 청담자의 진술에서 따온 짧은 인용구를 제시하였다. 체험 수준과 음성 특징, IPR에 대해 평정한 결과도 제시하였다. 그 단계를 성취하였다고 보이는 IPR에는 +표시를, 그렇지 않은 것은 0으로 표시하였으며, 성취하였다고 여겨지는 경우에는 청담자의 언급을 간단히 요약하였다.

실제 수행내용은 매우 복잡하지만 본질적인 해결의 과정을 추적하는

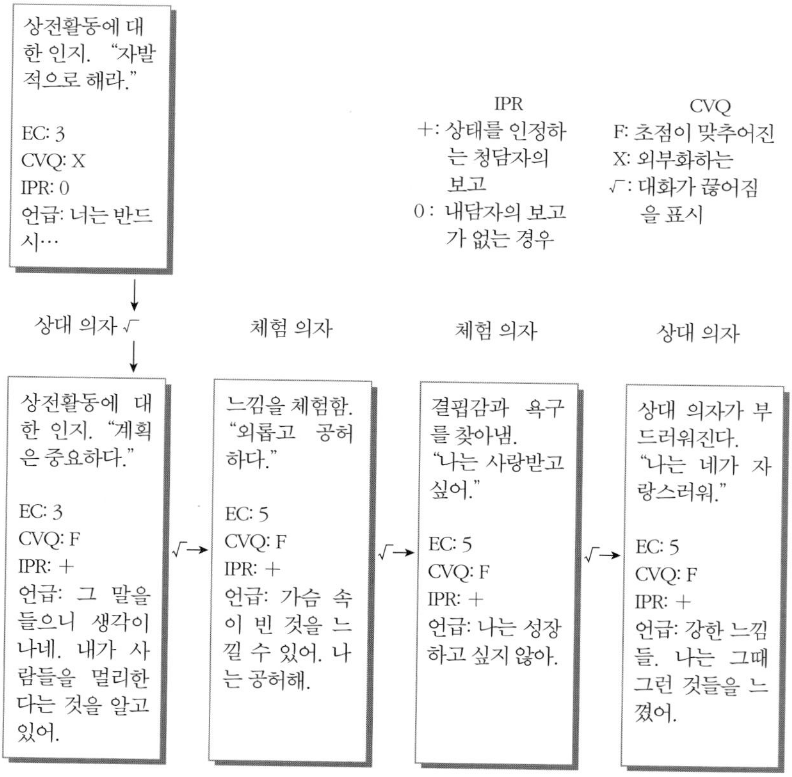

[그림 2-2] 청담자 실제 수행에 대한 예

것이 가능하였다. 결론적으로 실제 문제해결 과정은 앞에서 설정한 이성적 모형과 상당히 근접한 것으로 나타났다. 그리고 문제해결에 성공하지 못한 사례에서는 예측한 대로 성공적 문제해결 과정이 거쳐 간 통로와는 다른 대화가 진행되었다. 실제 자료를 바탕으로 한 이 같은 상세한 분석은 앞에서 이성적으로 추측한 내용에 대한 신뢰감을 갖게 함과 아울러 보다 세련된 문제해결의 과정에 대한 정보를 제공해 주고 있다.

실증적 분석을 통해서 우리는 '상대 의자' 에서의 과정에 대해 두 가지 발견을 하였다. 청담자가 자신에 대해 심하게 비난하는 시기와 스스로에 대한 태도를 부드럽게 하는 기간 사이에 '상대 의자' 에서 청담자는 여전히 내용상 외부적이고 비판적이기는 하지만 초점이 맞추어진 음성을 사용한다는 점이다. '상대 의자' 에서의 이러한 과정을 '표준과 가치' 의 진술이라고 부를 수 있을 것이다. 문제를 해결한 사례 테이프를 반복적으로 들으면서, 그리고 우리가 관찰했던 대화들에 대해 자유롭게 상상하면서, 우리는 변화로 이동하는(문제를 해결하는) 중요한 역할은 '상대 의자' 에서 자신의 개인적 의미와 가치의 표준에 대해 거친 조롱조가 아니라, 지켜야 할 이상적인 표준으로서 진술할 수 있는 능력이라는 판단을 하였다. 청담자가 개인적으로 성취를 바라는 가치와 표준들 그리고 그들이 유기체적으로 체험한 결핍들을 상호 접촉하게 하는 것이 문제해결을 할 수 있는 기름진 토양을 제공하는 것으로 보인다. 가치와 표준들이 표현되는 두드러진 특징은 '상대 의자' 에서 청담자가, 아직은 태도가 부드러워진 것은 아니지만, 초점이 맞추어진 음성으로 자신을 위해서 그 가치와 표준이 얼마나 중요한 것인가를 새롭게 발견하고 신선하게 체험하는 듯이 말한다는 점이다. '만일 네가 일하지 않는다면 너는 네가 원하는 것을 결코 얻을 수 없을 거야' '너의 연약함을 다시 내보인다면 다시 상처를 입을 거야. 그건 너무 심해' 등의 진술들이 초점이 맞추어진 상태로 대화 도중에 자주 발생한다. 이러한 진술들은 전혀 강압적으로 이루어지지 않고 청담자의 내부에서 하나의 이상이나 행위지침으로 자연스럽게 우러나오는 듯하다. 벌을 주는 잔소리꾼으로서가 아니라 이상을 실현하려는 현실적 지침으로서 비판을 체험하는 이러한 과정이 문제해결을 위해서 필수적인 단계로 여겨진다.

청담자가 새롭게 발견한 표준과 충족되지 않는다는 느낌이 마주치면 양측은 서로 대립관계를 형성하거나 아니면 새로운 관계 속으로 돌입하게 된다. 후자의 변화는 '상대 의자'에서의 태도를 부드럽게 만들고, '체험 의자'는 새로운 느낌을 보다 온전하고 통합된 방식으로 느끼거나 경청하려는 자세로 '상대 의자'의 부드러워진 시각을 이해하려고 시도한다. 그러고 나서 대화는 두 동등한 파트너 간의 협상으로 발전하는데 이를 합의 또는 통합이라고 부른다.

'상대 의자'의 부드러워지는 태도에는 두 가지 양식이 있음을 발견하였다. 한 가지는 양육하고 보호하는 차원의 것이며, 다른 하나는 내면에서 느끼는 두려움을 표현하는 차원의 것이다. 이러한 관찰은 부드러워짐에서 어떤 측면을 인지하고 주목할 것인지에 대한 보다 분화된 정보를 제공한다.

③ 모형의 구성

앞의 이성적 분석과 실증적 분석의 결과를 종합하여 새로운 갈등해결 모형을 구성하였다. [그림 2-3]은 문제해결 과정에서 본질적으로 중요하

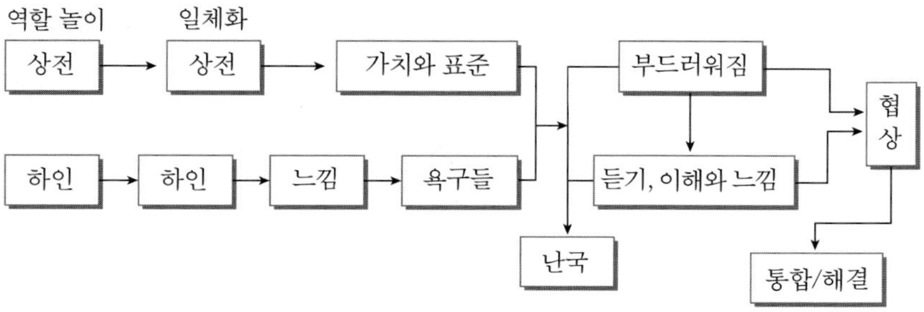

[그림 2-3] 수정된 수행과정모형

게 작용하리라고 여겨지는 요소들을 시간의 흐름에 따라 배치한 것이다.

(3) 순환과정 3: 모형 다듬기

앞의 수정과정을 거친 수행과정모형이 논리적으로 보면 순환과정 3의 이성적 분석에 해당한다고 말할 수 있다. 따라서 바로 실증적 분석으로 넘어가도록 한다.

① 실증적 분석

두 번째 순환과정의 실증적 분석에서는 각 의자에서 행한 언어의 내용과 의자들 사이에서 일어난 대인 간 의사소통 양식을 신뢰 있게 측정할 만한 도구가 없어서 객관적인 판단을 하지 못하고 주관적인 해석에 의존했었다. Benjamin(1974, 1981)이 개발한 사회적 행동의 구조분석(Structural Analysis of Social Behavior, SASB) 체제는 이런 점을 보완할 수 있을 것이다. 이 척도는 대인 간 상호작용에서의 상호 의존성과 친화의 정도를 측정하는 도구로서 두 의자 사이에서 일어나는 상호작용의 특징을 잘 드러내 줄 것으로 판단된다. SASB는 두 가지 차원으로 분할된 4개의 사분영역으로 구성되어 있다. 수평축은 친화, 수직축은 상호 의존성을 나타낸다. SASB 점수는 3개의 숫자로 표현되는데 첫 숫자는 지향대상을 의미하는 것으로서 1은 타인, 2는 자아지향을 뜻한다(개인의 내면적 역동을 나타낼 때는 3). 두 번째 숫자는 1에서 4의 값, 세 번째 숫자는 1에서 8의 숫자를 가지며 각각 사분영역상의 행동적 특징을 지칭한다. 전사한 대화의 내용은 청담자 진술에 따라 단위화하였고, 각각의 진술은 SASB에 따라 평정되었다. SASB 평정 원칙에 따르면, 하나의 진술은 핵심적인 어구 또는 요소들로 분할될 수 있다고 한다. 핵심 어구란 부호화할 수 있는, 이해가 가능한 완전한 사고 진술로서 대개는 하나의 문장에 해당한다고 한다. 핵심 어구는 소수의 낱말을 통해 상호작용의 본질을 전달해 준다. 청담자의 진술 하나는 대부분 하나의 핵심 어구를 포함하고 있으며 따라서 하나의 평정점을 받는다.

이상의 원칙을 적용하여 청담자가 수행한 심리적 과정을 수행도로 나타내 보기로 한다. 단, SASB 평정과 더불어 체험 수준 및 음성의 특징에 대한 정보도 함께 제시하도록 한다. [그림 2-4]에서의 각 마디는 상이한 SASB 행동을 보여 준다. 청담자가 각 의자에서 새로운 SASB 행동을 채용할 때, 새로운 마디가 페이지의 오른쪽에 덧붙는다. 청담자가 특정한 의자에서 이전에 표현한 SASB 행동으로 돌아가면, 새로운 마디는 같은 유목의 마디 밑에 위치시키고 수직선으로 연결한다. 따라서 이 그림은 시간의 흐름에 따라 행동이 오른쪽과 아래로 연결되는 과정을 정연하게 보여 준다.

[그림 2-4]의 첫 번째 줄은 '침범, 방해 또는 제한'하는 행동 137, 체험의 깊이 2수준, 외부화된 음성의 '상대 의자'로 시작되고 있다. '상대 의자'는 '비난, 꾸중'하는 행동 135, 체험의 깊이 3수준 그리고 감정적인 음성으로 비난 행동을 계속하다가 '가장 좋은 것을 구체화하라'는 행동 148을 체험의 깊이 3수준에서 초점이 맞추어진 음성으로 말하고 있다. '체험 의자'는 이에 대해 '투덜대고, 방어하며, 정당화하는' 행동 238을 체험의 깊이 4수준, 감정적인 음성으로 반응하고 있다. 이어서 '분명히 표현하라'는 2개의 진술(214)이 체험의 깊이 4수준, 외부화된 음성으로 연결되어 있고, 이는 다시 '체험 의자'에서 자신을 적극적으로 개방하고 드러내며(215), 자기 주장을 하고(217), 계획을 공개하는 반응(216)으로 이어지고 있다. 이 흐름 속에서 체험의 깊이는 5수준으로 증가하고, 음성도 초점이 맞추어진 것으로 변화하였다. 이는 청담자가 자신의 결핍감(또는 욕구)을 느끼고 있다는 점을 반영하는 것이다. 뒤따라서 '상대 의자'는 체험의 깊이 5수준에서 초점이 맞추어진 목소리로 '개방하고 드러내는' 행동(215)을 함으로써 부드러워진 태도를 보이고 있는데, 이는 '그럴 듯한 분석'(144)과 '좋은 것을 인정'(113)하는 매개과정을 거치는 연속 3개의 '적극적으로

개방하고 드러내는'(215) 반응으로 이어지고 있다. '상대 의자'는 대화의 흐름을 '너는 그것을 잘할 수 있어'(117)라는 말과 '분명히 표현해 보자'(214)는 말로 맺음하고 있고, 이에 대해 '체험 의자'는 '받아들여 그것으로부터 배우자'(245), '묻고, 신뢰하고, 의지하자'(243)는 반응을 보이고 있다. 상대 의자는 다시 '풀어 놓고, 흐르게 하고, 즐기도록 하자'(212)는 말로 끝

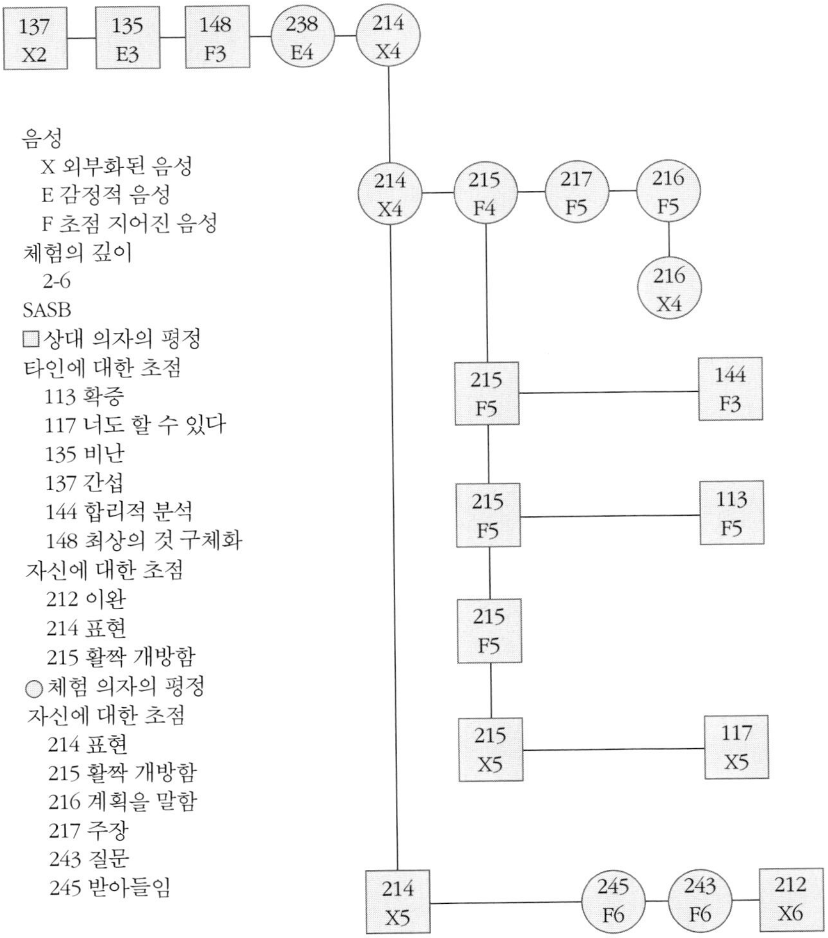

[그림 2-4] 청담자의 수행도

맺음을 하고 있다. 마지막 '상대 의자'의 반응은 체험의 깊이 6수준에 외부화된 음성으로 표현되고 있는데, 바로 문제해결이 시작되고 있음을 알려준다.

② 모형구성

SASB, EC 및 CVQ 등을 이용하여 순간순간 일어나는 청담자의 내면적 과정에 대한 분석결과, 앞에서 제시했던 수행모형에 몇 가지 첨가할 사항이 있음을 발견하였다. 이를 그림으로 나타낸 것이 [그림 2-5]다. 이 모형을 살펴보면, 역할 놀이의 대화가 시작되면서 '상대 의자'는 '체험 의자'에 대하여 거친 비판을 쏟아 놓기 시작하는데, 이에 대해 '체험 의자'는 자신이 느끼는 감정을 표현함으로써 반응한다. 두루뭉술한 일반적 진술로 표현되던 거친 비판은 보다 실제화 · 구체화된 비판으로 세부화되는데, 여기에서 특정한 변화가 요구되기도 하고 자신의 특정한 성격이나 행동이 부정적으로 평가되기도 한다. 이러한 비판에 대해, '체험 의자'는 체험의 새로운 측면이 표현될 때까지 보다 분화된 방식으로 반응하기 시작한다. 그러다 보면 '체험 의자'에게 새로운 방향감이 생기기 시작하는데, 이것이 비판에 대항해 자신이 원하는 것(want or need)으로 주장된다. 보다 구체화되었던 비판은 이제 표준과 가치에 대한 진술로 이동하는데, 바로

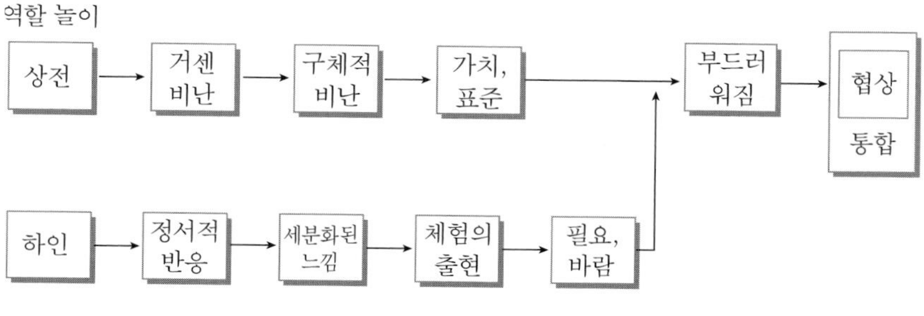

[그림 2-5] 수정된 갈등해결 수행모형

이 시점에서—표준과 가치에 직면하여 결핍이나 부족함을 주장하는—비판을 부드럽게 하는 문제해결의 대화가 시작된다. 두 부분 간의 협상/또는 통합은 이런 대화를 뒤따라 이어진다.

5) 모형의 검증

대립, 융합 그리고 통합으로 이어지는 3단계 갈등해결의 흐름을 검증하기 위하여 표집대상을 늘려서 검증연구를 시도하였다. 14개의 성공 사례와 14개의 실패 사례를 대상으로, 세 가지 기준 Conflict Resolution Box Scale(Greenberg & Dompierre, 1981), Target Complaints Discomfort Box Scale(Battle, Imber, Hoehn-Saric, Stone, Nash, & Frank, 1966), Conflict Resolution Box Scale(Klein et al., 1969)을 준거로 하여 해결 과제를 선정하고, 모형으로부터 도출한 두 가지 가설에 대해 검증하였다.

첫 번째 가설은 문제를 해결한 사람들과 해결하지 못한 사람들의 수행 과정에 차이가 있는지를 검증하는 것으로 집단 간 차이 분석방법을 적용하였다. 두 번째 가설은 문제를 해결하는 순서와 양상에 대한 것으로서 ① 대화의 출발 당시 두 의자에서의 체험 수준은 다를 것이나 대화가 진행됨에 따라 체험 수준이 서로 융합되어 구별이 어려울 것이라는 하위 가설과 ② '체험 의자'는 대화 출발 당시의 보다 적대적인 태도에서 대화가 종료될 시점에서는 보다 친화적이고 독립적인 태도로 변화될 것이라는 하위 가설로 나누어 검증하였다. 이 가설의 검증도구로는 SASB, EC, CVQ 등을 이용하였다.

검증의 결과 앞의 가설들은 모두 지지되었다. 이 수행모형은 문제 해결 집단과 실패집단을 확연하게 구분하는 것으로 나타났으며, 문제해결의 과정에서도 예측한 변화의 패턴, 즉 대립 상태, 융합 상태, 통합 상태로 이어지는 순서가 발견되었다. 이러한 결과는 갈등해결이라는 문제해결의 과정에 대해 이 연구가 구성한 이론 모형이 타당함을 뒷받침하는 것으로 해석할 수 있다(Greenberg, 1984b).

6) 성과와 과정을 연결시키기

수행모형의 요소들과 치료 효과 간에도 일정한 관계를 발견할 수 있는지 탐색해 보았다. 이 연구에서는 갈등해결에 결정적인 기여를 한 과정 요소로 비판, 청담자가 느낀 바람, 부드러워짐 등의 세 가지를 들었다. 각 요소가 존재하는지의 여부는 다음 준거에 의해서 판단하였다. 이 세 요소가 모두 들어 있는 사례들이 과제해결 사례로 판단되었다.

• 비판

1. '상대 의자'에서의 청담자의 진술 중 적어도 2개 이상이 SASB의 2영역(invoke hostile autonomy)이나 3영역(hostile power)에 해당하는 것으로 평정되어야 한다.
2. 적어도 2개 이상의 청담자 진술이 CVQ에서 외부화된 음성으로 평정되어야 한다.

• 청담자가 느낀 바람

1. '체험 의자'에서 최소한 1개의 청담자 진술이 SASB 분류목의 243(묻고, 신뢰하고, 의지하자), 217(자신을 주장하자) 또는 216(계획을 세워 보자) 중 하나로 평정되어야 한다.
2. 1번에서 분류된 청담자 진술 중 최소한 하나는 EC척도에서 4수준 이상이 되어야 한다. 다음에 4수준 이상에 해당하는 진술이 몇 개인지를 검토한다. 4수준에 도달한 것이 1개라도 준거를 만족시키지만, 2개 이상이면 체험의 깊이가 훨씬 더 강한 것으로 평가된다.

3. SASB 분류에 일치하는 최소한 1개 이상의 청담자 진술이 음성적으로 초점이 맞추어진 진술이어야 한다.
4. 청담자는 '상대 의자'에게 직접 욕구를 표시하는 진술을 하여야 한다 (나는 …하고 싶다).

• 부드러워짐

1. '상대 의자'로부터 나온 최소한 2개 이상의 연속 청담자의 진술이 SASB에 의해 친화적인 것, 즉 1영역이나 4영역에 속한 것으로 평정되어야 한다.
2. 최소한 1개 이상의 청담자 진술이 앞에서의 SASB 평정과 일치되어야 한다.
3. '상대 의자'에서 표현한 것 중 최소한 1개 이상의 진술이 EC척도에서 4수준 이상이 되어야 한다.

치료 효과가 있었느냐의 여부는 여러 가지 전통적인 측정도구들을 활용하여 평가하였다. 연구에 참여한 사람들은 31명의 성인들이었다.

분석의 결과, 치료기간 내에 앞의 본질적인 요소들을 경험한 사례들은 그렇지 못한 사례들에 비해 월등하게 치료 효과가 높은 것으로 나타났다. 변량분석의 결과, 치료 초기에는 집단 간 차이가 발견되지 않았으나 치료가 종료되던 시점과 추후 연구에서는 과제해결집단이 무해결집단에 비하여 통계적으로 유의미하게 불안 수준은 낮고, 자기결정의 수준은 높은 것으로 나타났다. 비모수적인 분석의 결과도 치료 종료 시와 추후 연구에서 과제해결집단의 불평 수준이 줄어들고 행동 변화가 많았음을 보고하고 있다(Greenberg, 1984b).

치료의 과정과 성과의 관계를 분석한 이상의 결과들은 앞에서 구성한 갈등해결모형의 타당성을 제공해 준다. 더불어 청담자를 치료하는 과정에서 상담자가 중요하게 다루어야 할 변인 또는 요소들에 대한 정보를 제공하는 것이기도 하다.

4. 맺음말

과제분석은 최근에 유행하고 있는 상담/심리치료의 과정연구 중 가장 대표적인 접근의 하나다. 이 분석방법은 심리치료가 진행되는 도중 어떤 일이 어떤 순서로 일어나는가를 내부자적인 관점에서 정밀하게 진단하려고 한다. 상담을 통해 최종적으로 획득되는 변화(big outcome)는 단번에 얻어지는 것이 아니라 상담이 진행되는 순간순간의 작은 변화들(small outcomes)이 축적되어 이루어지는 것이다. 따라서 작은 변화(성과)들의 정체를 파악하고 이들의 상호관계나 발생 순서를 확인하는 것은 궁극적으로 상담 효과의 본질을 파헤치는 작업이기도 하다. 작은 성과들의 정체, 그리고 작은 성과들과 전체 성과 간의 관련성을 분석하려는 과제분석은 이성적 분석과 실증적 분석을 동시에 활용한다는 특징을 지니고 있다.

먼저, 이성적 · 합리적 사고를 거쳐 기본 치료모형을 설정하고 이를 객관적이고 실증적인 자료를 통해 검증하면서 점차적으로 현실적인 치료과정 모형을 확립해 나가는 것이다. 과제분석은 이런 점에서 과학적 원칙에 철저한 분석방법이라는 평을 들을 수 있을 것이다. 이런 방법을 통해 발견해 낸 치료과정에 대한 정보는 실제로 상담자들에게 상담에 임할 때 고려해야 할 중요한 정보들을 제공해 줄 수 있을 것이다. 사실상 지금까지 상담의 성과를 탐구해 온 대부분의 연구자들은 나름대로 과제분석이 제안하고 있는 방법들을 채용하고 있었다. 모종의 합리적인 사고를 바탕으로 기본 가설을 설정하고, 일정한 절차에 따라 이를 검증하려고 한 것이다. 그러나 이 연구들은 두 가지 중요한 점에서 과제분석과 차이를 보이고 있다.

첫째, 대부분의 연구들은 상담과정의 내부에서 일어나는 과정 요소들에 초점을 두는 대신 여러 가지 상황이나 배경 변인들을 주로 탐색하였다. 예를 들면, '상담자, 청담자의 생물학적 성이 상담 효과에 미치는 효과'에 관한 연구 등이 이런 부류에 속한다. 둘째, 상담의 과정을 탐색하였다고 하더라도 과제분석과 같이 철두철미한 과학적 탐구과정을 거치지 않았다는 점이다. 과제분석은 과제로 선정된 각 요소들에 대하여 이성적 분석과 실증적 검증결과가 부합할 때까지 반복적인 순환과정을 거치면서 지속적인 탐색을 계속한다. 과제분석이 단순히 특정 청담자의 문제해결 과정을 밝히는 데서 그치지 않고, 나아가 인간의 변화에 대한 새로운 이론 모형을 구축하는 탐구방법으로 제안되고 있는 것은 이러한 방법론적 엄격성에 기반을 두고 있기 때문일 것이다. 과제분석이 제시하는 방법론에 입각하여 상담과정에 대한 많은 사실들이 발견된다면, 과학적 사실에 기반을 둔 새로운 상담이론의 출현도 가능할 것이다.

과제분석의 장점은 동시에 단점으로 작용할 수도 있다. 앞 절의 구체적인 분석 예를 보아도 알 수 있듯이, 과제분석은 연구자의 사고와 노력과 시간을 엄청나게 요구하는 방법이다. 과학적 엄격성을 보장하기 위한 이러한 절차는 거꾸로 연구자들로 하여금 과제분석에 등을 돌리게 할 수도 있다. 과제분석을 시도한 연구자들과 연구물들이 현재까지 극히 제한되어 있다는 점은 이런 사실을 반영하는 것일 수도 있다. 또 하나, 과제분석은 상담자가 바로 연구자의 역할을 하는 연구자-상담 전문가 형태를 선호한다. 상담 전문가라야 상담과정에 대한 합리적 사고를 전개할 수 있다고 보기 때문이다. 상담의 내부과정을 잘 아는 전문가가 연구를 주도하는 것은 바람직한 일이기는 하지만, 특정 상담이론이나 기법을 신봉하는 상담자의 과제분석 연구는 오히려 왜곡된 사실을 방어하는 결과를 초래할 수도 있다. 특히 상담자들의 대부분이 특정 이론을 지지하는 입장에 있다는 사실을 간과해서는 안 될 것이다. 이러한 문제는 중립적인 입장(상담 분야의 외부에 있거나 특정 상담이론을 지지하지 않는 상담자)에 서 있는 연구자들과의 공동 연구로 극복해야 할 부분이다.

● 청담자의 체험 척도(experiencing scale)

여기에 소개하는 체험 척도는 Klein과 그의 동료들(1986)이 제작한 것으로서 1969년도에 처음 발표된 것을 수정 · 보완한 것이다.

① 수준 1

이 수준의 주요한 특징은 표현내용이나 표현방식이 일반적(비개인적)이라는 점이다. 어떤 경우에는 개인적인 요소를 거의 배제한 채, 주어진 사건이나 아이디어에 대해 추상적 · 일반적 · 피상적 설명으로 일관하는 수도 있다. 설사 개인의 특성이 담긴 표현이라 하더라도 말하는 사람의 참여가 일반적이어서 자신에 대해 중요한 어떤 것도 드러내지 않으며, 마치 낯선 사람이나 물리적 대상에 대해 말하듯이 자신을 표현한다. 그 결과 느낌은 회피되고 개인적 참여가 결여된 의사소통이 이루어진다.

② 수준 2

말하는 사람과 표현내용과의 연관이 뚜렷해진다. 이야기 속에서 말하는 사람이 중심인물이 되거나 또는 그의 관심사가 분명해진다. 그러나 말하는 사람의 참여는 특정 상황이나 내용을 벗어나지 못한다. 모든 설명, 연관, 반응, 언급 등은 이야기나 생각을 전달하는 데서 그치고 말하는 사람 자신의 느낌에 대해서 언급하거나 내비치는 일이 없다. 따라서 개인적인 관점은 피상적인 참여의 수준에서, 지적인 관심사나 일반적인 것들에 한정해 드러난다.

③ 수준 3

말하는 사람은 외부적 또는 행동적 용어로 이야기하거나 기술하는데, 거기에 자신의 느낌이나 개인적 경험에 관한 설명을 첨가시킨다. 그러나 이러한 언급을 기술하는 사건이나 상황에 한정함으로써 개인적인 관심이 있다는 느낌을 주면서도 이를 일반화하여 표현하지는 않는다.

특정 상황이나 역할에 한정한 자기 묘사 또한 수준 3에 속한다. 따라서 느낌이나 개인적 반응이 분명하기는 하지만 제한된 관점에서 다루어진다. 그것들이 '인정' 되기는 하나 외부적인 환경 속에 뿌리를 둔 것으로 보거나 무시한다.

④ 수준 4

수준 4에서는 말하는 사람의 참여의 질 또는 '태세'가 변화하여 사건에 관한 언급 또는 추상화된 언급보다는 주관적으로 느낀 체험의 흐름에 주의를 옮긴다. 표현내용 속에는 말하는 이의 느낌, 개인적 · 내적 시각 그리고 자신의 느낌에 대한 설명 등이 분명하게 제시된다. 사건 자체보다는 느낌이나 그 사건에 대한 체험이 대화의 주요 주제가 되는데, 이를 위하여 말하는 사람은 자신의 내적인 체험에 계속 주의를 집중하려고 한다. 이러한 체험에 주의를 기울이고 몰입함으로써 말하는 사람은 자신이 된다는 것이 어떤 것인지에 대해 표현하게 된다. 이렇게 내부적 관점이 제시되고, 열거되고, 묘사되기는 하지만, 의도적인 자기 검토나 탐색이 초점이 되지는 않는다.

⑤ 수준 5

표현내용은 말하는 사람의 느낌이나 체험에 대한 의도적 정교화나 탐색에 집중된다. 여기에는 두 가지 필요한 요소들이 있다. 첫째, 말하는 사람은 느낌과 관련된 자아에 대하여 분명하게 문제를 제기하거나, 진술하거나, 의문을 제기하여야 한다. 문제의 제기나 진술은 느낌의 시작, 그 순서 또는 느낌의 의미를 포함하거나 느낌과 여타 개인적인 과정들을 연관 지을 수도 있다. 둘째, 말하는 사람은 개인적인 방식으로 문제에 대해 탐색하거나 접근할 수 있다. 탐색과 정교화는 처음의 진술과 관련되어야 하며 말하는 사람의 체험에 대한 인식을 확장시켜 줄 잠재적 가능성이 있는 내부적 언급들을 포함하여야 한다. 또한 이 언급들은 모색이나 탐색의 과정 자체의 증거가 될 수 있는 것이기도 하다.

⑥ 수준 6

수준 6에서 말하는 사람이 내적 체험을 감각하는 방식은 앞 수준과는 다르다. 이는 거기 있기는 하지만 아직 완전히 발견된 것은 아닌 '느껴진 감각'이다. 즉, 내적인 체험이 있기는 하지만 아직은 분명하게 드러나지 않은 것을 말한다. 즉각적으로 생각이 떠오르거나 이름을 붙일 수 없는 잠재적인 감각이 그것이다. 이러한 느껴진 감각은 분노, 기쁨, 공포, 슬픔 또는 '그 무기력한 느낌'이라고 알려진 인지할 만한 느낌들 이상의 것이다. 설사 익숙하고 친숙한 느낌들이 포함되어 있더라도 그렇게 알려진 느낌들과 더불어 따라오는 그 '이상'의 감각이 첨가되어 있는 것이다.

⑦ 수준 7

표현내용은 말하는 사람이 즉시적으로 느껴지는 느낌이나 내적 과정들에 대한 인식을 꾸준히 확장시키고 있다는 것을 드러낸다. 그는 하나의 내적 체험에서 다른 체험으로 이동할 수 있는 능력을 분명하게 보여 주며, 현재의 체험적 수준에서 발생하는 즉시적으로 느낀 의미를 상호 연결시키고 통합함으로써, 각각의 새로운 감각기능이 보다 진전된 탐색과 정교화를 위한 도약대로 기능한다는 것을 보여 준다.

● 청담자의 음성 특성 척도(client vocal quality)

여기에 소개된 척도는 주어진 순간에 표현되는 청담자의 주의집중 에너지를 평가하려는 것으로서 Rice를 중심으로 개발된 것이다(Rice et al., 1979; Rice & Wagstaff, 1967). 이 척도는 음성 특징이 나타내는 패턴에 근거해서 분류할 수 있는 4개의 분류목으로 구성되어 있다.

① 초점이 맞추어진(focused)

이 패턴은 주의집중 에너지를 내부로 향하는 양상을 보이는 것으로 청담자는 내적 체험을 따라가면서 이를 낱말로 표현하려는 노력을 전개한다. 불규칙적인 억양의 패턴, 음조를 높이는 것이 아니라 음의 강도와/또는 음 늘이기를 통해 엮어 내는 억양, 불규칙한 음속, 충분히 지켜지지 않는 쉼의 길이 등의 음성적 특징을 나타낸다.

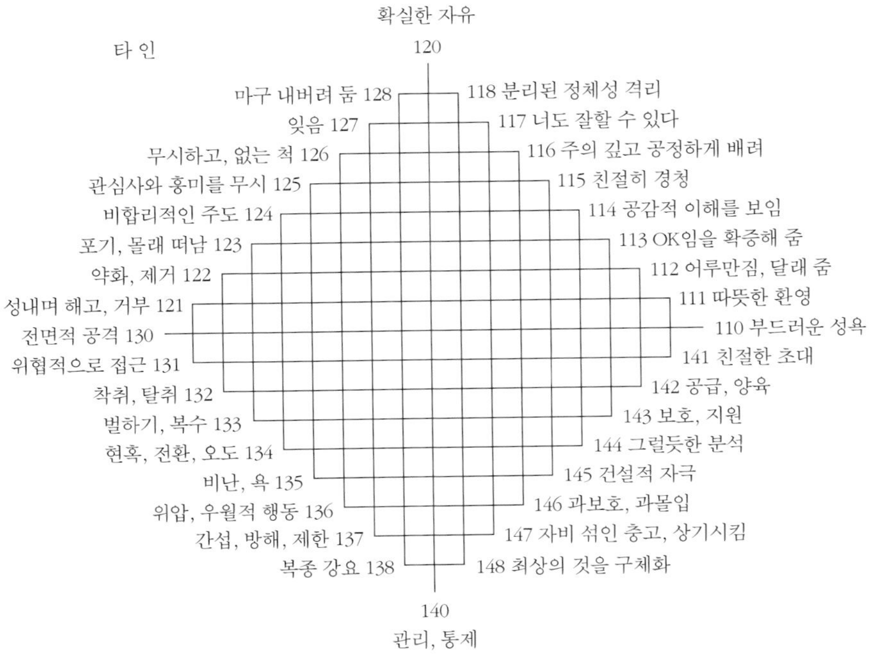

〈사회적 행동의 구조모형: 타인 초점〉

② 외부화하는(externalizing)

이 패턴은 주의집중 에너지가 외부로 향하는 것을 말한다. 이것은 새롭게 체험되거나 또는 상징화되지 않은 내용을 열거하는 데 에너지가 투자됨을 드러내는 특징을 가진다. 극단적으로 규칙적인 억양 패턴, 음의 강도와/또는 음 늘이기보다는 음조를 통해 엮어 내는 억양, 규칙적인 음속 등의 음성적 특징을 나타낸다.

③ 제한된(limited)

이 패턴에는 에너지의 위축이 포함된 것으로 보인다. 음성은 가늘게 표현되는데, 마치 말하는 내용으로부터 멀리 떨어진 듯하다. 부적절한 압박, 자신 없는 음성, 말을 끝낼 때 고갈된 듯한 음성 등의 특징을 나타낸다.

④ 감정적인(emotional)

이 패턴의 두드러진 주요 특징은 감정적 흥분으로 인하여 언어패턴이 왜곡되거나 혼란되는 것이다.

● **사회적 행동의 구조모형**(structural analysis of social behavior)

이 척도는 Benjamin(1974)이 개발한 것으로서 3개의 2차원 격자틀을 통해 행동의 내용을 분류할 수 있도록 만들어진 것이다. 첫 번째 격자틀은 초점이 타인일 때의 사회적 행동을 묘사하고 있고, 두 번째 격자틀은 초점이 자기 자신일 때의 사회적 행동을 묘사하고 있다. 세 번째 격자틀은 첫 번째 격자틀에 표현되어 있는 행동이 자신의 내부로 향할 때 일어날 수 있는 행동을 묘사한 것으로서 앞에 소개한 연구와는 직접적인 관련이 없으므로 제시하지 않기로 한다.

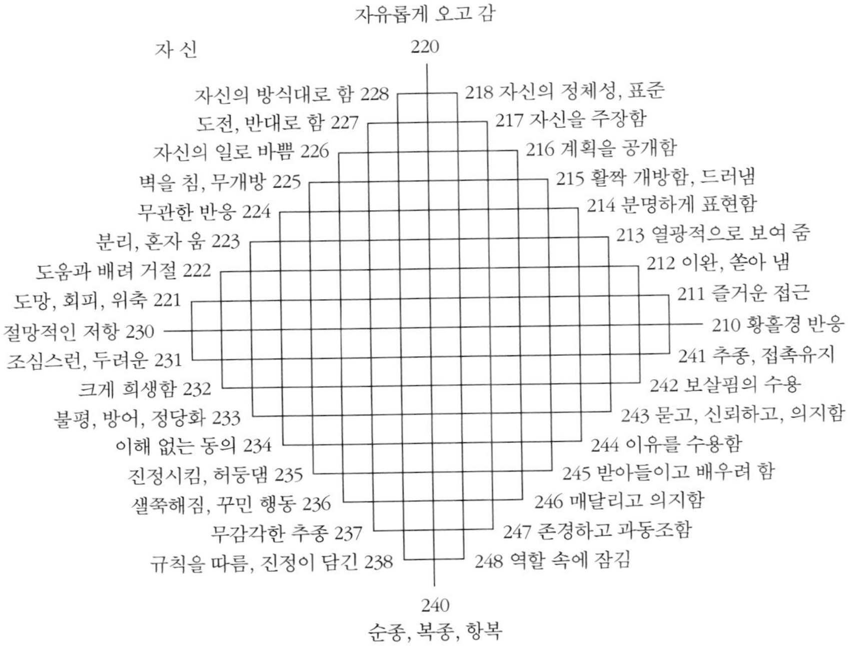

〈사회적 행동의 구조모형: 자기 초점〉

참고문헌

Battle, C. C., Imber, S. D., Hoehn-Saric, R., Stone, A. R., Nash, E. H., & Frank, J. D. (1966). Target complaints as criteria of improvement. *American Journal of Psychotherapy, 20*, 184-192.

Baylor, G., & Lemoyne, G. (1975). Experiments in a seriation with children: Towards an information processing exploration of horizontal decalage. *Canadian Journal of Behavioral Science, 7*, 4-29.

Benjamin, L. S. (1974). Structural analysis of social behavior. *Psychological Review, 81*, 392-425.

Benjamin, L. S. (1981). *Manual for coding social interactions in terms of structured analysis of social behavior* (SASB). Madison, WIS: University of Wisconsin Press.

Gagne, R. (1974). Task analysis: Its relation to content analysis. *Educational Psychologist, 11*, 11-18.

Greenberg, L. S. (1979). Resolving split: The two-chair technique. *Psychotherapy: Theory, Research and Practice, 16*, 310-318.

Greenberg, L. S. (1984a). Task analysis: The general approach. In L. N. Rice, & L. S. Greenberg (Eds.), *Patterns of change: Intensive analysis of psychotherapeutic process*. N.Y.: The Guilford Press.

Greenberg, L. S. (1984b). A task analysis of intrapersonal conflict resolution. In L. N. Rice, & L. S. Greenberg (Eds.), *Patterns of change: Intensive analysis of psychotherapeutic process*. N.Y.: Guilford.

Greenberg, L. S. (1992). Task analysis: Identifying components of intrapersonal conflic resolution. In S. G. Toukmanian, & D. L. Rennie (Eds.), *Psychotherapy process research: Paradigmatic and narrative approaches*. Newbury Park, CA: Sage Publications.

Greenberg, L. S., & Dompierre, L. (1981). Differential effects of Gestalt two-chair dialogue and empathic reflections at a split in counseling. *Journal of Counseling Psychology, 28*, 288-294.

Gregg, L. (1976). Methods and models. In D. Klahr (Ed.), *Cognition and instruction*. Hillsdale, N.J.: Erlbaum.

Klahr, D. (1976). Cognition and instruction. In D. Klahr (Ed.), *Cognition and instruction*. Hillsdale, N.J.: Erlbaum.

Klein, M. H, Mathieu-Coughlan, P., & Kiesler, D. (1986). The experiencing Scales. In L. S. Greenberg, & W. Pinsof (Eds.), *The psychotherapeutic process: A research handbook*. N.Y.: Guilford.

Klein, M. H, Mathieu-Coughlan, P., Kiesler, D., & Gendlin, E. T. (1969). *The experiencing scale*. Madison, WIS: Wisconsin Psychiatric Institute.

Newell, A., & Simon, H. (1972). *Human problem solving*. N.Y.: Prentice-Hall.

Pascual-Leone, J. (1976). Metasubjective problems of constructive cognition: Forms of knowing and their psychological mechanisms. *Canadian Psychological Review, 17*, 110-122.

Perls, F. (1969). *Gestalt therapy verbatim*. N.Y.: Bantam.

Resnick, L. (1976). Task analysis in instructional design: Some cases from mathematics. In D. Klahr (Ed.), *Cognition and instruction. Hillsdale*, N.J.: Erlbaum.

Rice, L. N., Koke, C., Greenberg, L. S., & Wagstaff, A. (1979). *Manual for client voice quality*. Toronto: York University Counseling and Development Centre.

Rice, L. N., & Saperia, E. (1984). Task analysis of the resolution of problematic reactions. In L. N. Rice & L. S. Greenberg (Eds.), *Patterns of change: Intensive analysis of psychotherapeutic process*. N.Y.: Guilford.

Rice, L. N., & Greenberg, L. S. (1984). *Patterns of change: Intensive analysis of psychotherapeutic process*. N.Y.: Guilford.

Rice, L. N., & Wagstaff, A. K. (1967). Client vocal quality and expressive style as indexes of productive psychotherapy. *Journal of Consulting Psychology, 31*, 557-563.

Toukmanian, S. (1986). A measure of client perceptual processing. In L. S. Greenberg & W. Pinsof (Eds.), *The psychotherapeutic process: A research handbook*. N.Y.: Guilford.

Ysseldyke, J., & Salvia, J. (1974). Diagnostic-prescriptive teaching: Two models. *Exceptional Children, 41*, 181-185.

제3장

담화분석과 상담

1. 담화분석의 필요성

두 사람 이상이 상호작용하는 사회적인 관계는 주고받는 '말'을 토대로 형성된다. 말을 주고받는 활동이 없다면 일상적인 생활이 불가능할 정도로 이러한 활동은 사람들의 사회적인 삶 속에서 중요한 기능을 한다. 한걸음 더 나아가면 말과 사회적인 행동은 별개의 것이 아니라고 할 수도 있다. 우리는 말을 수단으로 사용하여 다른 사람들을 이해하고 적절한 사회적 반응을 한다. 말은 사회생활을 가능케 하는 힘을 그 안에 담고 있다. 따라서 말은 그 자체가 사회적인 산물이며 동시에 사회적 행동을 산출해 내는 것이기도 하다. 즉, 말과 사회적 행동은 불가분의 관계를 맺고 있다. 말을 분석해서 인간의 사회적인 행동을 이해하려는 시도는 바로 이런 점에서 타당성이 있다. 말(대화, 담화 또는 언어적 상호작용)의 분석에 이렇게 중요한 의미가 있음에도 불구하고 대화를 중심으로 사람들의 사회적인 행동을 분석하려는 시도는 비교적 최근에 나타나기 시작하였다.

담화분석에 관한 탐구는 크게 두 가지 방향으로 진전되어 왔다. 하나는 대화를 일종의 규칙에 의해 지배되는 현상으로 파악하고 대화 속에 들어있는 구조, 규칙, 원리 등을 밝히는 접근이다. 대화를 유목으로 나누어 단위화하고 그들 사이의 연결관계를 규칙으로 묶으려고 한다거나 대화가 진행되는 순서에서 모종의 법칙적인 계열성을 찾으려는 시도 등이 그것이다. 즉, 대화를 통해서 사회적 행위자 속에 내면화되어 있는 규칙을 찾으려는 것이다. 일종의 결정론적 관점에서 대화의 외형적 틀과 형식적 패턴을 밝히려는 이런 노력은 철학, 심리학, 사회학, 언어학 분야의 학자들이 주도하여 왔다.

이 접근과 구별되는 또 하나의 탐구 방향은 대화를 통해서 참여자들이 이해하고 있는 사회적인 관계를 규명하려는 것이다. 대화하는 사람이 어떤 사유과정을 거쳐서 자신의 행동을 산출해 내며 또 다른 사람의 행동을 어떻게 해석·이해하고 그에 대처하는지의 문제를 탐구 주제로 삼는 것이다. 대화의 외면적인 특성보다는 대화 속에 들어 있는 사회적인 관계를 직접 들여다보려는 시도라고 할 것이다. 이런 접근은 인류학적 방법론인 민족지적 방법론(民族誌的方法論, ethnomethodology)에서 시작되어 소위 '담화분석(談話分析, conversation)' 학파라고 부르는 일군의 학자들에 의하여 이어지고 있다. 이 두 가지 접근방식은 소위 외부자적(etic) 접근과 내부자적(emic) 접근으로 대비되기도 한다. 전자가 객관적인 접근을 통해 대화 속에서 관찰 가능한 사태들을 일정한 이론적 틀 속에 담으려고 한다면, 후자는 대화를 통해 그 참여자들의 내적인 관점을 이해하고 기술하려는 입장에 서 있다.

청담자와 상담자가 만나서 대화하는 면담은 상담과 심리치료를 가능케 하는 기본적인 조건이다. 면담은 진단적 도구이자 치료의 방법이라고 할 정도로 면담은 상담을 구성하는 핵심적인 요소다. 상담영역의 연구는 거의 모두 상담과정 속에서 이루어지는 대화의 분석이라고 해도 과언이 아니다. 그러나 앞에서 언급한 '담화분석'적인 접근을 상담과정의 분석에 적용하려는 노력은 이 영역에서의 연구들이 종전의 성과연구(outcome research)에서 과정연구(process research)로 그 기본 패러다임을 바꾸면서 시작되었다고 볼 수 있다. 상담에서 과정연구에 대한 관심은 청담자의 행동이나 태도를 변화시키는 변화의 순간들이 어떤 것들인가를 정밀하게 찾아보려는 목적에서 비롯된다(Mahrer, 1985). 상담에서 최종적으로 일구어 내는 변화를 상담이 진행되는 과정 속에서의 작은 변화들(또는 작은 결과들)의 결집체로 보고, 이 작은 변화의 순간들을 찾아내어 그 정체를 밝혀냄으로써 전체적인 변화를 설명하려고 하는 것이다. 상담과정을 분석하기 위하여 지금까지 여러 가지 방법론들이 제시되었다.

Rice와 Greenberg(1984)가 제시한 과제분석, Elliott(1983, 1986)이 제시한 대인관계 과정의 회상, Mahrer(1985)가 제시한 청담자–상담자의 음성적 특성과 치료 내에서의 변화, 연계분석 등의 방법들이 그것이다. 각각의 분석방법들은 그 나름대로의 장점과 단점을 가지고 있다. 그러나 이들에게서 공통적으로 지적할 수 있는 문제점(그러나 경우에 따라서는 이것이 장점이 될 수도 있다)은 연구자가 사전에 설정된 몇 가지 기본 틀을 가지고 과정을 분석한다는 점이다. 이론적인 틀이든 통계적인 틀이든 간에 연구자가 미리 구체적인 분석틀을 전제한다거나 또는 분석하려고 하는 사태나 순간을 사전에 결정하고 들어가면 연구자의 편견이 작용하여 결과를 오도할 여지가 있게 된다. 따라서 순수하게 내부자적인 관점을 토대로 하여 상담과정에서 어떤 일들이 일어났는가를 있는 그대로 자연스럽고 생생하게 검토하는 일이 어렵게 된다. 상담자와 청담자가 주고받은 상호작용 과정 전체를 가능한 한 실제 그대로의 데이터로 재현하고 이를 반복하여 검토함으로써 그 안에 담긴 변화의 과정 또는 상호작용 유형을 밝혀 보려고 한다는 점에서 '담화분석'은 새로운 방법론적 대안의 하나로 채용될 가치가 충분하다.

이 글에서는 먼저 '담화분석'의 모태이자 이론적인 배경이라고 할 수 있는 민족지적 연구방법론을 살펴본 후 담화분석의 구체적인 내용을 검토하도록 한다. 세부적인 논의는 담화분석의 철학적 · 이론적 기초, 연구절차 및 분석방법 그리고 실제 상담에의 적용 예 등의 순으로 전개될 것이다. 담화분석을 소개하기 위하여 주로 참고한 저서들은 Atkinson과 Heritage(1984)가 편집한 『사회적 행위의 구조: 대화분석의 연구』, Gale(1991)의 『치료적 대화에 대한 담화분석』, Labov와 Fanshel(1977)의 『치료적 담론』 그리고 Taylor와 Cameron(1987)의 『대화 분석하기』 등이었고, 특히 상담의 분석에 적용한 예는 Gale(1991)의 책에 인용된 것과 충북대학교 학생생활연구소에 근무하는 김미선 상담자의 상담 사례임을 밝혀 둔다.

2. 민족지적 연구방법론과 담화분석

민족지적 방법론은 Parsons의 사회학적 탐구방법론을 비판하면서 이에 대한 대안으로서 Garfinkel(1967)이 제시한 방법론이다. Parsons는 사회적 행위를 수행하면서 개인이 주관적으로 경험하는 내용을 이론적이고 객관적인 개념으로 체계화하려는 접근을 시도하였다. 엄밀한 객관성과 과학성을 부각시키려는 이러한 접근은 필연적으로 추상화하는 작업을 강조하게 된다. 따라서 사람들의 행위는 실제 그 행위를 수행하는 행위자의 내적 관점이 아니라 거의 완전히 개인 외적인 개념들에 의해서 설명될 수밖에 없다. 결국 개인의 사회적 행위는 행위 당사자인 개인이 증발된 채 몇 가지 객관적 이론과 인과적 틀에 의해 설명된다. Garfinkel은 인간의 행위를 객관적으로 이해하려는 Parsons류의 과학적 방법론 대신 개인의 사회적 행동에 영향을 주는 내면화된 원리들을 찾으려고 하였다. 그는 보통사람들이 일상적인 생활을 하면서 사용하는 실제적인 사유방식(practical reasoning)을 탐구대상으로 삼고 이를 정확히 기술하고 탐구하려는 방법론으로서 민족지적 방법론을 제창하게 된 것이다. Garfinkel이 제시한 탐구원리는 '담화분석'에도 그대로 이어진다. 일부 '담화분석' 학자들은 담화분석이 무이론적(atheoretical)이며, 귀납적(inductive)이고, 독자적인 연구방법을 갖추고 있다는 점에서 민족지적 방법론과는 다른 것이라고 주장하기도 하나 엄밀하게 살펴볼 때 그 뿌리를 민족지적 방법론에 두고 있다고 보는 것이 타당할 것이다.

민족지적 방법론(ethnomethodology)이라는 용어는 1940년대 후반에 Garfinkel이 법정 배심원들의 행동을 탐색하려는 연구 프로젝트에 참여하면서 처음으로 사용되었다. 그는 배심원들이 판결을 내리기 위하여 전개하는 사고활동, 예컨대 적합한 증거를 찾는다든가 합리적인 근거를 발견하려는 등 일련의 활동으로부터 그들이 '모종의 방법론'을 사용하고 있다는 느낌을 받았다. 물론 이 방법론은 전문적인 법지식에 토대를 둔 것이라기보다는 상식에 의거한 것이다. 모종의 '방법론'을 사용하는 사고활동은 법정의 배심원들에게만 한정되어 있는 것이 아니다. 학급에서의 교사-아동, 회사에서의 상사-하급자, 가정에서의 부모-자녀 등 일상적인 사회적 맥락 위에서 상호작용을 하면서 사람들이 전개하는 사고과정 속에는 일종의 방법론이 들어 있다. 따라서 사회적 행위를 하는 보통사람들(ethno) 또는 그러한 사람들의 집합체가 수행하는 방법론(methodology)이라는 의미에서 Garfinkel은 민족지적 방법론이라는 이름을 붙인 것이다. 그에 의하면 민족지적 방법론이란,

> ……일상적인 일들 또는 스스로 조직한 계획에 대하여 어떤 구성원이 가지고 있는 지식을 조직적으로 연구하는 것인데, 여기서 이 지식은 ……또한 그것을 순서에 알맞게 (사회적으로 승인이 되도록) 만들어 주는 동일한 배경으로 간주되기도 한다 (Garfinkel, 1974, p. 18).

따라서 민족지적 방법론은 행위자 자신은 물론 그 지역사회에 소속되어 있는 다른 사람들이 승인(또는 사회적으로 인정)하게 될 그런 행위를 산출하기 위하여, 사회적 행위자(구성원)가 '실제적으로 사유하는' 활동을 관리하는 것으로 간주한다. 그러므로 연구자는 어떤 활동이 드러내는 사회적인 승인의 내용이 무엇이냐에도 관심을 가져야 하지만, 그렇게 승인된 활동을 산출해 내기 위하여 요구되는 '방법들' 또는 '절차들' 또한 중시하여야 한다. Garfinkel은 연출을 비유로 들어 무대에 올려져 상연되는 연극을 기술하는 것도 중요하지만 그 연극의 상연을 가능케 한 무대 뒤의 활동을 기술하는 것 역시 중요하다고 지적하고 있다. 분석연구자들을 일상적인 활동에 참여하는 구성원과 구별시켜 주는 특징이 바로 이러한 '무대 뒤의

현상(backstage phenomena)' 또는 참여자가 '보기는 하지만 눈치채지 못하는 현상(seen-but-unnoticed)'에 주의를 기울이는 것이다. 따라서 연구자의 과제는 특정한 사회체제 내에서의 사람들의 언어 행위뿐 아니라 그런 행위를 가능케 하는 이면적인 규준을 탐색해 내는 것이라고 할 수 있다.

그러나 Garfinkel은 규준이 사람들의 행위를 규율하는 것이라는 전통적인 이론에 이의를 제기하고 있다. 그는 여러 가지 규준들이 사전에 결정된 형태로 어떤 행위를 규율해 나가는 것이라기보다는, 펼쳐지는 맥락 속에서 여러 행위들을 통해 재귀적으로 구성되는 것이라고 보았다(Heritage, 1984). 다시 말해서, 규준을 창출해 내는 것은 맥락 속에서의 행위들 자체라고 본 것이다. 즉, 규준이 행동을 산출해 내는 것이 아니라 행위들 속에서 규준이 발견된다는 것이다. 규준은 '거기 있는 것'으로서 행동을 이끌어 내는 것이라기보다는 행동들로 구성된 맥락 속에서 '찾아지는 것'이다. 따라서 연구자는 어떤 행위를 설명하기 위한 원인으로 규준에 의지해서는 안 된다. 다만 행위들로 구성된 맥락 속에서 자연스럽게 발견되는 규준을 이해하고 기술하는 데서 그쳐야 한다.

사회적 '규준' 또는 '규칙'과 대비되는 개념으로 민족지적 방법론의 입장에 있는 학자들이 발견한 것으로 '책임귀속성(accountability)'과 '상호주관성의 구축(architecture of intersubjectivity)'이라는 것이 있다. Parsons를 포함한 전통적 사회과학자들이 인간의 행동을 행위자가 내면화한 규칙들에 의하여 지배되는 것이라고 본 반면, 민족지적 방법론에 입각한 학자들은 인간의 행동을 책임귀속성이라는 개념에 입각한 것으로 파악하고 있다. 다시 말해서, 사람들은 책임귀속성을 인식한 상태에서 자신의 행위를 조정해 나간다는 것이다. 자신이 처한 상황에 어울리는 행위규칙에 대해 알고 있더라도 행위자는 자신이 그러한 선택(규칙에 따른 행위)을 하였을 때 상호작용의 결과가 어떻게 될 것인가에 비추어 그 규칙을 따르거나 또는 따르지 않거나를 결정한다는 것이다. 왜냐하면 행위자들은 자기와 상대하는 사람 역시 그 규칙에 대해 알고 있으며 따라서 상대방이 그 상황에 적합한 규칙에의 부합성 여부를 기준으로 삼아 자신의 행동을 판단할 것이라고 가정하고 있기 때문이다. 보통의 경우에는 대부분 적절한 규칙들에 따라 행동하게 될 것이다. 그러나 그 규칙에 따르지 않는 경우에 상대방은 그렇게 하지 않는 이유를 찾으려고 할 것이다. 예를 들어, 저 사람이 화가 나 있나, 내 말을 잘못 들었나, 딴청을 부리고 있었나 등과 같이 말이다. 그러므로 설사 행위자가 어떤 규칙에 동조하더라도 그것은 규칙이 행동을 결정하기 때문이 아니라, 행위자가 동조하지 않았을 경우에 뒤따르게 되는 결과들에 대하여 의식하고 있기 때문이다. 즉, 행위자들은 자신의 행동에 대한 책임귀속성에 대해 인식하고 행동한다는 것이다. 그렇다면 굳이 규칙이라는 개념을 동원해서 사람들의 행위가 내면화된 규칙에 의해 결정된다는 결정론적인 입장을 취할 필요가 없다(Atkinson & Drew, 1979, p. 22). 사회적 행위를 수행함에 있어 내면화된 사회적 규칙은 중요하게 고려되는 사항이기는 하다. 그러나 그것이 개인의 사회적 행위를 결정하는 것은 아니다. 사람들은 자기의 행동이 야기하게 될 사회적인 결과와 자신에게 귀속되는 책임에 대해서 분석·검토한 후 자신이 취할 행위를 선택한다. 그러므로 사회적 행위를 수행하는 최종 준거는 내면화된 규칙이 아니라 책임귀속성이라고 할 수 있다는 것이다.

내면화된 규칙과 사회적인 행위 사이의 관계를 잇는 또 하나의 중요한 개념이 '연계적인 적합성(sequential relevance)'이다. 사람들은 대화하는 상대방의 반응이 어떠할 것이라는 기대에 비추어 자신의 행동을 설계해 나간다. 즉, 상대방이 나의 행위의 적절성 여부를 그 상황에서 적용될 수 있는 규칙에 비추어 판단할 것이며, 만일 적절치 않다고 여긴다면 내가 왜 규칙을 어기는 행위를 했는지에 대해 생각하면서 행동한다. 예를 들어, 복도에서 지나치는 사람에게 인사하는 경우를 생각해 보자(Heritage, 1984). 만일 상대방이 나에게 인사를 하면, 나는 ① '마주 인사하기'라는 규칙과 일치하는 행동을 하거나, ② 마주 인사하지 않을 수 있다. 만일 후자의 경우라면, 상대방은 '마주 인사하기'라는 규칙에 어긋난 내 행동에 대한 이유를 따져 볼 것이다. 내가 자기를 보지 못했다거나, 다른 생각에 빠져 있었다거나, 듣지를 못했다거나, 고의적으로 자신을 무시하려고 했다거나 또는 장난삼아 그랬다거나 하는 이유들을 검토해 볼 것이다. 이 중 어떤 한 가지 이유가 선정되면 상대방은 그에 비추어 자신의 행동을 조정해 나갈 것이다. 그러므로 상호작용이 일어나는 상황에서는 필연적으로 연계적인 맥락이 작용하게 되며 각각의 행위들은 이 맥락에 비추어 해석되고 추후 반응을 이끌어 내게 된다. 책임귀속성은 이렇게 연계적으로 구성되는 맥락에 기반을 두고 작용한다

행동의 책임귀속성과 밀접하게 관련된 것이 '상호 주관성의 구축'이다. 상호 주관성은 주변 상황에 대한 경험 또는 상호작용 속에서 얻는 경험내용이 사적 · 주관적이며 따라서 직접적인 접근이 불가능하다는 입장에서 비롯된다. 그러나 다른 사람의 사적인 경험에 대한 접근 불가라는 것이 상호 주관적인 '공유된 세계'의 형성을 방해하는 것은 아니다. 왜냐하면 일상적인 상호작용을 하면서 사람들은 자기들이 경험하는 것 사이에 큰 차이가 없으며, 설혹 차이가 발견된다 하더라도 사회적인 규준에 의거한 책임귀속성에 의해서 그 차이가 공적으로 드러날 것이라고 가정하고 있기 때문이다. 일단 차이가 공적으로 드러나면, 실제적인 목적에 부합하는 공통 입장을 도출하기 위해 사람들은 여러 가지 방법을 동원해서 자신이 이해한 바를 조정한다. 그러므로 교호적 · 상호 주관적 이해는 행위자들이 가지고 있는 두 가지 사항, 즉 ① 상호 간의 두드러진 차이는 상호작용을 하면서 자연스럽게 드러날 것이라는 가정과 ② 표면에 드러난 차이를 인지하고 이를 조정하려는 상호작용적인 방법들에 의해서 성취될 수 있다(Taylor & Cameron, 1987). 여기서 ①과 ②는 연계적으로 순서 지어진 행위들의 책임귀속성에 의존해 있는 것으로 볼 수 있다.

……경험의 세계가 서로 다르고, 또 다른 사람의 경험내용에 완전히 접근할 수 없음에도 불구하고 행위자들은 자기들의 경험이 '모든 실제적인 목적들'에 부합한다는 바탕 위에서 행위를 한다. 끊임없이 이러한 가정 위에서 행위를 함으로써 공유된 경험의 세계—사실은 언어를 통해서 드러나는 것이지만—가 존재하게 된다(Heritage, 1984, pp. 59-60).

따라서 행위자들은 연계적으로 이어지는 상호작용을 통하여 자기들이 주관적으로 이해한 바를 내면적인 규칙과 책임귀속성을 바탕으로 점검하면서 상호 공유하는 이해의 세계를 구축하게 된다. 연계적으로 상호 주관성을 구축해 나가는 과정을 명료하게 하기 위하여 다음과 같은 예를 들어보자. 상호작용은 상호적인 책임귀속성을 바탕으로 한 것이므로, 상대 행위자의 행동에 대한 어떤 행위자의 반응은 그 반응자가 상대방의 행위에 대하여 이해한 바를 나타내게 될 것이다. 반응하는 행위자가 보이는 이러한 이해는 그다음 단계에서 원래의 행위자에 의해 재가되거나 또는 교정될 것이다. 그러므로 만일 내가 상대방의 말에 반응하여 "미안해, 시계가 없어."라고 말했다면, 나는 상대방의 말을 시간을 묻는 것으로 이해했고, 그 결과 '요청에 반응하기'라는 규칙에 따라 행동을 하고 있음을 보여 주는 것이 된다. 그다음에는 상대방이 그가 원래 말한 것에 대한 나의 이해를 교정하거나 아니면 동조할 기회를 갖게 된다. 그러므로 세 번째 단계에서 만일 상대방이 "아니, 시간(time) 말고, 동전(dime) 있느냐고."라고 말했다면, 그는 자기가 원래 했던 말은 물론 그에 적합한 반응은 어떤 것이어야 했다는 것과 자신이 했던 반응 모두를 이해하고 있음을 보여 주는 것이다. 그러나 상대방이 단지 "할 수 없지."라고만 반응하였다면, 이것은 상대방의 처음 말을 시간을 알려 달라는 요청으로 들었던 나의 해석이 맞다는 것을 확증시켜 주는 것이 된다. 이렇게 연계적인 순서에 따라 펼쳐지는 상호적인 책임귀속성을 수단으로 행위자들은 자신이 이해한 바를 드러내 보이고 또 상대방이 이해한 바를 교정 · 확증하면서 상호작용을 하는 실제적인 목적을 달성하기에 충분한 공유된 이해의 세계를 구성해 나가는 것이다. 이러한 구성을 상호 주관성의 연계적 구축이라고 한다(Taylor & Cameron, 1987).

지금까지 소개한 상호적 책임귀속성과 연계적인 상호 주관성의 구축이라는 원리는 '담화분석'의 분석적 방법론이 토대로 하고 있는 중요한 개념들이다. 그런데 일부 담화분석을 탐구하는 학자들은 민족지적 방법론과 담화분석을 엄격히 구분하려고 한다(Taylor & Cameron, 1987). 담화분석이 자급자족할 수 있는 방법론을 갖춘 고유한 분석방법이라는 이유에서다. 사실상 담화분석의 입장에 선 학자들이 대화의 구조 속에 들어 있는 세부적인 사항들에 대하여 풍부한 경험적 탐구를 해낸 것은 분명하다. 그러나 뒤에서 살펴보겠지만 담화분석이 취하고 있는 기본적인 가정, 즉 무이론적인 접근과 철저한 귀납적 방법에 입각한 경험적 분석은 대화를 탐구하는 여타 학자들로부터 담화분석이 비과학적 · 인상기술적인 것에 불과하며 기껏해야 본격적인 과학적 탐구를 위한 예비적인 자료 수집 방법에 불과하다는 비판을 받고 있다. 이러한 이유 때문에 담화분석은 여타 대화를 분석하는 접근들로부터 무시와 오해를 받고 고립되어 있는 실정이다.

그러나 담화분석이 이루어 낸 업적들을 정밀하게 검토해 보면, 민족지적 방법론에서 제시한 기본적인 원리들, 즉 앞에서 언급한 책임귀속성이라든가 상호 주관성 등과 같은 개념들을 전제하지 않고서는 '담화분석' 자체의 성립이 어렵다는 것을 알 수 있다. 만일 이런 개념들이 존재하지 않는다면, 상호작용의 과정에 참여하지 않은 연구자가 사람들이 수행하는 행위들 그리고 사람들이 동조하려고 하는 규칙들의 특성에 대해 탐색해 낸다는 것은 불가능하다. 행동의 상호적인 책임귀속성과 연계적으로 상호 이해를 성취해 나간다는 전제가 없으면 연구자는 상호작용의 과정 어디에 초점을 두고 연구를 해야 할 것인지 막연해지게 된다. 예를 들어,

담화분석에서 발견해 낸 '차례지키기 체제(the turn-taking system: 한 사람의 화자가 말을 끝낸 다음에 이어서 말을 하는 차례에 대한 규칙)'라는 것도 기본적으로 앞의 두 가지 전제를 바탕으로 할 때 발견할 수 있는 대화의 규칙이다. 대화의 각 단계에서 사람들은 나름대로 책임귀속성을 의식하면서 반응하고 이런 반응들은 연계적인 순서를 거치면서 상호 이해에 도달하게 된다는 가정이 없다면 '차례지키기 체제'가 어떻게 가능한 것인지를 뒷받침해 줄 개념이 빠지는 셈이 된다. 따라서 민족지적 방법론은 '담화분석'의 개념적 모태를 제공하고 있는 것으로 보는 것이 정확하다.

3. 담화분석

1) 기본 개념

담화분석은 1970년대 초반 Harvey Sacks, Emmanuel Schegloff, Gail Jefferson 등에 의해서 시작되었다. Sacks(1987)는 사람들의 사회적 행위를 탐구함에 있어 가설을 설정한 후 경험적으로 이를 검증해 나가는 전통적인 과학적 방법의 문제를 지적하고 이의 대안으로 담화분석을 제시하였다.

> 내가 사회학 분야의 연구를 시작하였을 때, 나는 사회학이 실제로 일어나는 사상(事象)들의 세부적인 내용들을 다루되, 이를 질서정연하게 다루고, 무엇보다 먼저 초기 과학이 정보를 제공하려는 경향을 갖춘 것처럼, 즉 무슨 말들이 있었는지 누구라도 가서 점검해 볼 수 있는 것처럼 직접적으로 그것들에 대해 정보를 제공하는 것이어야 한다고 생각했다. …… 그러므로 내가 가진 의문은 사회학이 실제적인 사상들의 세부적인 사항들을 질서정연하고 정보를 제공하는 형태로 다룰 수 있다고 바랄 수 있는 어떤 방식이 있을까라는 것이었다.…… 나는 검증을 할 수 있는 일련의 자료들을

찾으려고 하였다(Sacks, 1987, p. 26).

이상과 같은 접근을 하기 위하여 Sacks(1987)는 녹음기와 씨름을 하기 시작하였다. 녹음기를 이용한 이유는 이 도구를 통해서 담화의 참여자들이 주고받은 대화를 반복해서 여러 번 연구할 수 있다는 점, 또 다른 사람들도 연구자가 연구해 낸 결과의 타당성을 직접 점검할 수 있다는 점 등이 있을 것이다. 담화분석은 이런 의미에서 엄격한 경험론적 접근을 밑바탕으로 삼고 있다.

담화분석은 상호작용 과정에 참여하는 사람들의 사유활동의 구조를 탐색하려는 접근법이다. 이 분석방법의 목적은 말하는 사람이 자기의 행동을 관리하는 방식 그리고 다른 사람의 행동을 이해하고 이에 대처하는 절차를 기술하는 것(Heritage, 1988)이다. 분석과정은 철저히 자료에 입각하고 있으며, 자료 속에서 나타나는 상호작용 현상을 발견하려고 한다. 그러나 담화분석은 말에 대해서뿐 아니라 말의 부수적인 특징들도 연구대상 속에 포함시키려고 한다. 즉, 대화를 하면서 참여자들이 주고받는 다양한 행동들이 모두 분석대상이 된다.

담화분석은 실제로 상호작용이 일어나는 과정을 자연스럽게 '관찰'하는 것을 출발점으로 삼는다. 정확한 관찰은 이론을 구성하기 위한 기본적인 바탕이다. 그런데 연구자가 미리 어떤 이론이나 가설을 가지고 있으면 정확한 관찰을 할 수 없다. 따라서 연구자는 경험적인 현상들에 대하여 철저히 개방된 태도를 취해야 한다. 이런 점에서 담화분석은 귀납적인 방법론이며 성급한 이론화를 지양하는 엄격한 경험적 접근이다. 담화분석이 무이론적이며 귀납적이라는 지적은 이런 특징을 가리키는 것이다. 담화분석에서는 실제 상호작용의 연계 속에서 실제로 발생하는 일들(관찰된 일들)을 전사(轉寫, transcription)해 놓은 내용을 분석자료로 삼는다(Sacks, 1987). 대화를 전사하는 작업을 보면 실제로 주고받은 상호작용 과정을 생생하게 기록하기 위하여 매우 세부적인 사항까지 포함시키려고 한다. '말'은 물론 부수언어적인 현상까지 놓치지 않으려고 한다. 그러기 위하여 분석자는 수차에 걸친 반복적 청취라는 고통스러운 절차를 거쳐야 한다. 전사는 한 번의 작업으로 끝나는 것이 아니다. 분석자는 추가로 얻어지는 정보가 있으면 지속적으로 전사된 내용을 개정해 나가기도 한다. 일단 전사가 완료되면, 분석자는 그 내용을 분석한다.

분석자는 있는 자료를 풍부하게 재표현하기 위하여 고통스러운 과정을 거친다. 담화분석상의 자료 감환은 탐구과정의 후기에 하게 되는데, 그 결과들은 선정된 실례와 산문조의 기술 형태를 통해 세부 사항을 구체화한 내용 속에서 드러난다(Hopper, 1988, p. 57).

담화분석자가 자기의 주장을 설득력 있게 하기 위하여 활용하는 방법의 하나가 실례를 드는 것이다. 실례(exemplar)란 특정한 이론적 관점의 타당성을 부여하기 위하여 제시하는 구체적이고 상세한 예를 말한다. 연구자는 녹음된 것과 전사된 내용을 반복적으로 검토함으로써 모종의 패턴을 발견하려고 하는데, 이 과정에서 여러 가지 실례들이 동원된다. 분석내용의 타당성 여부는 기술해 놓은 내용을 새로운 사례들에 적용해 봄으로써 검증할 수 있다. 분석자가 추출한 패턴에서 일탈하는 사례가 발견되면 연구자는 자기의 분석내용을 수정하거나 아니면 일탈 사례의 의미를 재차 검토한다. 그러나 분석의 실제에서 실례를 강조한다고 해서 항상 많은 실례들을 동원하는 것은 아니다. 경우에 따라 1개의 사례로 충분한 경우도 있을 수 있다.

연구보고에 등장하는 실례들은 여타 독자로 하여금 스스로 자료를 평가하고 결론을 내릴 수 있는 기회를 제공한다. 다른 연구자 또는 독자들은 연구결과의 타당성을 인정하거나 또는 상이한 실례들을 찾아냄으로써 연구자의 발견을 거부할 수도 있다. 전사된 자료는 항상 보존되므로 분석가가 분석해 놓은 결과의 타당성에 대한 공적 검증 가능성은 항상 열려 있는 셈이다.

담화분석적 접근의 신뢰성(reliability) 역시 실례들을 사용하여 점검할 수 있다. 구체적으로 신뢰성은 하나의 맥락 속에서의 실례들을 여타 다른 대화의 맥락 속에 있는 실례들과 비교함으로써 얻어진다. 연구결과의 일반성(generalizability)도 같은 방식으로 확보할 수 있는데, 연구자는 다양한 맥락들 속에 들어 있는 실례들을 수집하고 이들을 상호 비교하는 과정을 거침으로써 보다 일반적이고 보편화된 결론을 이끌어 내게 된다.

이상에서 살펴보았듯이 민족지적 방법론과 담화분석은 공통적인 속성을 갖고 있다. Pomerantz와 Atkinson(1984)은 이 공통적인 속성을 다음 세 가지로 압축하고 있다. 첫째로, 연구의 주요 초점을 대화에 참여하는 사람들의 자기 노출방식과 상대방의 행위를 해석하는 방식에 두고 있다는 점이다. 둘째로, 연구자는 상호작용 과정에서 일어나는 모든 경험적 자료를 개별적이고 고유한 것으로 다루며 따라서 각자를 진지한 분석대상으로 삼는다는 점이다. 마지막으로, 실험 상황 속에서 일어나는 상호작용이 아니라 자연스럽게 일어나는 상호작용을 탐구한다는 점이다.

2) 발견해 낸 사실들

앞에서 언급한 관점과 방법들을 바탕으로 담화분석은 대화의 세부적인 사항들에 대한 여러 가지 사실들을 발견하였다. 지금까지 학자들이 발견해 낸 사실들은 매우 복잡하고 다양해서 이를 여기에 일일이 제시할 수는 없다. 다만 대화의 형식적인 측면과 내용적인 측면, 즉 대화의 구조적인 조직 및 대화전략과 관련된 사항들만을 간단히 검토해 보기로 한다.

대화의 구조적 특징과 관련해서 가장 널리 알려진 것은 '차례지키기 체제'와 '인접해 있는 대화쌍(adjacency pairs)'이다. 차례지키기 체제란 대화의 상호작용에 참여하고 있는 참여자들에게 차례를 할당하는 기능을 의미하는데(Sacks, Schegloff, & Jefferson, 1974, 1978) 이것은 일종의 구조를 이루며 전개된다. Sacks 등(1978)이 제시한 차례지키기 체제의 규칙은 다음과 같다.

① 최초의 '차례-구성 단위'(즉, 하나의 단위로 완성된 것이라고 해석할 수 있는 발언)가 적합하게 일어날 수 있는 최초의 시점에서:
가. 만일 그때까지의 차례 이어 가기가 '지금 말하는 사람이 다음 사람을 지정한다'는 기법에 의존해서 구성되었다면, 그렇게 해서 지정된 측은 다음에 말할 차례에 대한 권리와 의무를 지게 되는 반면, 다른 사람들은 아무런 권리나 의무가 없게 되는데, 그 시점에서 대화 차례의 이동이 발생한다.
나. 만일 그때까지의 차례 이어 가기가 '지금 말하는 사람이 다음 사람을 지정한다'는 기법에 의존해 있지 않았다면, 다음 차례에 대한 발언권은, 꼭 그런 것은 아니지만, 자기 지정(자발적으로 나서는 경우)을 통해 이루어질 수 있는데 이 경우 처음 말을 시작한 사람이 다음 차례에 대한 권리를 획득하게 되고, 이 시점에서 이동이 발생한다.
다. 만일 그때까지의 차례 이어 가기가 '지금 말하는 사람이 다음 사람을 지정한다'는 기법에 의존해 있지 않았다면, 현재 말을 하고 있는 사람은 다른 사람이 자기 지정을 하지 않는 한, 꼭 그런 것은 아니지만, 계속해서 이야기할 수도 있다.

② 만일 최초의 차례-구성 단위가 적합하게 일어날 수 있는 최초의 시점에서, ①가, ①나, ①나가 작용하지 않았고, ①다에 따라서 현재의 화자가 계속해서 말을 해 왔다면, 가-다의 순서로 이어지는 규칙은 대화의 이동이 일어날 때까지 대화의 이동이 적절해 보이는 다음 매 시점마다 순환적으로 다시 적용될 것이다.

이러한 규칙들은 화자와 청자가 대화 속에서 발언권을 차지하고, 유지하고, 포기하는 과정을 관리함에 있어 지향하게 되는 규준을 공식화한 것이다. 따라서 이러한 규칙들에 대한 '지향성'과 이 규칙들에 동조하는 데에 실패할 경우 그 '책임귀속성'을 따져 나감으로써, 대화의 참여자들은 질서정연하게 차례를 교환해 나갈 수 있다는 가설이 성립되는 것이다.

차례지키기 규칙은 '현재 말하는 사람이 다음 차례를 지정한다'는 기법을 기반으로 한다. 그런데 이 기법은 '인접해 있는 대화쌍'이라고 불리는 대화규칙의 전반부를 구성한다. '인접해 있는 대화쌍'은 인사하고-인사하기 등 쌍으로 이루어지는 대화의 짝을 말한다. 어떤 사람이 인사를 해오면 상대방은 그 인사에 응대해서 다시 인사를 한다. 이렇게 행위를 수행하는 사람은 다르지만 하나의 대화가 예측 가능한 상대방의 대화를 이끌어 낼 때 두 대화가 하나의 짝을 이루는 것으로 볼 수 있다. 인접해 있는 대화쌍이 작용하는 기본적인 규칙은 다음과 같다.

> 대화쌍의 첫 번째 대화가 주어졌을 때, 이를 완성하기 위하여 처음 화자는 말을 멈추고 다음 화자는 말을 이어서 하나의 쌍 속에서 첫 번째 대화가 인정될 수 있도록 두 번째 대화를 만들어 나간다(Schegloff & Sacks, 1973, p. 289).

인접해 있는 대화쌍의 유형에는 방금 언급한 '인사하기-인사하기' 이외에도 '초청-수락/거절' '평가-동의/반대' '자기 비하-반대/동의' '비난-부인/인정' '질문-대답' '청탁-수용/거부' 등이 있다. 이 밖에 '말 시작하기' '말 끝내기' '대화 보수하기(repairing)' 등의 대화 형식에도 인접해 있는 대화쌍이라는 구조적인 특징이 나타난다. 한 가지 주의할 것은 인접해 있는 대화쌍의 규칙이 화자의 행위를 결정하는 것은 아니라는 점이다. 다만 이런 구조를 통해서 화자는 자기의 기대를 드러내고 상대방 역시 그에 적합한 반응을 고려할 수 있게 된다. 인접해 있는 대화쌍이라는 개념과 밀접하게 연관되어 있는 것이 '선호체제(preference system)'다. 인접해 있는 대화쌍의 첫 번째 부분은 대화쌍의 두 번째 부분으로 채용 가능한 것들 중에서 적합한 것을 선택하게 될 것이다. 예를 들어, 초청하는 언사는 그 상대 짝으로 '수락'하는 것이나 '거절'하는 것을 취할 수 있다. 다시 말해서, 초청하는 행위는 적합한 인접해 있는 대화쌍이 무엇인지를 알고 있는 상대방으로 하여금 이를 즉각적으로 수락하거나 거부할 것을 기대한다. 그러나 실제의 반응은 이 두 가지 대안 중 하나를 '선호'할 수밖에 없게 한다. 즉, 초청을 수락하거나 아니면 거절하는 것이다. 일반적으로 보아 두 번째 오는 대화 중 선호적인 반응은 머뭇거림이나 주저함 없이 첫 번째 대화가 끝난 직후 곧바로(또는 중첩된 형태로) 이어지는 경향이 있다고 한다(Heritage, 1984; Levinson, 1983). 반면, 선호되지 않는 두 번째 반응은 대개 머뭇거림을 동반하는 특징을 보인다고 한다. 인접해 있는 쌍의 두 번째 대화가 선호되지 않는 것일 때 '머뭇거림'은 다음과 같은 형태로 나타난다.

① 말을 하기 전에 잠시 멈춘다.
② 다음과 같은 '허두'를 단다.
  가. '어' 또는 '글쎄' 등과 같은 표시
  나. 형식적인 동의, 감사, 사과 표시
  다. 수식어
③ 변명, 즉 왜 선호되는 반응을 하지 않았는지에 대한 이유를 해명한다.
④ 겸손함을 보이려고 한다. 즉, 첫 번째 대화에 어울리는 말을 하지만 간접적이거나 완화된 형태를 취한다.

지금까지 제시한 대화의 기제들은 대화를 구성하고 있는 구조적인 특징을 드러내는 부분적인 예에 속한다. 사회적 상호작용에 참여한 사람들의 대화 속에서 이러한 구조적인 특징은 반복적이고 규칙적으로 관찰된다고 한다. 피차 간에 내면화하고 있는 바로 이러한 구조적 특징으로 인하여 대화자들은 서로를 읽고 이해하는 과정에 참여할 수 있게 된다. 만일 상대방의 반응이 최초의 화자가 의도하고 기획한 바와 합치되는 방식으로 이루어지면 이들은 특별한 어려움 없이 상호 이해의 세계에 도달하게 된다. 그러나 피차 인지하고 있는 기본적인 규칙에 어긋나거나 일탈하는 반응이 돌출하게 되면 참여자들은 그렇게 된 이유를 찾아 해결하려는 노력을 하게 된다. 이런 점에서 상호적인 책임귀속성이라든가 상호 주관성의 구축이라는 것에 중요한 요소로 부각된다. 앞에서도 언급하였거니와 민족지적 방법론에서 제시한 이 두 개념은 담화분석의 이론적 토대가 되고 있다. 차례지키기 체제, 인접해 있는 대화쌍, 선호체제 등은 이 두 개념을 전제로 하지 않고서는 성립되기 어렵다. 달리 표현하면, 앞의 대화의 기제들은 바로 이 두 개념을 구체적으로 탐구하는 방법론이라고 볼 수 있을 것이다.

여기서 반드시 짚고 넘어가야 할 일이 있다. 사람들의 대화 속에서 규칙성 있는 구조적 패턴이 발견되었다는 것이 시사하는 바는 무엇인가? 앞으로 같은 대화현상을 탐색할 때 이러한 사실의 발견을 어떻게 적용하여야 할까? 예를 들어, 상호작용하는 사람들의 대화에서 규칙성 있는 '차례지키기 체제'를 발견했다고 할 때 이를 어떻게 적용하여야 할까? 이후 사람들의 대화를 연구하고 분석할 때, 이 발견된 규칙을 무차별적으로 적용할 수 있는 것인가? 여러 가지 다양한 대화들을 분석한 결과 얻어진 이러한 발견이 새로운 현상을 접하고 이해할 때 큰 도움을 주게 될 것은 분명하다. 그러나 선행 연구들의 결과가 새로운 연구에 도움을 준다는 발상은 '담화분석'에서는 경계해야 할 사항이다.

앞에서도 언급한 바와 같이 담화분석은 각각의 사례들을 개별적인 고유 사태로 규정하고 있고, 또 각각의 사례들에 아무런 선입관이나 선이론 없이 접근할 것을 강조하고 있다. 무이론적이며 철저한 실증적 탐구를 그

방법론적 특성으로 부각시키고 있는 담화분석의 입장에서 보면 선행 연구들을 통해서 발견해 낸 사실들은 새로운 사례를 연구하는 데 장애가 될 가능성이 있다. 이러한 딜레마를 어떻게 해결할 것인가? 결국 두 가지 사태를 구별할 수밖에 없을 것 같다. 분석을 시작하기 전과 후의 구분이 그것이다. 어떤 사례를 분석하기 전에는 분석자의 주관적인 해석은 물론 기왕에 발견된 사실들에 얽매이지 않도록 최대한의 개방적인 태도를 유지해야 할 것이다. 그러나 일단 사례분석이 끝나면 새롭게 발견된 내용을 선행 연구결과들과 통합하고 일반화된 원리 속에 담으려는 노력을 해야 할 것이다. 연구의 결과로서 축적되는 지식체제와 연구대상에 접근하는 방법론상의 과정은 이와 같이 엄격하게 구분되어야 한다(적어도 논리상으로는). 선행 연구의 결과들이 분석자의 안목이나 관점을 풍요롭게 해 줄 수는 있으나 분석의 지침이나 안내로 작용해서는 안 된다는 것이 담화분석의 입장이라고 요약할 수 있을 것이다. 이 두 가지 사태를 구분하는 것은 대화의 구조적 · 형식적인 측면에만 국한되는 것이 아니다. 다음에 제시하게 될 대화전략과 관련된 측면에도 동일하게 적용된다.

Pittenger, Hockett와 Danehy(1960)는 『최초의 5분간』이라는 저서에서 Gill, Newman과 Redlich(1954)가 출판한 바 있는 정신치료 면담의 처음 5분간을 정밀 분석하고 있다. 이들은 녹음된 사례들을 반복하여 청취하면서 소리의 크기, 억양, 음색, 음소적인 특성은 물론 대화 속에서 전달된 의미를 상세히 분석하고 있다. 분석의 결과, 이들은 면담의 처음 5분 동안 발견되는 특징을 대화의 일반 원리(대화의 전략 또는 대화를 이해하는 전략이라고 할 수도 있음)라는 이름 아래 아홉 가지로 정리하고 있다. 그 요점만 간단히 제시하면 다음과 같다.

① 내재적인 지시대상(immanent reference): 사람이 어떤 것에 대해 말할 때 또는 어떤 것에 대해서 말하고 있다고 본인이 생각한다고 하더라

도, 그들은 항상 자기 자신에 대해서, 서로에 대해서 그리고 의사소통이 이루어지는 당연한 맥락에 대해서 말하고 있는 것이다.

② 결정주의(determinism): 모든 의사소통 행위는 문화적으로 결정된 것이다. 결정되지 않은 것이라거나 또는 우연히 발생했다는 것은 존재하지 않는다.

③ 반복성(recurrence): 모든 사람은 여러 번 반복해서 자기가 어떤 사람이며, 자기가 어떤 문화집단에 소속해 있으며, 자기가 좋아하는 것은 무엇이고 싫어하는 것은 무엇인지에 대해서 이야기한다. 진단적 가치가 있는 의사소통 유형이 단 한 번만 나타나지는 않는다.

④ 대조성(contrast and the working principle of resonable alternatives): 어떠한 신호의 의미는 그 신호가 무엇인가와 더불어, 그 신호가 무엇이 아닌가가 함께 고려될 때라야 이해 가능하다.

⑤ 신호와 잡음의 상대성(relativity of signal and noise): 우리는 동시에 여러 가지 통로와 여러 가지 체제를 사용하여 의사소통을 한다. 때로는 그중 하나의 통로에 주의를 집중하게 되는데 이러한 경우에 다른 통로들을 통해 동시적으로 표현되는 사건은 상대적으로 보아 잡음이라고 간주하는 것이 타당하다.

⑥ 강화(reinforcement), 꾸러미(packaging): 사람들이 다른 사람에게 보내는 신호는 대부분 꾸러미 형태를 띤다. 그러나 정상적인 경우에 우리는 포함된 여러 가지 요소 중 일부에만 주의를 기울여서 여타의 것들은 눈치채지 못하거나 또는 의식하지 못하고 지나치게 된다. 청담자가 전달한 메시지 중에서 어떤 관찰자는 분노를 읽어 내는 반면, 다른 관찰자는 우울이나 자기 연민을 읽어 낼 수도 있다. 실제 신호는 다양한 방식으로 여러 가지 요소들을 포함할 수 있으므로 두 가지 해석 모두가 사실일 수 있다. 그러므로 아무리 많은 요소들을 읽어 냈다고 하더라도 간과된 요소가 여전히 있을 수 있다는 태도를 취하

는 것이 현명하다.

⑦ 적응(adjustment): 사람들 사이의 상호 거래에서 지속적으로 소통내용을 재조율하는 과정은 항상 있게 마련이다. 의사소통을 하는 것과 의사소통법을 배우는 것은 항상 병행해서 일어난다.

⑧ 상호작용의 우선권(the priority of interaction): 사람은 피드백을 통해 자기의 행동을 관찰함으로써 자기가 하는 일, 자기가 느끼는 감정, 자기가 선택한 반응들에 대해서 알 수 있다. 자기의 행위를 해석할 수 있는 것이 피드백을 통해서 가능한 것과 마찬가지로 다른 사람의 의사소통 행위도 피드백을 통해서만 알 수 있다.

⑨ 숲과 나무, 정밀 탐색의 위험(forest and tree, the dangers of microscopy): 대상을 보는 관점이나 척도가 변화하면 대상 자체도 다르게 나타난다. 따라서 대상을 재는 척도와 대상 자체를 혼돈하는 실수는 저지르지 않아야 한다.

지금까지 담화분석이 발견해 낸 사실들을 대화의 형식적 측면과 내용적(전략적) 측면이라는 차원에서 부분적으로 간단히 검토해 보았다. 그러나 앞에서 언급한 대로 실제 사례에 대한 분석은 실제의 대화록을 바탕으로 개별적으로 이루어져야 한다. 다음에는 담화분석을 이용한 상담 사례 분석의 연구절차 및 분석방법에 대해서 살펴보도록 한다.

4. 담화분석과 상담분석

일반적으로 담화분석에 입각한 상담 사례의 분석은, 첫째, 분석할 상담회기의 선정, 둘째, 선정된 상담회기의 녹음, 셋째, 녹음된 내용의 전사, 넷째, 분석 등의 순서로 이루어진다. 사실상 '분석'이란 이와 같은 네 단계를 모두 포괄하는 것이며, 각각의 단계는 일종의 순환적 방식으로 서로 연결되어 있다(Hopper & Koch, 1986).

1) 상담회기의 선정

연구자는 먼저 분석할 상담회기를 선정하여야 한다. 이상적으로 모든 회기를 전부 다 분석하는 것이 좋겠지만 그렇게 하려면 시간과 노력이 엄청나게 소비되므로 연구자는 적절한 회기를 선정하는 것이 바람직하다. Gale(1991)이 분석한 사례를 보면 45분간의 상담 대화를 전사하는 데에만 무려 80시간이 드는 것으로 나타났다. 따라서 연구자는 연구의 목적과 상황 그리고 대화가 전개되는 맥락 등을 고려하여 적절한 회기를 선정할 필요가 있다. 상황에 따라 다르겠지만 가능하면 상담자와 청담자의 상호작용이 활발하게 이루어지는 회기를 선정하는 것이 한 가지 방법이 될 수도 있을 것이다. 물론 한 번의 상담으로 끝나는 단기 상담의 경우는 회기 전체를 분석 단위로 삼을 수도 있을 것이다.

2) 녹 음

두 번째 절차는 상담이 진행되는 실제의 과정을 자연스럽게 녹음하는 것이다. 물론 녹음을 하기 이전에 상담자는 청담자의 응낙을 얻어 놓아야 할 것이다. 시·청각 녹화기를 이용하는 방법, 일방경 뒤에서 촬영하는 방법 등이 동원될 수 있으며, 가능하면 성능이 좋은 녹음기를 사용하여야 할 것이다.

3) 전 사

세 번째 절차는 녹음된 내용을 반복해서 들으면서 전사하는 과정이다. 연구자는 상담시간에 청담자와 상담자가 주고받은 모든 상호작용의 내용을 세세하고 정확하게 전사하여야 한다. 전사하는 과정을 단지 종이 위에 낱말을 옮겨 놓는 것이라고 간단히 생각해서는 안 된다. 전사하는 사람은 어떤 말들이 나왔는지를 정확하게 판단하고, 이를 사전에 정해 놓은 규칙(전사체제)에 따라 묘사해 내야 한다. 전사과정의 중요성은 여러 학자들에 의하여 강조되어 왔다(Heritage, 1984, 1988; Hopper & Koch, 1986; Levinson, 1983; Sacks, 1987). Hopper와 Koch(1986)는 여러 번 청취를 하는 동안 새로운 통찰이 생길 때가 많고 또 전사하는 과정에서 분석의 방향을 결정해 주는 흥미 있는 어구들을 발견하게 된다고 하여 전사과정의 중요성을 부각시키고 있다. 전사과정을 일종의 발견과정이라고 본 것이다.

현재 가장 보편적으로 사용되는 전사체제는 Jefferson(Atkinson & Heritage, 1984, pp. 9-16)의 표기법이다. 이 표기법에는 낱말들의 강약, 들숨・날숨, 화자들이 차례를 지키거나 서로 간섭을 하거나 또는 말이 엉키는 시간, 침묵이 이어지는 시간 등을 포함하고 있다. 더불어 머리의 움직임, 시선, 몸동작, 박수갈채 등과 같은 비언어적인 활동들도 표기할 수 있도록 되어 있다. 이 표기법을 소개하도록 한다.

(1) 동시적인 발언

동시적으로 시작되는 발언은 1개 또는 2개의 왼쪽 대괄호로 연결한다:

Tom: 나는 젊었을 때 담배를 많이 피웠어
[[[[
Bob: 나는 카멜이라는 담배를 피웠어

(2) 중첩되는 발언

발언이 중첩되기는 하지만 동시에 시작한 것은 아닐 때, 그 중첩되는 시점에서 1개의 왼쪽 대괄호로 표시를 하여 두 발언을 연결한다:

Tom: 나는 담배를 많이 피웠었어
[[
Bob: 그는 자기가 정말 거칠다고 생각해

뒤에 끼어들어 중첩되는 발언이 먼저 끝났을 때, 1개의 오른쪽 대괄호로 표시한다:

Tom: 나는 이것보다 더 많이 담배를 피웠었어
] [ ]
Bob: 그랬니

(3) 인접한 발언

첫 번째 발언이 끝나자마자 두 번째 발언이 이어져 나와 발언 사이의 간격이 없을 때(중첩은 되지 않고), 이 두 발언을 같다는 부호로 연결한다:

Tom: 나는 담배를 많이 피웠었어=
=
Bob: =그는 자기가 정말 거칠다고 생각해

또한 같다는 부호는, 중간에 다른 화자에 의해 잠깐 간섭을 받다가, 동일한 화자의 발언이 계속 이어져서 그다음 줄까지 계속될 때 이를 연결하기 위하여 사용하기도 한다:

Tom: 나는 이것보다 더 많이 담배를 피웠었어=
[
Bob: 당신도 담배를 피웠군
Tom: =그러나 나는 담배를 깊이 빨아들이지는 않았어

때때로 두 사람 이상이 방금 끝난 발언에 달라붙듯이 말을 하는 경우가 있는데, 이러한 경우는 같다는 부호와 2개의 왼쪽 대괄호로 표시한다:

Tom: 나는 담배를 많이 피웠었어=
=[[Bob: 그는 자기가 거칠다고 생각해
=[[
Ann: 나도 그랬어

중첩되는 발언들이 동시에 끝나고 또 그다음 발언이 바로 이어지면, 1개의 오른쪽 대괄호와 같다는 부호로 연결한다:

Tom: 나는 담배를 많이 피웠었어
[ ]=
]= Bob : 그랬니
Ann: =나도 그랬어

(4) 발언 도중과 발언들 사이의 간격

말을 하는 도중 간격이 생기면, 1/10초 단위로 잰 시간을 소괄호 속에 넣어 발언 중간에 끼워 놓는다:

(0.0) Lil: 내가 (0.6) 아홉 아니면 열 살이었을 때

또는 발언들 사이에 놓는다:

Hal : 가까이 다가와
(1.3)
Hal : 가까이 다가오라구 말했어
(0.8)
Joe : 나에게 말한 거야

한 발언 내에서 아주 짧게 말이 멈출 때에는 짧은 줄을 긋는다:

– Dee: 음 – 엄마가 곧 들어올 거야

발언들 사이에 짧은 간격이 있으면 2개의 소괄호 속에 멈춤이라고 써서 간격이 있는 곳에 표시한다:

((멈춤)) Rex: 주문할 준비가 되셨습니까
((멈춤))
Pam: 예 준비됐습니다 고맙습니다

(5) 말을 전달하는 것과 관련된 특성

이 전사체에서, 구두점은 보통의 경우처럼 문법적 단위로 사용하지 않고 언어를 전달하는 특성을 드러내기 위하여 사용된다. 예를 들어, 콜론은 소리 또는 음질이 연장되는 것을 나타낸다:

co:lon Ron: 너에게 무슨 일이 일:어났니

콜론이 더 있으면 그만큼 길게 끈다는 것을 나타낸다:

co::lons　　Mae: 나는 그::냥 올 수가 없었어
　　　　　　Tim: 미:::안해 정:::말이야

여타 구두점들은 다음과 같은 용도로 사용된다:

. 마침표는 음조가 뚝 떨어지는 것을 나타내는데, 반드시 문장의 끝을 표시하는 것은 아니다.

, 쉼표는 억양이 지속되는 것을 나타내는데, 반드시 구성된 문장 사이에 오는 것은 아니다.

? 물음표는 억양이 올라가는 것을 나타내는데, 반드시 의문을 표현하는 것은 아니다.

?·, 물음표와 쉼표를 결합해 놓은 것은 물음표를 사용하였을 때보다 작기는 하지만 억양이 올라가는 것을 나타내는 것이다.

! 느낌표는 활기 있는 어조를 나타내는데, 반드시 감탄을 표현하는 것은 아니다.

– 1개의 대시는 정지됨이나 갑작스럽게 끊어짐을 나타내고, 한 낱말의 음절들 또는 몇 개의 낱말들을 여러 개의 대시를 이용하여 연결하였으면 그렇게 표시된 말의 흐름이 더듬거리며 이루어졌다는 것을 나타낸다.

억양의 오르내림이 현저할 때는 그 오르내림이 있기 직전에 위, 아래 방향표시 화살표를 표시한다.

↓↑　Teacher:　나는 그러나 (0.2) 매우 ↓다행이야

(0.4) ↑훌:륭한 대리 ↓인을 (0.6)
가졌다는 게

강조하는 곳에는 밑줄을 긋는다:

Ann: 우연히도 그것은 내 것이었어

큰 글자는 어떤 발언이나 또는 그 발언의 일부가 주변의 다른 말보다 훨씬 더 클 때 사용한다:

아나운서: 승자↓ 는: (1.4) 양↑ 키팀의 라헬 로버트입니다

주변의 말보다 조용한 말을 나타낼 때는 온도 표시를 한다:

o o M: ˙허허 (.)o음::o' 오우 그의 엄마가 그런:데

청취가 가능한 날숨(hhh)과 들숨(˙hhh)은 그것이 일어나는 자리에 삽입한다:

hhh	Pam:	이것(hh)은 당신 것입니다 hhh
˙hhh	Don:	˙hhhh 오(hh) 정말(hh)로 고마워요(h)

한 낱말 안에 있는 '그'는 목구멍에서 나오는 후음을 나타낸다:

그 J: 오그(h)흐 허 허 허 ˙허

밑에 찍는 점은 딱딱한 말을 표시하는 데 쓰이는데, 특히 치음의 경우에 사용된다:

점 J: 갇혔다↑구?

이중 괄호는 말하는 도중에 생기는 여러 가지 현상들을 기술하기 위하여 사용한다. 이것들은 대개 알아내기 쉽게 표현해 낼 수 없는 음성적 반응들이다:

(( )) Tom: 나는 담배를 많이 ((기침)) 피웠었지
Bob: ((코를 킁킁거리며)) 그는 자기가 거칠다고 생각해
Ann: ((코를 실룩거림))

또는 대화 장면 속에 나타나는 여타 세부적인 사항들을 나타내기도 한다:

Jan: 이것 참 맛있는데
((전화가 울림))
Kim: 내가 받을게

또는 말의 여러 가지 특징을 나타내기도 한다:

Ron: ((꾸민 목소리로)) 나는 지금 그걸 할 수 있어
Max: ((속삭이며)) 그는 결코 그걸 해낼 수 없을 거야

발언 중의 일부가 주변의 말보다 빠른 속도로 전달이 될 때, '비교적 작다'는 기호 사이에 넣어 표시한다:

> < Steel: 그 신문은 지:난 ↑주에 >그 성명서를< 철저히 검토했다

(6) 전사하는 사람이 의심이 들 때

내용이 확실하지 않아서 전사하는 사람이 의심이 들 때에는 한 쌍의 소괄호로 표시한다:

( ) Ted : 내가 (내가 아니라면)
(Ben): 우리가 모두 (그 –)

여기에서 '내가 아니라면', 두 번째 화자의 정체 그리고 '그 –' 등은 전사하는 사람이 의심이 드는 불분명한 경우를 나타낸다.

때로는 여러 가지 가능성을 함께 제시할 때도 있다:

(내가 아니라면)
Ted: 내가
(내가 Ann이라면)
(사과를 주었지)
Ben: 우리는 그에게
(사과를 했었지)

도무지 알아들을 수 없는 말일 때는 속을 비워 둔 소괄호를 사용한다:

Todd: 나의 ( ) 잡혀서
( ): 가장 높은 ( )

여기에서는 Todd가 한 발언의 중간 부분, 뒤따르는 화자의 정체 그리고

그 화자의 마지막 발언이 알아들을 수 없는 내용들이다.

(7) 시선의 방향

화자의 시선은 발언 뒤에 표시하고, 시선을 받는 사람의 시선은 그 아래에 표시한다. 줄은 표시해 놓은 사람이 상대방을 바라보는 것을 나타내며, 줄이 없는 곳은 시선이 가지 않는 것을 나타낸다. 점들은 무응시에서 응시로 시선이 이동하는 것을 나타내는데, 시선이 상대방에게 가 닿는 지점은 X로 표시한다:

```
Beth:   ..... X ______________________________.
              [
        Terry - Jerry는 코끼리에 마음이 빠졌어
                        [
Don :           ..... X ____________________.
```

여기에서 Beth는 Terry에게 말하는 동안 Don을 바라보고 있고, Don의 시선은 Beth가 '코끼리'라고 말을 시작하자 그녀에게 가 닿고 있음을 나타낸다.

만일 말이 멈추어진 곳에서 시선 접촉이 있으면, 매 1/10초마다 하나의 대시로 표시한다:

```
Ann :                   ... X ____________________.
                            [
        글쎄 (--- -) 우리는 약간은 쓸 수 있어, 마리화나를.=
                  [
Beth:        ,        X _____________________________________.
```

여기에서 Beth의 시선은 그녀가 "글쎄"라고 말한 후 3/10초 동안 그리고 Ann이 "우리는"이라고 말을 시작하기 전 1/10초 동안 Ann에게 닿아 있음을 나타낸다.

쉼표는 시선이 떨어지는 것을 나타내기 위하여 사용된다:

Ann: ____.

Karen은 이 새 집:을 샀어. 그리고 이 집은 다 갖추고 있어

Beth: ______________ , , ,

여기서 Beth의 시선은 Ann이 '새 집'이라고 말하는 시점부터 멀어지기 시작하였다.

고개 끄덕임과 같은 동작은 그것이 일어나는 지점에다 표시한다:

Ann :

Karen은 이 새 집:을 샀어. 그리고 이 집은 다 갖추고 있어

((끄덕임))

Beth: ______________ , , ,

여기에서 Beth는 더 이상 Ann을 쳐다보고 있지는 않지만, Ann이 '갖추고'라고 말할 때 고개를 끄덕이고 있다.

(8) 박수갈채

박수는 일련의 이어진 X로 표시한다. 대문자 X는 커다란 박수를, 소문자 x는 조용한 박수를 나타낸다:

청중: xxXXXXXXXXXXXXxxx

여기에서 박수는 크게 증폭되다가 감소하는 것을 보여 준다.

한 번만 치는 고립된 박수는 x 양쪽에 대시로 연결한다:

청중: −x−

단속적이거나 주저하며 치는 박수는 대시 고리로 연결한다:

청중: −x−x−x

괄호 속에 숫자를 넣어 줄 사이에 끼워 넣은 것은 박수가 시작되는 시점부터 끝나는 시점까지 1/10초 단위로 계산한 시간을 나타낸다. X의 개수가 박수가 지속되는 시간을 나타내는 것은 아니지만 다음 두 번째의 경우처럼 말과 중첩되면서 박수가 이어질 때에는 지속시간을 나타낼 수도 있다:

연설자: 나는 ＞이 동의↓안을 지↓지해 줄 것을＜ 요청
　　합니다=
　　(8.0)＿＿＿＿＿＿＿＿.
청중 :
=x−xxXXXXXXXXXXXXXXXXXXXXXXXXXXXXXXXXXXxxxxx−x
연설자: 이번↓주에도＞여러분은 여전히 여러분의 마음
　　　　[
　　을 결정할 수
　　　　]=
청중 :
xx−XXXXXXXXXXXXXXXXXXXXXXXXXXXXXXXXXXXXX
연설자: 있습니다＜

=[[

청중: XXXXXXXXXXXXXXXXXXXXXXXXXXXXXXXXX

(9) 여타 전사에 필요한 기호들

전사를 할 때는 왼쪽에 여백을 남겨 두어 분석자가 관심 있는 사항들을 기록할 수 있다. 왼쪽에 대화가 진행되는 행의 번호를 매겨 둘 수도 있고, 또 분석자가 관심을 두고 있는 행들에 대해서는 화살표를 해 둘 수도 있다. 예를 들어, 분석자가 한 사람이 지속하는 대화에 관심을 둘 때 다음과 같은 표시를 할 수 있을 것이다:

Don: 나는 저 푸른 색깔의 것이 좋은데

→ Sam: 당신의 아내도 좋아할 거라고 장담합니다

Don: 돈이 있다면 그녀에게 사 주면 좋을 텐데

→ Sam: 당신 어머님에게도 사 드리면 좋아할 거예요

왼쪽 여백에 있는 이 화살표는 계속되는 Sam의 말에 주의를 기울이게 해 줄 것이다.

수평선상의 생략 표시는 그 표시의 위치에 따라 말을 생략하고 보고하지 않고 있음을 나타낸다:

Don : 그러나 내 말은 . . . 아시다시피

이것은 Don의 말 중 '말은' 에서부터 '아시다시피' 까지의 말이 보고되지 않음을 보여 주고 있다.

수직선상의 생략 표시는 대화를 이어 가는 차례 중에서 다른 사람이 중간 말을 생략했음을 나타낸다:

Bob: 나는 항상 너희들에게 최선을 다하라고 하지

⋮

Bob: 그리고 나는 항상 정성을 다 쏟으라고 말하지

지금까지 Jefferson의 표기법을 소개하였는데, 다소 복잡한 감이 있다. Gale(1991)은 Jefferson의 표기법을 다소 변용한 보다 간편한 표기법을 사용하여 상담대화를 분석한 바 있다. 이를 소개하도록 한다.

(.)	아주 짧은 순간 멈출 때
(.5)	5/10초 정도 멈출 때
=	한 화자의 말이 끝나고 쉴 틈 없이 바로 다음 화자가 말을 이어 나갈 때
:	어떤 낱말의 소리가 길게 이어질 때. 소리의 길이에 따라 콜론의 수는 늘어날 수도 있다.
밑줄	강조하고자 할 때
큰 글자	주변의 말보다 소리가 클 때
(˙hhh)	날숨
(hhh)	들숨
( )	잘 들리지 않거나 확실하지 않을 때
[	말이 중첩될 때
(( ))	상황을 명료하게 드러내려고 할 때, 예를 들어 ((웃음))
?	억양이 올라갈 때
!	활기를 띤 어조로 말할 때
.	억양이 급격히 떨어질 때
* *	주변의 말보다 소리가 작을 때
＞ ＜	주변의 말보다 빨리 말할 때

5. 분석과정

전사과정이 종료되면 이를 바탕으로 상담과정을 분석하게 되는데, 이는 매우 힘들고 어려운 작업이면서 동시에 중요한 작업이기도 하다. 이 작업이 어려운 이유는 분석을 수행하는 고정적이고 일반적인 절차나 단계가 따로 있는 것이 아니기 때문이다. 이 부분이야말로 분석자의 능력과 통찰이 요구되는 발견과정에 해당한다(Heritage, 1984; Hopper & Koch, 1986; Sacks, 1987 등). Hopper와 Koch(1986)는 이 발견과정을 "통찰적 판단과 분석적 판단을 통해서 족집게처럼 집어내는 과정"이라고 말한 바도 있다. 담화분석이라는 접근방법이 본질적으로 하나의 탐구과정에 해당하므로 일반적으로 적용할 분석절차가 존재하지 않는다는 것은 당연한 일일 수도 있다. Potter와 Wetherell(1987, p. 160)은 이 분석의 단계들이 "분명한 연계적 절차를 거치는 것은 아니지만, 하나의 질서 속에서 병합될 수 있는 국면들이다."라고 말하고 있는데 이는 고정된 분석절차가 존재하는 것은 아니지만 여러 가지 방식으로 탐구한 내용들이 궁극적으로 하나의 틀 속에 담길 수 있다는 점을 부각시키는 것이다. 그러나 일반적인 분석의 절차나 단계가 없다는 것이 분석에 임하는 연구자가 참고할 만한 분석방법이 없다는 것은 아니다. 선행 연구자들이 분석 시 사용한 방법들은 중요한 참고 사항이 될 수 있을 것이다.

Potter와 Wetherell(1987)은 분석과정을 '약호화(coding)'라고 묘사한 바 있다. 약호화란 특정 사상(事象)들과 관련된 다양한 예들을 수집하는 것을 말하는데, 이렇게 함으로써 엄청난 분량의 대화를 분석 가능한 단위로 압축해 나가게 된다. 물론 이러한 전략이 분석대상의 양을 줄여 나가는 데에 목적을 둔 것은 아니다. 다만 가능한 한 포괄적으로 여러 예들을 묶어서 분석이 가능한 단위로 분할하려는 것이 목적이다. 예를 들어, Buttny(1990)는

18쪽에 달하는 어떤 부부상담의 전사내용 중에서 여러 가지 형태의 '비난'과 '변명'이 이어지는 경우들을 찾아내고 있다. 이러한 과정을 거쳐 엄청난 분량의 대화를 관리 가능한 부분으로 나눈 다음에, Buttny는 문제를 이야기하고, 비난하고, 변명하고, 또 이러한 사항들에 대한 치료적인 평가를 해 나가는 일련의 사건을 2쪽 정도로 압축하고 있다. 그는 독자들로 하여금 자신의 주장과 결론에 대해서 평가할 수 있도록 논문 속에 이러한 사건과 연관된 전사내용도 제시하고 있다. 연후에 그는 '비난-변명'과 관련된 비언어적 측면을 탐구하기 위하여 정밀 분석을 수행하였다. 이러한 방식으로 그는 '비난하기'라는 차원에서 상담자와 청담자 사이에 이루어지는 상호적인 교섭과정을 분석하였다. Buttny는 비난-변명이라는 주제를 중심으로 탐색하고 있지만 분석하는 사람은 각자의 관심 사항이나 주제에 따라 다양한 측면들을 탐구해 볼 수 있을 것이다. 예를 들어, 침묵에 대한 반응, 충고에 대한 반응, 자기 문제 진술방식, 청담자-상담자 관계 탐색, 정보를 위한 요구, 자기 표현 반응 등등을 탐색할 수 있을 것이다.

Pomerantz(1982)는 분석과정이 상호작용의 세부적인 사항들의 관찰과 더불어 시작된다고 하였다. 상당한 수준의 관찰을 하고 나서, 분석자는 있으리라고 짐작되는 상호작용의 내용을 추출해 낸 예비안(豫備案, proposal)을 발전시킬 수 있다. 이 예비안은 자료(전사내용) 속에서 상호작용이 세부적으로 어떻게 이루어지는가를 설명하기 위하여 분석자가 창출해 낸 것이다. 예비안을 작성한 다음에 분석자는 그 예비안이 수정을 가할 곳이 없는지 그와 유관한 모든 사례들을 검토하여야 한다. 이 작업이 완료되면 예비안은 최종적인 분석결과로 확정된다. 이는 관찰을 바탕으로 한 통찰적 이해를 강조하는 접근방법이라고 할 수 있을 것이다.

Pomerantz와 유사한 접근으로, Heritage(1988)는 분석과정은 첫째, 담화 속에서 유형화된 특징을 발견해 내고, 둘째, 그러한 특징에서 벗어나는 사례들을 찾아내는 것이라고 지적하고 있다. 담화 속에서 유형화된 특징을 발견해 내는 작업은 녹음된 내용을 반복적으로 청취하면서 전사내용을 다듬는 과정을 통하여 이루어진다. 다음으로 전사된 내용 중에서 초기에 발견된 유형에서 일탈하는 사례들을 찾아내도록 한다. 즉, 담화에서 발견한 특징이 적용되지 않는 경우들을 찾아내는 것이다. 이 일탈 사례들을 그것이 일어난 맥락 속에서 정밀 분석하면, 초기에 발견한 유형이 다소 변형된 형태이기는 하지만 여전히 타당한 것으로 귀결되거나 아니면 초기의 발견내용을 전면적으로 수정해야 하는 것으로 귀결될 수도 있다.

Gale(1991)은 구성원의 '의도(agenda)'라는 차원에서 William O'Hanlon이 일회 면담으로 끝낸 부부상담을 분석하고 있다. 그는 먼저 상담자의 의도라는 차원에서 상담회기를 검토한 후, 아내와 남편의 의도에 서서 상담회기를 재검토하고 있다. 물론 이들의 의도는 상담회기 중에 나타나는 구성원들의 유형화된 말과 행동에서 추론된 것이다(단, 상담자의 의도는 상담자가 주장하는 이론적 내용을 참고하여 이루어져 있다. 이러한 점에서 Gale의 접근은 순수한 귀납적 접근이라고 할 수는 없을 것이다). Gale은 이들 각각의 의도를 개별적으로 검토한 다음에 이 세 구성원의 의도가 함께 어울려 상호적인 대화를 형성해 나가는 과정을 밝히고 있다.

6. 담화분석을 적용한 상담 사례 분석

이제 구체적인 2개의 예를 들어 상담과정을 분석하는 담화분석을 제시해 보기로 한다. 먼저 제시되는 전사내용은 3회로 끝난 부부상담 중 첫 회에서 발췌한 것인데[Gale(1991)이 소개한 것임], 이 사례에서 호소하는 문제는 반복적으로 일어나는 아내의 마비증상이었다. 병원의 의사들은 마비가 일어나는 생리적 이유를 발견해 내지 못하였다. 상담자는 이 아내의 마비증세가 깊은 최면을 경험하는 사람의 상태와 유사하다는 점에 주목하였다. 첫 번째 면담에서 상담자는 이 여인이 스스로 최면 상태에서 벗어나도록 돕기 위하여 최면법을 사용할 생각을 하였으나, 이 문제가 상호작용과 관련된 문제라고 보고 마음을 바꾸어 체제상의 재구조화를 시도하기로 하였다.

상담자가 왜 아내만이 아니라 부부와 더불어 상호작용 관계를 탐색해 들어갔는지에 대해 이해하기 위하여 다음에 발췌해 놓은 전사내용을 검토할 필요가 있다. 이 전사내용은 마비증세가 상호작용 관계 속에서 발생한다는 것을 잘 드러내고 있다.

1 아내 : 한번은 작은 싸움이 딸들 사이에(.4) 있었어요(.)
2 그 애들은 :::=
3 남편 : 큰 싸움이었지.
4 아내 : 큰 싸움이었어요 그 애들은 법정에 (.) 까지 (.) 갔어요
5 아 (.) 어떤 재산과 그리고 (.2) 어떤 것 때문에요
6 그리고 (.5) 그리고 나는 그게 이것과 아무 상관이 없다고
7 말할 수 없어요. 그건
8 상관이 있을 거:예요
9 남편 : ((헛기침)) 짜증스러웠지=
10 아내 : =짜증스러웠어요 왜냐하면 나는 가족의 어느 편도(.)
11 들 수가 없었어요
12 상담자 : 그게 언제였지요?
13 아내 : 그게::= ((고개를 돌려서 남편을 쳐다봄))
14 남편 : =아마 (.3) 6개월 되었지요 ((고개를 돌려 아내를 바라보며
15 끄덕임)) 으 흠.
16 아내 : 으 흠.
17 상담자 : 그 싸움이 아직도 일어납니까?

18 남편 : 그 애들은 서로를 보지 않아요 (.3)
19 절대적으로 필요하지 않는 한에는요 (.)
20 실은 그런 일이 있었는데 (˙ hh) 그녀가 병원에
21 있었을 때 그 애들은 한 번 같은 방에 있었어요
22 (.3) 하지만 (.) 그거 말고 말고는 그 애들은
23 그 애들은 (.3) 상대 아이가 있으면 같이 있지
24 않으려고 해요.

이 부분에 대한 분석을 해 보면, 3행에서 남편은 아내가 싸움에 대해 기술한 것을 교정하고 확대시키는 것을 볼 수 있다. 아내는 남편의 교정을 받아들이고, 남편의 말을 반복하고 있으며(4행), 또 그 싸움에 대한 새로운 기술(記述)을 첨가하고 이해의 폭을 넓히고 있다(4~7행). 남편이 교정해 준 것을 반복하고 증폭시키는 아내의 반응은, 담화분석 연구에서 볼 수 있는 것처럼, 어떤 사람이 자기가 새롭게 이해한 바를 표현하기 위하여 방금 자기가 말했던 것을 수선하거나 교정하는 전형적인 반응이다(Heritage, 1984; Levinson, 1983; Potter & Wetherell, 1987).

9행에서 남편은 앞장서서 딸들의 싸움과 그것이 아내에게 미치는 영향을 "짜증스러웠지"라는 말로 연결시켜 주고 있다. 10행과 11행은 이러한 지적이 분석적으로 타당성이 있음을 보여 주고 있다. 아내는 남편의 말을 즉각적으로 따르고 있는 것이다(멈춤 없이 차례가 이어진다는 것을 나타내는 '같다'는 기호를 보라). 아내는 또한 남편이 앞에서 말한 것을 반복하고 있으며 딸들의 싸움이 왜 짜증스러운지에 대해 설명을 덧붙이고 있다. 그것이 왜 짜증스러운지를 설명할 때, 아내는 "나는 가족의 어느 편도 들 수 없어요"라는 진술을 통해 짜증과 자녀들을 연결시키고 있는데 이것 또한 분석의 타당성을 지지하는 반응이다. 이 진술은 또한 그녀의 마비증세와 동일 구조를 갖춘 비유라고 볼 수 있다.

남편이 아내에게 행사하는 상호작용상의 영향력은 13행과 14행에서도 볼 수 있다. 13행에서 아내는 대답을 하기 전에 남편에게 고개를 돌리고 있고, “그게::” 하고 말꼬리를 늘임으로써 남편이 그 질문에 대한 답변을 하도록 시간을 주고 있다. 남편은 고개를 돌려 아내를 바라보면서 “으 흠” (15행) 하며 대답하였고, 아내는 16행에서 이 대답에 “으 흠” 하고 맞다는 반응을 보이고 있다. “그 싸움이 아직도 일어납니까?”(17행)라는 상담자의 질문에 이어, 남편은 이야기의 주도권을 쥐며 어떻게 해서 그 싸움이 아내가 입원했을 때 나타난 초기의 마비증세와 연결되는지를 설명하고 있다. 이러한 설명은 더 나아가 마비증세와 가족의 상호작용 행동을 결합하는 것이기도 하다.

여기에 발췌된 예는 아내에게 나타난 마비증세가 가족들 간의 관계에 연계되어 있을 뿐만 아니라 남편이 아내에게 행사하는 영향력을 잘 드러내고 있다. 이 예는 세 회기 중에서 발췌된 부분적인 분량에 불과하지만, 상담과정을 이해하는 효과적인 방법으로서 담화분석적 접근이 유용한 도구임을 잘 보여 주고 있다. 이 예의 경우에, 담화분석은 치료적 개입을 함에 있어 가족체계를 포함시키자는 결정이 왜 있게 되었는지를 이해하는 데 중요한 단서를 제공해 주고 있다.

다음에는 한국에 있는 모 대학의 상담자(석사학위를 받고 5년 이상의 상담 경력이 있는 상담자임)가 학생생활연구소에 찾아온 청담자와 상담한 사례의 일부를 발췌하여 분석해 보도록 한다. 여기에 전사된 부분은 5회째 상담의 일부분이다. 청담자는 마음이 혼란스럽고 이 세상을 어떻게 살아갈지에 대한 근심을 호소하고 있다. 상담자는 청담자의 문제가 일련의 지속적인 실패 경험으로 누적된 열등감, 패배감, 위축감, 불안감이라고 파악하고 있다. 상담자는 허용적인 분위기에서 청담자로 하여금 자신의 내면세계와 대인관계를 탐색하도록 하여 자신의 긍정적인 측면에 대해 파악하도록 하며 최종적으로는 구체적인 미래상을 계획하고 실천하도록 이끄는 것을 상담전략으로 삼고 있었다.

1 청: (중략) 으흠(0.6), (hh) 어떤 방향으로(흠) 나가야 돼요?(웃음)
2 또 또
3 상: =음
4 청: =방향을 잘 모르겠어요
5 상: 으음 좀 저기(0.2) 혼자:: 혼자 보기에는 정말 그러니까 늘상
6 그런 생각을 상담하러 와 가지고는 괴롭고? 그러기는 하지만 그런
7 감정들을 한 번 좀 꺼내 보면 어떨까?(0.5) 그냥 뭐 어땠다 어땠다
8 뭐 이러는 게 아니라 ◯◯이가 느끼는 거를
[
9 청: 하나 하나 정할 필요가 없어요?
10 상: 음 이렇게(0.2) 지금 전체적으로 겉으로 보는 이렇게 줄기 같은
11 거는 ◯◯이나 나나 똑같이 그렇다고 보고 있거든? 그랬는데 그거가
12 》 되풀이 됐어 정말 계속 《 그지? 잘해 볼려구 그러다가 또
13 멀리했다가 또 또 가라앉구 *가라앉구 뭐 그러는데* 음 한 번
14 이(.) 그러니까 ◯◯이가 자꾸 이렇게 그러니까 초라하게 느끼게
15 하는 거나 뭐 *이런 것들을* 이렇게(.) 봐서 정말 괴롭지? 괴롭기는
16 한데(0.4) 혼자 해 보지 말고 나랑 같이(0.4)
17 청: 전에 제가 그래서 뭐야 》 첫 번째 시간 하고 두 번째 시간에

이런
18 말을 했었는데 《 아아 그때 이런 말씀을 안 드렸던 것 같은데
19 》 * 대인공포증 있다는 거 말씀 안 드렸죠 * 《 ((웃음)) 어허 뭐
20 * 심한 건 아닌데 좀 있어요 정말 이:: *
21 상: =사람들이?
22 청: =예 많이는 아닌데 뭐 병적으로 어떻다 뭐 아니다 뭐 》 * 저
사람이
23 나 죽일 것 같고 뭐 * 《 그런 생각이 병적으로 그런 생각이
들잖아요
24 음 음
25 상: =그런 건 아니고:::
26 청: 흠 흠 》 그런 건 아니고요 《
27 상: =어떤 거 어떤 거야
28 청: 사람이 어떤 사람이 남자 같은 경우는 그런게 약간! 덜하거
든요 좀
29 약간 덜한데 특히 여자 같은 경우에는 이번에 같이 좀 만나
고 있기는
30 있지만 뭐 누구 새로운 다른 사람을 만나면 가슴 설레는? 그
런 기분이
31 아니라 압박해요 압박을 저를 * 저를 많이 압박해요. 예 어
떻게 되는
32 건지 * 선배형은 뭐 단순히 그냥 만나는 건데: 어떠냐 그런
데 뭐 [
33 상: 그래 오늘 사람
34 만나기로 했어? 그러니까 소개받기로 했어?
[

청: 지금 만나고 있는 중인데 지금 소개받고?
만나고 있는 중이에요((활기찬 웃음)) 예 만나고 있는 중인데
[
상 : 요새? 으음 음

5회기 이전의 상담내용들(상담자가 기록해 놓은 자료)을 검토해 보면 이 청담자는 상당히 말을 많이 한다는 것을 발견할 수 있다. 말하는 빈도가 잦고 말을 꺼내면 상당히 상세하게 설명하려고 한다. 그러나 말이 많은 것에 비해 자신의 내면세계, 특히 감정에 몰입하고 그것을 느껴 보려는 의도는 별로 없는 것 같다. 이런 반응을 눈치챈 상담자는 앞의 전사문 7~8행에서 청담자에게 자신의 감정을 느껴 보라는 주문을 하고 있다. 이에 대해 청담자는 상담자의 반응을 이해한 것 같은 반응을 보이면서도(9행의 확인, 31행에서 압박이라는 낱말의 사용) 상담자의 요청을 슬쩍 피해 나가고 있다. 상담자가 관심 있어 할 내용들, 즉 대인공포증이라든가 여자친구와의 교제 등을 제시하면서 상담자가 처음에 제기한 느낌의 문제를 회피하고 있다. 느낌이나 감정의 세계를 일부러 피하려고 하거나 또는 이 세계에 대해 둔감함을 보여 주는 대목이라고 할 것이다. 대인공포증에 대한 언급과 압박을 받는다는 말을 할 때(19, 20, 30, 31행) 말소리가 작아지고 빨라지는 것을 보면 전자의 가능성이 크다는 판단도 해 볼 수 있다. 말로는 힘들다고 하면서도(19, 20행) 이를 쾌활하게 웃으며 표현한다는 것도 주시해 볼 만한 행동이다. 여기에 전사되지 않은 여타 내용에서도 청담자의 언어내용과 표현방식에는 상당한 괴리가 나타난다.

청담자가 상담자의 눈치를 보아 가며 이야기를 꺼낸다는 단서도 발견할 수 있다. 1행과 4행에서 청담자는 자기가 어떤 식으로 이야기하는 것이 옳은 것인지 또는 상담자가 어떤 이야기를 듣고 싶어 하는지에 대해 노골

적으로 묻고 있다. 상담자의 의도를 몰라서 당황한 듯한 청담자의 반응은 역으로 지금까지의 상담과정에서 청담자가 상담자의 의도를 잘 파악하고 이에 적절히 대처해 왔다는 점을 보여 준다. 대인공포증과 여자친구 이야기를 꺼내자 상담자가 빠른 반응을 보이니까(25, 27행 그리고 33, 37행) 청담자는 알았다는 듯 활기찬 목소리로 이야기를 이어 가고 있다. 상담자가 요구하는 핵심적인 주제는 피해 나가면서 자신의 문제를 화제로 삼아 이야기하는 것을 즐기는 듯한 인상마저 주고 있다. 청담자의 이러한 리드에 상담자가 별다른 통제를 하지 않고 쉽게 화제를 바꾸도록 내버려 두는 것도 주목할 수 있을 것이다.

초점을 상담자에게로 옮겨 보면, 상담자가 청담자를 안심시키려는 경향을 자주 발견할 수 있다. 물론 상담자의 상담전략 중 하나가 청담자에게 안전감을 심어 주는 것이기는 하지만, 청담자가 잘못되지 않았다는 지지반응을 다소 서두르는 감이 있다. 앞에 전사된 예에서도 이런 경향의 일면을 볼 수 있다. 10~16행 사이에서 청담자의 문제를 다소 편안하게 묘사하려고 한다든지(청담자의 문제 상황을 언급할 때 빠르고 낮은 목소리를 사용하는 점), 25행에서 "그런 건 아니고"라는 말을 먼저 함으로써 청담자가 따라오도록 유도하는 데에서 이런 점을 읽을 수 있다. 상담자가 대화의 화제를 주도하지 않고 청담자에게 맡겨 두는 것도 이런 점과 연관되어 있을 가능성이 있다.

7. 맺음말

담화분석은 민족지적 연구방법론에 뿌리를 두고 사람들의 사회적 행동을 분석하려는 대화분석법으로서 소위 '책임귀속성'과 '상호 주관성의 구축'이라는 두 가지 개념을 기본 전제로 삼고 있다. 상담관계는 담화분석이 적용될 수 있는 사회적 장면의 하나다. 특히 내부자적 입장에서 상담관계를 분석하고자 할 때 담화분석은 중요한 정보를 제공할 수 있을 것이다. 상담에서의 담화분석은 네 가지 단계를 거친다. 이 중 전사하는 과정과 분석하는 과정이 가장 시간과 노력이 많이 드는 부분이면서 동시에 가장 중요한 부분이기도 하다. 앞의 분석 예에서도 볼 수 있듯이 이 분석방법은 다른 연구방법들, 특히 양화(quantification)하는 방법으로는 드러낼 수 없는 중요한 의미관계, 맥락관계, 상호작용 관계 등의 질적인 특성을 밝혀 줄 수 있는 장점을 지니고 있다. 연구방법론의 기갈 상태에 처해 있는 상담영역에서는 적극적인 활용이 기대되는 분석기법이다. 상담 사례를 분석하는 일, 분석된 결과를 상담과정에 재투입하여 상담 효과를 제고하는 일, 상담 슈퍼비전을 체계화된 작업으로 발전시키는 일 등에 담화분석은 커다란 기여를 할 수 있을 것으로 예상된다.

최근 상담 분야에서도 여타 다른 사회과학 분야에서와 마찬가지로, 질적 연구방법론에 대한 관심이 고조되고 있다. 상담활동의 성격을 드러내는 데 질적 방법이 기여할 수 있는 가능성을 인정하기 시작한 것이다. 질적 연구는 인간현상을 자연현상과 엄격히 구분하면서 인간현상에 대한 독특한 접근방식의 필요성을 주장하고 있다. 특히 질적 연구는 각 개인이 개별적으로 체험하는 주관적인 의미의 세계를 이해하고 해석하는 것을 중요한 목표로 삼기 때문에 몇 가지 중요한 특징을 강조하게 된다.

첫째, 맥락의 중요성을 인정한다는 점이다. 인간 행동은 항상 모종의 맥락 속에서 일어나는 것이므로 맥락에 대한 고려 없이는 인간 행동을 적절하게 이해할 수 없다고 본다. 둘째, 질적 탐구는 인위적 조작을 가하지 않은 자연적인 상태에서 자료를 수집하고 결론에 도달하려고 한다. 이 과정에서 사전에 결정된 아이디어를 증명하기보다는 새로운 통찰로 이끄는 의미를 발견하려고 한다. 셋째, 사람들의 경험내용을 분리, 단절된 상태가 아니라 통합적이고 전체적인 시각에서 보려고 한다. 연구자의 방법론적 입장을 고집함으로써 자료에 손상을 가하는 일은 특히 경계의 대상이 된다. 넷째, 개인의 주관적 의미 세계를 이해함으로써 그를 위해 실체적이고 구체적인 행동을 할 수 있는 처방을 제시할 수 있다. 흔히 비판의 대상이 되는 연구와 실제 간의 괴리를 극복할 수 있는 대안의 하나다.

담화분석은 앞에서 열거한 특성을 모두 갖추고 있는 대표적인 질적 연구방법이다. 담화분석의 이러한 특징은 이 방법이 상담과정을 분석하는 도구로서 충분한 가치가 있음을 나타낸다. 담화분석은 상담자와 청담자가 자연스럽게 주고받는 상호작용 과정 전체를 별도의 첨삭 없이 실제 그대로의 자료로 재현할 수 있게 함으로써 그 안에 담긴 변화의 과정 또는 상호작용의 유형을 밝혀내는 일을 가능케 할 뿐만 아니라, 이 결과를 바탕으로 상담자에게 실제적인 조언을 할 수 있게 한다는 점에서 상담활동에 큰 기여를 할 수 있는 방법이다. 따라서 담화분석은 여타 연구방법들과 더불어 상담학을 발전시키는 연구방법으로 적극 활용될 가능성이 있다.

그러나 담화분석으로 상담과정을 분석하려면 지나치게 많은 시간과 노력이 든다는 단점이 있다. 앞의 Gale(1991)의 예에서 보듯이 45분간의 상담대화를 전사하는 데에만 무려 80시간이 들었다는 것은 이 분석과정에 엄청난 시간이 든다는 것을 알려 준다. 전사가 완료된 이후에 전사내용을 반복적으로 검토하면서 구체적인 분석을 시도하는 데 드는 시간까지 고려하면, 상담자들이 실제로 이 분석방법을 채용할 가능성은 그리 크다고 볼 수 없다. 하지만 전망이 어두운 것만은 아니다. 최근 컴퓨터의 발달로 인해 음성정보를 컴퓨터에 수록할 수 있는 가능성이 증가함에 따라 이 문제는 의외로 쉽게 해결될 가능성이 있다. 이 작업이 완성되면 담화분석은 비교적 손쉬운 상담분석 방법으로 자리 잡게 될 것이다. 특히 기존 분석방법들과 담화분석을 결합시키면 지금까지 난제로 여겨져 왔던 여러 가지 문제들을 해결할 수 있는 길이 열리게 될 것이다.

예를 들어, 연계분석(sequential analysis)은 상담의 과정을 정밀하게 탐색할 수 있는 양적 분석방법이다. 이 방법은 상담과정 내에 상담자와 청담자가 주고받는 대화에서 발생하는 연계 유형의 종류와 빈도에 대해 상세한 정보를 제공하기는 하지만(김계현, 1991; 박성희, 1994) 그런 연계 유형이 발생한 위치나 전후 맥락관계에 대해서는 아무런 정보를 제공하지 못한다. 만일 담화분석과 연계분석을 결합시키면 한 단위의 상담대화 중에서 어떤 종류의 연계 유형이 얼마나 존재하는지는 물론 각각의 연계 유형이 발생하는 위치나 맥락관계를 쉽게 파악할 수 있게 됨으로써 연구내용을 보다 충실하고 풍요롭게 할 수 있게 된다. 이런 결과는 일부에서 논의하고 있는 바질적 연구방법과 양적 연구방법을 통합하는 새로운 가능성을 열어 준다는 점에서 연구방법론상의 발전에도 커다란 기여를 할 것으로 기대된다.

참고문헌

김계현(1991). 상담과정 연구에서 연계분석의 이용. **현장연구방법론 각론**. 서울: 성원사.

박성희(1994). 연계분석의 모형과 분석기법: 상담과정의 분석을 중심으로. **청주교육대학교 논문집, 31**, 101-135.

Atkinson, J. M., & Drew, P. (1979). *Order in court*. London: MacMillan.

Atkinson, J. M., & Heritage, J. (1984). *Structures of social action: Studies in conversation analysis* (Eds.). Cambridge: Cambridge University Press.

Buttny, R. (1990). Blame-accounts sequences in therapy: The negotiation of relational meanings. *Semiotica, 78*, 219-247.

Elliott, R. (1983). Fitting process research to the practicing psychotherapist. *Psychotherapy: Theory, Research and Practice, 20*(1), 47-55.

Elliott, R. (1986). Interpersonal process recall (IPR) as a psychotherapy process research method. In L. S. Greenberg, & W. M. Pinsof (Eds.), *The Psychotherapeutic process: A research handbook* (pp. 503-528). N.Y.: Guilford.

Gale, J. E. (1991). *Conversation analysis of therapeutic discourse: The pursuit of a therapeutic agenda.* Norwood, N.J.: Ablex Publishing corporation.

Garfinkel, H. (1967). *Studies in ethnomethodology.* Englewood Cliffs, N.J.: Prentice Hall.

Garfinkel, H. (1974). On the origin of the term ethnomethodology. In R. Turner (Ed.), *Ethnomethodology.* Harmondsworth: Penguin.

Gill, M., Newman, R., & Redlich, F. C. (1954). *The initial interview in Psychiatric practice.* N.Y.: International University Press.

Heritage, J. (1984). *Garfinkel and ethnomethodology.* Cambridge: Polity Press.

Heritage, J. (1988). Explanations as accounts: A conversation analytic perspective. In C. Antaki (Ed.), *Analysing everyday explanation: A casebook of methods* (pp. 127-144). London: Sage Publication.

Hopper, R. (1988). Speech, for instance. The exemplar in studies of conversation. *Journal of Language and Social Psychology, 7*(1), 47-63.

Hopper, R., & Koch, S. (1986). *How to do things with conversational analysis: A practical methods manual.* Unpublished manuscript.

Labov, W., & Fanshel, D. (1977). *Therapeutic discourse: Psychotherapy as conversation.* N.Y.: Academic Press.

Levinson, S. C. (1983). *Pragmatics.* Cambridge: Cambridge University Press.

Mahrer, A. R. (1985). *Psychotherapeutic change: An alternative approach to meaning and measurement.* N.Y.: W. W. Norton & Company.

Pittenger, R. E., Hockett, C. F., & Danehy, J. J. (1960). *The first five minutes.* N.Y.: Paul Martineau.

Pomerantz, A. (1982). Presenting evidence in arguing over facts. Paper presented at the Annual Meeting of the American Sociological Association, San Francisco.

Pomerantz, A., & Atkinson, J. M. (1984). Ethnomothodology, conversation analysis and the study of courtroom interaction. In D. J. Muller, D. E. Blackman, & A. J. Chapman (Eds.), *Topcis in Psychology and Law* (pp. 283-297). Chichester: Wiley.

Potter, J., & Wetherell, M. (1987). *Discourse and social psychology: Beyond attitudes and behavior*. London: Sage Publication.

Rice, L. N., & Greenberg, L. S. (1984). *Patterns of change: Intensive analysis of psychotherapy process*. N.Y.: Guilford.

Sacks, H. (1987). Notes on methodology. In J. M. Atkinson, & J. Heritage (Eds.), *Structures of social action: Studies in conversation analysis* (pp. 21-27). Cambridge: Cambridge University Press.

Sacks, H., Schegloff, E. A., & Jefferson, G. (1974). A simplest systematics for the organization of turn-taking for conversation. *Language, 50*, 696-735.

Sacks, H., Schegloff, E. A., & Jefferson, G. (1978). A simplest systematics for the organization of turn-taking for conversation. In J. N. Schenkein (Ed.), *Studies in the organization of conversational interaction*. N.Y.: Academic Press.

Schegloff, E. A., & Sacks, H. (1973). Opening up closings. *Semiotica, 7*, 289-327.

Taylor, T. J., & Cameron, D. (1987). *Analysing conversation: Rules and units in the structure of talk*. Oxford: Pergamon Press.

제4장

현상학적 · 심리학적 연구와 상담

1. 현상학적 · 심리학적 연구의 필요성

어느 달 밝은 가을밤을 상상해 보자. 하늘에 떠 있는 밝은 달을 바라보며 사람들은 마음속에 무엇을 떠올릴까? 같은 달을 바라보고 있으니까 사람들이 의식하는 내용도 같은 것이라고 가정할 수 있을까? 아니면 사람들 각자가 살아온 인생사가 다르므로 또는 현재 당면하고 있는 여건과 처지가 같을 수 없으므로 떠올리는 내용도 각기 다를 것이라고 가정하는 것이 타당할까? 배가 등에 닿을 듯이 기아에 허덕이는 사람에게 비치는 달과 실연의 고통 속에 있는 사람에게 비치는 달이 같은 의미를 가질 수 있을까?

사람들은 개별적 · 주관적 존재이므로 동일한 자극 단서에 대해서도 상이하게 반응할 수밖에 없다. 아니 어떻게 보면 동일한 자극이라는 것 자체가 성립될 수 없다. 자극 단서에 대해 지각하는 순간 이미 그 사람의 개인적인 해석이 작용했다고 본다면, 동일 자극이라는 말을 사용하는 것도 적합하지 않다. 현상학에서 '본체(noumena)'와 '현상(phenomena)'을 구분하여 설명하는 것도 이러한 이유에서다. 사람들의 경험내용은 항상 의식 속에 투영되는 '현상'이지 '본체' 그 자체일 수 없다. 따라서 사람들을 이해한다는 것은 곧 개인이 개별적으로 살았던 현상 또는 경험한 현상을 이해하는 것이며, 개인의 주관적인 의미세계를 이해하는 것이라고 말할 수 있다.

이러한 주장은 자연과학적으로 인간을 이해한다는 것과 엄청난 차이가 있다. 자연과학적 방법은 객관적인 절차를 통해 일반화할 수 있는 결과를 획득하기 위하여 엄격한 실험이나 정밀한 수량적 측정을 동원한다. 이 과정에서 개인의 주관적 · 개별적 특성은 항상 잡음 변인으로 취급되어 배제된다. 하지만 이렇게 사상해 버린 내용이 사실은 인간의 일상적 생활세계(life world)를 보다 더 풍부하게 드러내는 것일 수 있다. 현상학적 연구는 자연과학적 방법이 소홀히 다룬 바로 그 개인의 생활세계에서의 주관적 경험을 탐구하려고 한다. 관찰과 측정이 가능한 현상뿐 아니라 개인이 주관적으로 해석하고 설명하는 원인, 이유, 의미 등에 대해 과학적 접근을 하려는 것이다. 흔히 이해에 도달하기 위한 '의미'를 탐색하는 방법이라는 면에서 현상학적 연구를 질적 연구의 하나로 분류하는데, 현상학적 심리학은 특히 의식의 흐름 속에 들어 있는 의미를 발견하고 이해한다는 점에서 여타 다른 연구방법들과 구분된다.

상담장면은 상담자와 청담자의 사적인 만남이 이루어지는 곳으로서, 상담자와 청담자 각자가 자신의 내면세계와 주관적인 삶의 체험을 열어놓으려고 하는 장이다. 여기에서는 두 사람 간에 개별적 · 사적인 의미소통이 그 어느 관계에서보다도 활발하므로 그만큼 개인의 의미체계나 해석체계에 대한 이해가 중시된다. 물론 수량화라는 양적인 접근을 무시하는 것은 아니지만, 개인의 준거틀 속으로 뛰어 들어갈 때 얻을 수 있는 심리학적 통찰의 치료적 가치는 훨씬 더 크다고 본다. 불안 척도에 반응한 청담자의 불안 점수 또는 청담자의 불안 유형이 주는 정보보다는 청담자가 자신의 입으로 표현한 불안 반응이 치료적으로 더 풍부하고 가치 있는 정보를 제공한다는 점은 별로 의심할 여지가 없다. 사전에 정의되어 있는 불안의 개념보다 청담자의 의식 속에 자리 잡고 있는 고유한 체험내용으로서의 '불안'이 상담자에게 더 중요하다는 것도 마찬가지다. 그렇기 때문에 상담자는 '불안'에 대한 청담자의 주관적인 시각이나 조망을 이해하려고 노력한다. 이런 점에서 현상학적 · 심리학적 연구는 상담자에게 청담자를 이해하는 중요한 수단을 제공한다. 청담자에 대한 일반적 · 추상적 · 객관적 이해가 아니라 청담자가 하나의 개인으로서 경험하고 살아가는 의미세계에 대한 개별적 파악을 가능케 하기 때문이다.

실제로 지금까지 대부분의 상담자들은 현상학적 · 심리학적 연구방법을 주요한 도구로 사용하고 있었다. 다만 현상학적 심리학이라는 방법과 관련지어 자신의 이해 행위를 과학적으로 체계화하려는 시도가 결여되어 있을 따름이었다. 이렇게 보면 현상학적 탐구는 상담자들이 무의식적으로 행하고 있던 상담방법을 의식화 · 객관화 · 과학화하여 드러낸 연구방법이라고 할 수도 있다.

혹자는 현상학적 방법이 개인의 의미세계를 탐구하는 것이므로 전혀 '과학적' 접근이 아니라고 오해할 수도 있다. 그러나 '과학적'이라는 용어를 너무 편협하게 생각해서는 곤란하다. 앞의 머리말에서 지적한 대로 '과학적'이라는 말을 자연과학적 방법론에 입각한 '과학주의'를 지칭하는 것으로 제한하는 것은 바람직하지 못하다. 대안적 패러다임에서 주장하듯이, 인간현상에 대한 체계적 탐구활동을 모두 과학적 활동이라고 해석한다면 탐구대상의 사례 수가 하나에 불과하더라도 여전히 과학적이라는 용어를 사용할 수 있다. 현상학적 · 심리학적 탐구를 개인에 대해 과학적으로 탐구하는 방법이라고 불러도 이상할 것이 없는 것은 바로 이러한 이유 때문이다.

현상학적 · 심리학적(또는 심리학적 · 현상학적) 연구법에 대한 탐색에 앞서 현상학과 심리학의 성격에 대해 잠시 언급할 필요가 있다. 현상학은 대략 1900년경부터, 과학적 심리학은 1879년경부터 존재해 왔다고 볼 수 있으나, 이 두 분야가 적절하게 결합된 적은 거의 찾아볼 수 없다. 현상학이 철학의 한 분야인 데 반해, 심리학은 자연과학 분야에 속하는 데서 그 원인을 찾을 수 있을 것이다. 그렇다면 현상학적 심리학은 철학에 속하는가, 심리학에 속하는가? 소속 학문이 무엇인가에 따라 탐구되는 주제, 내용, 방법 등에 차이가 있을 것이므로 이를 명확히 하는 것이 좋을 것이다. Giorgi(1985)는 심리학이 철학에서 떨어져 나온 것처럼 심리학적 현상학은 현상학(또는 철학적 현상학)으로부터 분리되어야 한다고 주장하고 있다. 물론 심리학적 현상학의 주요 개념과 철학적 전제는 분명히 현상학에 뿌리를 둔 것이지만, 심리학적 현상학은 과학적으로 인간현상을 탐구하는 심리학이라는 것이다. 따라서 심리학적 현상학은 실제 자료를 바탕으로 개

개인의 의식세계를 구성하는 현상에 대해 과학적이고 체계적인 접근을 시도하는 심리학적 연구법으로 보아야 한다.

이 글은 현상학적 · 심리학적 연구의 뿌리가 되는 현상학의 역사적 발전과 주요 개념들을 단순화하여 더듬어 보고, 현상학적 연구의 절차를 제시한 후, 실제 상담 사례에 현상학을 적용하여 분석한 예를 제시할 것이다. 그러나 현상학의 학문적 성향이 그러하듯이 모든 경우에 일반적으로 적용할 수 있는 규범적인 연구 모델과 절차가 존재하지 않는다는 것을 미리 밝혀 두도록 한다. 따라서 이 글은 현상학적 · 심리학적 연구를 할 때 이렇게 할 수도 있다는 한 가지 가능성에 불과한 것으로 받아들여야 한다. 연구자에 따라 또는 연구대상에 따라 동원될 수 있는 현상학적 탐구방식은 전혀 달라질 수 있다. 현상학적 · 심리학적 연구야말로 연구자에게 완전 개방된 연구법이라고 말할 수 있다.

2. 현상학의 학문적 전통

심리학의 연구법은 크게 두 가지 흐름으로 구분할 수 있다. 하나는 현상을 관찰 · 기술하는 데에 관심을 가지는 '기술심리학(descriptive psychology)'적 접근이고, 다른 하나는 자연과학적 방법으로 현상에 대한 인과관계를 규명하려는 '과학심리학(scientific psychology)'적 접근이다. 기술심리학적 전통은 Dilthey(1977/1894) 이전까지 거슬러 올라가는데, Husserl (1970/1900)의 현상학은 이 전통을 잇고 있다. 기술심리학은 과학적 심리학의 등장으로 한때 위축되기도 하였으나 점차 심리학 연구의 중심으로 부각되고 있는데(Boring, 1953), 이런 경향은 현상학적 심리학에도 그대로 이어지고 있다. 현상학은 크게 세 가지 지맥으로 나누어 볼 수 있다. 선험현상학, 실존현상학, 해석학적 현상학이 그것이다. 이 절에서는 지나친 단순화를 무릅쓰고 이 세 가지 현상학적 접근에 대해 간단히 살펴보도록 한다.

1) 선험현상학

현상학은 Husserl, Heidegger, Kierkegaard, Sartre, Merleau-Ponty 등 20세기 초엽의 철학자들에 의하여 시작되었는데, 특히 Husserl의 초기 현상학을 선험현상학으로 분류할 수 있다. Husserl은 '인간이 어떻게 확실성에 가득 찬 두 학문(수학, 논리학)을 이해하게 되었는가?'라는 인식론상의 문제를 다루면서, 수학이나 논리학을 포함한 모든 지적인 작용은 선험적 관점(transcendental viewpoint)에 근거를 둘 때 비로소 설명될 수 있다는 결론을 내리고 있다. 모든 추상적인 체계나 이론을 벗어나서 우리의 의식 속에 경험되는 본래의 사물인 현상에 초점을 맞출 때라야 비로소 모든 지식의 기초가 되는 근거를 확보할 수 있다는 것이다. 이러한 목표에 도달하기 위해서는 지식에 대한 모든 선입관, 모든 이론, 모든 주장들을 배제하고 '사물 그 자체로 돌아가서(go to the things themselves)' 철학을 시작해야만 한다. '사물 그 자체'란 우리의 의식 속에 나타나는 그대로의 순수한 경험들을 말하며, '사물 그 자체로 돌아가라'는 것은 의식 속에 나타나는 그대로의 경험들을 검토하라는 뜻이다. 사물 그 자체로 돌아가서 경험의 본질에 도달하기 위해서는 직관과 상상력을 사용해야 한다. 그런데 직관과 상상력을 사용하는 것은 특별히 무엇을 행하는 것이 아니라 그저 우리가 가진 선입견을 '배제(bracketing out, 혹자는 이를 괄호화 또는 판단 중지라고 번역하고 있다)'하고 그 경험을 검토하는 것이다. 각종 선입견을 배제해야만 진정한 의미의 순수한 의식을 밝혀낼 수 있기 때문이다.

그러나 선입견들을 배제한다고 하더라도 경험은 항상 어떤 맥락관계 속에서 일어나는 것이므로 그에 대한 의식 역시 맥락관계를 무시할 수 없다는 문제가 있다. 따라서 순수한 의식 자체만을 직접 연구할 수는 없는 노릇이다. 다시 말하면, 의식이란 항상 '무엇에 대한 의식(conscious of)'이기 때문에 전후 관계의 맥락을 떠난 의식이란 존재 자체가 불가능하다. 그러므로 의식을 하나의 목적으로서가 아니라 하나의 과정으로 취급할 필요가 있다. 따라서 연구자가 이러한 한계를 의식하고 아무 선입관 없이 각 현상에 대한 연구를 시작하고, 그로부터 본질적인 특성을 발견하기 위하여 성실한 연구를 수행한다면 순수한 의식을 추출해 낼 수 있다고 Husserl은 믿고 있었다(신귀현, 1988).

2) 실존현상학

실존현상학은 실존주의를 일컫는 다른 말로, Sartre와 Merleau-Ponty에 의해 주도된 사상적 흐름이다. 실존주의자들에 의하면 실존은 본질에 앞선다. 따라서 철학의 기초를 절대적 · 선험적 인식에서가 아니라 생활세계의 일상적 경험에서 찾으려고 한다. 선험현상학과 마찬가지로 이들도 온갖 선입견, 주의, 주장을 배제하고 의식을 하나의 과정으로서 탐구하자는 데 동의한다. 또 경험 그 자체로 돌아가라는 Husserl의 충고를 충실히 이행하여 일상적인 경험세계의 규명을 철학의 목표로 삼고 있다. 바로 그렇기 때문에 이들은 Husserl이 철학의 최종 목적으로 삼는 선험적 주관성의 이해를 추구하지 않는다.

일상적인 경험세계의 의미 규명을 강조한 실존주의자들은 의식의 여러 측면들을 밝혀냈다. 그 첫 번째가 육체와 의식과의 관계다. 이들에 따르면, 육체적 자아와 정신적 자아는 분리될 수 없다고 한다. 우리들은 모두 육체적인 존재이며 동시에 정신적인 존재다. 듣고, 보고, 느끼고, 냄새 맡고, 촉감하는 등 육체에 수반되는 모든 감각들은 우리의 일상적인 경험 세계를 구성하는 일부분인 동시에 의식의 한 부분이기도 하다. 따라서 육체에 대한 탐구는 의식에 대한 탐구이기도 하다. 따라서 육체를 배제한 의식의 탐구는 허망할 따름이다. 실존현상학은 종전에 무시되던 육체의 중요성을 다시 복원시켜 의식 탐구의 중심으로 끌어들이고 있다.

두 번째는 타인과의 사회적 경험의 중요성을 부각시킨 점이다. 우리는 항상 다른 사람의 영향을 받고 있다. 우리의 출생이 이미 다른 사람들에 의해 영향을 받은 것처럼, 우리의 사회생활 역시 주변을 둘러싸고 거미줄처럼 얽혀 있는 타인과의 관계에 매어 있다. 따라서 일상생활에서 우리의 경험은 사회적인 상호관계 속에서 항상 발생하기 마련이다. 그러므로 사회적인 관계 속에서 경험하는 의식의 내용을 검토하지 않는다는 것은 가장 중요한 부분을 빼 버리는 셈이 된다. 사회적 상호관계는 사상해 버릴 대상이 아니라, 오히려 의식의 세계를 구체적으로 탐사해 들어가도록 돕는 주요한 자원이다.

Merleau-Ponty(1962)는 우리의 경험에 이해 작용이 발생하는 방법에 대해 연구하여 지각과 언어의 중요성을 부각시켰다. 그에 의하면 우리가 무엇인가를 볼 때, 우리는 그것을 하나의 물체로서 인식함과 동시에 하나의 의미체로서 이해한다고 한다. 연필을 인식하는 과정은 연필의 재질과 모양, 크기 등을 먼저 인식한 후에 '아, 그러므로 연필'이라고 이름을 붙이는 것이 아니라, 곧바로 하나의 의미체인 연필로서 인식한다는 것이다. 다시 말해서, 대상을 지각하는 행위에는 이미 그 대상의 의미를 지각하는 행위가 포함되어 있다. 따라서 우리가 어떤 대상을 경험할 때, 우리는 그 대상과 그 대상이 나타내는 의미를 함께 경험하는 것이다. 의미는 경험 속에 분석되지 않은 채로 살아 있고, 직접적으로 손에 넣을 수 있다. 그런데 의미를 직접 손에 넣을 수 있는 가장 중요한 도구는 언어다. 언어는 단순히 경험을 전달해 주는 통로일 뿐 아니라, 경험 그 자체의 의미를 전달한다. 언어를 통해서 드러나는 의미의 세계에 관심을 기울일 때, 연구자는 존재의 본질을 직접 다루는 셈이 된다.

3) 해석학적 현상학

엄밀하게 구분하면 해석학과 현상학은 차이가 있다. 현상학이 사고, 느낌 등의 즉각적 경험에 초점을 두었다면, 해석학은 맥락 지향적인 성격이 보다 강하다. 또한 해석학이 행간의 의미를 읽어 내기 위하여 관찰 가능한 세계를 벗어나기도 한다는 점에서 초현상적인 특성을 지니고 있음도 현상학과 구별되는 점이다. 그러나 이 두 접근은 기본적으로 일상적인 생활세계에서 사람들의 경험과 그들이 부여하는 의미를 이해하려는 활동이라는 점에서 함께 묶일 수 있다.

해석학은 기본적으로 '이해의 예술'(Palmer, 1969)인데, 학자에 따라 여기에 다소 다른 의미를 부여하고 있다. Schleiermach는 이해를 전후 맥락 속에 붙박이 된 것으로 파악하였으며, Dilthey는 생생한 인간 경험을 인지하기 위한 정신적 힘의 총 결집 활동이라고 보았다. 이해는 생활의 부분이자 그 목적이고 즐거움이며 필수 요건이라는 것이다. Dilthey의 사고를 이어받은 Heidegger와 Gadamer는 이해의 개념을 더 넓혀서 "이해는 그 자체로 세상 내에 존재하는 통합적인 부분"이라고 언급하였다. 존재의 과정과 이해의 과정은 불가분의 관계에 있다는 말이다. 시간적으로 보아 이해는 미래와 연관되어 있을 뿐 아니라 그 사람이 처한 상황에 따라 결정된다. 더 나아가 이해는 이미 존재하는 관계의 총체성 내에서 작용한다. 따라서 어떤 대상을 이해한다는 것은 그 대상을 둘러싸고 있는 총체적인 세계를 해석하는 일과 다르지 않다. 해석학이 맥락, 문맥, 전후좌우의 상황을 중시하는 것은 이런 점 때문이다. 그런데 해석은 언어로 표현되며, 이해 역시 언어를 통해서 비로소 가능하다. 언어가 해석과 이해의 도구라는 것은 이러한 점을 지적한 것이다. Gadamer의 경우는 언어가 이해와 해석의 한계를 구성한다는 주장까지 하고 있다. 어떤 점에서는 언어가 이해를 제한하기도 하지만 시공을 초월하는 것 역시 언어를 통해서 가능하다. 언어로 기록된 문서를 통해 과거를 가깝게 접할 수 있기 때문이다(Ödman, 1988).

타자의 경험을 해석하고 이해하려고 할 때 중시해야 할 사항의 하나는 그 타자의 입장과 조망에 서는 것이다. 상대방의 세계 속에 들어갈 때 비로소 상대방이 경험하는 세계를 볼 수 있다. 글 쓴 사람과 같은 입장에 서보아야 글 쓴 사람의 원래 의도를 이해할 수 있는 것과 마찬가지로 생활세계에서 사람들의 경험을 이해하려면 그들의 입장에 서 보아야 한다. 공감적 이해라고 칭할 수 있는 이러한 자세가 상대방에 대한 이해를 온전히 해줄 수 있다. 그러나 해석학적 탐구가 완결되는 경우는 없다. 새로운 이해는 새로운 질문을 생성시키고 해석의 과정은 지속될 수밖에 없는데 이를 해석학적 순환(Barrell, Aanstoos, Richards, & Arons, 1987)이라고 한다. 그러므로 탐구과정이 이어지면서 이해의 폭을 확산시켜 나가는 해석학적 탐구는 끝없는 연구의 과정이다.

마지막으로, 상대방을 이해하려는 연구자도 상대방의 입장에서 보면 다시 해석의 대상이 된다는 사실을 잊어서는 안 된다. 사람들은 모두 자기가 처한 세계에서 의미와 뜻을 찾고 이해의 지평을 넓혀 가려는 해석학자들이다. 따라서 연구자는 연구대상과 동등한 위치에 있다는 것을 인식하고 항상 해석학적 만남(hermeneutical encounter)에 열려 있는 태도를 취해야 할 것이다.

지금까지 현상학의 학문적 전통을 세 가지 갈래로 나누어 검토하였다. 이 세 갈래는 인간의 의식과 경험에 대해 각기 다른 측면을 강조하고 있으나 일상적인 생활세계에서의 경험을 중시한다는 점에서 공통점을 가지고 있다. 경험은 평범한 일상세계에서 일어나는 것이므로 경험에 대한 탐구는 당연히 일상적인 생활세계 속에서의 경험을 대상으로 삼는다. 그런데 경험에 대한 순수한 이해를 얻기 위해서는 가능한 한 모든 선입관(先立觀)과 선이론(先理論)을 버릴 필요가 있다. 즉, 항상 새롭고 열린 자세로 생활

사태들을 대면해야 한다. 경험을 탐구한다는 것은 다른 말로 사람들의 일상세계에 내재해 있는 의미를 탐구한다는 말과 통한다. 사람들은 복잡한 의미망을 구성하며 살아간다. 따라서 사람들을 이해한다는 것은 그들의 의미세계를 이해한다는 말과 다르지 않다. 이 의미세계를 이해하기 위해서는 사람들이 사용하는 언어 그리고 그들이 구성하고 있는 사회적인 관계에 주의를 기울여야 할 것이다. 뿐만 아니라 다양한 조망과 관점을 취하면서 사람들에게 비치는 세계의 모습을 이해하려고 노력해야 한다. "현상학을 한다는 것은 이미 시작된 영화를 중간에 보러 들어가는 것과 같다. 영화를 이해하기 위해서 우리는 다음과 같은 질문을 던져 보는 것이 필요하다. 이 영화의 줄거리는 무엇인가, 영화는 어디서부터 시작되었나, 어떤 것이 중요한 부분이고 어떤 것이 중요치 않은 부분인가, 영화에 대한 이러한 질문들에 답변하기 위하여 우리는 영화의 첫 부분으로 돌아갈 필요가 있다"(홍기형 역, 1995, pp. 68-69). 영화를 이해하기 위하여 이러한 질문을 던지고 답변하기 위해 애쓰는 것처럼, 사람들의 일상생활 속에서 일어나는 경험의 의미를 이해하기 위해서 연구자는 이보다 더 많은 질문을 던지고 그에 답하려고 노력해야 할 것이다.

3. 현상학적 심리학의 연구방법

현상학적 심리학의 연구방법은 기본적으로 현상학의 연구방법에서 도출된다. 현상학적 연구의 기본 방법은 '환원(還元)'인데, Husserl은 이 환원의 방법을 다시 현상학적 환원, 형상학적 환원, 선험적 환원 등 세 가지로 나누고 있다. 현상학적 환원은 주어진 모든 것을 의식 속에서 의식으로 인식한다는 의미에서의 현상으로 바꾸는 것을 말하며, 형상학적 환원은 의식의 파악을 넘어서서 다양한 의식 행위의 본질, 즉 보편적 · 불변적 구조를 파악하는 것을 말하는데 이러한 본질을 파악하는 방법은 본질직관(本質直觀)을 통해서 가능하다고 한다. 선험적 환원은 모든 의미를 구성하는 기초인 선험적 자아로 되돌아가는 것으로서 환원의 과정을 완성하는 단계를 일컫는다(장상호, 1996). 그러나 현상학의 연구방법으로 이 세 가지 환원을 모두 인정하는가의 여부는 학자들에 따라 견해가 다르다(브리태니커 세계대백과사전, 1993). 이런 점을 고려하여 여기서는 현상학적 연구방법을 통칭하는 개념으로 '현상학적 환원(現象學的 還元)'이라는 용어를 사용하기로 한다.

현상학적 환원은 객관적 사물의 존재에 대한 우리의 신념을 일절 배제하고 그 존재에 관한 우리의 판단을 중지한 뒤 순수의식, 순수주관성을 고찰하는 태도를 근원적으로 확립하는 방법이다(신귀현, 1988). 여기에는 두 가지 측면 내지는 과정이 포함되어 있다. 하나는 소극적 측면이며 하나는 적극적 측면이다. 소극적 측면은 일체의 선입관이나 선판단을 중지하는 것으로서 판단 중지 또는 괄호침이라고 불리는 것이며, 적극적 측면은 주어진 모든 것으로 되돌아가 순수의식, 순수주관성을 찾으려는 것으로서 '반성적 본질직관'이라고 불리는 것이다(최경호 역, 1986).

현상학적 심리학에서도 현상학에서와 마찬가지로 '현상학적 환원'의 두 측면인 판단 중지와 반성적 본질직관을 주요 연구방법으로 삼고 있다. 물론 학자의 입장에 따라 이 두 개념을 분리하지 않고 종합적으로 적용하는 경우(Giorgi, 1985; Rogers, 1942)와 판단 중지 속에 반성적 본질직관을 포함시키는 경우(Denton, 1981) 등으로 나누어지기는 하지만, 현상학적 심리학자들이 사용하는 탐구방법이 이 두 개념에 정초하고 있다는 것은 분명하다. 현상학적 심리학에서 사용하는 이 두 가지 방법상의 개념을 보다 상세히 검토해 보자.

1) 판단 중지

현상학적 심리학의 연구에서 핵심이 되는 방법상의 기초 개념은 '판단 중지(bracketing out; 배제 또는 괄호화)'다. 현상학적 기술을 하기 위한 다양한 관찰방법들은 모두 판단 중지에서 시작된다. 연구자가 다양한 조망을 사용하여 연구대상에 대한 반성적 본질직관을 얻는 것도 판단 중지가 전제된 상태에서 필요하다. 판단 중지를 함으로써 연구자는 여러 가지 다양한 시각에서 현상을 보고 기술하여, 여러 배경이나 맥락과 관련하여 현상을 해석하고, 특정 개념장 속에 이를 위치시킬 수 있다. 하지만 판단 중지의 절차는 의외로 간단하다. 현상이 자신의 모습을 스스로 드러내도록 연구자는 평상시의 익숙한 지각적 태세를 잠시 접어 두면 된다. 여기서 익숙한 지각적 태세란 전문적으로 훈련받은 지식이나 이론일 수도 있고 또는 일반 상식일 수도 있다. 그 어느 것이든 잠시 동안 작동을 보류시키는 것이다. 어떤 사람에게 일어난 사건에 대해 심리학자가 보고 느끼고 생각하고 전달하는 것은 사회학자나 언어학자, 의상학자 또는 생활세계에서의 막역한 친구가 그렇게 하는 것과 상당히 다를 것이다. 현상학적 연구자는 이들의 다양한 설명들을 그 사건을 이해하는 데 부분적으로 도움을 주는 진술들로서 가치 있게 여긴다.

그러나 사건의 전체 현상을 이해하려면 이 각각의 진술들을 하나로 끌어모아야 하는데 이를 가능케 하는 것이 판단 중지다. 심리학자, 사회학자, 언어학자, 의상학자, 친구 등은 모두 사전에 형성된 지각적 태세를 가지고 있다. 그들은 기형성된 개념이나 지각방식을 통해서 사건을 보려고 한다. 일종의 안경을 쓰고 보는 것과 유사하다. 물론 이 안경들을 통해서 사건을 보는 것이 거부될 필요는 없다. 다만 이들의 동원시기를 잠시 지연시키는 것이다. 현상학적 연구자는 그 사건 자체가 원래 어떤 것인가를 보기 위하여 잠정적으로 여러 '안경'들을 유보한다. 바로 이러한 행위가 판단 중지다.

판단 중지를 보다 쉽게 이해하기 위하여 예를 한 가지 들어 본다. 당신의 딸이 '춘향전'이라는 연극의 주연으로 발탁되었다고 하자. 여러 달 동안 연습을 한 후에, 드디어 공연 첫날이 되었다. 당신도 초대를 받아 극장에 들어갔다. 바로 그 순간 당신은 판단 중지를 해야 할 것이다. 연극 속에서의 '춘향'을 보려면 당신은 평상시 딸에 대해 가졌던 일상적인 지각방식들 또는 안경을 내려놓아야 한다. 만일 그렇게 하지 않으면, 당신은 공연이 끝날 때까지 춘향이 아니라 딸의 우스꽝스런 행동만을 보게 될 것이다. 연극을 보는 동안 판단 중지를 한다고 해서 딸의 실재를 부인하는 것이 아니다. 다만 춘향전이라는 연극을 관람하기 위하여 그 배우가 나의 딸이라는 사실을 잠시 옆으로 밀어 놓는 것이다. 실제로 대부분의 사람들은 일상생활 중에 이러한 판단 중지의 기능을 활용하고 있다(Denton, 1981).

사람들이 선입견이나 선판단(先判斷)에서 완전히 벗어날 수 없을 것이라는 가능성은 판단 중지의 효과에 대해 의심의 여지를 남겨 놓는다. 그렇다고 하더라도 판단 중지는 효과적이다. 왜냐하면 판단 중지를 하기 위하여 연구자는 먼저 자기 자신을 면밀히 검토하는 작업을 거쳐야 하기 때문이다. 현상학적 연구를 하기 위하여 던져야 할 첫 번째 질문은 바로 스스로에게 던져야 할 질문이다. 연구자로서 내가 가지고 있는 선입견은 무엇인가? 나는 어떤 개인적인 신념을 가지고 연구에 임하는가? 연구대상에 대한 나의 선지식(先知識)은 어느 정도이며, 이 선지식이 나의 연구에는 어떤 영향을 끼칠까? 이러한 질문들을 통해서 연구자가 가졌던 선입견, 가정, 전제, 신념, 선지식, 선이론 등이 드러나게 되면, 연구자는 이에 능동적으로 대처할 수 있게 된다.

2) 반성적 본질직관

사물을 객관적으로 바라보는 우리의 시선을 반성적으로 방향을 바꾸어 내면으로 돌릴 때, 그 객관적인 사물의 지각과 관련된 다양한 주관적 현상을 포착할 수 있다. 이처럼 시선 전향을 통하여 주관적인 순수의식을 얻어가는 방법을 반성적 본질직관(反省的 本質直觀)이라고 할 수 있다. 시간을 예로 들어 보자. 객관적으로 바라보는 시선으로 우리는 직선적인, 무한히 연속되는 시간을 지각한다. 이러한 시간은 시계라는 계기에 의하여 초, 분, 시 등과 같은 단위로 나누어져 객관적으로 측정되면 모든 사람들에게 동질적으로 파악된다. 그러나 우리가 반성적인 시선으로 시간을 지각할 때 그것은 직선이 아니라 파지와 예지를 결합하는 지평을 이루며, 계기에 의하여 측정되는 것이 아니라 짧거나 긴, 유쾌하거나 지루한 시간 등등 주관적으로 체험될 뿐이다(신귀현, 1988). 현상학적 심리학자는 이 같이 개인의 주관적인 심리적 지향성 또는 주관적으로 체험하는 현상들의 본질적 구조에 대해 분석 · 해명하려고 한다. 그러나 이 반성적 본질직관을 너무 어렵게 받아들일 필요는 없다. 실제 심리학적 연구를 수행하는 과정에서 반성적 본질직관은 개인의 내면세계를 이해하기 위하여 다양한 조망과 시각을 채용하는 것으로 나타난다. 다시 말하면, 열린 시각을 가지고 다양한 관점과 조망에 서서 개인의 주관적인 체험 세계를 탐색해 들어가는 과정을 반성적 본질직관으로 보아도 무리가 없다는 것이다. Denton(1981)의 연구를 검토하면 이 점은 분명히 드러난다.

Denton(1981)은 본질직관을 얻기 위한 반성적 측면(사실 그는 이것을 판단 중지라고 부르고 있다)을 세 가지 유형으로 나누어 설명하고 있다. 첫 번째는 인지적 측면이다. 예를 들어, 상담자들의 생활세계에 대해 연구한다고 하자. 이때 현상학적 연구자는 다음과 같은 질문들을 던질 수 있을 것이다. ① 상담자들은 어떤 사람인가? 수행하는 역할은? 개인적인 성격은? ② 상담자들은 자신의 작업에 대해 어떻게 말하는가? ③ 그들은 다른 상담자들의 작업에 대해서 어떻게 말하는가? ④ 상담자들은 앞으로 어떤 상담자가 될 것이며 또 어떤 일들을 할 것인가? ⑤ 상담자들을 보다 잘 이해하기 위하여 어떤 지평들을 동원하는 것이 좋을 것인가?

두 번째 유형은 실존적 측면이다. 이것은 연구대상의 실존적 모습을 검토하는 것으로서 흔히 정상적인 일상생활의 흐름을 끊었을 때 발생할 수 있는 가능성에 대해 점검하는 것이다. 개개 상담자를 연구하는 경우, 만일 그들이 돌발적인 사건, 즉 자식이 갑자기 죽었다거나, 예기치 못한 이혼을 했다거나, 교통사고를 당하는 등의 사건들을 경험할 때 어떻게 반응할 것인가를 생각해 볼 수 있다. 현상학적 연구자는 실존적 측면을 탐색하기 위하여 다음과 같은 질문들을 할 수 있을 것이다. ① 상담자의 전문 영역 밖에서 어떤 일들이 벌어졌으며 벌어지고 있는가? ② 그들의 전문 영역 내에서는 어떤 일들이 일어났으며 일어나고 있는가? ③ 상담자의 반응이 낙관적인가 긍정적인가?

세 번째 유형은 연출적 측면이다. 이는 새로운 판단과 해석을 얻기 위하여 일상성을 벗어나는 여러 가지 가상적 상황을 설정하고, 그 속에서 연구대상의 행동을 점검해 보는 것이다. 사회성 측정법이나 심리극 같은 것에 참여시키고 연구대상(상담자)의 행동을 관찰함으로써 그에 대한 새로운 정보를 획득하는 경우가 이에 해당한다.

Denton은 연구대상의 생활세계를 이해하기 위한 반성적인 측면을 세 가지로 나누고 있지만, 현상학적 연구자는 연구대상이 경험하는 의미세계를 풍부하게 이해하도록 돕는 것이면 얼마든지 다른 방법들을 채용할 수 있다. 특히 Denton의 제안은 상호작용이 활발히 이루어지는 관계에 관한 것이므로, 상황과 여건이 다른 연구대상을 탐구할 때는 그에 타당한 다른 방법들이 적용되는 것이 바람직할 것이다.

4. 현상학적 심리학의 연구절차

앞에서 현상학적 연구방법은 '현상학적 환원'에 근거를 두고 있다고 밝혔지만 현상학의 학문적 특성상 규범적인 연구절차를 제시한다는 것은 불가능한 일이다. 이해의 방법만큼이나 연구절차와 방법이 다양해질 수 있기 때문이다. 다만 현상학적 관점에 서서 연구를 수행하고자 할 때 도움이 될 수 있는 전략들을 소개할 수는 있다. 여기에서는 이해전략의 하나로 Giorgi(1985)가 추천한 다음 네 가지 연구절차를 소개한다. 단, 실제 연구 과정 중에 이 네 단계를 엄격히 구분하기는 쉽지 않으므로 연구자들이 편의에 따라 융통성을 발휘하는 것이 좋을 것이다.

1) 전반적 감각획득 단계

첫 단계는 주어진 장면이나 상황에 대한 전반적 감각을 얻기 위하여 제시된 문건이나 자료 전체를 처음부터 끝까지 다 읽어 보는 것으로서 이를 완독이라고도 한다. 연구자는 특별한 목적을 정하지 않고 텍스트(text) 전체를 부담 없이 읽어 나간다. 전체적인 감각을 얻기 위하여 필요하다면 얼마든지 반복해 읽어도 좋다. 단, 특정 문제나 이슈에 지나치게 비중을 두지 않도록 주의할 필요가 있다. 완독의 과정은 연구의 다음 절차인 의미단위 식별 단계의 근거를 마련해 준다.

2) 의미단위 식별 단계

자료에 대한 전반적 감각을 얻은 후에는 텍스트 전체를 관리 가능한 단위로 잘게 나누는 작업을 수행한다. 연구자는 처음으로 되돌아가 다시 반복해 읽으면서 심리적으로 중요하게 여겨지는 단위들을 찾아내고, 동시에 의미 변화 또는 의미 이행이 일어나는 상황들을 민감하게 관찰한다. 자료 스스로 드러내는 중요 요소와 의미를 찾아내되 매번 새로운 시각에서 보도록 노력한다. 이 단계는 의미 식별에 초점을 두고 있으므로 식별해 낸 의미에 대한 상세한 추가 분석은 실시하지 않는다. 이것은 다음 단계에 수행할 내용이다. 혹자는 이 과정을 내용분석(content analysis)과 혼동하기도 한다. 그러나 의미단위의 식별은 하나의 기법이 아니라는 점, 양화의 목적이 없다는 점, 표면화된 내용에 관심을 갖는 것이 아니라는 점 등에서 내용분석과 차이가 있다.

3) 심리학적 해석 단계

의미단위의 식별이 끝나면, 연구대상의 일상적 표현을 심리학적 용어로 변형시킨다. 이 변형의 과정은 주로 반성적 사고와 상상력을 통하여 이루어진다. 구체적인 상황 속에서 일어난 세부 사항과 그에 대한 기술을 읽고 보다 일반화된 심리학적 유목으로 이를 구분하는 것 사이에 분명히 갈등이 있기 마련이다. 그러나 이 방법은 추상화 또는 형식화가 아니라 구체적 표현들을 관통함으로써 일반적인 이해가 가능한 유목을 얻으려는 데 목적이 있는 것이므로 기존의 일반화와는 다르다. 이와 같은 변형이 필요한 것은 연구대상이 기술한 내용이 실재를 은밀한 방식(자기에게만 익숙한 방식)으로 표현하고 있으므로 이를 보다 적절하게 이해하기 위한 심리적 측면을 밝혀 보려는 데 있다. 그러나 이러한 변형의 과정을 기계적으로 적용할 수 있는 합의된 심리학적 용어가 존재하지 않는다는 것 역시 또 하나의 걸림돌이다. 따라서 심리학적 통찰을 얻기 위한 연구자의 반성적 사고와 풍부한 상상력이 절실히 요구된다. 연구자는 특정 심리학이론에 치우치지 말고, 자신이 보고 해석하는 것을 표현하되 가능한 한 현상학적 관점에 의해 밝혀지는 바 상식의 언어를 사용하도록 한다.

4) 통합 단계

최종 분석 단계는 변형된 의미단위들을 종합하여 연구대상의 체험에 대한 일관성 있는 진술을 이끌어 내는 것이다. 연구자는 지금까지 찾아낸 의미단위들을 종합하고, 변형된 의미단위들 속에 포함되어 있는 심리적 통찰을 통합하여 심리학적 구조에 관한 일관성 있는 기술을 시도한다. 이 과정은 일종의 심리학적 일반화라고 말할 수도 있다. 연구자는 자기가 발견한 심리학적 사실들을 일반화된 진술로 표현하여 여타 연구자들이 그 타당성을 검증할 수 있는 기회를 제공한다. 이 마지막 종합과정은 연구대상의 수가 중요한 문제로 부각될 수도 있다. 연구대상의 수가 많아지면 그만큼 변산(다양성)의 폭도 클 것이므로 연구대상들의 경험에 들어 있는 보다 본질적인 요소를 발견하고 이를 일반화된 구조 속으로 통합할 가능성도 커질 것이다. 그러나 연구대상의 수가 하나라고 하더라도, 앞에 기술한 동일한 과정을 거쳐 그 대상 개인의 심리세계에 대한 개별적 종합(personal synthesis)을 하는 작업은 충분히 가능하다.

5. 현상학적 연구를 적용한 상담 사례 분석

상담을 분석하는 도구의 하나로서 현상학적 연구의 유용성을 실제 상담 사례를 중심으로 검토하도록 한다. 이상적으로는 상담과정 전체의 전사내용을 분석자료로 삼는 것이 바람직하지만, 시간과 지면관계상 상담이 끝난 직후 상담자가 간략히 요약해 놓은 면접상담 기록을 분석자료로 사용하였음을 밝혀 둔다. 상담은 2년여에 걸쳐(중간 1년 동안은 휴학을 했음) 총 40회 동안 진행되었다. 청담자인 K는 상담을 시작할 때 대학 3학년의 학생으로서 무력감과 불안 증상을 호소하며 상담실을 찾아왔다. 상담자는 대학 학생생활연구소의 상담 조교로서 상담학 석사학위 과정을 밟고 있었고 3년여의 상담 경험을 가지고 있었다. 상담자의 직장 이동으로 마지막 7회의 상담은 필자가 담당하였다. 40회의 면접상담기록 전체가 분석의 대상이 되었지만, 분석과정을 간략히 소개하기 위하여 5회의 면접상담기록을 서두에 제시한다. 연구의 초점은 청담자가 경험하는 무기력과 불안의 이해에 두었다.

연구자는 앞에서 제시한 연구절차에 따라 전체 상담기록을 완독하고, 의미단어(여기서는 무기력과 불안)를 식별하여 그 심리적 통찰을 얻어 내려고 하였다. 기본적으로 이 과정은 Giorgi(1985)의 제안을 따랐지만, 구체적 절차에는 다소 변용을 가하였다. 여기에서는 일부 발췌된 상담기록, 의미 있는 주제와 장면, 심리적인 해석과 통찰로 나누어 이해에 도달한 과정들을 제시한다. 먼저, 의미단위를 비교적 선명히 드러내는 면담기록을 발췌하여 소개한다.

1) 발췌된 상담기록

접수면담

(청담자는 상담실 밖에서 기다리고 있다가 다급한 어조로 도와 달라고 청했다.) 고등학교 3학년 때 고3병으로 정신과 병원에 입원했었다. 두 달 정도 입원했었는데, 내가 말하는 것을 듣기만 하고 상담은 안 해 주고 약만 주었다. 그때 시험이 너무 부담되고, 내가 욕심 많은 것이 원인이라는 것을 아는데, 실력도 안 되면서 S대학에 가겠다고 생각했다. 성적이 계속 떨어지고 공부도 안 되어서 휴학했다가 다시 고3으로 복학했다. 대학에 들어와서 그냥 지내다가 이번 방학 때 아버지가 많이 편찮으셨다. 그래서 개학

하고 2주 집에 갔다 왔는데, 해야 될 일이 너무 많은데 잘 안 되고, 특히 지난주에 발표해야 되는 것도 있고, 누가 아르바이트를 주선해 준다고 해서 약속도 해 놓았었는데 그날 아침엔 아무것도 하기 싫었다. 그 전날에도 목이 뻣뻣하고 잠도 거의 못 잤다. 이런 상태에서 공부는 해서 뭐 하나 그런 생각이 들어서 그냥 고향집으로 가 버렸다. 가서 잠만 잤다. 아버지, 어머니도 남동생도 너무 신경 쓰지 말고 네 인생 네가 잘 알아서 살아야 한다고, 고3 때 입원한 적도 있으니까 그런 식으로 이해해 주었다. 아버지는 많이 좋아졌다. 과 친구들, 교수님은 내가 아버지 병 때문에 집에 갔던 것으로 생각하고, 그것 때문에 이번 시험도 잘 못 친 줄로 안다. 그런데 사실은 그게 아니라 내가 너무 자신감이 없고 뭘 해도 안 될 것 같아서였다. 아버지 병난 것 보고 내가 공부 열심히 잘해야 한다는 생각을 해서 걱정을 많이 하게 된다. 이번 주에 있었던 중간시험을 보는데, 시험문제 보니까 보기는 했던 것인데, 머리가 막혀서 쓸 수가 없었다. 시험 치르고 나서 교수님께—지금 생각하면 정신병자 짓 같은데—내가 생각하는 것을 편지로 알려 드렸다. 오늘도 조금 전에 지도교수님 만나서 내가 이번 주에 아르바이트 가야 하기 때문에 집에 못 간다고 말씀드렸더니 교수님이 "네 필요에 의해서……."라고 하셨다. 물론 교수님은 고3 때 입원한 것도 모르고, 지금 나의 자신감 없는 상태도 모르신다. 난 지금 너무 도움이 필요하다. 지금은 다 그만두고 휴학하고 싶은 생각뿐인데, 휴학하면 끝장이다. 발령이 1년 늦어지면, 그래도 지금 우리 때까지는 내신이 나빠도 발령받을 수 있다고 하던데. 그런데 난 용기를 내는 면도 있다. 1학기 땐 누가 어떤 책을 읽어 보라고 해서 봤는데, 여러 명이서 친구처럼 사귀어 보라는 말이 있어서, 고향집에 가는 고속버스에서 같이 탔던 X대학 남학생한테 내려서 말을 걸었다. 친구 해 보지 않겠느냐고. 그래서 그 학생과 나 그리고 그 학생의 남자 친구와 나의 여자 친구 이렇게 넷이 만나게 되었다. 지금은 그 학생의 남자 친구는 떨어져 나가고 나와 처음 그 남학생과 친한 상태다.

그런데 내가 자신감 없으니까 그 남학생한테 연락하기도 싫고 헤어져야 한다는 생각이 든다. 지금 내 상태를 말해야 될 것 같기도 한데 말하자니 부끄럽다. 갈등이 된다.

9회 상담

사회과 시험을 보았는데, 괜찮게 본 것 같다. 그런데 문방구에 8절지 도화지를 사러 갔었는데 거기 할머니가 너무 고른다고, 그런 말 듣고 다시 가기가 힘들다. 난 다른 사람을 귀찮게 하는 존재처럼 느껴졌다. '이건 내 권리다. 나는 손님이니까 구겨지지 않은 것을 고를 권리가 있다'고 생각하는데 실제 내 것을 내세우기가 쉽지 않다. 휴학하면서 이런 생각했다. '내가 아픈 건 내가 너무 욕심 많고 내 것을 주장하고 요구했기 때문이다'라는. 그래서 욕심을 버리고 주장하지 말자는 생각을 했다. 지금 생각해 보면 내 것을 주장하지 않는 것이 겸손한 거라 생각했던 게 틀린 것 같다. 오히려 내가 힘든 걸 말하고 내가 남을 귀찮게 할 수 있다는 걸 인정하는 게 더 겸손한 것 같다. (가족 중에서 K씨에게 남을 귀찮게 하면 안 된다고 혼을 내던 사람이 있습니까?) 아버지가 평소엔 잘해 주시는데 마음에 안 들거나 화나시면 어렸을 때는 때렸고, 남동생에게 한창 도벽이 있을 때는 무지막지하게 혼냈다. 칼 들고 손가락을 자른다고 하고 나한테는 우리 공부하라고 안방 내주고 다락방에 부모님 계셨는데, 다락에서 공부하나 안 하나 지켜봤던 게 섬뜩한 일로 기억된다. 아버지는 자식들이 자기 마음에 안 드는 걸 되게 못 참아 하신다. 바로 밑의 남동생은 지금 P학교에 다니는데, 고교 때는 정의파, 주먹대장이었고, 공부랑 담을 쌓았다. 그런데 군대 다녀와서 완전히 변해서 요즘엔 공무원된다고 공부 되게 열심히 한다. 고1짜리 동생이 형 말은 잘 듣는데, 그 애 보고 공부하라고 말하기도 한다. 나는 아버지 말씀에 거역 안 하고 순종하는 편이었고, 동생들은 대들고 반항하는 편이었다. (K씨가 아버지와의 관계에서 느꼈던 감정, 생각이 다른 사람과의 관계에서 비슷하게 나타난다는 생각을 해 보았습니까?) 그런 식으로 연관시켜 보지는 못했는데, 나는 내 생각이라고 생각해 왔는데, 공통점—실수하지 않고 순종하는 역할—이 있는 것 같다. 이런 이야기하고 싶었는데, 좋았다.

21회 상담

선생님께 드리고 싶은 말이 있다. 나를 부담스러워하는 것 같다. 사실 선생님의 부담을 덜어 드리고 싶다. 내가 전적으로 선생님한테 모든 것을 맡기고 의존하는 것은 아니다. 처음엔 너무 불안할 때 그랬는데, 그때 선생님이 '내가 모든 것을 해 주는 것은 아니다.' 그런 말씀도 하시고, 그다음부터는 '모든 걸 다 말씀드리지는 말자. 혼자 할 수 있는 것은 혼자 하자.'라는 생각을 했다. 선생님이 나한테 책임감을 많이 느끼시는 것 같다. 나는 다른 사람들에게 부담을 가급적 주지 않으려고 하고, 잘해 주려는 게 많다. 나는 고마운 것이 있으면 작은 것이라도 선물로 표현하려고 한다. 지난주에 K교대 친구가 왔을 때도 지금 생각하면 과도하게 잘해 준 것 같다. 나는 자신이 없으면 남을 더 의식하게 된다. (어떤 것에 자신이 없습니까?) 공부, 성적이 그렇다. (성적이 나쁘면 누가 제일 K씨를 못나게 볼 것 같습니까?) Y교수님이다. 공부 못한 것에 대해 야단을 많이 치셨다. (눈물을 글썽이며) 초등학교 3학년 때 아버지가 성적 못 받았다고 성적표를 찢은 적이 있다.

27회 상담

오늘 아침까지만 해도 정말 부속초등학교 쳐다만 봐도 싫고, 못할 것 같고, 밥도 안 먹히고 그랬는데, 오늘 내가 수업할 땐 담임선생님이 계셨다. 그리고 눈도 맞춰 주고, 그러면서 기분이 좋아졌다. 끝나고 담임이랑 둘만 있게 되었는데, 내가 "선생님 죄송해요. 수업도 제일 못하고……." 했더니 받아들여 주는 느낌이었다. 그리고 다른 교생이 수업할 때는 담임이 계시지 않았는데, 그때도 여전히 수업이 엉망이었다. 잘 진행되지도 않고, '나만 못하는 게 아니구나.'라는 생각이 들었다. 나는 정말 사랑받고 싶은 마음이 너무 많은 것 같다. 어려운 일 있으면 피하려는 마음도 많다. 오늘 아침에도 주임한테 말해서 못하겠다고 할까 그런 생각도 했다. (만약 K씨가 선생님이 되어서 교장한테 싫은 소리를 듣는다면 사표를 낼 건가요?) 글쎄, 내가 자신감 있고 그럴 땐 오기로 잘해 보자는 마음이 든다. 그런데 가라앉게 되면 뒷목이 뻣뻣해지고, 몸에 전율 같은 게 오면서 '못하겠다. 피하자.'라는 생각이 든다. 고등학교에 다니다가 휴학할 때 처음엔 아버지, 어머니가 못하게 얼러도 보고 협박도 하셨는데, 내가 못 다니겠다고 하니까 휴학하라고 하셨다. 중학교 때 다리가 짧고 못생겼다는 생각으로 되게 고민했는데, 공부에 전념하면서 나도 모르게 그런 생각이 없어졌다. 초등학교 들어가기 전에 엄마한테 '너 집에 가서 아주 혼난다.'라는 말을 들었던 것이 기억난다. 엄마한테 많이 혼났다. 아버지는 정말 무섭게 혼냈는데, 밤새도록 혼났던 적도 있다.

29회 상담

지난 번 왔을 때보다는 많이 좋아졌다. 그때는 못할 것 같고, 그래서 어떻게 하면 안 할까, 교통사고나 낼까, 연구주임 찾아가서 못하겠다고 사정할까⋯⋯ 그런 생각만 했다. 그런데 지난 번에 선생님이 '혼자 하는 데까지 노력해 보고 지금보다 어느 정도 나아졌는지 보자. 그때까지는 힘들더라도 오지 마라.'라고 하신 것이 되게 힘이 되었다. 그 말 들으니까 '그럼 내가 어떻게 하면 좀 더 잘할 수 있을까?' 그런 생각이 들었다. 담임선생님이 날 좋게 보는 날도 있고 밉게 보는 날도 있고 그게 변하는 것 같다. 오늘은 또 밉게 보는 것 같아 힘들었다. 그러나 확실히 담임선생님이 나를 보는 것이 처음보다는 좋아진 것 같다. 수업을 원래 못하는 애는 아니라는 생각을 하게 된 것 같다. (누가 그 선생님의 마음을 바꾸었나?) 나다. 내가 노력하니깐 담임선생님도 달라진 것 같다. 요즘엔 자료 준비도 훨씬 잘하고—글씨도 예쁘게, 그림도 잘 그려 가려고 함—하지만 여전히 수업에 목표가 없다. 생각해 보면 난 교생실습하는 것을 너무 쉽게 생각하고 준비도 거의 안 했다. 그냥 몸만 가면 되겠거니 했다. 이젠 시간도 생각해서 40분 수업을 나누어서 하고 그래야겠다. 노력이 중요한 것 같다. 여전히 담임이 잘 볼 때도 있고 밉게 볼 때도 있지만, 그것은 바뀔 수 있는 거다. 내가 해야 할 건 수업이니까 열심히 준비해야겠다.

31회 상담

논문 걱정 많이 했는데 잘 끝냈다. 교수님들도 지적하지 않으시고. 그런데 요즘은 계속 뭘 해도 자신이 없다. 실습 이후로 자신감이 떨어졌다. 못한 기억만 남는다. 나한테는 되게 자신 있는 그런 모습 하고 아주 극단의 자신 없는 모습이 있는 것 같다. 그 차이가 다른 사람에 비해 아주 심한 것 같다. 어제 어느 후배도 나 보고 "언니는 너무 감성적이다."라고 했다. 좀 더 당당해졌으면 좋겠다. 판단도 잘 내리고. 나는 적절한 때 적절한 판단을 내리지 못하는 경우가 많다. 물건을 사고도 마음에 안 들어서 바꾸러 가고, 상황에 맞는 인사말을 못할 때도 많다. (K씨가 무언가 잘하고 그랬던 적은 있습니까?) 대학교 3학년 1학기 때 과대표를 했었는데 그때 참 잘했다. 애들이 어느 과대보다도 내가 잘했다고 했고 교수님들도 칭찬 많이 해 주셨다. 그때는 처음에는 못할 것 같고 어떻게 해야 할지 모르겠고 그랬는데, '얼굴에 철판 깔자.' 생각하고 매일매일 어떻게 하면 잘할 수 있을까 하는 것만 생각했다. 끝나고 보니 잘한 결과가 됐다. (이번 실습 때도 비슷한 경험을 한 것이 아닙니까?) 선생님이 도와줘서 끝낼 수 있었다. (K씨의 모습에 잘하고 있는 모습과 못할 것 같고 위축된 모습이 다 있는 것 같습니다. 의자에 앉아서 그 두 가지 모습을 번갈아서 표현해 보도록 합시다.)

2) 의미 있는 주제와 장면

이제 각 회기별로 청담자의 내적 경험 세계를 드러내는 의미단위를 찾아보도록 한다. 가급적 특정 문제나 용어에 비중을 두지 않고 청담자의 표현을 그대로 기술하였다.

접수면담

–시험이 너무 부담된다.
–내가 욕심이 많다.
–실력도 안 된다.
–성적이 계속 떨어지고 공부도 안 된다.
–해야 될 일이 너무 많은데 잘 안 된다.
–아무것도 하기 싫었다.
–목이 뻣뻣하고 잠도 거의 못 잤다.
–너무 자신감이 없고 뭘 해도 안 될 것 같다.
–공부 열심히 잘해야 한다는 생각에 걱정을 많이 하게 된다.
–시험문제 보니까 머리가 막혀서 쓸 수가 없었다.
–지금 너무 도움이 필요하다.
–지금은 다 그만두고 휴학하고 싶은 생각뿐인데, 휴학하면 끝장이다.
–우리 때까지는 내신이 나빠도 발령받을 수 있다고 하던데.
–난 용기를 내는 면도 있다.
–차에서 내려서 X대학 남학생한테 말을 걸었다.
–내가 자신감이 없으니까 그 남학생한테 연락하기도 싫고 헤어져야 한다는 생각이 든다.
–내 상태를 말하자니 부끄럽다.
–갈등이 된다.

9회 상담

-그런 말 듣고 다시 가기가 힘들다.
-난 다른 사람을 귀찮게 하는 존재처럼 느껴졌다.
-내 것을 내세우기가 쉽지 않다.
-내가 아픈 것은 내가 너무 욕심 많고 내 것을 주장 · 요구했기 때문이다.
-아버지가 화나면 때리고 혼을 많이 냈다.
-아버지가 다락에서 공부하나 안 하나 지켜봤던 게 섬뜩한 일로 기억된다.
-나는 아버지 말씀 거역 안 하고 순종하는 편이었다.
-다른 사람을 대하는 방식과 아버지를 대하는 방식 사이에 공통점이 있는 것 같다.

21회 상담

-선생님이 나를 부담스러워하는 것 같다. 선생님의 부담을 덜어 드리고 싶다.
-내가 전적으로 선생님에게 의존하는 것은 아니다.
-선생님이 나한테 책임감을 많이 느끼는 것 같다.
-나는 다른 사람들에게 가급적 부담을 주지 않으려고 한다.
-고마운 일이 있으면 작은 것이라도 선물로 표현하려고 한다.
-나는 자신이 없으면 더 남을 의식하게 된다.
-공부, 성적에 자신이 없다.
-Y교수님이 공부 못한 것에 대해 야단을 많이 치셨다.
-초등학교 3학년 때 아버지가 성적 못 받았다고 성적표를 찢은 적이 있다.

27회 상담

–부속초등학교를 쳐다만 봐도 싫고, 못할 것 같고, 밥도 안 먹히고 그랬다.
–수업시간 중 담임선생님이 눈도 맞춰 주고 그러면서 기분이 좋아졌다.
–담임선생님이 받아들여 주는 느낌이었다.
–나만 못하는 게 아니구나라는 생각이 들었다.
–나는 정말 사랑받고 싶은 마음이 너무 많은 것 같다.
–어려운 일 있으면 피하려는 마음도 많다.
–오늘 아침에도 주임 선생님에게 말해서 못하겠다고 할까 그런 생각도 했다.
–가라앉게 되면 뒷목도 뻣뻣해지고, 몸에 전율 같은 게 오면서 '못하겠다, 피하자'는 생각이 든다.
–중학교 때 다리가 짧고 못생겼다는 생각으로 되게 고민했다.
–초등학교 들어가기 전에 엄마한테 '너 집에 가서 아주 혼난다'는 말을 들은 기억이 있다.
–엄마한테 많이 혼났다.
–아버지는 정말 무섭게 혼냈는데, 밤새도록 혼났던 적도 있다.

29회 상담

–그때는 못할 것 같고, 그래서 어떻게 하면 안 할까, 교통사고나 낼까, 연구주임 찾아가서 못하겠다고 사정할까⋯⋯ 그런 생각만 했다.
–담임선생님이 날 좋게 보는 날도 있고 밉게 보는 날도 있고 그게 변하는 것 같다.
–오늘은 또 밉게 보는 것 같아 힘들었다.
–확실히 담임선생님이 나를 보는 것이 처음보다는 좋아진 것 같다.
–내가 노력하니깐 담임선생님도 달라진 것 같다.

–하지만 여전히 수업에 목표가 없다.
–담임이 잘 볼 때도 있고 밉게 볼 때도 있지만, 그것은 바뀔 수 있는 거다.
–노력이 중요한 것 같다. 내가 해야 할 건 수업이니까 열심히 준비해야겠다.

31회 상담

–요즘은 계속 뭘 해도 자신이 없다. 실습 이후로 자신감이 떨어졌다.
–못한 기억만 남는다.
–나한테는 되게 자신 있는 그런 모습 하고 아주 극단의 자신 없는 모습이 있는 것 같다.
–좀 더 당당해졌으면 좋겠다.
–나는 적절한 때 적절한 판단을 내리지 못하는 경우가 많다. 물건을 사고도 마음에 안 들어서 바꾸러 가고, 상황에 맞는 인사말을 못할 때도 많다.
–3학년 1학기 때 과대표를 했었는데 그때 참 잘했다. '얼굴에 철판 깔자.' 생각하고 매일매일 어떻게 하면 잘할 수 있을까 하는 것만 생각했다.

앞의 6개의 상담회기에 나타난 의미단위를 읽으면서, 우리는 청담자의 심리 상태를 보다 구체적으로 파악할 수 있다. 여러 가지 다양한 상황과 장면 속에서 청담자는 비교적 일관성 있는 심리 반응을 보이고 있다. 청담자의 심리세계에 대한 해석을 내리기 전, 몇 가지 준거를 중심으로 청담자의 경험세계에 대해 보다 세부적으로 검토해 보자.

• **신체와 관련된 진술**

–목이 뻣뻣하다.

–잠도 못 잔다.

–머리가 막혀서

–뒷목이 뻣뻣해진다.

–몸에 전율 같은 것이 지나간다.

–밥도 안 먹히고

–가라앉는다.

• **느낌과 관련된 진술**

–자신감이 없다.

–뭘 해도 안 될 것 같다.

–나는 다른 사람을 부담스럽고 귀찮게 하는 것처럼 느껴진다.

–어려운 일 있으면 피하고 싶다.

–아무것도 하기 싫었다.

–휴학하면 끝장이다.

–내 상태를 말하자니 부끄럽다.

–갈등된다.

–아버지가 다락에서 공부하나 안 하나 지켜봤던 게 섬뜩했다.

–공부 많이 해야 한다는 생각에 걱정된다.

–남을 더 의식하게 된다.

–선생님의 부담을 덜어 드리고 싶다.

–담임선생님이 눈을 맞춰 주어 기분이 좋아졌다.

–받아들여 주는 느낌이었다.

–정말 사랑받고 싶다.

–교통사고나 낼까?

–밉게 보는 것 같아 힘들었다.
–당당해졌으면 좋겠다.

• **청담자의 소망**
–사람들이 잘 봐 주었으면
–적절한 때 적절한 판단을 했으면
–자신감이 있었으면, 특히 공부와 성적에 자신감을 가졌으면
–사랑을 받았으면
–발령을 받았으면
–좀 더 당당했으면
–교생으로서 수업지도를 잘했으면

• **등장인물들**(청담자에게 일시적으로나마 심적 부담을 준 인물들)
–부모님(특히 아버지)
–과 친구
–교수들
–문방구 할머니
–X학교 남학생(남자 친구)
–상담자
–K교대 친구
–실습학교 담임선생님

• **장면과 상황**(청담자가 위기나 갈등을 느낀 상황들)
–S대학
–대학에서의 수업 발표
–시험

–교사 발령과 임용고시

–휴학

–공부

–성적

–교생 수업

–논문

–사람들의 요구

3) 심리적인 해석과 통찰

지금까지 검토한 자료를 바탕으로 반성적 사고와 상상력을 동원하여 청담자의 경험에 대한 해석을 시도해 보겠다. 앞에서도 지적한 것처럼 현상학적 연구에서는 한 가지의 절대적으로 옳은 해석이란 존재하지 않는다. 같은 자료라 하더라도 보는 사람의 시각에 따라 전혀 다른 의미로 해석될 수 있다. 그러므로 지금부터 전개할 해석은 수없이 가능한 해석들 중의 하나에 불과하다는 점을 유념하기 바란다. 독자 역시 자신의 입장에서 새로운 해석을 해 볼 수 있을 것이다.

청담자 K는 심한 불안과 무기력 증상에 시달리고 있다. 그녀의 증세는 심하면 목이 뻣뻣해지고, 머리가 막힌 것 같고, 몸에 전율 같은 것이 흐르고, 잠도 자지 못하고, 밥도 먹지 못할 정도로 심각한 상태에 처해 있다. 청담자는 자신이 가진 문제의 심각성을 의식하고 절박한 심정으로 상담자에게 도움을 청하여 왔다. 그러면서도 청담자는 상담자에게 의존하려는 자신의 모습에 대해 부담을 느낀다. 도움을 필요로 하면서도 그렇게 도움을 받아야 하는 자신을 인정하기가 싫은 것이다. 상담 장면에 와서까지도 자신의 나약함을 노출시키기 꺼리는 이중 심리에 시달리고 있다고나 할까. 상담자와의 관계에서 보이는 이러한 모순된 심리가 사실은 청담자의 일상적 인간관계에서도 그대로 나타난다. 청담자는 자기 주변의 중요한 사람들에게, 아니 일상적으로 접하는 사람들에게까지 갈급한 마음으로 사랑과 인정을 구한다. 그러나 사랑과 인정은 거저 제공되는 것이 아니라고 생각한다. 항상 일정한 조건을 만족시킬 수 있어야 얻을 수 있는 것이다. 그 일정한 조건 중에 가장 중요한 것이 능력이다. 각각의 상황에서 필요한 능력과 역량을 보여 주어야 주변 사람들로부터 긍정적 평가를 받고 인정받을 수 있는 것이다. 그런데 청담자는 자신의 자존감을 지켜 줄 그 중요한 역할 수행능력이 자신에게 없다고 생각한다. 이미 여러 번 자신의 무능함을 경험해 왔으므로 이는 의심할 여지가 없는 사실이다. 그런데 만일 사람들이 자신의 그러한 모습을 알게 되면 당연히 자신을 무시하고 평가절하할 것이다. 그렇다면 들키지 않기 위해서 차라리 사람들로부터 멀어지는 것이 더 낫다. 사람들이 자신의 요체를 파악하기 전에 평가 장면으로부터 도망하고 회피하는 것이 상책이다. 그러니 양가적인 행동과 태도가 이어질 수밖에 없다. 사람들의 사랑과 인정을 받고 싶은 마음은 굴뚝같은데 자신의 무능함을 노출하기 싫으니 접근하다가 회피하는 모순적 행동이 반복된다. 청담자가 마음을 완전히 열어 놓고 자신의 아픔과 고통을 표현해도 된다고 생각하는 사람은 주위에 아무도 없다. 동료도 남자 친구도 부모도 자신을 전폭적으로 받아들여 줄 사람들이 아니라고 생각한다. 심지어 상담자조차도 불편한 사람의 하나에 속한다. 상담을 받으러 왔다는 사실 자체가 자신의 못난 점을 드러낸 셈이 되므로 결코 편안하게 여길 수가 없다.

청담자의 머릿속을 감도는 결정적으로 중요한 주제는 '능력'인 것 같다. 면담 중에 자주 등장하는 갈등 장면과 상황들이 바로 이 능력과 관련된 것들이다. 청담자의 생활을 가정, 학교, 사회 등 세 영역으로 구분해 보자.

가정에서 청담자는 어린 시절부터 부모에게 시달림을 받아 왔다. 부모로부터 혼이 난 횟수도 많고 그 강도도 아주 심한 것으로 기억하고 있다.

그런데 대개 혼이 나게 된 동기나 원인이 '공부'나 '성적'과 관련된 것들이다. 공부를 하나 하지 않나 문틈으로 감시하는 아버지의 눈길을 섬뜩한 것으로 느꼈던 어린 시절의 청담자는 부모에게 능력을 인정받기 위하여 긴장할 수밖에 없었을 것이다. 고3 때 정신병원에 입원했던 사실, 대학 3학년 때 1년간 휴학할 수밖에 없었던 것도 공부에 대한 청담자의 태도를 부분적으로 보여 준다. 청담자에게 이런 경향은 지금도 남아서 부모님을 실망시키지 않으려면 공부를 열심히 해서 좋은 성적을 받아야 한다는 생각으로 굳어져 있다. 아버지가 병이 나서 쓰러졌을 때도 청담자가 쏟아 놓은 말은 '공부 열심히 잘해야 한다는 생각이 들어서 걱정을 많이 했다'는 것이었다.

대학에서의 생활도 마찬가지다. 청담자는 '평점'에 매우 민감하게 반응하고 있고 학교 성적에 대한 교수의 발언에 의해 상처를 많이 받고 있다. 교수는 청담자의 학습 능력을 객관적으로 평가하는 원천의 하나다. 청담자가 중요하게 여기는 성적에 대한 평가를 할 뿐만 아니라 졸업에 필요한 논문 지도와 심사도 한다. 따라서 교수에게 인정받는다는 것은 자신의 능력을 인정받는 것이며 동시에 자기 존재에 대한 긍정적 가치를 확인하는 것이다. 그러나 정작 청담자의 대학 평점은 기준 미달이다. 따라서 애석하게도 청담자는 자신이 인정받을 자격이 없다는 인식을 갖게 된 것 같다(물론 여전히 포기하지는 않았지만). 교수에 대한 이중적 태도는 여기에서 형성되었을 것이다. 교수로부터 긍정적인 심리적 스트로크(stroke)를 받고 싶은 마음은 굴뚝 같은데 현실이 뒷받침해 주지 못하고 있다. 그래서 교수를 만날 때는 항상 불안하고 긴장하게 된다. 그렇다고 포기할 수도 없다. 교수에 대한 청담자의 이러한 태도는 부모에 대한 태도와 상당한 유사성이 있는 것 같다.

교생실습 중에 만난 담임선생님 역시 청담자의 기분을 좌우하는 큰 변수로 등장한다. 담임선생님으로부터 긍정적 스트로크가 있으면 살맛이나다가도 선생님의 기색이 달라지는 듯하면 기분이 바닥으로 가라앉는다. 청담자는 아주 미세한 부분까지 정밀하게 담임선생님의 행동을 살피고 있다. 그리고 그런 행동들로부터 엄청나게 많은 주관적 메시지를 읽어내고 있다. 아마도 담임선생님이 청담자의 수업 능력을 평가하는 사람, 따라서 청담자의 존재 가치를 판단하는 사람이기 때문에 그러할 것이다. 전반적으로 청담자는 자신이 없다고 느낄 때 상대방에 대해 더욱 민감해지고 자의식도 높아지는데 담임선생님과의 관계에서 이런 행동특성이 전형적으로 드러난 것 같다. 문방구 할머니, 슈퍼 아줌마, 친구 및 동료들과의 관계에서도 청담자는 상대방의 말과 시선을 지나치게 의식하고 순간순간 적절하게 대처하지 못하는 자신의 판단 역량에 대해 못마땅해하고 있다. 가끔 지나치게 용감해진다든가, 오기가 나면 적극적이 된다는 진술들도 청담자의 미숙한 대인관계의 일면을 보여 주고 있다.

청담자가 주로 화제에 올리는 주제나 장면 역시 능력의 평가와 관련된 것들이다. 시험, 공부, 성적, 발표 수업, 학생지도 수업, 논문, 임용고시, 발령 등이 청담자의 의식 속에 떠나지 않고 맴돌고 있다. 청담자가 이들 주제에 부여하고 있는 의미는 그만큼 절실한 것이라고 해석할 수 있다.

전반적으로, 청담자는 주변의 중요한 사람들로부터 사랑과 인정 그리고 긍정적 어루만짐을 애타게 갈망하고 있다. 그러나 그렇게 될 수 있는 유일한 기준은 자신에게는 없거나 부족한 능력을 드러내어 보여 주는 것이라고 생각한다. 청담자의 일상생활이 불안감과 무기력감 그리고 도피심리로 점철될 수밖에 없는 이유가 여기에 있는 것 같다. 그렇다고 해서 이런 점을 지적하고 청담자에게 모종의 충고나 지시를 주는 것은 바람직하지 않다. 상담자를 포함한 여타 다른 사람들이 제공한 해결책을 따른다는 것은 청담자 자신이 못났다는 것을 객관적으로 인정하는 일이므로 소위 자존심이 상해서 따를 수가 없다. 청담자가 가장 두려워하는 것이 바로 자신이 못났다는 점을 본인이 확인하거나 남에게 들키는 것이라고 본다면, 청담자가 다른 사람의 의견에 따라서 행동할 확률은 거의 없다고 보는 것이 정확할 것이다. 사회적인 관계상 또는 체면상 조언을 주는 사람의 면전에서 거절하지는 않겠지만, 조언을 무시하고 태업(sabotage)하거나, 잘못 알아들었거나 또는 해 보니 안 되더라는 핑계를 대는 등의 방법을 동원하여 실행하지 않으려고 할 것이다. 실제로 상담자는 청담자에게 여러 번 바람직한 행동의 방향을 언급해 주고 있으나, 청담자는 이에 따르지 않고 있다. 현재 청담자에게 가장 필요한 것은 청담자가 갈급해하는 긍정적 스트로크(칭찬과 같은)를 조건 없이 다양하고 풍부하게 제공하는 것이라고 여겨진다.

6. 현상학적 · 심리학적 연구법을 활용한 국내 연구 동향

『상담학 연구방법론』 초판이 출간된 1998년 이후 국내에서 현상학적 · 심리학적 연구법을 활용한 연구들은 몇 개 되지 않는다. 연구대상자들로부터 얻는 다양한 자료들을 수집하여 종합하는 일, 그리고 이를 다각도로 분석하며 해석하는 일이 쉽지 않다는 점이 부담으로 작용한 것 같다. 2014년 현재 한국교육학술정보원(KERIS)에 등록된 연구물 중 상담 분야에서 연계분석을 활용한 연구는 석사학위논문 3개와 박사학위논문 한두 개가 전부인 것으로 보인다.

이 학위논문들 중 정성경(2004), 박미애(2006), 정경희(2008)의 연구는 일련의 상담프로그램을 진행하면서 연구대상자들의 변화해 가는 심리적 과정을 추적하고 있다. 프로그램이 진행되는 과정 동안 다양한 시점에서 얻은 자료들을 중심으로 탐구한다는 점에서 지정된 한 시점을 기준으로 연구하는 방법들에 비해 신뢰성이 높은 결과를 산출할 뿐 아니라 변화 과정에 대한 정보를 제공한다는 점이 큰 장점으로 꼽힌다. 분노유발요인과 표출방법에 대해 탐구한 조덕임(2011)의 연구는 내용상 체험분석에 가까운 연구라고 판단된다.

7. 맺음말

청담자 K의 경험세계에 대한 필자의 해석이 얼마나 타당하고 정확한가? 이 질문에 대한 답은 두 가지 준거에 비추어 판단할 수 있을 것이다. 하나는 기왕에 기술되어 있는 청담자의 진술에 비추어 본 정합성, 다른 하나는 이 해석에 대한 청담자의 반응이다. 만일 자기 경험에 대한 청담자의 진술이 오류 없이 정확하다면, 후자는 이 해석의 정 · 오를 판별하는 중요한 기준이 될 수 있을 것이다. 그러나 청담자의 진술에도 오류가 있다면 (그것이 경험내용에 관한 것이든, 아니면 이를 표현하는 과정에 관한 것이든) 문제는 그리 간단하지 않다. 더불어 현실적으로 청담자의 반응을 얻을 수 있느냐 하는 문제 또한 만만치 않다. 청담자가 기진술한 내용과의 정합성을 준거로 해석의 타당성을 따져 나가는 방법 역시 '절대적' 판단 기준이 없다는 점에서 쉽게 해결될 문제가 아니다. 다만 청담자의 상담기록에 대한 여러 가지 해석들이 있다면 그것들 중 '상대적'으로 어느 해석이 보다 더 정합성이 있느냐를 비교할 수 있을 따름이다. 그렇다면 현상학적 연구를 수행한다고 할 때 해석의 정확성 내지는 타당도를 구하는 일은 생각보다 그렇게 심각하게 고려할 사항은 아니다. 오히려 청담자가 경험한 의미세계를 '들여다보는' 시각을 얼마나 다양하고 풍부하게 제공하느냐 하는 점에서 해석들의 가치를 찾아야 할 것이다. 물론 현실적 증거나 근거가 허약한 허무맹랑한 해석은 당연히 배제되어야 하지만, 보는 시각에 따라 달리 드러나는 현상의 특성을 감안하면 모든 해석은 그 나름의 가치를 갖는 것으로 인정되어야 한다. 현상학적 방법이 모든 해석에 열려 있다는 말은 바로 이러한 점을 지적한 것으로 보인다.

앞에서도 언급한 것처럼 필자의 해석은 수많은 가능한 해석의 하나에 불과할 뿐 아니라, 가장 좋은 해석도 아니다. K라는 청담자의 경험에 관한 기록은 이미 던져져 있으므로 독자는 이 자료를 바탕으로 얼마든지 새로운 해석을 내릴 수 있다. 단, 그 해석이 얼마나 새로운 것이며 청담자에 대한 이해의 지평을 넓혀 주는 것인가의 문제는 해석을 내리는 사람의 책임임을 잊지 말아야 할 것이다.

지금까지 살펴본 대로 현상학적 · 심리학적 연구는 청담자와 상담자의 경험세계를 이해하는 훌륭한 도구다. 반복하여 다시 언급하지만, 사실상 상담자들은 상담을 하면서 현상학적 탐구를 수행하고 있다. 상담관계에 임하는 상담자는 그야말로 청담자의 의미세계를 이해하기 위하여, 판단중지 상태를(자신의 준거틀을 잠시 제쳐 두고) 유지한 채 청담자의 내면 속으로 들어가려고 노력한다. 상담 전문가로서의 지식과 경험, 생활인으로서의 상식과 견해 등 모든 선이론과 편견을 접어 두고 청담자의 개별적이며 고유한 주관의 세계를 청담자가 보듯이 들여다보려고 한다. 청담자에 대한 처방을 내리고 구체적 치료 행위를 전개하기 전에 그의 현상적 세계를 이해하는 것이 그만큼 중요하기 때문이다. 상담학에서 가장 유행하는 용어가 '공감적 이해'이며(박성희, 1994), Rogers(1957)가 상담자들에게 현상학적 입장에 설 것을 강조한 것은 이러한 사정을 잘 설명하고 있다. 그런 의미에서 현상학적 접근법은 상담의 기본 연구법이라고 할 수도 있다. 한 걸음 더 나가면 상담자들이 청담자와 상담할 때 실제로 의식 속에서 행하는 일을 객관화하여 표면으로 드러낸 방법이 바로 현상학적 접근이라고 말할 수도 있다. 현상학적 연구법의 이러한 특성은 상담연구의 방향을 새롭게 설정하는 데 도움을 줄 것이다. 상담 장면에서 상담자와 청담자가 실제로 행하는 일, 그리고 상담과정에서 실제로 벌어지는 일을 탐구하는 것이 상담연구의 본령이라면 현상학적 접근은 상담연구의 주요 방법론으로 자리매김되어야 한다. 마치 자기에게 어울리지 않는 옷을 입고 있는 것처럼 뿌리가 다른 실증적 방법론을 어색하게 차용해 온 상담연구의 관행은 깨져야 한다. 인간 내면의 의식세계는 그에 적합한 방식으로 탐구되어야 한다. 그런 점에서 현상학적 접근은 상담연구가 지향해야 할 중요한 방향을 제시하는 것으로 평가되어야 한다.

참고문헌

박미애(2006). 교사-부모 협력체제를 활용한 자기존중감향상프로그램이 학습부진아의 자기존중감에 미치는 효과. 청주교육대학교 교육대학원 석사학위논문.

박성희(1994). **공감, 공감적 이해**. 서울: 원미사.

브리태니커 세계대백과사전(1993).

신귀현(1988). 현상학적 심리학. **현상학의 전개**(한국현상학회). 서울: 양서원.

장상호(1996). 미발표 원고(제5장: 학문의 방법론).

정경희(2008). 부부의사소통을 위한 비폭력대화 프로그램 사례연구. 평택대학교 상담대학원 석사학위논문.

정성경(2004). Bowen 이론을 활용한 가족관계 증진 집단상담의 효과와 과정 분석. 전북대학교 대학원 박사학위논문.

조덕임(2011). 문제음주자의 분노유발요인과 분노표출에 대한 현상학적 연구. 경북외국어대학교 복지상담대학원 석사학위논문.

Boer, T. (1966/1986). **후셀 사상의 발달**(최경호 역). 서울: 경문사.

Barrell, J. J., Aanstoos, C., Richards, A. C., & Arons, M. (1987). Human science research methods. *Journal of Humanistic Psychology, 27*, 424-487.

Barritt, L. S., Beekman, T., Bleeker, H., & Mulderij, K. (1983/1995). **교육연구와 현상학적 접근**(홍기형 역). 서울: 문음사.

Boring, E. G. (1953). A history of introspection. *Psychological Bulletin, 50*, 169-189.

Denton, D. E. (1981). Understanding the life world of the counselor. *The Personnel and Guidance Journal*, May, 596-599.

Dilthey, W. (1977/1894). Ideas concerning a descriptive and analytic psychology. In W. Dilthey (Ed.), *Descriptive Psychology and historical understanding* (R. Zaner & K. Heiges, Trans.). The Hague: Nijhoff.

Giorgi, A. (1985). Sketch of a psychological phenomenological method. In A. Giorgi (Ed.), *Phenomenology and psychological research*. Pittsburgh: Duquesne University Press.

Husserl, E. (1970/1900). *Logical investigations* (Vols. 1 and 2) (J. N. Findlay, Trans.). N. Y.: Humanities Press.

Merleau-Ponty, M. (1962). *The phenomenology of perception* (C. Smith, Trans.). N. Y.: Humanities Press.

Palmer, R. E. (1969). *Hermeneutics: Interpretation theory in Schleiermacher, Dilthey, Heidegger, and Gadamer*. Illinois: Northwestern University Press.

Ödman, P. J. (1988). Hermeneutics. In J. P. Keeves (Ed.), *Educational research, methodology, and measurement: An international handbook*. N. Y.: Pergamon Press.

Rogers, C. R. (1942). *Counseling and psychotherapy: New concepts in practice*. Boston: Houghton Mifflin.

Rogers, C. R. (1957). A note on the nature of man. *Journal of Counseling Psychology, 4*, 199-203.

Counseling Research Methodology

제 5 장

체험분석과 상담

1. 체험분석의 필요성

여기 불안을 느끼는 어떤 사람이 있다고 하자. 그 사람이 체험하고 있는 불안에 대하여 가장 생생하고 구체적인 보고를 할 수 있는 사람은 누구일까? 물론 불안을 연구한 저서를 가지고 있는 사람, 불안에 대해 많은 연구를 수행한 학자 또는 출생 시부터 그 사람의 성장 과정을 지켜본 부모 등 다른 사람들이 '그 사람'의 불안에 대해 분석하고 보고하는 내용들에도 부분적으로 타당하고 사실에 부합하는 측면들이 들어 있을 것이다. 그러나 그 사람이 주관적으로 체험하고 있는 불안에 대해서는 '현재 불안 속에 있는 당사자인 그 사람'이 직접 보고하는 내용이 가장 사실에 가까운 것이며 따라서 가장 실감 날 것이다. 오류의 가능성을 완전히 배제할 수 있는 것은 아니지만 '내 속은 내가 제일 잘 안다'는 일반적인 인식도 이러한 주장을 뒷받침한다. 내 속은 내가 제일 잘 안다는 진술이 정확한 것이라면, 내 속을 가장 잘 탐구할 수 있는 사람도 다른 사람이 아닌 '나'라고 보아야 한다. 나의 내면적 체험세계는 다른 누구보다도 나에게 그 모습을 먼저 드러내 보이기 때문이다. 그러므로 나의 주관적 체험에 대한 분석은 바로 내가 탐구하는 것이 가장 바람직하다. 다시 말하면, 사람들의 내면적 체험세계에 대한 연구는 탐구의 주체와 탐구의 대상이 일치될 때 가장 실제적이고 생산적이라는 말이다. 지금까지 사람들의 내면적 체험세계를 탐색하는 여러 방법들이 개발되기는 하였지만 대부분 체험자와 분리된 연구자가 체험자에게서 자료를 수집하여 분석에 임하는 것이 상례였다. 소위 연구의 객관성을 보장하기 위해서는 연구자가 체험자와 멀리 떨어져 원거리를 유지해야 한다는 생각 때문에, 연구자가 직접 체험자가 되어 자신의 체험 내용을 분석하는 것을 금기시한 것이다.

19세기에 시작된 과학적 심리학도 이와 유사한 생각에서 출발하였다.

실험심리학의 비조(鼻祖)인 Wundt(1912)는 심리학은 사고, 감정, 의지 등과 같은 인간의 의식을 연구대상으로 삼아야 하며, 자신의 내면세계에서의 경험을 관찰하여 언어로 보고하는 내성법(introspection)을 주요 탐구방법으로 채용해야 한다고 주장하였다. 인간의 의식에 대한 과학적 이해의 출발점을 개인의 내적 체험내용에 두었던 것이다. 이 학파의 많은 연구물들이 연구자 자신들의 감각적 경험을 기초 자료로 한 것임은 잘 알려진 사실이다. 물론 정신물리학적인 사고(정신현상을 물리적인 요소로 환원하여 설명하려는 방식)에 입각한 실험심리학의 지나친 요소주의와 환원주의가 인간의 체험세계를 설명하는 틀로서 문제가 있다는 것은 분명하지만, 최초의 심리학이 과학적 심리학을 구성하는 주춧돌을 개인의 체험세계에서 찾았다는 것은 새롭게 음미해 볼 필요가 있다.

전통 자연과학적 접근을 비판하고 인간에 대한 새로운 접근을 표방하는 소위 '인간과학적 접근'(Barrell, Aanstoos, Richards, & Arons, 1987)들은 대부분 인간의 체험을 탐구의 중심 주제로 삼고 있다. 실제 생활의 맥락에서 펼쳐지고 드러나는 체험적 삶의 의미를 이해하는 것이 무엇보다 중요하다는 것이다. 인간에 대한 현상학적 접근, 해석학적 접근, 지각적 접근, 체험적 접근 등은 모두 인간의 구체적 체험세계를 탐색하려는 방법론들이다. 최근에 구성된 '인간과학연구협의회'(Aanstoos, 1984), '심리학의 질적 연구회'(Ashworth, Giorgi, & de Koning, 1986) 등의 연구회와 Giorgi(1970, 1985), Polkinghorne(1983), Barrell(1986), Reason과 Rowan(1981) 같은 학자들도 인간 체험에 대한 새로운 탐구방법들을 제시하고 있다. 체험분석도 인간과학적 접근에 속하는 연구방법의 하나다. 그러나 체험분석은 여타의 접근법들과는 달리 연구를 수행하는 연구자와 연구의 대상이 분리되지 않은 동일인이라는 특색을 지니고 있다. 다시 말하면, 체험분석에서의 연구자는 다른 체험자들이 보고하는 체험내용이 아니라 자신의 직접 체험을 연구자료로 삼는다. 물론 탐구하는 심리현상에 대한 보편적 지식을 획득해 가는 과정에서 동일 현상에 대한 다른 사람들의 체험이 공적 검증자료로 동원되기는 하지만, 연구의 시작은 연구자의 개별적 체험에서 비롯된다.

체험분석의 이러한 특징은 연구와 개인의 실제적 삶을 직결시키고 아울러 실제 생활 속에서 사람들이 겪고 있는 문제들에 대한 구체적 처방의 제공을 가능케 한다. 전통적인 상담학 연구의 가장 큰 단점의 하나는 연구결과가 상담 실제의 개선에 별 유익을 주지 못한다는 점이다. 연구와 실천 간의 괴리라고 표현될 수 있는 이 같은 문제는 탐구되는 현상으로부터 원거리를 유지하려는 연구자의 자세에서 부분적으로 기인한다. 체험분석은 이러한 문제의 소지를 원천적으로 제거하고 있다. 탐구하려는 심리현상에 연구자가 직접 참여하고 있으므로 연구를 통해 얻은 결과는 곧바로 연구자의 실제 생활 속으로 되먹임(feedback)될 수 있다. 그러므로 체험분석의 결과는 상담의 실제를 개선하는 데 중요한 역할을 할 것으로 기대된다. 아울러 체험을 분석하여 얻어 낸 연구결과들이 축적되면 일상생활 속에서 사람들의 실제 행동을 설명하고 예측할 수 있는 규칙이나 법칙들을 구성하는 일도 훨씬 더 효율적으로 이루어질 수 있을 것이다.

체험분석의 또 하나의 장점은 연구자와 연구대상 간의 벽을 허물어뜨리고 연구에 참여하는 사람들로 하여금 연구되는 체험현상에 주의를 집중시킨다는 것이다. 상담 장면에 체험분석을 적용해 보면 상담자와 청담자를 분리시키고 상담자의 입장에서 청담자를 분석한다는 개념 자체가 성립 불가능하다. 청담자의 체험을 분석하는 것이 상담자가 아니라 청담자 자신이기 때문이다. 체험분석에서 상담자와 청담자는 하나의 체험 공동체라는 동등한 자격을 갖추고서 체험내용을 분석해 들어간다. 물론 연구의 절차 속으로 청담자를 이끌어들이는 일은 상담자의 몫이지만, 체험을 분석하고 의미를 캐내는 일은 상담자와 청담자가 각각 독자적으로 수행한다. 개별적으로 분석한 체험내용 속에서 일반적이고 공통적인 특성을 찾아내기 위한 체험분석의 후반 작업도 공동 작업으로 이루어진다. 체험분석의 이 같은 형태는 청담자들의 능동적인 참여를 유도한다. 피동적으로 상담자의 요구에 응하던 종전의 틀이 깨어지면서 청담자들은 자신의 문제를 스스로 해결하려는 동기를 발동시키게 되어 연구에 적극적으로 임하게 된다. 이 같은 방법을 통해서 얻어진 결과들이 청담자의 문제해결을 위한 효율적 전략으로 사용되리라는 것은 별로 의심할 여지가 없을 것이다.

인본주의 상담철학에 뿌리를 둔 체험분석은 Price와 Barrell을 중심으로 개발된 탐구방법이다(Barrell et al., 1987). 이 글에서는 이들의 논문을 바탕으로 하여 체험분석을 소개하고자 한다. 체험분석의 일반적 절차에 대해서는 Price와 Barrell(1980)의 논문을, 구체적인 분석 예는 수행불안(performance anxiety)의 원인과 치료에 대해 다룬 Barrell, Medeiros, Barrell과 Price(1985)의 논문을 주로 참고하였다.

2. 체험분석의 절차

현상학적 탐구방법의 하나로 간주할 수 있는 체험분석에 고정된 탐구절차와 규칙이 따로 있는 것은 아니다. 탐구하려는 현상과 연구자의 연구의도에 따라 체험분석을 수행하는 구체적 절차는 여러 가지 다양한 형태를 취할 수 있다. Price와 Barrell(1980)은 체험분석의 과정에 크게 의문을 제기하고 주의를 기울이는 단계, 체험을 기술하는 단계, 관계를 발견하는 단계(또는 공통 요소를 발견하는 단계) 등 세 수준으로 구분하여 소개하고 있다. 현상학적 환원의 과정이라고 볼 수 있는 이 탐구절차는 여타 체험분석에도 유사하게 적용할 수 있을 것이라고 여겨진다. 단, 연구에 따라 세부적인 분석절차와 과정은 얼마든지 변용될 수 있을 것이다.

1) 의문을 제기하고 주의를 기울이기

체험분석은 연구자(또는 체험자)가 자신의 체험에 대해 '누구에겐가 화를 내는 것을 체험한다는 것은 어떤 것인가?' 또는 '다른 사람에게 진실로 이해받는다는 것은 어떤 것인가?' 라는 일반적 질문(questioning)을 제기함으로써 시작된다(Barrell & Barrell, 1975; VanKaam, 1959). 이 질문은 의문을 제기한 사람이 주어진 현상을 어떻게 체험하는가를 밝혀 주는 것으로서 분명한 이해가 가능하도록 구체적인 것이어야 한다. 다시 말하면, 이 질문은 우리가 주어진 현상을 어떻게 체험하는가에 초점을 두는 것이지 그 체험이 지향하는 대상 또는 자극 조건에 초점을 두는 것이 아니다. 예를 들어, 누군가에게 화를 내는 것에 대해 탐구한다면, 우리가 '향하여 화를 내는 대상으로서의 그 사람' 또는 '화를 나게 만든 주변의 자극 조건들'이 아니라 '화가 난 체험 자체'에 초점을 둔다는 뜻이다. 화난 현상에 대한 본질적 요소에 대한 이해는 다른 무엇보다도 화났을 때의 체험과정 안에 들어 있다고 볼 수 있기 때문이다.

일단 질문이 형성되면, 연구자는 목하 관심 사항에 대한 정보를 얻기 위해 특별한 자세를 취할 필요가 있다. 이 자세가 바로 수동적 주의집중(passive attention)이다. 수동적 주의집중이란 자신의 체험 속에서 일어나는 것이 무엇이든 있는 그대로 지켜봄을 뜻한다(Krishnamurti, 1967; Perls, Hefferline, & Goodman, 1951). 현재 일어나는 것 또는 방금 일어난 것들에 대해 잠시 이완된 자세로 주의를 기울이는 것이다. 연구자는 어떤 해석이나 판단을 가하지 않은 채 체험 속에서 일어나는 것들을 이따금 주목하기만 하면 된다. 이를 가능케 하기 위해서 연구자는 일어나는 모든 것들을 다 수용해야만 한다. 일단 수용하기만 하면, 연구자는 체험의 과정에 대해 보다 공정하게 바라보게 된다. 그렇지 않으면 연구자는 자신의 편견을 통해서 체험을 걸러 내는 오류를 범하게 된다. 수동적 주의집중을 수행하는 도중 해석하거나 판단하는 일이 연구자의 체험 속에서 발생할 수도 있다. 이런 경우에도 연구자는 수동적인 태도를 유지하면서 판단이나 해석하는 현상을 주목하도록 한다. 수동적 주의집중은 현재지향적인 맥락, 즉 현재 발생하는 것이거나 아니면 과거의 상황을 현재 속에서 재체험하는 (reliving) 가운데서 수행되어야 한다. 하나의 현상을 체험하는 것과 정확히 같은 시간에 수동적 주의집중을 하는 것이 어렵기 때문에, 후자의 형태가 많이 활용된다.

한 가지 주의할 점은 수동적 주의집중을 수행하는 상황에서 연구자가 자신이 체험하는 내용 중 어떤 부분에 특별히 초점을 두려고 노력해서는 안 된다는 것이다. 연구자의 그러한 노력은 주의집중 행위를 '수동적'인 것이 아니라 '능동적'인 것으로 변질시키는데, 능동적 주의집중은 연구자가 관찰하려는 바로 그 체험을 변화시켜 버림으로써 문제를 일으킨다. 어떠한 생각에 능동적으로 초점을 맞추면 그 생각이 사라지거나 약화되는 것과 마찬가지로(Titchner, 1924) 능동적인 관찰 행위는 관찰대상에 영향을 끼침으로써 실제의 체험과는 다른 것을 관찰하게 만드는 결과로 이끈다. 따라서 연구자는 가능한 한 모든 의도적 개입이나 간섭을 배제한 채 수동적인 자신의 내면적 체험을 지켜보아야 한다.

2) 체험을 기술하기

자신의 체험에 대해 수동적 주의집중의 태도를 견지하는 것이 가능해지면, 그 체험을 기술하는 단계에 도달한다. 체험 기술에 관한 성격을 분명히 하기 위하여 체험 기술과 구별되는 세 가지 보고방식들을 검토하도록 한다. 먼저, 해석적 기술방식(interpretative report)을 살펴보자. 해석적 기술방식의 경우 화가 치솟아 있는 상태에 대해, "나의 생리적 활동은 계속 증가한다. 누군가가 나를 당황시킬 때 화가 난다. 나는 이것이 조작당하는 것으로부터 지켜 주는 대응기제라고 생각한다."라는 진술을 할 수 있다. 여기 보고된 내용 속에서 구체화된 것은 개념(예를 들어, 생리적 활동), 원인(예를 들어, 당황), 추론(예를 들어, 대응기제)들인데 이러한 것들은 체험 중에 즉각적으로 드러난 내용이 아니다. 즉각적 체험으로부터 분리된 후 반성적 사고를 거친 후에야 느낌을 분류하고, 이름을 붙이며, 그 근거를 추론해 나갈 수 있으므로 해석적 기술은 체험 기술과 분명히 다르다.

시적 기술방식(poetical report)과 역사적 기술방식(historical report)도 즉각적 체험을 직접 기술하는 것과 구별된다. 화난 상태에 대하여 시적으로 기술한다면, "이것은 마치 갑자기 폭발한 화산 같아."라는 표현이 가능할 것이다. 이 경우에는 상상력이 수동적 주의집중과 체험 기술을 방해한다. 은유적인 표현 속에서 체험하는 사람의 느낌이 물리적인 대상으로 전환하는데, 그 순간 체험을 보는 시각이 외부자적 관점으로 변화되고 만다. 체험에 대한 역사적 기술은 현재가 아니라 과거 속의 체험을 더듬도록 함으로써 관찰자로 하여금 체험과의 직접적 접촉을 벗어나게 한다는 문제가 있다. "나는 화가 났을 때, 소리치고 비명을 지르기 시작했다."라는 과거시제의 표현은 관찰자로 하여금 현재 체험의 맥락을 벗어나 과거로 되돌아갈 것을 요구한다. 이는 과거의 상황을 현재에 재체험하는 것과 분명히 다르다. 재체험의 경우는 과거에 있었던 상황을 과거에 일어났던 일로서 기억해 내는 것이 아니라 현재로 가져와 다시 한 번 생생하게 체험하는 것이므로 즉각적 체험과 다를 바 없기 때문이다.

지금까지의 논의에서 드러나듯이 체험 기술은 현재의 시점에서 체험 당사자의 즉각적 체험내용을 기술하고 보고하는 것이다. 체험 기술의 구체적 과정은 '자유연상'과 유사한 형태를 띤다. 연구자는 탐구하려는 심리현상을 중심으로 내면 속에 떠오르는 생각, 느낌, 심상 등을 자유롭게 표현하면 된다. 체험분석의 시초 단계에서 보고되는 체험 기술은 대개 특정 상황 또는 특정 사람과 관련된 표현들이 주종을 이룬다. 그러다가 여러 가지 다양한 상황과 장면에서 동일 심리현상에 대한 체험 기술이 반복되면서 그 심리현상의 체험에 공통적으로 포함되어 있는 요소들이 서서히 밝혀진다. 개별적 체험으로부터 일반적 요소들을 찾아가는 이러한 방법을 현상학적 환원(VanKaam, 1959)이라고 하는데 이 방법을 통해서 연구자는 자신이 체험하는 현상에 대한 이해를 심화시킬 수 있다.

사람에게 화가 난 상태를 예로 들어 이 과정을 검토해 보자. 먼저 연구자는 어떤 한 사람에게 화가 난 상태에서 자동적으로 떠오르는 생각들을 기술하는데, 처음에 "그 사람이 나한테 이렇게 할 수는 없어. 내가 이런 대접을 받는다는 것은 말도 안 돼. 하지만 어떻게든 되갚아 주고 싶은데 그럴 수가 없잖아."라는 체험 기술을 했다고 하자. 이 체험 기술은 특정한 사람에게서 받은 대접에 한정된 표현이다. 연구자는 여기서 그치지 않고 체험 상황을 바꾸면서 각 상황에 적합한 체험 기술을 계속해 나간다. 이런 식으로 다양한 상황 속에서 사람에게 화난 상태에 대한 직접 체험을 기술하다 보면 지나치게 구체적인 표현, 의미가 불분명한 표현들이 보다 분명해지고 아울러 목하 탐구 중인 즉각적 체험들 속에 담겨 있는 공통 요소들이 드러난다. 다시 말하면, '그 사람이 나한테 이렇게 할 수는 없어, 내가 이런 대접을 받는다는 것은 말도 안 돼' 등의 여러 가지 체험 기술들을 바탕으로 연구자는 자신의 느낌을 정확히 드러내면서 동시에 다른 사람에게 화가 난 모든 상황에 적용되는 공통 표현요소를 찾아내게 된다. 예를 들면, 앞의 화난 상태에 대한 공통 요소는 '이 사람이 나에게 한 짓은 부당하다고 느껴진다'는 표현으로 압축될 수 있을 것이다. 이 공통 요소를 중심으로 즉각적 체험을 보다 상세히 기술하면 다음과 같은 체험 기술이 가능할 것이다.

"나는 어떤 한 사람 또는 그 사람에 대한 인상에 대해 초점을 맞추고 있어. 이렇게 초점을 맞추다 보니 분명한 생각이 떠오르네. 그 사람이 나에게 한 짓은 정당하지 않다는 느낌과 생각이야. 나는 정당함을 원하고 이러한 부당함이나 불의가 없어지기를 원해. 그런데 그렇게 하지 못할 것 같아. 이미 부당한 일은 벌어지고 있잖아. 내 호흡이 점점 거칠어지고 몸에 압박이 가해지는 것이 느껴져."

3) 공통 요소 발견하기

특정 현상(예를 들어, '다른 사람에게 화난 상태'와 같이)이 일어나는 몇몇 상황들 속에 공통으로 존재하는 요소들에 대한 체험 기술이 완료되면, 한 걸음 더 나아가 보다 일반적인 정보를 획득해 나가는 작업에 착수한다. 연구자는 지금까지 수집한 동일현상에 대한 체험 기술 자료들을 정밀하게 검토하면서 모든 상황에 공통으로 들어 있는 요소들을 찾아낸다. 이때 선입관이나 선판단 또는 자료에 입각하지 않은 자신의 해석을 적용하지 않도록 조심해야 한다. 자료들 속에 자신이 찾는 답이 들어 있다는 믿음을 가지고 철저히 자료 속에 머물며 자료를 벗어나지 않도록 해야 한다. 연구자는 '이 현상(예를 들어, 화가 난 상태)을 체험하는 모든 상황들에 무엇이 현존하는가? 이 체험을 발생하게 하는 필요하고도 충분한 공통 요소들은 무엇인가?'라는 의문을 끊임없이 제기하면서 수집된 자료들을 곰곰이 되씹어 보아야 할 것이다. 이러한 반성적 사고과정을 거치면 현상 체험에 대한 두 가지 유형의 가설(Price와 Barrell은 이를 관계라고 하였음)을 얻을 수 있다. 하나는 주어진 현상을 일으키는 데 필요충분한 체험요소들에 관한 진술로서 소위 '정의적 가설(definitional hypotheses)'이며, 또 하나는 이렇게 얻어진 체험 진술들 간의 관계에 대한 진술로서 소위 '기능적 가설(functional hypotheses)'이다. 정의적 가설이 현상 체험에 내포된(또는 내포되어야 할) 요소들에 관한 언급이라면, 기능적 가설은 정의적 가설들에 포함되어 있는 요소들 간의 기능적 관계를 지칭한다. 화가 난 상태의 체험을 예로 들어 보면, '① 정당한 대우에 대한 욕구와 ② 부당한 대우가 주어지고 있음에 대한 지각 등이 체험현상에 공통으로 들어 있는 요소들이다'는 진술이 정의적 가설이라면, '지각된 부당함의 정도와 분노의 양 사이에는 기능적 관계가 있다'는 진술은 기능적 가설에 속한다. 시간적 순서로 보아 기능적 가설은 정의적 가설이 검증된 후 탐구될 수 있을 것이므로 이 글에서는 다루지 않도록 한다.

정의적 가설이 구성되면 가설 속의 각 요소들이 실제 체험현상에 공히 나타나는가를 분석해야 한다. 이를 위해 연구자는 자신을 체험현상 속에 놓고(실제 체험에 임하거나 과거에 경험했던 체험 상황을 재체험하거나) 그 요소의 존재 여부를 따져 나간다. 예를 들어, 연구자는 부당하다는 감각이 없이도 화난 상태의 체험이 가능한지 스스로 점검해 본다. 단지 어떤 결과가 나의 욕구나 기대에 어긋났다는 것만으로도 화가 날까? 아마도 이 경우에 좌절이나 실망을 느끼기는 하겠지만 반드시 분노를 경험하는 것은 아닐 것이다. 마찬가지로 화난 상태에 도달하기 위해서는 그 사건이 자신에게 사적으로 영향을 미치는 것이어야 한다. 사적으로 영향을 미친다는 것은 자신을 희생자로 여기거나 또는 부분적으로라도 자신을 희생자와 동일시할 때 드는 느낌이다. 그러나 정당한 대우에 대한 욕구가 결여되어 있으면 설사 사적으로 영향을 미치는 대우를 받았다고 하더라도 화가 치밀지 않을 수도 있다. 사기당하고, 기만당하고, 상처를 입어도 화가 나지 않는 상황은 얼마든지 있다. 거꾸로 부당한 대우가 제공된다는 것을 알면서도 자신과 사적으로 아무 관련이 없으면 화가 나지 않을 수도 있다. 조선시대에 부당한 대접을 받는 노비를 보고도 화를 내지 않는 양반들은 얼마든지 찾을 수 있었다. 따라서 화가 난 체험 상태 속에는 앞에서 발견한 두 가지 공통 요소가 모두 포함되어 있음을 알 수 있다. 결론적으로 이 연구자는 '나에게 화가 치솟을 때 나의 내면은 정당한 대우에 대한 욕구가 충족되지 않고 오히려 부당한 대우가 주어지고 있음을 지각하고 있다'는 일반적 진술이 가능해진다.

지금까지 소개한 체험분석의 과정은 철저하게 체험자(또는 연구자) 한 사람에 초점을 두었다. 그러나 체험분석은 여기서 그치지 않고 더 연장될 수도 있다. 개인을 중심으로 탐구하여 얻은 연구결과는 그 개인뿐 아니라 여타 다른 사람들에게도 적용될 수 있다. 그러나 한 개인을 통해 연구한 것이 다른 사람들에게도 적용될 수 있으려면, 여러 사례들을 통하여 그 적용 가능성을 검토하여야 할 것이다. 어떤 경우는 연구 자체를 집단으로 시작할 수도 있다. 이렇게 얻은 즉각적 체험에 대한 지식은 상당히 높은 수준의 일반성과 보편성을 확보할 수 있을 것이며 아울러 실제 상담이나 치료 방법에 도움을 주는 정보원으로 활용될 수 있을 것이다.

다음에는 수행불안에 관한 체험분석 과정(Barrell et al., 1985)을 실제의 연구 사례를 바탕으로 간단히 소개하도록 한다. 전체적인 분석의 틀은 앞에서 소개한 내용과 유사하지만 연구대상이 한 개인이 아니라 6명으로 구성된 소집단이라는 점과 여타 세부적인 차이점들로 인해 분석절차에 다소 다른 점이 있다는 것을 미리 밝혀 둔다.

3. 체험분석의 분석 사례(수행불안을 중심으로)

수행불안은 실제 생활상의 성취를 방해하는 주요 원인들 중의 하나다. 시험불안, 면담불안, 성교불안, 경기불안 등 각종 수행불안은 사람들의 성취 수준을 저하시킬 뿐 아니라 생활 의욕을 떨어뜨리는 기제이기도 하다. 수행불안에 관한 체험분석은 수행불안의 정체를 밝힘으로써 결과적으로 사람들의 성취 수준을 높여 주고 아울러 삶의 활력을 되찾아 주는 데 기여할 수 있을 것이다.

이 연구는 사람들이 수행불안을 체험하는 방식, 특히 그러한 체험을 '만들어 내는' 방식에 관해서 탐구하려고 한다. 사람들은 수행불안을 만들어 내기 위하여 상황에 대해 어떻게 생각하고, 느끼고, 의미를 부여하는가에 대해 밝혀 보려는 것이다. 여기서 사용하는 접근법은 자극에 대한 반응으로서의 불안을 탐구하는 것과는 근본적으로 다르다. 만일 사람들이 자기 스스로 수행불안을 어떻게 만들어 내는지에 대해 학습하게 된다면, 수행불안을 해소하고 정상적인 생활기능을 되찾는 것도 그리 어렵지 않을 것이다.

1) 방 법

6명으로 구성된 공동연구자들(3명의 남자와 3명의 여자)은 다음과 같은 질문에 대해 탐구하였다. '수행불안을 체험한다는 것은 무엇과 같은가?' 연구의 구체적 절차는 각각의 연구자들이 수행불안에 대한 자신의 개인적 체험구조에 대해 탐구하는 국면과 그 체험구조에 대한 집단의 동의를 얻어 가는 국면 등 두 부분으로 나누어 진행되었다. 첫 번째 국면은 각 연구자들(집단의 구성원들)이 자기 관찰, 자기 기술, 자기 발견의 과정을 통해 수행불안의 체험에 들어 있는 공통 요소를 찾아가는 내용으로 구성되어 있다.

(1) 자기 관찰

체험 관찰을 시행하기 전, 여러 번의 사전 회합을 거쳐 연구자들은 자기 관찰 방법에 대해 숙지하였다. 자기 관찰을 할 때, 연구자들은 체험이 일어나는 순간순간을 주목하되, 공정하게 수용하는 태도를 잃지 않도록 하였다. 이렇게 수집된 대부분의 자료들은 즉각적 체험 또는 과거에 발생한 일에 대한 현재 시점에서의 재체험을 내성적으로 보고한 것이다. 관찰되는 내용들은 느낌, 생각, 감각, 행동, 의미 등을 포함하였다. 연구자들은 체험 속에서 발생하는 것은 무엇이든지 인정하고 수용하도록 노력하였다. 설사 자신의 체험에 대하여 판단하는 체험을 하는 경우에도 이를 받아들이고 기술하였다. 그러나 그 판단하는 체험에 대하여 다시 판단하는 일은 가능한 한 피하도록 하였다. 다시 말해, 체험되는 내용의 성격에 상관없이 단순히 열린 마음으로 체험을 대하는 데 중점을 두었다.

(2) 자기 기술

연구자들은 자기 기술을 할 때 체험에 대한 해석적 · 시적 · 역사적 설명은 일절 피하는 대신 즉각적 체험만을 언급하도록 하였다. 체험 기술은 1인칭, 현재 시점으로 진술하도록 하였는데, 글로 직접 쓰거나 테이프에 녹음하는 형식을 취했다. 체험 기술의 내용은 다양한 상황에서 연구자들이 경험한 수행불안을 표현한 것들이었다. 이 표현들은 수행불안에 대한 체험적 정의를 구성하는 공통 요소들을 추출하는 자료원으로 활용되었다. 이런 방식으로 이전에는 무의식적이었던 수행불안의 원천들을 의식 상태로 이끌어 냈다.

(3) 자기 발견

체험적 정의를 도출해 내기 위하여(그리고 후에 연구자 간 합의를 이끌어 내기 위하여) 연구자들은 수행불안에 대한 여러 상황에서 자신의 체험들에 공통으로 들어 있는 요인들을 찾아내는 방법에 참여하였다. 연구자들은 자신이 기술했던 표현들을 꼼꼼하게 점검하면서 공통 요소를 찾아 나갔다. 공통 요소들은 연구자들이 표현했던 체험 기술 속에 명시적으로 드러난 것도 있고 암묵적으로 스며 있는 것도 있을 것이다. 다양한 상황 속에서 체험한 내용들의 공통성을 찾기 위하여 수행불안에 대한 표현과 여타 표현들을 비교하는 작업도 지속적으로 시도하였다. 이 비교과정에서 다음과 같은 질문들이 효과적이었다. '수행불안에 대한 나의 모든 체험 속에 이 요소가 들어 있는가? 이 요소 없이도 내가 수행불안을 체험할 수 있

는가? 수행불안을 체험하는 조건들로서 이 요소들이 필요충분한가?'

연구의 두 번째 국면은 수행불안 체험의 공통 요소에 대한 집단 합의를 이끌어 내는 단계다. 집단의 각 구성원들(연구자들)은 먼저 자기 발견을 통해 찾아낸 공통 요소들을 목록으로 작성하였다. 그 후 집단회의를 열어 각자가 준비한 목록의 공통 요소들을 검증 · 분석하였다. 분석 시 주로 사용한 기준은 체험의 동등성과 차별성, 체험적 검증, 필요충분 관계 등이었다.

(4) 체험의 동등성과 차별성

집단의 구성원들이 각자 체험을 기술하기 위하여 사용한 용어나 낱말이 다르더라도 사실은 동일 체험을 의미할 가능성이 있다. 체험의 동등성이란 바로 이러한 가능성을 점검하는 것이다. 체험의 동등성을 확인하기 위하여 각 구성원들은 체험의 본질적 특징을 침범하지 않으면서 자신의 체험을 다른 방식으로 표현할 수 있는지를 따져 보았다. 대안적 표현이 받아들여지면 그 체험은 체험의 동등성을 인정받고, 집단이 선정한 공통 요소로 확정되었다. 때로는 동일한 용어로 표현되었음에도 불구하고 체험의 구체적 내용이 서로 상이한 경우도 있었다. 차별적 체험이라고 볼 수 있는 이런 경우는 공통 요소에 포함시키지 않았다.

(5) 체험적 검증

기본적으로 집단 합의는 체험적 검증의 방법에 바탕을 두었다. 집단원들은 실제의 과거 체험을 재체험하면서 목록에 들어 있는 각각의 내용들을 공통 요소로 포함시킬지의 여부를 결정하였다. 각자의 체험을 여타 다른 사람들이 검토하고 점검하는 이러한 과정은 체험의 공적 검증이라고 부를 수 있다. 공적 검증이라고 하더라도 사용되는 자료가 개인의 체험내용이고 검증과정 자체가 체험으로 이루어지므로 집단이 합의하여 도출해

논문들이라는 점, 그리고 그중 8개 논문이 초등학교 교사를 연구대상으로 삼았다는 점도 주목할 만하다. 연구자들이 교육대학원에서 학위과정을 이수하는 현직 교사들이기 때문에 초등학교 현장에서 교사로서 다루고 싶었던 문제들이 연구주제로 선정된 듯하다. 이는 체험분석이 특별히 학교와 교사를 탐구하기 위한 방법으로 의미가 있어서라기보다 이 논문을 지도한 교수들의 성향이 크게 반영된 것으로 해석된다. 실제 12개 석사학위논문 중 8개는 청주교육대학교, 2개는 제주(교육)대학교, 2개는 대구교육대학교에서 발표되었다. 이런 현상은 체험분석이 아직 일반화된 연구방법으로 자리 잡지 못하고 이 방법을 선호하는 특정 연구집단에 제한되어 있음을 말해 준다.

2) 연구방법

체험분석을 활용한 논문들은 표준화되었다고 할 정도로 대동소이한 방법을 활용하고 있다. 대체로 체험분석의 일반적인 절차는 Price와 Barrell (1980)의 논문에 실린 내용을, 구체적인 분석 과정과 절차는 Price와 그의 동료들(1985)의 논문에 실린 내용을 따르고 있다. 이들이 언급한 일반적 절차와 구체적 절차는 앞에 언급한 바 있다. 이 글에서는 추후 체험분석을 하려는 연구자들을 위해, 국내에서 연구된 체험분석의 예시로 최지웅(2013)의 논문 「집단따돌림 아동을 대하는 초등교사의 체험분석」에서 활용한 연구방법(p. 6-11)과 연구결과(p. 39-41)를 비교적 상세하게 인용하도록 한다.

가. 연구대상

이 연구에 참가한 연구자와 공동연구자는 총 7명(남 2명, 여자 5명)의 초등교사들이다. 연구자는 논문 집필자로 체험분석 절차를 구성하여 결과를 종합 정리하고 결과에 대한 해석을 수행하며, 공동연구자들은 자기 체험을 수집하여 보고하고 그 체험 내에 포함된 요인을 발견하며 집단 내 공통 요인 찾기에 참여한다. 공동연구자들은 연구자와 같은 학교에 근무하는 초등교사들 중 연구자의 요청에 의해 모집되었다. 모집된 공동연구자 중 집단따돌림 아동을 지도하면서 큰 어려움을 겪었거나 특별한 체험을 한 교사 중 교육경력, 성별 등을 고려하여 7명을 선별하여 연구대상자이자 공동연구자로 선정하였다. 공동연구자의 인적사항은 부록 1에 제시되어 있으며 교육경력 15년 이상의 교사가 1명, 10년 이상의 교사가 1명, 10년 미만의 교사가 5명이다. 공동연구자가 개인별 체험분석 사례에 기술한 집단따돌림 아동은 7명으로 남아 3명, 여아 4명이다.

나. 체험분석 절차

구체적인 체험분석 절차는 다음과 같다.

〈표 5-1〉 체험분석 절차

회기	단계목표	내용	세부 사항	비고
1	오리엔테이션	1. 모임의 목적과 과정 소개, 연구자의 역할		교사들과 개인면접을 통해 실시함
		2. 관련용어 설명	집단따돌림이란 무엇인가? 체험분석이란 무엇인가?	
		3. 체험분석 방법 배우기	자기 탐색 및 체험 기술방법	
2	개인의 체험 탐구	1. 집단따돌림 아동에 대한 자신의 체험 기술하기	회상의 시간, 기술	
3		2. 체험 기술에 대한 이야기 나누기	기록지에 기록한 것을 위주로 하되 다른 사람의 이야기를 듣고 비슷한 경험이 있으면 자유롭게 이야기하기	

		3. 체험에서의 공통 요인 찾기	개인별	
	체험에 대한 집단합의	1. 체험 기술에 대한 이야기 나누기	각자 체험하고 수집한 자료를 발표하면서 비슷한 체험이 있으면 자유롭게 이야기 나누기	
		2. 공통 요인에 대한 토론 및 목록표 작성 (집단합의)	각 공동연구자들이 자기 발견을 통해 찾아낸 목록을 집단 전체에게 제공, 토론을 통해 공통 요인들을 검증, 분석	
4	체험분석 결과에 대한 재검증	실제의 과거 체험을 재체험하면서 최종 공통 요인 확정		
		연구자의 종합해석	개인별 추가 면담	개인별 체험 사례에 대한 추가 질문 및 응답

체험분석은 2012년 5월부터 9월 중 4회기에 걸쳐 이루어졌다. 첫 회기는 본교의 교사를 대상으로 이루어졌다. 본교는 특수학급을 포함하여 총학급수가 24학급이고, 교사의 수가 32명, 학생의 수가 600여 명으로 군내에서 가장 큰 학교이다. 교직원의 구성을 살펴보면 20대 교사가 9명, 30대 10명, 40대 9명, 50대 4명으로 되어 있어서 다양한 연령층에 걸쳐서 공동연구자들을 찾을 수 있었다.

회기별 목적에 따라 체험분석이 진행되었고 오리엔테이션은 방과후 수업 및 각종 업무 등으로 인해서 일대일 면접을 통해서 이루어졌다. 대상은 원로교사와 기간제교사, 업무과중 교사를 제외하고 본 연구자의 취지에 동의하는 10명의 교사에 한하여 실시하였다. 그 내용은 집단따돌림 아동을 대하는 교사들이 어떤 체험을 하는지 알아보기 위한 자기 탐색과 체험기술법 교육이었다. 이때 Barrell과 그의 동료들(1987)이 제시한 체험 기술에 필요한 안내지침을 일부 수정 · 보완하여 사용하였다. 그 내용은 다음과 같다.

첫째, 누군가를 꾸중하는 것을 체험한다는 것은 어떤 것인가에 대한 의문을 제기하고 자신의 체험에 집중하면서 그것을 있는 그대로 수용하라. 현재 자신에게 일어나고 있는 체험에 대해 어떤 판단이나 해석을 가하지 않은 채 주의를 기울인다.

둘째, 꾸중을 하면서 또는 꾸중을 한 후에 자신이 체험하고 있는 것이 무엇인지, 질문하는 가운데 자신을 관찰하라. '어떤 정서 체험이 일어났는가?' '그 정서를 어떻게 처리하고 있는가?' '그 일 이후엔 무엇을 체험하는가?'

셋째, 꾸중을 하면서 어떤 정서 체험이 일어난 직후, 또는 예전의 정서 체험을 다시 한 번 체험하면서 자신의 체험내용을 정리해 본다. 이때 공정성을 잃지 말고 마치 지금이 그 순간인 것처럼 체험을 회상하라. 체험에서 일어난 것은 무엇이나 받아들이고 실제로 일어난 일은 무엇이나 인정한다.

넷째, 체험을 기술하라. 자신의 내면에 떠오르는 생각, 느낌, 심상 그리고 신체적 반응 등을 자유롭게 표현하되 해석적, 시적, 역사적 기술을 피하고 일인칭, 현재시제로 기록한다.

첫 회기의 일대일 면접 시 오리엔테이션이 끝난 후 교사들 중 일부는 연구자에게 다음과 같은 내용을 진술하였다.

〈표 5-2〉 오리엔테이션 시 진술한 내용

구분	면접 시 진술한 내용
공동연구자 A	집단따돌림 아동을 보면 정말 답답하다는 생각이 든다. 아이들이 싫어하는 행동, 말투 등으로 인해서 아이들에게 피해를 주거나 불쾌감을 주는 행동을 반복하기 때문에 이해하려고 노력을 해도 잘 되지 않을 때가 많다. 이런 아동이 1~2명은 꼭 있는 것 같다.

공동연구자 B	집단따돌림을 당하는 이유는 너무 다양한 것 같다. 잘난 척을 많이 해서 따돌림을 당하는 아이, 상황에 맞지 않는 말이나 행동을 해서 따돌림을 당하는 아이, 가정형편이 어려워서 몸에 냄새가 나거나 옷차림에 문제가 있는 아이, 공부를 못해서 따돌림을 당하는 아이, 이기적인 행동을 해서 따돌림을 당하는 아이, 손버릇이 안 좋아서 따돌림을 당하는 아이 혹은 이런 여러 가지 이유가 복합적으로 나타나서 따돌림을 당하는 경우도 있다. 따돌림을 당하는 이유가 무엇인지에 따라서 그 아이가 안쓰럽고 도와주어야겠다는 생각이 들 때도 있고, 얄미울 때도 있다.
공동연구자 C	따돌림을 당하는 아이들의 성격 유형에 따라서도 문제의 정도가 달라지는 것 같다. 어떤 아이들은 심각한 따돌림을 당하고 있음에도 그다지 대수롭게 생각하지 않고 자기만의 세계에 빠져 있는 경우가 있다. 반면에 사소한 정도의 문제가 발생한 것인데도 너무 예민하게 반응을 하는 경우가 있다. 아이가 따돌림을 당하는 것에 어떻게 반응하느냐에 따라서 나의 대응 태도가 달라지는 경우도 있다.
공동연구자 D	따돌림 아동의 문제를 해결하고자 매년 끊임없이 노력했는데도, 결국 잘 해결되지 않을 때가 많다. 아동의 문제를 해결해 주려고 이야기도 해 보고, 학부모들과의 상담을 통해서 해결책을 찾아보려고 해 보았지만 한번 아이들 사이에서 낙인이 찍혀 버리면 따돌림에서 벗어나기가 어려웠다. 그래서 따돌림 아동의 문제를 근본적으로 해결하기보다는 괴롭히는 아이들과의 관계를 단절시키거나, 아니면 따돌림 아동이 그 상황에 적응하는 경우가 많이 있어서 너무 안타까웠다.
공동연구자 E	따돌림 아동을 보다가 답답한 마음에 부모님을 만났는데, 더 답답해지는 경우도 여러 번 있었다. 아이를 보면 불쌍한 마음이 들어 잘해 주려고 했는데, 부모님은 아이에게 큰 관심을 기울이지 않거나, 아이의 문제 상황에 대해 아무리 설명해도 인정하지 않는 경우도 많이 있었다. 그래서 '저 아이는 저런 부모 밑에서 자라다가는 내가 아무리 학교에서 열심히 해도 소용이 없겠구나.' 하고 포기해 버린 적도 있었다.
공동연구자 F	아동이 선천적으로 문제가 있을 수 있지만, 그 내면을 살펴보면 그 문제행동에는 대부분 가정의 불화, 경제적 상황 등으로 인해 그럴 수밖에 없는 상황에 놓인 경우가 많이 있었다. 그럴 때마다 따돌림 아동이 너무 안쓰러웠다.

이상과 같은 진술을 접하면서 연구자는 그러한 내용을 토대로 체험기록지에 기록해 줄 것을 당부하고 집단따돌림 아동을 대함에 있어서 교사들은 공통적으로 화남, 답답함, 안쓰러움이라는 마음이 공존할 것이라고 추정하였다.

2회기에는 10명의 교사 중 7명이 체험분석지 26개를 작성하였다. 이 가운데 학교와 관련이 없는 것과 공통 요인을 발견하기에 부적절한 사례를 제외하고 모두 19개의 사례를 연구에 적용하였다.

3회기에는 체험 기록지를 작성한 7명의 교사에게 공동연구자가 되어 줄 것을 요청하여 7월 중순에 3시간 동안 학교 교실에서 모임을 가졌다. 이날 공동연구자들의 동의를 얻어 토론 내용을 비디오테이프에 녹화하였다. 이날 공동연구자들은 자신이 체험한 내용을 발표하였고 집단따돌림 아동을 대하면서 느끼는 정서와 정서처리과정에 대한 공통 요인을 추출하였고 함께 이 목록을 검증 · 분석하였다. 이때 공동연구자들은 동의하거나 이의를 제기할 수 있으며 만약 동의하지 않는 경우가 발생하면 체험내용을 묘사한 부분부터 다시 살펴보면서 체험의 구조에 대한 합의에 도달하였다.

4회기에는 연구자가 내용을 정리하면서 체험 기술 내용이 애매하거나 보완이 필요한 경우가 있어 해당 공동연구자를 대상으로 추가 면담하였으며, 개인별 체험분석 및 집단 체험분석에 대하여 종합 · 해석하였다.

3) 연구결과 제시

국내 체험분석에 관한 연구들은 연구결과를 크게 세 가지로 나누어 제시하고 있다. 공동연구자 개인별 체험분석하기, 공동연구자들의 체험내용 중 공통 요인 찾기, 체험내용에 들어 있는 심리적 과정 찾기가 그것이다. 개인별 체험분석하기는 탐구하려는 체험과 관련하여 공동연구자로 참여한 사람 하나하나가 어떻게 반응(심리적 또는 정서적)하는지를 발견하는 데, 공통 요인 찾기에서는 공동연구자들의 반응 중 공통적으로 드러나는 요인을 발견하는 데, 심리적 과정 찾기에서는 체험의 과정이 어떤 순서를 거쳐 펼쳐지는지 일종의 흐름도를 찾는 데에 초점을 맞추고 있다. 이해를 돕기 위해 다시 최지웅(2013, pp. 39-41)의 논문 내용을 인용한다.

첫째, 개인별 체험분석

최지웅의 논문에서 공동연구자 A는 세 가지 사례를 보고하는데, 그 사례들에 대한 공동연구자 A의 개별 체험은 다음과 같다.

〈표 5-3〉 공동연구자 A의 개인별 체험 사례 1

1. 사례	• 미술시간에 이상한 노래를 만들어 불러서 친구들이 듣기 싫다고 말하였으나 잠깐 멈추었다가 가사만 바꾸어서 노래를 불렀다. 선생님이 하지 말라고 주의를 주면 "노래도 마음대로 못 부르나요?"라고 말하는 등 기본생활 습관이 부족하다. • 전교어린이회장 선거 행사 중에 후보자가 연설할 때 큰 목소리로 "선생님, 저 물 좀 먹고 와도 되나요?"라고 후보자보다 더 큰 목소리로 말하였다.
2. 나의 체험	• '저 아이는 왜 주변 상황을 생각하지 못하고 자기 기분대로 행동을 하는 것일까? 그렇게 행동하면 다른 사람들한테 피해가 간다는 사실을 모르는 것일까? 아니면 알면서도 일부러 관심을 받기 위해서 상황에 맞지 않는 행동을 하는 것일까? 저 아이에게 그런 행동을 하는 것은 옳지 않다고 설명을 해 주고 만약에 말로 주의를 주어도 안 되면 벌을 주어야겠다.'
3. 내가 체험한 정서	• 화남 / 어이없음 / 당황스러움
4. 어떻게 대처하였는가?	• 상황에 맞지 않는 행동은 여러 사람에게 피해를 주는 것이고, 결국 그런 행동이 반복된다면 친구들이 아동을 더 싫어하게 될 것이라고 주의를 주었다. 다음부터는 그런 행동을 하지 않겠다는 반성문을 받아 두고, 어길 시에는 청소를 하거나 또는 벌을 주겠다고 약속을 받았다.

〈표 5-4〉 공동연구자 A의 개인별 체험 사례 2

1. 사례	• 학교 체육시간 피구 활동 중 같은 반 친구와 부딪쳐서 발목을 다치게 되었다. 아동의 아버지는 병원 진료를 마치고 학교에 와서 상대방 친구를 혼내려고 했다.
2. 나의 체험	• 운동을 하다가 보면 몸끼리 부딪쳐서 다칠 수도 있는데, 저 아버지는 왜 그렇게 흥분을 하고 상대방 아이에게 화를 낼까? 물론 아이가 다치면 놀라고 속상한 마음은 이해하지만 같이 자식을 키우는 부모 입장에서 상대방 부모가 자기 자식이 혼난 사실을 알게 되면 얼마나 기분이 상할까? 내가 중간에서 역할을 잘해서 집안싸움이 되는 걸 막아야겠다.
3. 내가 체험한 정서	• 화남 / 당황스러움 / 어이없음
4. 어떻게 대처하였는가?	• 아버지의 흥분을 가라앉히기 위해, 체육시간에 있었던 상황에 대해 자세히 설명을 했다. 그리고 상대아동에게 고의성이 없음을 분명하게 설명하고 속상하시겠지만, 좀 이해해 달라고 말을 해서 흥분을 가라앉히고 집으로 돌려보냈다.

〈표 5-5〉 공동연구자 A의 개인별 체험 사례 3

1. 사례	• 체육시간에 갑자기 집에 갔다 오겠다는 이야기를 해서 왜 그러냐고 이유를 물었다. 아동은 껌을 먹고 싶다고 했고, 나는 안 된다고 주의를 주었다. 내가 스포츠 강사와 체육활동에 대해 상의를 하던 중에 아동은 학교 밖으로 나가 버렸다.
2. 나의 체험	• 수업시간 중에 다른 이유도 아니고 껌을 먹고 싶다고 학교 밖으로 나간다는 것이 말이 되는 행동일까? 정말 어이가 없었다. 이 아이는 다른 세상에서 온 아이일까? 그런데 혹시 학교 밖을 나갔다가 사고라도 나면 어떡하지?
3. 내가 체험한 정서	• 황당함 / 당황스러움 / 걱정

4. 어떻게 대처하였는가?	• 다른 아이들이 해당아동이 학교 밖으로 나가고 있다고 이야기를 해 주었다. 그 사실을 확인 후 바로 어머니께 전화를 드렸고, 아이들 2~3명과 내가 학교 주변을 돌아보고, 어머니는 집 근처를 중심으로 아이를 찾으러 나섰다. 다행히 학교 근처에서 멀지 않은 곳에서 아동을 찾을 수 있었고, 다음부터는 무슨 일이 있어도 절대로 수업시간에 학교 밖으로 나가지 않겠다고 다짐을 받았다.

사례 1, 2, 3의 결과 공동연구자 A가 느낀 감정은 화남, 어이없음, 황당함, 당황스러움, 걱정이었다.

이런 식으로 최지웅은 7명의 공동연구자들의 개별 체험을 수집하고 분석하였다.

둘째, 공통 요인 찾기

최지웅은 앞의 개인별 체험분석을 통해 발견한 바를 공동연구자와 감정 요인을 종합한 표로 제시하고 있다. 아울러 공동연구자들이 감정을 느끼게 된 상황 및 사례도 제시하고 있다.

〈표 5-6〉 공동연구자들이 느끼는 감정의 종류

감정 요인 / 연구자	공동연구자들이 느낀 감정										
	화남	얄미움	배신감	당황스러움	놀람	어이없음	미안함	부끄러움	안쓰러움	불쌍함	답답함
A공동연구자	○			○		○					
B공동연구자	○		○		○		○	○	○		
C공동연구자	○					○				○	○
D공동연구자	○								○		○
E공동연구자	○	○				○			○		○
F공동연구자	○			○					○	○	○
G공동연구자	○			○	○	○				○	○

〈표 5-7〉 공동연구자들이 느끼는 감정이 일어난 상황 및 사례

감정의 종류	감정을 느끼는 상황 및 사례
분노 (화남, 얄미움)	• 규칙이나 질서를 지키지 않아 주변의 사람들에게 피해를 주었을 때 예) 수업시간에 소리를 지르거나 노래를 함 • 교사를 실망시키거나 모욕감을 주었을 때 예) 인터넷 익명 게시판에 선생님을 비방하는 글을 올림 • 친구에게 상처 주는 말이나 행동을 했을 때 예) 한 부모 가족 아이에게 고아라고 말한 경우, 짝꿍이 마음이 들지 않자 이유 없이 화를 내고 짜증을 냄 • 다른 사람은 생각하지 않고 자기가 원하는 대로 행동할 때 예) 친구가 자신과 놀아 주지 않으면 때리거나 폭력을 행사함
당황 스러움 (놀람, 어이 없음)	• 교사가 예측하지 못한 돌발 상황으로 문제가 일어났을 때 예) 껌을 먹고 싶다고 수업시간에 집으로 도망감, 평소에 착하다고 생각했던 아이가 험한 말과 행동을 함 • 아동이 위험한 행동을 했을 때 예) 아동이 기분이 나쁘다는 이유로 교실에서 갑자기 소리를 지르고 물건을 던짐 • 학부모가 상식에 벗어나는 행동을 했을 때 예) 아이가 체육시간에 운동을 하다가 친구와 부딪쳐서 다쳤는데 수업시간에 찾아와서 부딪힌 아동을 혼냄 • 아이가 지저분한 행동을 하거나 성적행위를 했을 때 예) 수업시간에 코를 파서 옆 친구의 옷에 묻힘, 수업시간에 자위행위를 함
미안함	• 교사의 관심 부족으로 아동이 상처를 받았을 때 예) 아동이 따돌림 문제를 교사가 해결해 주길 바랐지만 교사가 아동의 기대에 미치지 못함 • 아동에게 신경을 더 써 주지 못했을 때 예) 화장실에 혼자 가는 것이 무서워 일을 보지 못하는 아동을 혼자 화장실에 보내서 옷에 똥을 싸게 함

동정심 (불쌍함, 답답함)	• 아동의 문제를 해결해 주고 싶지만 해결이 되지 않을 때 예) 부모의 자살로 인해 문제행동을 하는 아동을 도와주고 싶지만 잘 되지 않음 • 이기적인 성격 때문에 어려움을 겪는 아동을 볼 때 예) 자신의 뜻대로 짝꿍이 정해지지 않을 때 이유 없이 다른 친구에게 화를 냄, 자신의 단짝 친구가 자신과 놀아 주지 않을 때 폭력을 행사함 • 운동능력이나 사회적 적응능력이 떨어지는 아동을 볼 때 예) 체육활동을 할 때마다 떨어지는 운동신경 때문에 친구들의 원망을 들음, 현장체험 중 기차역의 에스컬레이터를 타지 못해서 움 • 지능이 떨어져서 놀림을 당하는 아동을 볼 때 예) 통합지원반 아동을 멍청하다고 친구들이 놀림 • 단체 활동 시 문제를 일으키는 경우 예) 모둠 활동 시 독단적인 행동으로 친구들의 미움을 삼

그리고 이러한 자료를 바탕으로 공통 요인을 찾는 작업을 진행하였다.

개인별 체험 수집 결과를 근거로 집단 내에서 각각의 체험을 드러내는 활동을 하였다. 이때 개개인이 체험에 대해 집단 내에 공동연구자들이 동의한 내용은 체험 공통 요인에 포함시켰고 동의하지 않은 경우엔 어떤 점에서 각 개인별 차이가 나는지 살펴보고 합의하는 과정을 거쳤다. 이 단계는 집단따돌림 아동을 대하는 교사들이 체험하는 과정에 대해 일반화된 결론을 내리기 위함이었다.

집단 체험분석 과정에서 발견한 공통 요인으로는 분노, 동정심, 당황스러움이 있다. 여기에서 분노의 감정은 아동의 행동에 대해 화남, 얄미움 등의 감정을 포함하는 개념으로 해석하였다. 아동의 문제행동에 대해 순간적으로 '얼굴이 달아오르고, 짜증이 난다.' 등의 표현이 속했고, 심한 경우는 언성이 높아지고 몸이 부르르 떨린다고 하였다.

동정심의 개념은 불쌍함, 답답함이라는 개념을 포함하는 것으로 해석하였다. 따돌림 아동들의 행동에 대해서 해결방법을 찾기 어려웠고, 그 문제를 해결하고자 집단따돌림 피해아동, 가해아동과 대화도 해 보고, 부모와도 상담을 시도했지만 뚜렷한 해결책을 찾지 못하고, 피해아동들이 힘들어하는 모습을 볼 때 느껴진다고 하였다.

당황스러움의 개념은 놀람, 어이없음의 개념을 포함하는 것으로 해석하였다. 당황스러움의 감정은 주로 교사가 예상하지 못했던 돌발 상황이 일어났을 때, 학부모가 상식 밖의 행동을 했을 때, 아동이 갑자기 위험한 행동을 했을 때 주로 느껴진다고 하였다. 공동연구자들은 이런 상황이 생기면 '어찌할 바를 몰라 안절부절못하게 된다.'고 하였다.

셋째, 심리적 과정 찾기

체험분석의 마지막 단계는 탐구하는 체험이 일어나는 동안 진행되었을 법한 심리적 과정을 찾아가는 단계다. 대부분의 연구는 이 과정을 일목요연하게 알아볼 수 있는 흐름도로 표현하고 거기에 설명을 덧붙이고 있다. 최지웅(2013, p. 46)은 [그림 5-1]로 결과를 제시하고 있다.

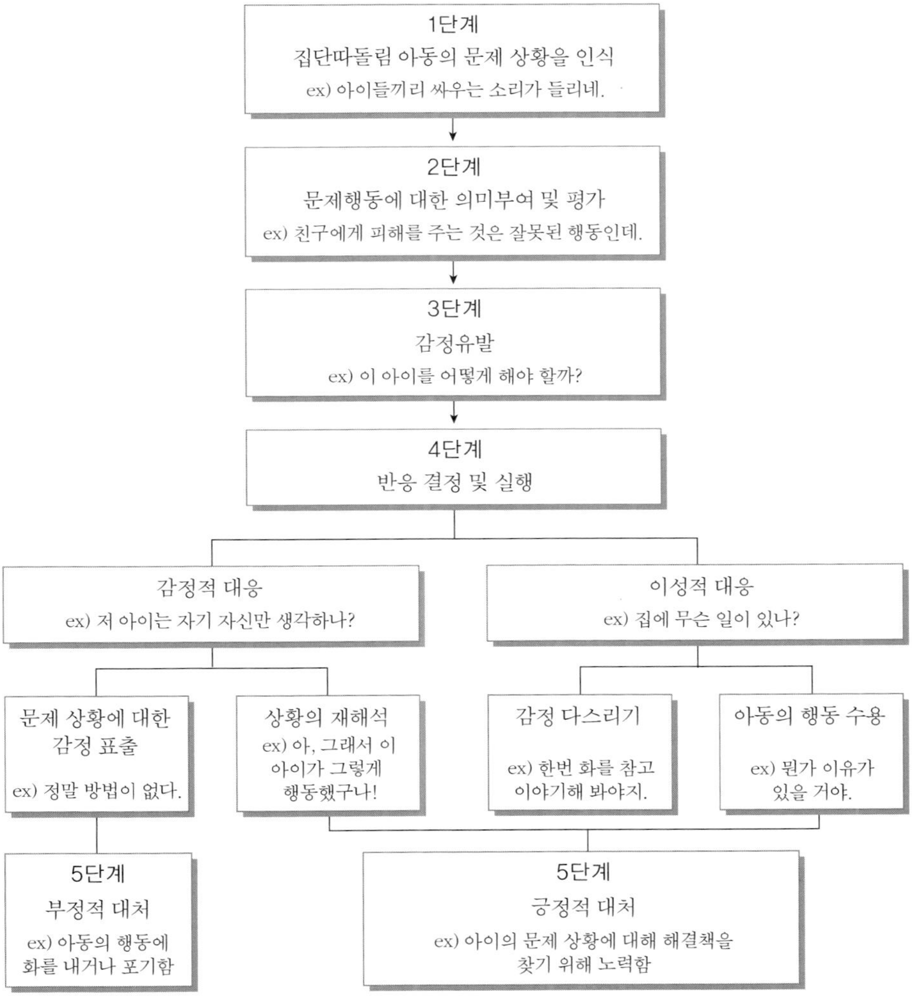

[그림 5-1] 집단따돌림 아동의 행동에 대한 교사들의 정서처리과정

5. 맺음말

체험분석은 모종의 현상을 체험하는 사람이 직접 자신의 체험 속으로 들어가 그 체험현상의 정체를 파악하고 아울러 그에 효율적으로 대처하는 전략을 찾도록 돕는 분석방법이다. 이 체험분석의 가장 큰 특징은 연구의 주체와 연구의 대상이 분리되지 않은 동일인이라는 점이다. 종전의 과학적 탐구들은 연구의 객관성을 보장하기 위하여 연구자와 연구대상 간에 원거리를 유지하는 것을 철칙으로 삼았다. 연구자 변인이 개입하여 연구과정이나 탐구 변인을 오염시키면 그만큼 연구의 객관성이 손상된다고 생각했기 때문이다. 자연현상이나 인간의 외형적 행동을 연구하는 경우 연구자의 이러한 태도는 바람직하다고 평가할 수 있다. 그러나 탐구하려는 현상이 인간의 주관적 체험이라면 이야기는 달라진다. 주관적 체험에 대한 객관적 탐구를 불가능한 것으로 포기하지 않는다면(Kant가 심리학은 학문으로 성립 불가능하다고 선언한 바 있다는 것을 상기하자), 체험에 대한 탐구는 가능한 한 그 체험에 가까이 다가서서 이루어져야 한다.

그렇다면 개인의 체험에 가장 근접해 있는 사람은 누구인가? 두말할 것 없이, 직접 그 체험을 하고 있는 당사자다. 따라서 체험 당사자를 배제한 체험의 연구는 객관성을 유지할 수 있을지는 몰라도 진실성과 타당성이 그만큼 떨어질 수밖에 없다. 체험분석은 체험자와 연구자 간의 거리를 제거함으로써 이상의 문제들을 근본적으로 해결하고 있다. '체험에 대하여' 탐색하는 것이 아니라 '체험을' 탐구하는 방법에서 연구의 주체와 대상은 당연히 같은 사람이어야 할 것이다.

연구의 주체와 대상이 동일인이라는 점이 연구결과의 객관성이나 일반성을 확보하는 데 장애가 되지 않을까? 다시 말해서, 체험분석은 개별 체험자를 연구하는 데는 적합하지만 체험에 대한 일반화된 지식을 쌓아 가는 방법으로는 부적합하지 않은가? 체험분석은 이 질문에 대해 '그렇지 않다'고 대답한다. 체험분석은 철저히 개인의 개별적 체험내용에 근거를 두고 개인의 체험세계에 대한 자기 인식을 산출하려고 한다. 그러나 여기서 그치지 않는다. 앞의 수행불안의 경우처럼, 동일 체험현상에 들어 있는 공통 요소들에 대해 얼마든지 일반화된 지식을 얻을 수 있다. 개인의 자료에서 출발하여 여러 사람이 공동으로 합의하는 결과를 도출해 나가는 과정은 여타의 연구에서 일반적 지식을 획득하는 과정과 별다를 것이 없다. 다만 연구의 자원으로서, 평가준거로서 항상 체험이 중심이 된다는 것이 체험분석의 특징이다. 물론 시간과 노력이 많이 들고, 연구 의지가 강력한 체험자(연구자)들을 다수 확보해야 하고, 연구절차가 복잡하다는 등등의 단점이 있기는 하지만, 체험분석은 인간 체험에 대한 일반화된 지식을 얻을 수 있는 훌륭한 도구의 하나다.

상담 분석방법의 하나로 체험분석은 특별한 의미를 가진다. 기존의 여러 연구방법들은 항상 청담자를 탐구되는 대상으로 간주한다. 심지어 현상학적·심리학적 연구에서조차 청담자의 의식세계에 대한 연구를 수행하는 것은 상담자다. 청담자는 항상 연구되는 대상으로서 상담자가 자신을 연구해 밝혀낸 결과들을 바탕으로 베푸는 시혜를 수동적으로 받아들이는 존재다. 청담자와 청담자에 대한 연구가 아무런 관련이 없다는 사실을 상담자와 청담자 모두 지극히 당연한 것으로 받아들인다. 체험분석은 상담연구의 이러한 관행을 파괴하고 있다. 체험분석에서 상담자는 청담자로 하여금 자신의 체험을 탐색하도록 이끄는 역할에 만족하는 반면, 청담자는 스스로 연구자가 되어 자신의 체험을 탐색한다. 청담자에게 자기 체험을 분석하는 연구자의 역할을 부여하면 상담관계에도 긍정적인 효과를 얻을 수 있다. 이제 청담자는 자신의 문제에 대하여 수동적인 자세를 벗어나 능동적이고 적극적인 태도로 임하게 된다. 상담자의 진단과 처방을 기다리는 것이 아니라 스스로 탐구의 주체가 되어 문제의 원인을 파악하고 적극적으로 대응전략을 찾아내려고 한다. 체험분석은 상담의 실제에도 여러 가지 영향을 끼친다.

첫째, 청담자로 하여금 자신의 문제에 대해 자기가 책임지려는 태도를 갖도록 한다. 청담자는 체험분석을 통해 시선을 자신의 내부로 향하게 되는데, 실제 내적 체험을 검토하면서 자신이 어떻게 '문제'를 만들어 가는지를 관찰하게 된다. 이러한 결과는 청담자로 하여금 문제의 원인을 외부가 아니라 자신의 내부에서 찾도록 인도하며 아울러 문제를 일으키는 책임이 자신에게 있음을 인식하게 한다.

둘째, 문제로부터 도피하지 않고 이를 정면으로 맞닥뜨리도록 한다. 심리적 문제로 고통을 당하는 대부분의 사람들은 가능하면 그 문제로부터 도망가려는 자세를 취하고 있다. 어떻게 보면, 문제 자체보다 그 문제에 대한 도피 자세가 심리적 문제를 더 악화시킨다고 말할 수도 있다(예기불안의 경우를 생각해 보라). 체험분석은 청담자로 하여금 자신의 체험을 직면하도록 함으로써 수동적 방어 태세가 아니라 능동적 대응 태세를 갖추도록 한다. 이런 자세는 이미 문제해결의 단계에 진입했음을 의미한다.

셋째, 자신의 체험에 대한 반복적 관찰을 통해 심리적 문제를 야기하는 원인과 기제들에 대한 보다 명료한 이해가 가능하다. 여러 장면과 상황 속에서 공통으로 발견되는 체험 요소를 걸러 냄으로써 심리적 문제의 정체를 정확히 파악해 내는 것은 치료 작업 이전에 선행되어야 한다. 이 과정은 청담자로 하여금 자신의 문제를 객관화할 수 있도록 도울 뿐 아니라 문제의 핵심에 접근할 기회를 제공할 것이다.

넷째, 치료에 대한 동기를 강화할 것이다. 청담자는 체험분석을 통해 문제해결책을 찾아내게 되는데 이 해결책은 다른 사람이 제공한 것이 아니라 스스로 발견한 것이므로 그만큼 강력한 치료 효과가 있을 것이다. 물론 구체적인 처방은 상담자와 의논하여 결정하겠지만, 치료의 방향을 청담자 본인이 설정하였다는 것 자체가 청담자에게 큰 의미가 있을 것이다.

이상적인 상담 연구방법은 상담학의 발전은 물론 상담 실제의 개선에 이바지하는 연구방법일 것이다. 개인 성장의 목표와 과학의 목표가 일치하는 상담 연구방법이야말로 상담학에서 절실히 요구되는 방법론이다. 그런 점에서 상담 연구방법이자 치료방법을 겸하고 있는 체험분석은 이상적인 상담 연구방법의 하나로 꼽힐 수 있다. 상담학의 내적 발전을 상담의 내부에서 일어나는 일을 체계적으로 분석·정리하는 데서 찾을 수 있다고 본다면, 체험분석이 담당해야 할 역할은 매우 크다. 실제 분석을 수행하는 과정이 다소 복잡하고 어렵다고 하더라도 체험분석을 소홀히 할 수 없는 것은 이러한 이유 때문이다.

참고문헌

강은심(2012). 학업적 꾸물거림에 대한 초등학교 여교사의 체험분석. 제주대학교 사회교육대학원 석사학위논문.

김종숙(2007). 꾸중에 대한 초등교사의 체험분석. 청주교육대학교 교육대학원 석사학위논문.

남진호(2013). 초등 체육전담교사의 업무관련 심리적 갈등변화과정에 대한 체험분석. 청주교육대학교 교육대학원 석사학위논문.

박병규(2010). 교사의 꾸중에 대한 초등학생의 체험분석. 대구교육대학교 교육대학원 석사학위논문.

박향숙(2008). 아동의 분노 체험분석. 청주교육대학교 교육대학원 석사학위논문.

송미경(2004). 알코올환자의 분노 유발 요인과 분노 처리과정에 대한 체험분석. 서울여자대학교 대학원 박사학위논문.

양보연(2012). 대학생의 시험 실패 경험에 관한 체험분석. 제주대학교 사회교육대학원 석사학위논문.

윤은주(2007). 상담자의 소진에 대한 체험분석. 숙명여자대학교 대학원 박사학위논문.

이규미(1998). 청소년의 분노와 분노처리과정에서의 공격행동에 관한 체험분석. 이화여자대학교 대학원 박사학위논문.

이숙경(2006). ADHD 아동을 대하는 초등교사의 체험분석. 청주교육대학교 교육대학원 석사학위논문.

이윤주(2010). 다문화가정 아동의 학교생활 체험분석. 청주교육대학교 교육대학원 석사학위논문.

임태훈(2012). 국가수준 학업성취도 평가에 대한 교사의 정서 체험분석. 청주교육대학교 교육대학원 석사학위논문.

조효숙(2011). 초등교사 소진에 대한 체험분석. 청주교육대학교 교육대학원 석사학위논문.

주국환(2007). 아동의 공격행동에 대한 초등교사의 정서 반응 및 처리과정에 관한 체험분석. 대구교육대학교 교육대학원 석사학위논문.

최지웅(2013). 집단따돌림 아동을 대하는 초등교사의 체험분석. 청주교육대학교 교육대학원 석사학위논문.

Aanstoos, C. M. (Ed.) (1984). *Proceedings of the Third Annual Human Science Research Conference*. Carrollton: West George College.

Ashworth, P., Giorgi, A., & de Koning, A. (Eds.) (1986). *Qualitative research in psychology*. Pittsburgh: Duquesne University Press.

Barrell, J. (1986). *A science of human experience*. Action, MA: Copley.

Barrell, J. J., Aanstoos, C. C., Richards, A. C., & Arons, M. (1987). Human science research methods. *Journal of Humanistic Psychology, 27*, 424-457.

Barrell, J. J., & Barrell, J. E. (1975). A self-directed approach for a science of human experience. *Journal of Phenomenological Psychology*, Fall, 63-73.

Barell, J. J., Medeiros, D., Barrell, J., & Price, D. (1985). The causes and treatment of performance anxiety: An experiential approach. *Journal of Humanistic Psychology, 25*, 106-122.

Giorgi, A. (1970). *Psychology as a human science: A phenomenologically based approach*. N.Y.: Harper & Row.

Giorgi, A. (1985). *Phenomenology and psychological research*. Pittsburgh: Duquesne University Press.

Krishnamurti, J. (1967). *Talks in Europe*. The Netherlands: Servire/Wassebaar.

Meichenbaum, D. (1977). *Cognitive behavior modification*. N.Y.: Plenum Press.

Perls, F. (1969). *Gestalt therapy verbatim*. Lafayette, CA: Real People Press.

Perls, F., Hefferline, R. F., & Goodman, P. (1951). *Gestalt therapy*. N.Y.: Dell.

Polkinghorne, D. (1983). *Methodologies for the human science*. Albany: State University of N.Y. Press.

Price, D., & Barrell, J. (1980). An experiential approach with quantitative methods: A research paradigm. *Journal of Humanistic Psychology, 20*, 75-95.

Reason, P., & Rowan, J. (1981). *Human inquiry: A sourcebook of new paradigm research*. N.Y.: John Wiley.

Titchner, E. B. (1924). *The psychology of feeling and attention*. N.Y.: MacMillan.

VanKaam, A. L. (1959). Phenomenal analysis: Exemplified by a study of the experience of really feeling understood. *Journal of Individual Psychology, 15*, 66-72.

Wundt, W. (1912). *An introduction to psychology*. London: George Allen.

제6장

포인트 측정기법과 상담

1. 주체적 존재로서의 인간 탐구의 필요성

만일 어떤 사람이 글 쓰는 작업을 할 때, 방 안에서 문을 잠그고 진한 커피를 마시면 그의 글쓰기 작업의 능률이 향상된다고 가정해 보자. 그의 글쓰기 작업의 능률이 향상된 것은 어떤 요인이 작용한 결과로 보아야 할까? 생물학적인 설명을 선호하는 사람은 자극성 있는 카페인을 생산성 향상의 원인으로 파악할 것이며, 환경론적 설명을 선호하는 사람은 문을 열어 두거나 닫아 두는 환경적 조건의 영향을 중시하려고 할 것이다. 어느 입장이든 글 쓰는 사람의 의지나 선택을 배제한 채 관찰 가능한 객관적 기제를 동원하여 설명한다는 점에서 공통점을 발견할 수 있다. 소위 인간에 대한 과학적 탐구는 바로 이러한 설명방식을 존중한다. 그러나 글 쓰는 행위를 한 당사자에게는 사태가 전혀 달리 보일 수 있다. 그가 글을 쓰려고 작정할 때, 그는 생산성을 높이기 위하여 여러 작업 조건을 최적의 상태로 유지하려고 할 따름이다. 그는 자기의 생산성과 각성 수준 및 환경적 방해요소와의 관계를 경험적으로 알고 있으므로, 카페인을 마시고 방문을 걸어 놓는 것이다. 다시 말하면, 그는 스스로의 능동적인 판단에 의하여 생리학적 조건과 환경적인 조건을 통제하기로 선택하고 결정한 것이다. 그렇다면 그의 행위는 그의 의도와 주체적 결정을 밑바탕으로 하여 설명되어야 한다. 개인의 의도를 개입시켜 행위를 설명하려는 이와 같은 접근을 소위 '목적론적(telic)' 접근이라고 한다.

인간 행동의 원인을 설명하는 방식에서 전통적 또는 '자연과학적 접근'과 '목적론적 접근'은 심리학에 자연과학적 접근이 접목되면서부터 계속 대립되어 왔다. 자연과학적 접근에서는 인간 행동을 주로 비주체적 원인들에 의하여 야기되는 것으로 파악한다. 환경적 · 생물학적 · 사회적 · 심리역동적 영향들을 동원하여 행동의 원인을 설명하려는 것이다. 이러한 입장에서는 개별적 자아의 주체적 의지는 잡음 변인으로 간주될 뿐이다. 자아의 주체적 의지는 객관적인 관찰과 엄격한 통제가 불가능한 철저히 주관적인 현상이기 때문이다. 이에 대하여 목적론적인 관점은 앞에 제시한 요인들을 주변적인 위치로 밀어내고 개인의 주체적 의지를 인과성의 중심에 자리매김시키고 있다. 인간을 행동케 하는 궁극적이고 최종적인 동인은 바로 그 개인의 주체적 의지와 선택이라는 것이다(Howard & Conway, 1986). 물론 비주체적 요인들도 개인의 행위에 영향을 끼치는 중요한 요소이기는 하다. 자신의 행위를 결정하는 개인의 능력은 물질적 · 외부적 요인에 의해서 제한 · 굴절되는 경우가 많은 것이 사실이기 때문이다. 하지만 개인의 주체적 요인들을 배제한 채 비주체적 요소들만으로 인간의 행동을 설명하려는 것은 항상 핵심을 벗어날 수 있는 소지를 안고 있다. 따라서 개인의 주체적 요인들이 인간 행동을 설명하는 중심축이 되어야 한다는 주장이다.

만일 목적론자들의 주장처럼 인간의 행위가 개인의 주체적 요소가 작용하여 형성되는 유목적적인 것이라면, 인간의 행위를 설명하는 방식 역시 목적론에 적합한 것이어야 한다. 문제는 이러한 목적론적 설명방식이 어느 정도의 과학성을 확보하느냐 하는 것이다. 지금까지 목적론적 주장이 타당성을 인정받으면서도 인간을 탐구하는 합리적인 방법으로 정착되지 못한 것은 바로 이러한 방법론적 과학성의 결여에 기인한다. 결국 과학성에 대해 전적으로 다른 입장을 취하지 않는 한(다시 말해, 전통적인 과학적 접근을 부인하지 않는 한), 방법론상의 과학성을 확보하는 일은 목적론적 설명방식의 학문적 가치를 결정하는 중요한 기준으로 작용하게 된다.

교육, 상담, 법정에서의 변호활동, 상호작용이 일어나는 일상적인 인간관계 등 인간의 변화와 관련된 영역에서 인간의 행동을 목적론적으로 설명하려는 것은 지극히 당연한 것으로 받아들여지고 있다. 심지어 혼잡한 버스에서 밀리다가 옆에 서 있는 사람의 발을 밟아도 그야말로 '고의적'

으로 그런 행동을 한 것이 아니냐는 눈총을 받는 것이 다반사다. 그렇다면 그 고의성을 어떻게 그리고 얼마나 설명할 수 있느냐 하는 것이 중요한 과제로 등장한다. 대부분의 상담이론들은 바로 이러한 인간의 의도성과 주체성을 합리적으로 설명하려고 동원되었다. 물론 개개 상담이론들마다 다소 차이가 있기는 하지만, 목적론적 설명은 상담이론을 구성하는 중요한 요소다. 사람들은 의식적이든 무의식적이든 자신이 원해야 변화할 수 있다는 것이다. 만일 이와 같이 사람을 변화시키는 주요한 기제가 개인의 주체적 의지에 달려 있다면, 그 주체적 의지의 내용을 파악하고 그 영향력을 검증하는 일은 상담자가 해야 할 핵심적인 과제 중의 하나다. 동시에 상담자는 청담자의 주체적 특성을 활용해서 그를 긍정적인 방향으로 변화하도록 도와줄 책무가 있다. 실제로 대부분의 상담자는 상담을 하는 과정에서 이 같이 목적론에 입각한 활동을 하고 있다. 다만 이러한 활동을 상담자 개개인의 주관적인 '감'과 '판단'에 의존해서 수행하고 있다는 데에 한계가 있을 따름이다. 만일 청담자 행동의 이면에 있는 목적을 과학적인 방법에 의해 객관적으로 설명할 수 있게 된다면, 이는 상담의 이론과 실제에 커다란 도움을 주는 도구로 기능할 것이다. 포인트 측정기법은 바로 사람의 내면에 들어 있는 주체적 의지의 작용방식을 객관적으로 설명하려는 과학적 방법의 하나다.

2. 포인트 측정기법의 배경

일찍이 Murray(Kluckhohn, Murray, & Schneider, 1953)는 인간의 행동에 세 가지 상이한 측면이 있음을 지적한 바 있다. 첫째, 보편적인 법칙처럼 모든 사람들에게 일률적 또는 공통적으로 적용하여 설명할 수 있는 측면, 둘째, 개인이 소속한 집단(사회의 하위문화) 사람들에게 한정하여 적용 ·

설명할 수 있는 측면, 셋째, 일반화가 전혀 가능하지 않은 개인마다 상이한 개성적 측면 등이 그것이다. 최근까지 대부분의 과학적 심리학 연구는 첫 번째와 두 번째 측면을 주요 탐구대상으로 삼았다. 특히 이 연구들은 행동의 법칙을 발견하는 수단으로서 인과적으로 설명할 수 있는 변량(인과적 변량)에 초점을 맞추었다. 세 번째 측면, 즉 인간 행동의 개성적 특성을 탐색하려는 연구들은 인과적으로 설명되지 않는 개인의 주체적 변량(의지 변량)의 특성을 밝히려고 노력하였다. 그러나 이 방면의 연구는 상대적으로 그 수가 적을 뿐 아니라 탐구방식 역시 사례사나 자서전 연구 등과 같이 전통적인 의미의 과학성이 떨어지는 방법론에 의지하고 있었다. 결과적으로 탐구하는 특성의 차이는 탐구하는 목적과 방법론의 차이를 야기시켰으며, 마침내는 각 접근이 같은 인간을 탐구하면서도 마치 전혀 다른 대상을 탐구하는 것과 같은 현상에 도달하게 되었다. 심리학에서 인과적 설명과 목적론적 설명이 대립된 것도 같은 이유에서 비롯된다.

그러나 앞에서 언급한 바대로 인간의 행위에는 여러 가지 특성이 복합적으로 얽혀 있다. 그중 어느 부분은 인과론적 설명방식이 보다 타당한 결과를 제공할 수 있으며, 또 다른 부분은 목적론적 설명방식이 보다 타당한 결과를 제공할 수 있다. 따라서 인간의 행동에 대한 보다 전체적이고 균형 잡힌 이해를 얻기 위해서는 새로운 관점에서 두 가지 접근방식을 통합시킬 필요가 있다. 이것이 소위 Howard와 그의 동료들(1990)이 말하는 인간 행위에 대한 '의지 모형(volitional model)'이다.

'의지 모형'으로 인간의 행위를 설명하기 위해서는 무엇보다도 인간의 행위 중에서 인과적 영향력에 귀속시킬 수 있는 것과 목적론적 영향력에 귀속시킬 수 있는 내용들을 구별할 수 있도록 개념들을 다듬고 방법론을 세련시킬 필요가 있다.

Rychlak(1977, 1983)은 과학적 방법론을 사용하는 연구자들로 하여금 연구자가 얻은 자료를 Aristoteles가 말하는 목적인(final cause)에 입각해서 해석하는 것을 허락함으로써 인과적 접근과 목적론적 접근을 통합시킬 수 있다고 믿었다. 물론 그의 지적에 옳은 부분도 있지만, 개념과 방법론상에서의 근본적인 변화가 있다면 인간 의지의 기능과 작용에 대한 보다 발전된 증거를 확보할 수 있게 될 것이다. 의지 모형에서 새로운 개념틀과 방법론이 중시되는 것은 이러한 이유에서다.

Lazarick과 그의 동료들(1988)은 의지 모형의 핵심이 되는 주요 개념으로 통제(control)와 예측(prediction)을 들고 있다. 그러나 이들이 주장하는 통제와 예측은 종전의 과학에서 사용하는 개념과 구분된다. 전통적인 과학에서 사용한 통제와 예측은 항상 연구하는 사람, 다시 말해 과학자의 입장에서 본 통제요 예측이었다. 그러나 의지 모형에서는 탐구하는 사람이 아니라 그 행위를 수행하는 피험자의 입장에서 본 통제와 예측을 의미한다. 관찰하는 사람의 객관적인 수준에서의 통제가 아니라 행위에 참여하고 있는 피험자의 주관적인 수준에서의 통제라는 것이다. 따라서 행위를 수행하는 인간에 대한 이해는 그 행위 수행자의 자기 결정력, 의지력, 자유의지, 자기 예언, 자기 통제 등을 바탕으로 이루어진다.

그렇다면 문제는 행위 수행자의 자기 통제 또는 자기 예언을 과학적으로 이해할 수 있는 방법이 존재하는가라는 것으로 압축된다(전통 과학적 틀을 벗어나서 인간의 주체적 의지의 세계를 탐구하려는 방법으로 현상학적 접근, 해석학적 접근 등등 소위 질적인 접근법들이 있다는 것은 이미 다른 장에서 언급하였다). 이러한 방법론으로 제시된 것이 포인트 측정기법(Howard, Curtin, & Johnson, 1991)이다. 그러나 포인트 측정기법이 등장하기 전에 인간의 행동을 설명하는 요인으로서 의지에 바탕을 둔 통제력이 외부의 인과적 영향력에 비하여 강력한 힘을 갖추고 있다는 증거를 탐색하는 일련의 연구들이 이어졌다. 이에 대하여 간단히 살펴보도록 한다.

Mischel과 Grusec(1967)은 만족을 지연시킬 줄 아는 아동들은 그렇지 못한 아동들과 비교할 때 상이한 인지전략을 활용하고 있으며, 여러 대안적인 인지전략 중에서 보다 효율적인 것을 선택할 수 있는 능력이 있다고 보고한 바 있다. Bandura(1977)의 자기효율성이론(self-efficacy theory)도 인간의 반응 행동에 스며 있는 의지의 측면을 드러내고 있고, 통제가 불가능한 결과에 대한 의지의 효과에 대한 탐구(Wortman & Brehm, 1975), 자기결정이론(Deci, 1980), 인지 부조화에 관한 연구(Wicklund & Brehm, 1976) 역시 심리현상에 나타나는 의지 요인의 중요성을 부각시키고 있다.

체중 줄이기와 다이어트는 1980년대 이후 미국 사회에서 심각한 사회문제로 부각되었으나 그 당시 인기가 있던 인과적 모형인 행동수정 요법을 활용한 결과들은 그렇게 긍정적이지 못하였다. 이에 대하여 지금까지 무시되어 왔던 주체적 의지 요인들을 연구 변인으로 첨가하는 경향이 나타나기 시작하였다. 인지행동주의자로 알려져 있는 Meichenbaum과 Turk(1988)은 비만과 알코올 중독 등의 문제에 영향력을 행사하는 요소로서 개인적인 힘(의지와 선택)의 중요성을 인정하였고, Schachter(1982)는 전문적인 개입을 하지 않고서도 62.5%의 성공률에 달하는 놀라운 다이어트 효과를 얻은 바 있는데, 이러한 성공을 획득하게 된 주요 기제로서 다이어트를 하려는 환자 개인의 지속적인 의지를 들고 있다. Janis(1983)는 자기들이 구안한 체중 통제 프로그램의 성공을 참여자들의 개인적인 책임감에 귀속시키고 있다. 섭취하는 땅콩의 양을 통제하는 능력으로 개인의 자기통제력을 검증하려고 한 일련의 연구들에서는 환경적(외부적) 요인에 비하여 의지력이 보다 더 강하게 작용한다는 사실을 보고하고 있다. Howard와 Conway(1986, 연구 1)의 연구에서는 땅콩 섭취량을 결정하는 데에 의지적 통제력이 환경적(인과적) 요인들보다 50배나 강력한 효과를 나타내는 것으로 밝혀졌으며, 다른 연구들(Howard & Conway, 1986, 연구 2; Howard, Youngs, & Siatczynski, 1989)에서도 여타 인과적 요인들에 비하여 의지적 통제력의 영향력이 압도적으로 크게 나타났다. Lazarick와 그의 동료들(1988)은 실제적인 장면에서의 의지력의 효과를 검증하기 위하여 세 가지 실험연구를 시도한 바 있다. 체중 조절, 직업 탐색, 과잉섭식 행동의 조절 등 이러한 세 가지 행동에 관여하는 의지의 효과를 검증한 결과, 역시 사람들은 의도적으로 자신의 행위를 통제할 수 있을 뿐만 아니라 의지적 노력의 정도에 따라 변화의 속도를 가감할 수도 있다는 것도 밝혀냈다. 동시에 피험자들이 실험의 목적을 이해하고 참여할 때 보다 좋은 결과를 얻는 것으로 나타났으며, 이에 따라 피험자들 스스로가 부여하는 '의미(meaningfulness)'가 그들의 행동을 통제하고 조정하는 주요 기제일 것이라는 증거를 제시하기도 하였다. 다시 말해, 사람들의 행동을 변화시키는 데 의지력이 중요하다는 정보를 밝혀내는 데서 그치지 않고, 그 의지를 촉발하는 기제의 하나로서 '의미'의 중요성을 드러냈다는 점에서 일보 진전된 결과를 내놓고 있다. 앞으로는 이러한 기제들의 종류에는 어떠한 것들이 있는지, 그리고 이러한 기제가 어떤 기능과 작용을 하는지에 연구의 초점이 맞추어져야 할 것이다.

포인트 측정기법은 이상의 내용들을 그 배경으로 삼고 있다. 따라서 인간의 행동 변화에 작용하는 의지, 주체적 결정 등의 중요성을 부각시킬 뿐만 아니라, 그러한 자기결정력을 이끌어 내는 기제의 내용과 기능들을 과학적으로 탐색하는 도구로서 포인트 측정기법이 기여할 바는 대단히 클 것이라고 예상된다.

3. 포인트 측정기법의 특징과 분석과정

1) 주체적 의지 탐색도구로서 포인트 측정기법의 특징

상담심리학을 포함한 심리학 연구에서 주로 활용되는 통계적 기법은 통계적 유의성(statistical significance)을 밝히는 추리통계에 의존해 있다.

즉, 가설을 설정해 놓고 이를 거부할 수 있는 유의도가 존재하느냐의 여부를 따지는 통계 작업이 대부분이다. 집단 간의 차이를 검증하는 연구나 변인 간의 관련성을 검증하는 연구들은 대개 이 부류에 속한다. 그러나 이러한 접근방식으로 인간의 행동을 통제, 예측할 수 있는 결과를 얻어 낸다는 것은 매우 어려운 일이다. 기껏해야 간접적인 정보를 제공할 따름이다. 심리학이 아직도 과학으로서는 초보 단계에 있다는 지적은 바로 이러한 방법론상의 한계를 지적하고 있는 말이다. 소위 '엄격한 과학'에서는 연구대상이 되는 행동을 정확하게 설명하고 통제, 예측할 수 있는 결과를 얻어낸다.

예컨대, 물리학에서 A가 B에 작용하는 힘을 연구할 때, 막연히 A가 B에 작용하는 힘은 우연적인 확률보다 크다는 것을 밝히는 데에 목적을 두지 않는다. A가 B에 어떻게 작용하는지 여러 변인들을 고려하여 이를 정확하게 설명할 수 있는 공식을 정립하려고 한다. 추리통계(inferential statistics)와 대비되는 것으로 '엄격한 과학'에서 흔히 활용하고 있는 통계적인 방법은 설명 변량비 평가(evaluating the proportion of variance accounted for), 모형 적합성 검증(model fitting analysis), 포인트 측정기법(point estimation technique) 등이 있다. 인간 행동에 관한 과학적 탐구가 진척되기 위해서는 이러한 분석방법들이 새롭게 적용될 필요가 있을 것이다.

최근 들어 상담학 연구에도 설명 변량비 평가, 모형 적합성 검증 등의 분석방법들이 활발하게 적용되고 있다. 추리통계에서 얻은 자료들을 통계적인 방법을 사용하여 변형시킴으로써 설명 변량비를 구하든가 모형의 적합성을 검증하는 것이다. 상담학 연구에서 인과성을 밝히려는 연구들은 대개 이러한 방법을 활용한다. 그러나 연구자들은 이렇게 세련된 통계 방법을 사용하면서도 여전히 만족하지 못한다. 이런 통계기법을 사용하여 설명해 낼 수 있는 인간 행동의 변량이 크게 잡아도 35%를 넘지 못하기 때문이다. Cohen(1977)은 효율적으로 인간 행동을 예측할 수 있는 상한선을 25~33%로 잡고 있다. 인간의 특정 행동과 관련이 있을 법한 모든 변인들을 투입하여 설명력을 증가시켜 보아도 그 행동의 30%도 설명하기 어렵다는 결론이다. 이 정도의 설명력으로는 어떤 행동을 통제한다든가 예측하는 힘이 미약할 수밖에 없다. 그렇다면 이러한 문제를 인간의 행동에 적용할 수 있는 통계적 방법의 한계라고 단정하고 포기하고 말 것인가?

이러한 상황에 처해서 Meehl(1967, 1986)은 진정한 문제는 통계 그 자체에 있는 것이 아니라 지금까지 인간 행동에 대해 심리학자들이 생산해 놓은 예측력이 취약한 이론에 기인한다고 지적하고 있다. 따라서 특정한 행동의 변화가 일어나는 지점을 정확하게 예측하는 이론이 필요하며 이를 위해 포인트 측정기법을 사용하자고 주장하고 있다. 포인트 측정기법이란 쉽게 말해서 어떤 지점을 중심으로 행동의 변화가 일어나는 양상을 추적하는 방법이다. 'X광선은 태양을 지나는 시점에서 각도 x만큼 휘어서 지나간다'는 형태로 진술할 수 있도록 분석하는 방법이다. 그러나 이런 방법을 사용하는 것은 Cohen(1977)의 지적대로 현재 심리학이 겪고 있는 딜레마를 오히려 더 강화시키는 결과에 이를 수 있다. 현재의 심리학이론과 실험적 방법론들은 인간 행동의 극히 작은 부분에 대한 예측밖에 할 수 없는 형편인데 여기에다가 포인트 측정기법을 적용하면 현재 이론들의 한계인 예측력의 빈곤을 적나라하게 드러내는 결과에 이를 수밖에 없다는 것이다.

그러나 이러한 어려움은 보는 관점을 달리하면 예상 외로 쉽게 해결할 수 있다. 먼저, 인간의 행동을 결정하는 요소들에 대해 보다 포괄적으로 파악할 필요가 있다. 인간의 행동을 결정하는 요소 중에는 환경적 · 외부적 요인들도 들어 있지만 앞의 '의지 모형'에서 주장하는 주체적 요인들도 포함되어 있다. 종전의 심리학 연구들과 이론들은 환경적 · 외부적 요인들에 의존해서 인간의 행동을 인과적으로 설명하려고 하였으나, 이러한 요인들을 총동원하더라도 주체적 요인에 귀속되는 부분은 여전히 설명되지 않는 부분으로 남게 된다. 만일 종전에 통계적으로 설명할 수 있는 인간 행동의 변량이 30%라면, 설명되지 않는 나머지 60~70%는 다른 변량, 즉 개인의 자기결정력, 자기통제력과 같은 주체적 요인에 의해 설명될 수 있는 부분이라는 판단을 할 수 있다. 어떻게 보면 인간의 행동을 오로지 환경적 · 외부적 요인으로 설명하려는 종전의 연구들에서 30% 정도의 변량을 설명해 낼 수 있었다는 것도 대단히 커다란 수확이라고 말할 수 있다. 따라서 개인의 주체적 의지 요소를 포함시켜 행동을 설명한다면 그만큼 행동을 통제하고 예측할 수 있는 확률도 커질 것이다.

이와 관련하여 예측의 성격에 대해서도 새로운 시각을 가질 필요가 있다. 인간의 행동으로 표현되는 변량 중 일정 부분을 개인의 주체적 의지가 결정한다고 가정한다면, 인간 행동을 예측하는 문제에 대해 두 가지 방면에서 생각해 볼 수 있다. 하나는 개인의 주체적 의지가 작용하는 부분을 예측 변량에 포함시키는 것이다. 즉, 어떤 행동을 수행하는 기제로서 주체적 의지가 50% 작용하고 있고, 여타 비주체적(환경적) 요인들이 30% 작용하고 있다면, 이 두 요인을 결합한 80%를 그 행동의 예측치로 삼는 것이다. 다른 하나는 행동으로 나타난 전체 변량 중 주체적 의지가 작용한 부분을 제외한 나머지 부분 중에서 비주체적 요인이 차지하는 변량의 비로 예측치를 삼는 것이다. 앞의 수치를 활용하면, 주체적 의지가 작용한 변량 50%를 제외한 나머지 50% 중에서 비주체적 요인이 작용한 변량 30%가 차지하는 비율, 즉 30/50=60(%)이 예측치로 결정되는 것이다. 물리학과 같은 엄격한 과학처럼 인간 행동에 대한 100% 완전한 통제와 예측을 목표로 하지 않는다면, 앞의 두 경우 모두 지금까지의 연구결과들에 비해 상당히 높은 수준의 행동 예측치를 제공하고 있다.

지금까지 개인의 주체적 요인을 포함시켜 인간의 행동을 설명하면 행동의 설명력이 획기적으로 높아질 수 있다는 밝은 전망을 제시하였다. 문제는 인간의 자기 의지력, 주체적 결정력 등의 존재와 기능에 대한 과학적 증거를 제시할 수 있느냐에 달려 있다. 포인트 측정기법은 바로 이러한 인간의 주체적 의지의 작용과 기능을 과학적으로 해명해 줄 수 있는 훌륭한 도구다.

다음 절에서는 Howard와 그의 동료들(1991)의 논문에 실린 구체적인 실례를 바탕으로 포인트 측정기법의 분석절차를 알아보도록 한다.

2) 포인트 측정기법의 분석절차

Howard와 그의 동료들(1991)의 포인트 측정기법을 이용하여 행위 주체의 자기결정력의 정도, 그리고 자기결정력에 영향을 주는 기제를 탐색하는 2개의 실험연구를 시도하였다. 먼저, 행위 주체의 자기결정력(의지)의 영향을 탐색한 연구 1을 살펴보도록 한다.

● 연구 1

a. 연구방법

연구 1에서는 피험자들이 섭취하는 음료(알코올과 우유)의 양에 대한 통제력을 알아보려고 하였다. 3명의 남자와 1명의 여자가 실험대상으로 선정되었는데 이들은 모두 21세 이상으로 스스로 알코올을 잘 통제할 수 있다고 보고하였고 연구에 참여하려는 의지도 높게 나타났다. 연구자는 각 피험자에게 자료용지를 나누어 주고 2주일 동안의 기저선(baseline) 설정 기간 동안 매일 소비한 알코올 잔의 수와 우유 잔의 수를 기록하라고 지시하였다. 기저선 기간이 끝난 직후에 24일간의 개입기에 돌입했는데, 이 단계에서는 무선적인 순서로 매일매일 달성해야 할 목표치(targets)를 제공하였다. 여기서 목표치란 피험자가 매일 마시려는 시도를 해야 할 것으로 정해진 알코올과 우유 잔의 수를 나타낸다. 목표치를 제시한 순서는 모든 피험자들에게 동일하였으며, 매일의 목표치 역시 동일한 잔 수의 알

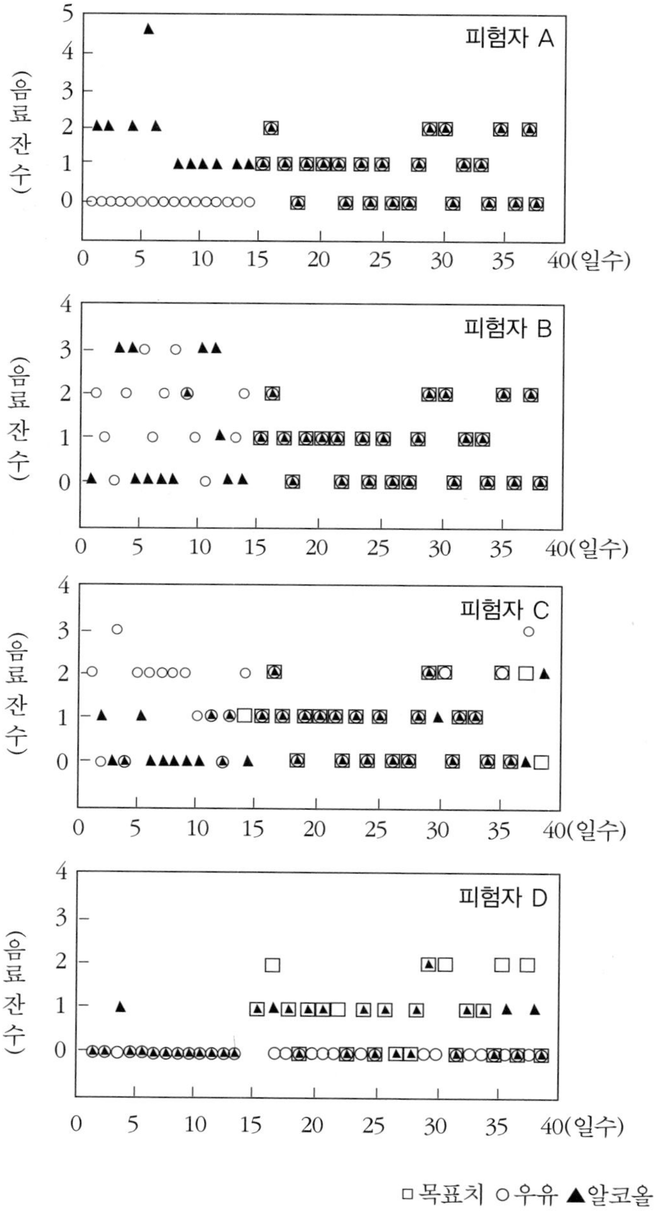

[그림 6-1] 개입기 동안 각 피험자에게 제시된 목표치와 실제로 마신 음료 잔의 수

코올과 우유였다. 개입 기간 동안의 목표치는 알코올과 우유 모두 하루에 0~2잔으로 정하였다. 개입 기간은 24일 동안 지속되었다. 피험자들은 서로 안면이 있는 사람들이었는데, 매일의 목표치에 대해 서로 상기시켜 줄 수는 있으나 그날 자기가 달성한 결과에 대해서는 의논하지 못하도록 금지하였다.

개입 기간 동안에 4명의 피험자가 소비한 알코올과 우유 잔의 수는 [그림 6-1]과 같다.

b. 결과 분석

피험자의 주체적 통제의 정도는 피험자의 실제 음료수 섭취 행동이 자기가 달성하려고 했던 목표치에 얼마나 가깝게 도달했는가라는 기준에 의해 판단할 수 있다. 목표치에 근접한 정도로 행위자가 주체적 통제력이 작용한 결과를 가늠할 수 있다는 것이다. Howard와 그의 동료들(1991)은 이 목표 도달 정도(또는 목표 적중도)를 수량화해서 계산할 수 있는 방법을 제시하고 있다.

피험자의 주체적 통제의 정도를 명확하게 파악하기 위해서는 '부정확 점수(inaccuracy score)'를 계산해 낼 필요가 있다. '부정확 점수'란 실제 음료를 섭취한 행동과 목표치와의 차이를 의미한다. 따라서 '부정확 점수'가 크면 목표치에서 그만큼 멀어졌다는 것을, 작으면 목표 적중률이 높다는 것을 뜻한다. 물론 '부정확 점수'가 기저선기와 개입기에 동일한 의미를 가질 수는 없다. 기저선기에서는 사실상 목표치 자체가 존재하지 않기 때문이다. 하지만 계산상의 편리를 위하여 기저선기에도 가설적 목표치들이 있는 것으로 간주한다. 단, 기저선기의 목표치는 개입 기간의 목표치들 중에서 무선적으로 선정한 값들을 배정한다. 연구 1의 경우 기저선기는 14일이고 개입기는 24일이므로, 개입기 24일간의 목표치 중에서 무선적으로 14일을 선정하여 그 목표치를 기저선기의 목표치로 삼는 것이다.

이러한 절차는 기저선기 동안의 가설적 목표치들의 평균값이 개입기 동안의 평균값과 유사하도록 하려는 의도에서 나온 것이다. 이러한 가설적 목표치의 선정 절차는 개입 단계가 완료된 후에 이루어지는 것이므로, 피험자들은 기저선 기간 동안에 가설적 목표값에 대해서는 전혀 모르는 셈이다.

구체적인 분석절차는 각 기(기저선기와 개입기)의 '평균 부정확 점수'를 구하는 것으로 시작한다. '평균 부정확 점수'는 각 기에 해당하는 모든 날들에 대하여 실제 마신 잔 수에서 목표치 값을 뺀 절대값의 평균으로 정의된다. 이를 공식으로 표현하면 다음과 같다.

$$MIS = \Sigma |ANOD - TNOD| / Days \cdots\cdots (1)$$

MIS = 평균 부정확 점수(Mean Inaccuracy Score)

ANOD = 실제로 마신 잔 수(Actual Number of Drinks)

TNOD = 목표로 삼은 잔 수(Target Number of Drinks)

Days = 각 기에 해당하는 날 수

공식 (1)을 바탕으로 해서 주체적 자기 통제에 귀속시킬 수 있는 변화량은 다음과 같은 방식으로 계산할 수 있다.

$$VASD(\%) = (BMIS - IMIS) / BMIS \times 100 \cdots\cdots (2)$$

VASD(%) = 주체적인 자기 통제 변화량(Variability of Agentic Self-determination)

BMIS = 기저선의 평균 부정확 점수(Mean Inaccuracy Score in Baseline)

IMIS = 개입기의 평균 부정확 점수(Mean Inaccuracy Score in Intervention)

공식 (2)에 나타나 있는 대로 행위자의 의지가 작용한 정도는 목표를 설정하지 않았던 기저선기와 목표를 설정했던 개입기에서의 부정확 점수의 차에 근거를 두고 계산할 수 있다. 목표를 설정했던 개입기에서 부정확 점수가 작다는 것은 행위자의 자기통제력이 효율적으로 기능했다는 것을 보여 주기는 하지만, 이런 효과가 기저선기에서도 나타나는지 비교해 봄으로써 그 실제적인 영향력을 검증해 보려는 것이다. 이 두 시기의 부정확 점수의 상대적인 차이는 바로 그만큼 자기통제력이 작용하여 행동을 변화시킨 정도를 반영해 주는 것으로 해석할 수 있기 때문이다. 단, 기저선 동안에 설정했던 가설적 목표치는 피험자의 음료 섭취 행동에 아무런 영향을 줄 수 없었으므로(이는 기저선 자료가 얻어진 후에 할당한 것에 불과하므로) 피험자가 실제로 마신 음료 잔의 수와 가설적 목표치 간의 차이에 의미를 두는 것은 잘못된 것임을 기억할 필요가 있다. 기저선기의 평균 부정확 점수를 나타내는 수치는 만일 그 피험자가 목표치와 관련하여 자신의 행동을 조정해 나가려는 의사가 하나도 없다고 가정할 때, 일련의 목표치들에 대하여 피험자의 음료 섭취 행동이 우연히 접근할 수 있는 정도를 양화한 것에 불과하다.

설사 어떤 피험자가 자신의 행동을 통제할 힘이 전혀 없다고 하더라도, 그가 목표치들을 적중시킬 수 있는 우연적 확률은 항상 존재한다. 또 극단적으로 반대의 경우 완전한 자기통제력을 가진 사람이 있어서 모든 목표치들을 명중시킬 수도 있다. 그렇다면 목표치를 어느 정도나 적중시켜야 자기통제력(결정력)이 기능한다는 판단을 할 수 있을까? 개입기에서 자기통제력의 증거로 채용하기 위하여 초과하여야 할 기본 목표 적중률은 기저선기의 평균 부정확 점수에서 얻을 수 있다. 최소한 기저선기의 평균 부정확 점수보다는 커야 한다는 말이다. 단, 행위자의 자기통제력을 나타내는 지수는 목표치에 명중 또는 실패만을 나타내는 단순한 것이 아니라 그 정도를 나타내는 연속적인 점수로 표현될 필요가 있다. 공식 (1)과 (2)는 연속적인 지수를 제공해 준다. 만일 어떤 피험자가 모든 개입기에서 목표치를 하나도 틀림없이 정확하게 적중시켰다면, 자기통제력에 귀속시킬 수 있는 변화율은 공식 (1)에서 100%로 나타날 것이다. 거꾸로, 만일 어떤 피험자가 개입기에서 목표들을 철저히 무시하는 행동을 하였다면, 기저선기의 평균 정확 점수와 개입기의 평균 정확 점수가 같아지므로 공식 (2)의 분자가 0이 됨으로써 자기통제력에 돌릴 수 있는 변화율이 전무한 것으로 나타난다. 이외의 경우에는 자기통제력의 작용 정도에 따라 일정한 지수를 얻을 수 있다.

연구 1에서 공식 (1)과 (2)에 의해 얻은 점수들을 표로 제시하면 〈표 6-1〉과 같다.

〈표 6-1〉을 보면 전반적으로 기저선기의 평균 부정확 점수는 상당히 높은 반면, 개입기의 평균 부정확 점수는 상당히 낮음을 알 수 있다. 4명의 피험자 전체를 놓고 보면, 기저선기의 평균 부정확 점수는 .97이고, 개입기의 평균 부정확 점수는 .13으로 나타나 있다. 이 점수를 바탕으로 목표에 도달하려는 의지의 개입으로 인하여 행동에 변화가 초래된 비율을 계산해 보면, VASD=(.97−.13)/.97=.87로 나타나서 평균적으로 87%에 달하

〈표 6-1〉 기저선기와 개입기에서의 평균 부정확 점수와 행동 변화율

피험자	소비한 음료	기저선기			개입기			VASD (%)
		M	SD	MIS	M	SD	MIS	
A	알코올	1.64	1.39	1.35	.83	.76	.00	100
	우 유	.00	.00	.85	.83	.76	.00	100
B	알코올	1.14	1.35	1.28	.83	.76	.00	100
	우 유	1.64	1.00	1.07	.83	.76	.00	100
C	알코올	.28	.46	.85	.70	.69	.12	86
	우 유	1.42	.93	.85	.87	.85	.04	95
D	알코올	.07	.26	.78	.12	.33	.71	8
	우 유	.00	.00	.70	.66	.56	.16	77

* 주) MIS=평균 부정확 점수. VASD=행동 변화율.

는 행동의 변화가 일어났음을 보여 주고 있다. 의지가 개입되기 전인 기저선에 비해서 음료를 섭취하는 행동의 평균적인 변화율이 87%나 증가했다는 것은 인간의 행동을 결정하는 요소의 하나로 주체적인 의지와 결정의 작용력이 상상보다 훨씬 더 크다는 것을 보여 준다. Cohen이 인간 행동의 예언 상한선을 25~33%로 잡은 것과 비교해 볼 때, 이는 엄청나게 큰 수치로서 인간 행동을 설명하고 예측하는 주요 변수의 하나로 '의지'의 영향력을 빼놓을 수 없다는 것을 강하게 입증하고 있다.

피험자 A, B, C, D의 행동 변화율을 비교해 보면 피험자 간에 차이가 있음을 발견할 수 있다. 특히 피험자 D의 알코올 섭취 행동의 변화율은 8%에 불과해서 여타 다른 사람들의 행동 변화와 현격한 차이가 있음을 보여 주고 있다. Howard와 그의 동료들의 설명에 의하면 이러한 결과는 실험 설계에 기인한 것으로 해석한다. 이들은 주체의 의지를 활성화하는 기제를 찾아내기 위하여 앞에서 설명하지 않은 몇 가지 사항을 첨가하였다. 앞에서 목표치들을 무선적으로 배분하였다고 하였는데, 사실 개입기 동안의 목표치들은 일정한 순서에 의해서 할당되었다. 0, 1, 2로 제시된 목표치의 순서는 모스(Morse) 부호에서 메시지를 보낼 때 사용하는 수치들이다. 예를 들어, 목표치 2잔은 하나의 -(dash)를, 목표치 1잔은 하나의 ·(dot)을, 목표치 0잔은 글자 사이의 공간을, 연속되는 2개의 목표치 00잔은 단어의 떨어짐을 나타낼 수 있다. 이런 식으로 개입기에 제공된 목표치들을 순서대로 정리해 보면 최종적으로 'FREE WILL'이라는 문구가 구성된다. 피험자 A와 B는 개입기가 시작되기 전 이러한 사실에 대해서 알고 있었고(즉, 목표치를 적중시키면 의미 있는 메시지가 정확하게 드러난다), C와 D는 모르고 있었다. 실험이 개인적으로 보다 유의미한 과제가 되었던 A와 B는 100%에 이르는 행동 변화율을 보인 반면, 개인적인 의미 부여를 할 기회가 박탈되었던 C와 D는 상대적으로 낮은 행동 변화율을 보이고 있다. 따라서 변화의 의지를 활성화시키는 기제의 하나로 의미 부여가 중요하다는 점을 생각해 볼 수 있을 것이다. 〈표 6-1〉에서 D는 C에 비해서도 자기통제력이 현격히 떨어지며, 특히 알코올에 대해서는 거의 자기통제력이 발휘되지 못하는 것으로 나타났다. D는 전형적으로 술에 약하다는 평을 들을 만한 사람이라고 할 수 있다.

● 연구 2

a. 연구방법

연구 2에서는 자기 통제의 의지를 활성화시키는 보다 구체적인 기제들을 탐색하고 있다. 앞의 연구에서 간접적으로 탐색한 바 있는 의미 부여와 참여의 영향력을 실험연구를 통해 검증해 보려는 것이다. 피험자가 부여하는 의미와 참여의 정도가 그들이 매일 마시는 음료의 양을 조절하는 행동에 유의미한 영향을 미치는가?

이 문제를 탐구하기 위하여 남자 29명, 여자 31명 등 총 60명을 연구대상으로 삼았다. 피험자들은 세 사람을 짝으로 한 3인조 집단에 무선적으로 할당되었다. 3인조 중의 한 사람은 참여/의미 조건에, 한 사람은 의미 조건에, 그리고 나머지 한 사람은 특별한 조건을 제시하지 않고 목표치를 달성하도록 노력하라는 지시만 주었다. 참여/의미 조건에 속한 피험자들에게는 자신이 좋아하는 단어를 선택하도록 하고, 이 단어를 모스 부호로 변환시킨 다음, 그 순서대로 피험자가 직접 자료지에 목표치를 적어 넣게 했다. 의미 조건에 속한 피험자들에게는 참여/의미 조건에 속한 피험자들이 선택한 목표치들을 제시하면서 목표치를 모스 부호로 표시하면 의미 있는 단어가 된다는 것을 알려 주었다. 목표치 선정에의 참여 여부가 두 집단을 구분하는 기준으로 사용된 것이다. 개입기는 피험자가 선택한 단어에 따라 14일(LOVE)에서 26일(SUCCESS)까지 다양하게 걸렸다. 피험자들이 목표로 삼은 통제 행동은 탄산수와 우유 마시는 행동으로 정하였다. 연구가 끝날 때까지 자신이 받은 지시에 대해 서로 이야기하지 못하도록 모든 피험자들을 주의시켰다. 여타 방법들은 앞의 연구 1과 동일하였다.

b. 결과 분석

전체적인 결과를 먼저 살펴보면, 모든 피험자들을 대상으로 계산한 평균 부정확 점수는 개입기 동안 현저히 낮게 나타났다. 공식 (2)를 이용하여 집단 전체의 주체적인 자기 통제 변화량을 계산한 결과, 탄산수의 경우 80%, 우유의 경우 79%에 이르는 변화가 있음이 밝혀졌다. 각 집단에 속한 피험자들의 평균 부정확 점수, 자기 통제 변화율은 〈표 6-2〉와 같다.

〈표 6-2〉에서 보면 기저선기에 비해 개입기의 평균 부정확 점수가 현저하게 낮다. 따라서 개입기에서의 자기 통제 변화량이 매우 크다는 것을 알 수 있다. 음료수의 경우 .65~.95, 우유의 경우 .58~.96에 이르는 높은 변화량은 행동을 통제하는 요인으로서 주체적 의지의 영향력이 엄청나다는 것을 다시 한 번 보여 주고 있다. 연구 2의 주요 목적인 실험집단 간 차이가 있는가를 밝히기 위하여 개입기에서의 평균 부정확 점수의 집단 간 차이 검증을 한 결과, 세 집단 간에 모두 통계적으로 유의미한 차이가 있는 것으로 나타났다(기저선기에서는 세 집단 간 차이가 발견되지 않았음).

참여/의미 조건에 할당된 피험자들은 의미 조건에 할당된 피험자들보다 통계적으로 유의미하게 높은($p<.001$) 평균 부정확 점수를 보여 주며, 의미 조건에 할당된 피험자들은 지시 조건에 할당된 피험자들보다 높은($p<.001$) 평균 부정확 점수를 보여 주었다. 이런 결과는 자신의 행동을 변화시키려는 의지는 자기가 그 행동에 직접 참여하고 또 개인적인 의미를 부여할 때 강력하게 작용한다는 사실을 반영하는 것이다. 목표를 설정하는 과정에 자기가 직접 참여하고 특별한 의미를 부여하면 그만큼 효율적인 행동 변화가 이루어질 수 있다는 발견이다. 인간의 행동을 변화시키는

〈표 6-2〉 기저선기와 개입기에서의 실험집단 간 평균 부정확 점수와 행동 변화율

피험자	소비한 음료	기저선기			개입기			VASD (%)
		M	SD	MIS	M	SD	MIS	
참여/의미	탄산수	2.01	1.11	1.58	.82	.11	.08	95
	우 유	1.84	1.97	1.71	.79	.09	.05	96
의미	탄산수	2.23	1.27	1.66	1.00	.18	.24	87
	우 유	1.45	.97	1.19	.73	.16	.19	81
지시 (통제)	탄산수	2.14	1.24	1.78	1.12	.45	.66	65
	우 유	1.91	1.02	1.62	1.12	.52	.66	58

* 주) MIS=평균 부정확 점수. VASD=행동 변화율.

데 의지 요인이 중요하다는 사실, 그리고 그런 의지를 활성화시키는 기제들을 찾아낼 수 있다는 점에서 이 연구는 중요한 정보를 제공하고 있다.

4. 맺음말

앞에서 소개한 Howard와 그의 동료들의 연구 1, 2는 인간의 주체적 의지에 대한 과학적 탐구가 충분히 가능하다는 것을 보여 주고 있다. 더불어 의지 요인을 탐구하는 방법론으로서 포인트 측정기법의 중요성을 부각시키고 있다. 포인트 측정기법은 기존의 추리통계와 분명히 구별된다. 이 방법은 행동의 변화가 일어나는 지점을 확인하고 그 지점에서 작용한 여러 요인들을 보다 구체적으로 검증할 수 있는 장점을 지니고 있다. 막연히 차이를 검증하는 데서 그치지 않고, 행동의 변화에 기여한 여러 요인들의 인과적 영향력을 밝혀낼 수가 있는 것이다. 특히 종전에 과학적으로 다루기를 포기해 왔던 영역, 즉 인간의 주체적 · 내면적 측면에 대한 과학적 탐구를 가능케 한 점은 연구방법론상 커다란 공헌을 할 것으로 기대된다. 상담

학에서는 인간의 행동을 변화시키는 요인으로서 개인의 주체적 의지와 결단을 대단히 중시한다. 의식적이든 무의식적이든 청담자의 내면 속에서 변화하겠다는 의지가 작용해야 상담 효과를 얻어 낼 수 있다. 사실상 거의 모든 상담이론과 기법들에서 다루는 핵심적인 주제가 바로 인간의 의지에 관한 것이다. 어떻게 보면 상담학은 변화와 관련된 개인의 의지를 전문적으로 다루는 학문이라고 말할 수도 있다. 그럼에도 불구하고 의지를 과학적(실증적)으로 분석하는 방법들이 별로 알려져 있지 않은 것은 이상한 일이다. 이런 점에서 포인트 측정기법은 상담학의 내용적 · 이론적 발전에도 커다란 역할을 할 수 있을 것이다.

인간 행동의 설명력이라는 차원에서 보아도, 기왕의 연구들이 탐색해 온 비주체적 요인들(환경적 · 외부적 요인들)과 포인트 측정기법을 바탕으로 얻는 주체적 요인들의 영향을 종합하면 커다란 효과를 얻을 수 있다. 소위 '엄격한 과학'처럼 인간 행동에 대해 100% 정확한 설명과 예측을 한다는 것은 불가능하겠지만, 의지 요인을 포함시키면 상당히 높은 수준의 설명력과 예측력을 확보할 수 있게 된다. 앞에 예를 든 연구들에서 개인의 행동 변화에 주체적 의지가 작용한 비율이 50~80%가 넘는 것으로 나타났는데, 이는 종전에 비주체적 요인들만으로 설명할 수 있는 비율이 30%를 넘기기 어려웠다는 점과 비교하면 상당히 큰 수치라는 것을 알 수 있다. 이 두 요인을 결합하면 그만큼 설명력은 더 커질 것이다. 이런 점에서 주체적 요인과 비주체적 요인들을 통합적으로 고려하는 연구물들이 계속 축적되어야 할 것이다.

마지막으로, 포인트 측정기법과 추리통계를 상호 배타적인 것으로 대립시킬 필요는 없다. 이 두 방법은 양자택일해야 할 성질의 것이 아니고, 상호 보완적으로 활용되어야 할 것이다. 앞의 연구 2는 이 두 방법이 함께 사용된 예를 보여 준다. 행동의 변화율을 따질 때는 포인트 측정기법을, 그리고 집단 간 점수의 차이를 분석할 때는 평균 차이 분석(t 검증)이라는 추리통계를 적용하고 있다. 탐구하는 문제의 성격에 따라 연구방법을 다르게 적용한 것이다. 연구자는 여러 분석기법들에 대해 정통해 있어야 하며, 그중에서 자신이 탐구하는 문제에 걸맞은 분석방법을 동원하는 능력이 있어야 한다. 또한 새로운 분석방법에 대해 개방되어 있어야 하고 이를 소화, 적용하려는 자세를 가져야 할 것이다.

참고문헌

Bandura, A. (1977). Self-efficacy: Toward a unifying theory of behavioral change. *Psychological Review, 84*, 191-215.

Cohen, J. (1977). *Statistical power analysis for the behavioral science*. San Diego, CA: Academic Press.

Deci, E. L. (1980). *The psychology of self-determination*. Lexington, MA: Heath.

Howard, G. S., & Conway, C. G. (1986). Can there be an empirical science of volitional action? *American Psychologist, 41*, 1241-1251.

Howard, G. S., Curtin, T. D., & Johnson, A. J. (1991). Point estimation techniques in psychological research: Studies on the role of meaning in self-determined action. *Journal of Counseling Psychology, 38*, 219-226.

Howard, G. S., & Myers, P. R. (1990). Predicting human behavior: Comparing idiographic, nomothetic and agentic methodologies. *Journal of Counseling Psychology, 37*, 227-233.

Howard, G. S., Youngs, W., & Siatczynski, A. M. (1989). A research strategy for studying telic human behavior. *New Ideas in Psychology, 10*, 393-412.

Janis, I. L. (1983). *Short-term counseling: Guidelines based on recent research*. New Haven, CT: Yale University Press.

Kluckhohn, C., Murray, H. A., & Schneider, D. M. (Eds.) (1953). *Personality in nature, society, & Culture*. N.Y.: Knopf.

Lazarick, D. L., Fishbein, S. S., Loiello, M. J., & Howard, G. S. (1988). Practical investigations of volition. *Journal of Counseling Psychology, 35*, 15-26.

Meehl, P. E. (1967). Theory-testing in psychology and physics: A methodological paradox. *Philosophy of Science, 34*, 103-115.

Meehl, P. E. (1986). What social scientists don' t understand. In D. W. Fiske, & R. A. Sweder (Eds.), *Metatheory in social science* (pp. 315-338). Chicago: University of Chicago Press.

Meehl, P. E. (1990). Why summaries of research on psychological theories are often uninterpretable. *Psychological Report Monograph, 66*, 195-244.

Meichenbaum, D., & Turk, D. (1988). *Facilitating treatment adherence: A practitioner' s Guidebook.* N.Y.: Plenum Press.

Mischel, W., & Grusec, J. (1967). Waiting for rewards and punishments: Effects of time and probability of choice. *Journal of Personality and Social Psychology, 5*, 24-31.

Rychlak, J. F. (1977). *The psychology of rigorous humanism.* N.Y.: Wiley-Interscience.

Rychlak, J. F. (1983). Can psychology be objective about free will? *New Ideas in Psychology, 1*, 213-229.

Schachter, S. (1982). Recidivism and self-cure of smoking and obesity. *American Psychologist, 37*, 436-444.

Wicklund, R. A., & Brehm, J. W. (1976). *Perspectives on cognitive dissonance.* Hillsdale, N.J.: Erlbaum.

Wortman, C. B., & Brehm, J. W. (1975). Responses to uncontrollable outcomes: An integration of reactance theory and the learned helplessness model. In L. Berkowitz (Ed.), *Advances in experimental social psychology* (Vol. 8, pp. 277-366). N.Y.: Academic Press.

Counseling Research Methodology

제 7 장

연계분석과 상담

1. 연계분석의 필요성

상담이 진행되는 동안 상담자와 청담자 사이에는 어떤 일이 일어나는가? 상담자와 청담자가 주고받는 상호작용 과정 속에서 어떤 요소가 상담효과에 영향을 끼치는가? 효과적인 변화가 초래된 상담의 경우 청담자-상담자 간의 언어 상호작용에서 특징 있는 패턴을 발견할 수 있는가? 이러한 질문들에 대한 해답은 상담의 진행과정을 정밀하게 들여다볼 때라야 가능해진다. 그러나 지금까지 대부분의 상담연구들에서 사용해 온 전통적인 방법, 즉 빈도분석이나 결과분석(outcome research)은 '상담과정(process)'에 대한 정보를 별로 제공하지 못하고 있다. 연계분석은 이러한 문제를 해결하기 위하여 개발된 분석도구다. 이 방법은 적어도 우리에게 ① 연구대상의 행동에 대한 세분화된 미분자적인 정보, ② 분석 단위들 간의 연계적인 관계에 대한 미시적 · 거시적 정보, ③ 상담이 지향해 가는 결과 지점 또는 목표와의 연관성(Russell & Trull, 1986) 등과 같은 과정에 대한 정보를 제공한다. 아울러 상담과정 속에서 일어나는 청담자와 상담자의 상호 영향 관계에 대한 정보를 제공하기도 한다.

연계분석의 절차는 연계분석을 위한 자료화과정과 분석과정으로 나누어진다. 자료화과정은 다시 녹음 또는 녹화, 코딩체계, 녹음자료의 축어, 코딩 단위 나누기, 코딩으로 구분된다. 연계분석과 관련하여 국내에 소개된 논문의 하나인 김계현(1991)의 글에서는 연계분석의 기본 개념, 연구절차 등이 비교적 상세하게 다루어지고 있다. 그러나 연계분석의 여러 가지 모형과 그에 따른 분석기법들에 대한 정보가 다소 소홀하게 다루어진 감이 있다. 이 글은 이를 보완함과 아울러 상담연구자의 분석 목적에 따라 적합한 모형을 선택하고 그에 따른 통계분석을 할 수 있도록 분석기법을 소개하려고 한다. 연계분석을 소개하기 위하여 주로 참고한 논문은

Lichtenberg와 Heck(1986)의 「과정연구에서 연계화 유형의 분석」, Wampold와 Margolin(1982)의 「연계적 자료에서 행동 상태의 의존성을 검증하기 위한 비모수적 전략」, Wampold(1984)의 「연계 유목 자료에서 지배성의 검증」 등과 여타 연계분석과 관련된 자료들이다. 특히 구체적인 분석의 예들은 앞의 세 가지 논문의 것을 거의 그대로 사용하였다. 아울러 적절한 번역어를 발견하지 못한 경우 이들 논문에서 소개된 원어를 그대로 사용하였음을 밝혀 둔다.

이후에 소개될 연계분석의 모형들은 개념적으로 보아 상호작용의 연계 속에 들어 있는 사상들(행동들 또는 분석 단위들) 간의 조건적 · 연계적인 의존도에 바탕을 두고 있다. 만일 어떤 사람이 ABAABABBAB로 구성된 상호작용 연계를 관찰한다면, 이 연계 내에서 A가 일어날 무조건적인 확률 P(A)=5/10=.50이고 B가 일어날 무조건적인 확률 P(B)=5/10=.50이다. 그러나 B 직전에 A가 주어졌다는 전제하에서 B가 일어날 조건적 확률 P(B/A)=4/5=.80이다. 즉, 위의 연계에서 A는 다섯 번 발생했지만, A가 있은 직후 B가 발생한 수는 네 번이었으므로 그 발생 확률은 무조건적 확률과 다르게 나타난다. 그러므로 만일 우리가 사람들의 상호작용 과정에서 어떤 행동이 직전에 선행했는가(A)를 알 수 있으면 그 직후에 일어날 행동의 발생(B)에 대한 불확실성을 그만큼 감소시킬 수 있을 것이다. 연계분석이란 두 사람 사이에서 일어나는 이러한 상호작용의 유형(특히 반복성)을 드러내 준다는 점에서 가치가 있다. 이후 소개될 각각의 모형마다 보는 입장에 다소 차이가 있기는 하지만 방금 제시한 연계 의존성이 기본 개념이자 분석의 토대가 되는 것임을 강조해 둔다.

2. Markov 연쇄 모형

1) 모 형

Markov 연쇄 모형은, 상호작용 과정에서 현재 상태(또는 행동, 사상, 반응 등으로 불리기도 하는데, 본고에서는 이 용어들을 같은 의미로 사용한다)는 인접한 직전의 상태와 결연되어 있고, 이전 상태들과 현 상태 간의 결연성은 상당한 시간 동안 안정적이다라는 두 가지 내용을 기본 전제로 삼고 있다. 예를 들어, 상담과정 중 상담자(T)가 질문을 하면 대개 청담자(C)는 그 질문에 답을 하라는 압력을 느낀다. 역으로 질문에 대한 청담자의 반응은 상담자로 하여금 그 반응에 모종의 반응을 하도록 한다. 이러한 상호 반응 유형은 상호작용이 최소한 1차순 과정(first-order process)의 형태를 이루고 있음을, 즉 특정한 반응 또는 반응 유목(시간 t에서의 결과)의 발생이 그 이전(시간 t−1에서의 선행사건)의 반응 유목에 결부되어 나타나는 과정임을 보여 주는 것이다. 이 관계를 간단히 도시하면 다음과 같다.

선행사건		결과
T_{t-1}	------------------→	C_t
C_{t-1}	------------------→	T_t

상담에서의 반응의 연계가 1개 이상의 사슬로 연결되어 있는 경우도 있다. 예컨대, 시점 t에서의 청담자의 반응이 직전에 있었던(t−1) 상담자의 반응뿐 아니라, 시점 t−2에 있었던 청담자 자신의 이전 반응에서 유래한 것일 수도 있다. 이런 경우를 2단계 또는 2차순 의존성이라고 할 수 있다. 즉, 어떤 지점에서 청담자의 반응은 상담자의 직전 반응과 자신의 직전 선

행 반응에 의해 영향을 받는 것이다. 이를 자신/타인 연결 모형이라고도 하는데 이를 도시하면 다음과 같다.

선행사건 결과

$(C_{t-2}\ T_{t-1})$ ------------------→ C_t

만일 상호작용 과정의 연계에서 청담자의 반응이 선행되는 3개의 반응들과 결연되어 있는 것이라면, 이 과정은 3단계 또는 3차순 의존성에 근거한다고 볼 수 있다. 즉, 청담자의 반응은 세 가지 선행하는 사건, 즉 상담자의 이전 반응에 대한 청담자의 후행 반응을 기초로 다시 형성된 상담자의 반응에 뒤따르는 반응을 의미한다. 이를 약해서 3차순, 타인/자신/타인 결연 모형이라고 한다. 이를 도시하면 다음과 같다.

선행사건 결과

$(T_{t-3}\ C_{t-2}\ T_{t-1})$ ------------------→ C_t

앞에서 전개한 논리를 계속 이어 가면 4차순, 5차순 등의 모형을 상상해 볼 수 있다. 그러나 지금까지의 연구물들은 3차순 이후의 모형들에 대해 거의 보고하지 않고 있다.

청담자의 반응이 상담자의 행동과 연계되지 않고 자기 자신의 반응들 내에서 일정한 유형으로 결연될 가능성도 있다. 물론 이러한 자기 결연 유형을 대인적인 관계에서의 상호작용이라고 보기는 어렵지만 이 역시 상담과정 속에서 발견할 수 있는 하나의 유형이므로 분석 모형 속에 포함시킬 수 있다. 앞에서 든 여타 모형들과 마찬가지로 이 유형도 1차순, 2차순 등으로 구분할 수 있다.

응의 발생을 촉진하는 것으로 해석된다. 결국 B를 준거로 하여 확인해 본 결과, 앞에서 발견한 연계 유형 A–B–A–B는 신뢰할 만한 것이라는 결론을 내릴 수 있다.

lag–2 이후에는 lag 확률 중 어느 것도 B가 여타 다른 반응을 저지 또는 촉진한다는 증거를 제시하지 못하고 있다. 그러나 B–A–B–A 등으로 이어지는 연계 형식은 뚜렷하게 나타난다. A와 마찬가지로 B도 C의 발생에 의미 있는 영향을 미치지 못하는 것으로 보인다.

하향 반응(C)은 지금까지 찾아낸 유형 속에 포함된 바가 없으므로 이 반응이 여타 다른 반응들에 미치는 lag 효과를 상세하게 논할 필요는 없다. 다만 C를 준거로 삼고 lag–5까지 검토할 때 형식상 발견할 수 있는 연계 유형은 C–B–B–A–(A/B)–A가 될 것이다. 그러나 이 연계의 의존성 중 어느 것도 통계적으로 신뢰할 만한 것은 없으며 따라서 이 유형은 무시할 수 있다.

[그림 7–2], [그림 7–3], [그림 7–4]는 상향, 중립, 하향 행동을 준거로 했을 때 lag–1에서 lag–5까지 각 행동들의 조건적 발생 확률을 그래프로 나타낸 것이다. 그림에서 점선으로 표시된 수평선은 반응의 무조건적 발생 확률(기대 확률)을 나타내며, 기대치로부터 유의미하게 일탈된 행동은 별표(★)로 표시되어 있다.

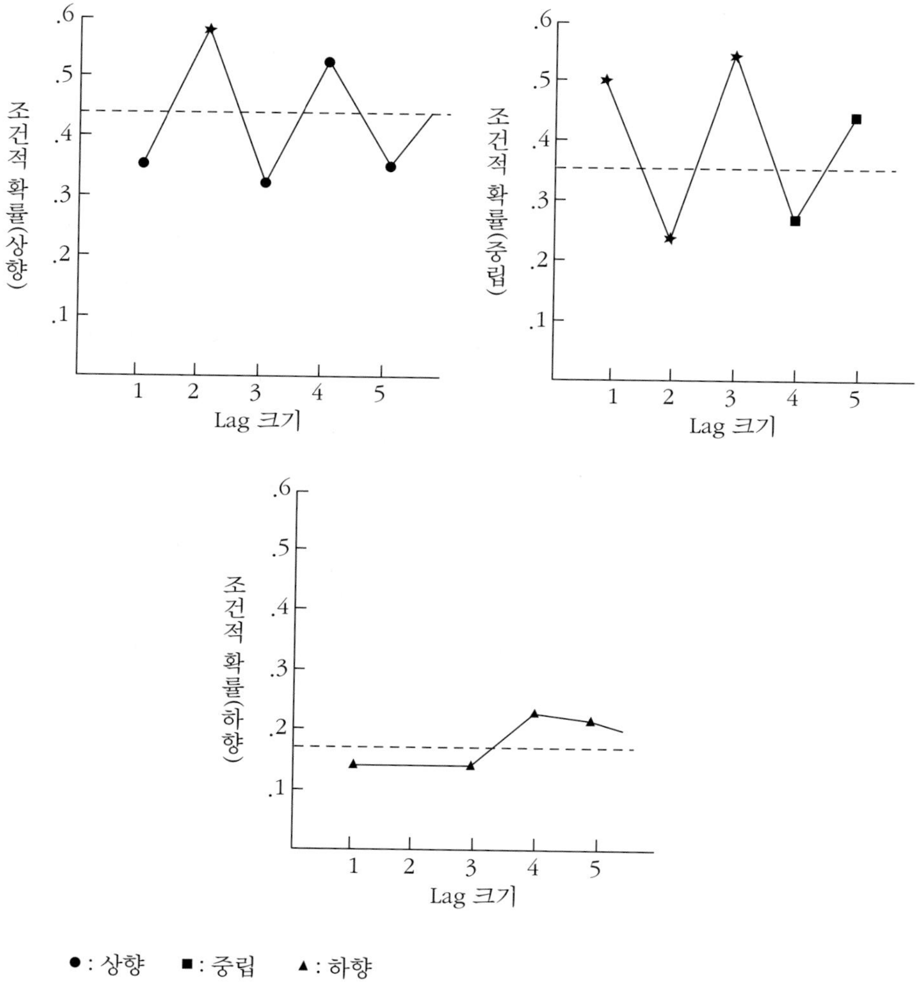

[그림 7-2] 상향 반응을 준거로 했을 때(상향, 중립, 하향 반응의 lag 프로파일)

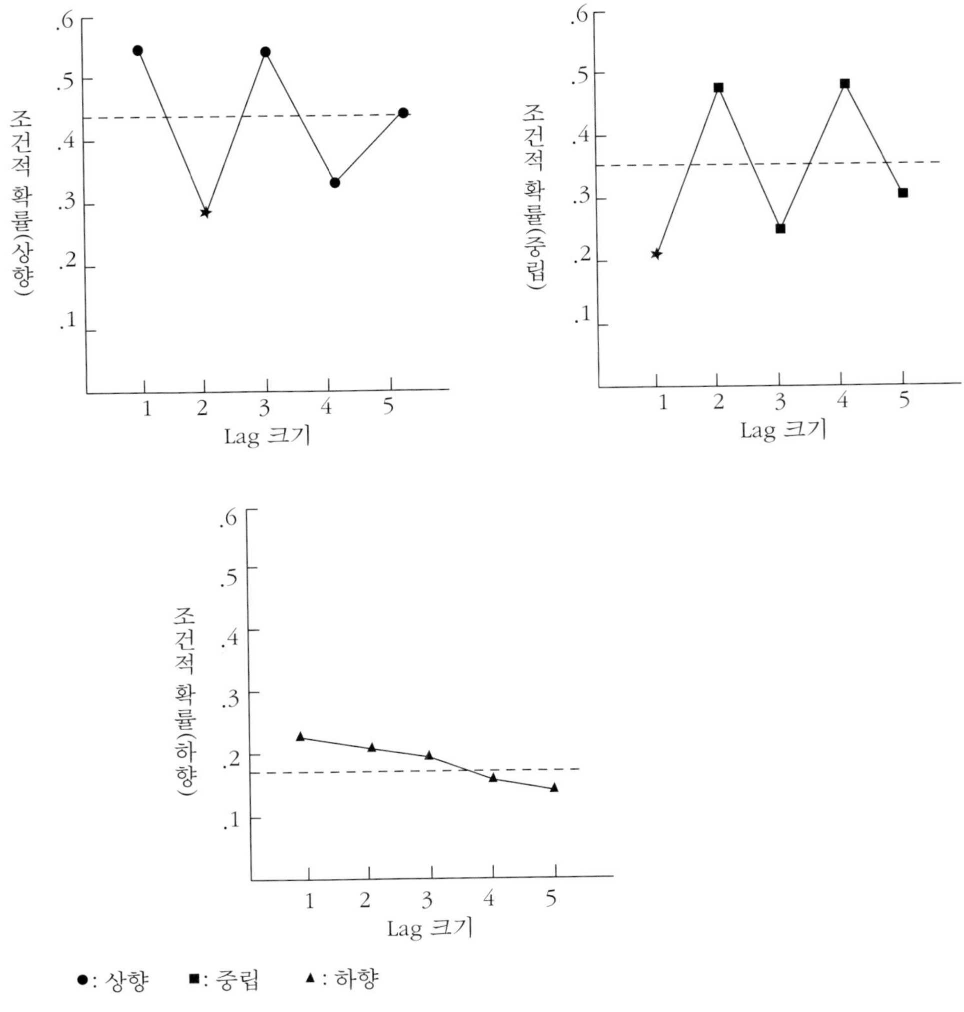

[그림 7-3] 중립 반응을 준거로 했을 때(상향, 중립, 하향 반응의 lag 프로파일)

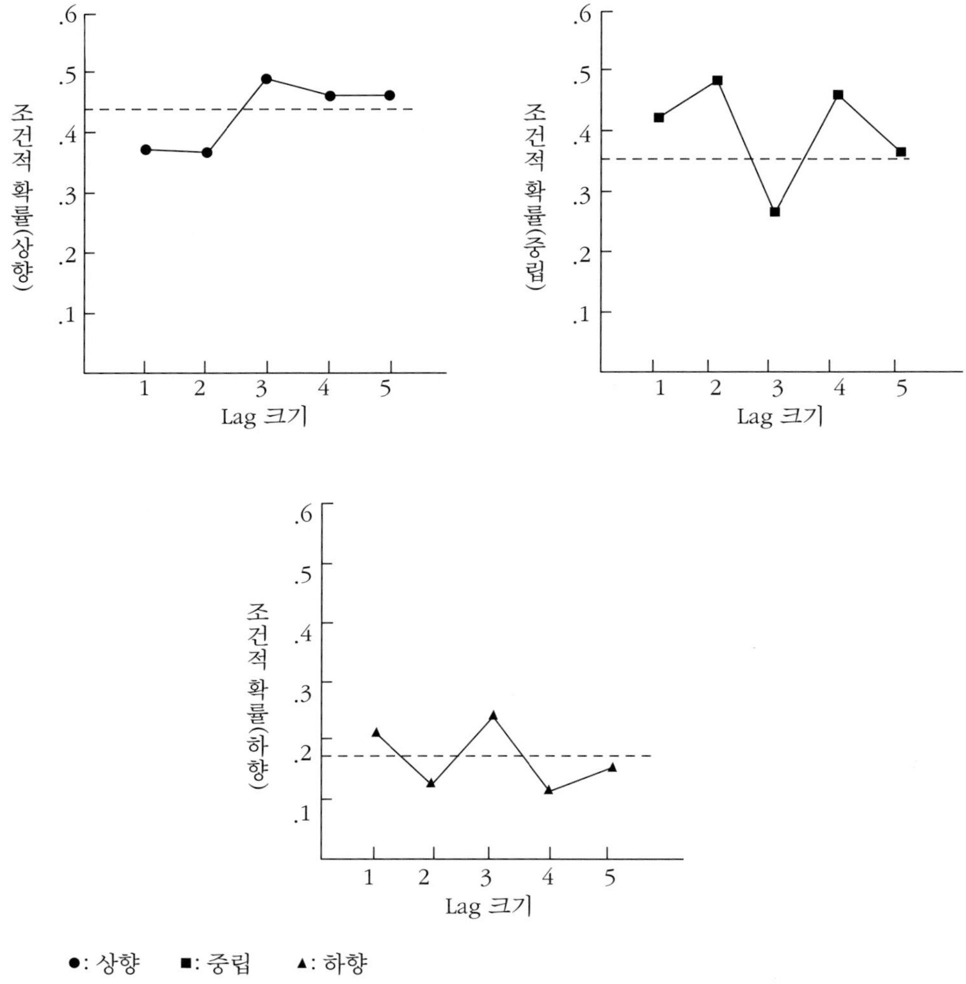

[그림 7-4] 하향 반응을 준거로 했을 때(상향, 중립, 하향 반응의 lag 프로파일)

4. 정보 모형

1) 모 형

정보 모형은 수학적인 의사소통이론에 바탕을 두고 있다. 이 이론이 상담에 적용된 것은 상담자와 청담자 사이에서 산출되는 상호작용의 연계가 0%에서 100%에 이르는 '반복성(redundancy)'의 정도로 표현될 수 있다는 가정에서 출발한다. 반복성이란 연계에 들어 있는 반응들의 예측 가능성의 정도를 의미하는데 이 예측 가능성은 연계에 들어 있는 반응들의 유형화된 반복의 정도를 바탕으로 구할 수 있다. 보다 구체적으로 말해서, 연계에 들어 있는 반응들이 발생할 확률이 동등하다면—즉, 무선적이라면—그 연계 내에는 아무런 유형화된 특징이 없으므로 예측이 불가능하다는 뜻이며, 역으로 100%의 반복성이 존재한다면 완벽한 예측이 가능하고 따라서 연계 속에 이어지는 반응들에 대해 완전한 확실성을 가지고 예측할 수 있게 된다는 말이다. 결국 상담자-청담자의 상호작용 속에 존재하는 모종의 유형이 상호작용 연계 내에 있는 반복성의 성격과 정도에 따라 결정된다는 뜻이다.

상호작용이 완전히 반복적이지 않는 한, 반복성의 가장 단순한 형식은 상담자와 청담자의 반응들이 안정된 확률에 의거해 있을 때다(즉, a가 35% 발생하고 b가 65% 발생한다는 식). 이렇게 반응들의 무조건적(무선적)인 확률로 특징지을 수 있는 반복성을 1차순 반복성(1st-order redundancy)이라고 한다. 이것은 이전에 발생했던 반응들의 효과를 고려하지 않은 채 여러 가지 반응들의 단순 발생 가능성에 의해 산출되는 반응들의 반복성을 의미한다. 예를 들어, 상담과정에서 청담자의 반응에 상관없이 개방형 질문을 자주 사용하는 상담자의 경우에 그 상담자의 반응 유형은 예측이 가능하며(적어도 어떤 유형의 반응이 우연적인 확률보다 높게 나온다는 정도 이상의 예측) 따라서 단순히 상담자의 무조건적인 반응에만 근거해서 볼 때 그의 반응들은 어느 정도의 반복성을 띠고 있다고 말할 수 있다.

직전에 선행한 반응에 대한 지식을 바탕으로 하여 후속 반응의 예측을 극대화할 수 있는 연계 유형은 2차순 반복성(또는 1차순 의존성)을 지니고 있다고 한다. 이러한 관계는 3차순 반복성, 4차순 반복성 등에서도 마찬가지로 적용된다. 즉, 어느 반응의 예측이 선행하는 n−1개 반응들의 지식에 의존해 있을 때, 그 연계는 n차순 반복성을 지닌다고 말할 수 있다. 결국 정보 모형은 선행하는 연속적인 반응들의 수를 고려할 때 제공하는 정보의 증가를 근간으로 하여 연계 유형을 결정하는 접근방식이다.

2) 분석방법

상호작용 과정에서 드러나는 반복성을 탐구하기 위해서는 Shannon과 Weaver(1949)의 정보 측정치에 대해 이해할 필요가 있다. 이들의 통계이론에서 '정보'는 행동(반응)의 발생 확률의 불확실성을 감소시켜 주는 것으로 정의된다. 이들은 P_i의 확률을 가진 하나의 반응에 연관된 정보의 양은 $H=\log_2(1/P_i)$이라는 공식으로 측정할 수 있다고 제안하였다. 정보의 양을 지칭하는 H는 '놀람 값'이라고 표현되기도 하는데 이는 어떤 반응이 예측하지 못했던 것일수록 실제로 그 반응이 일어날 때 놀람이 그만큼 커진다는 뜻이다. 만일 상담이 진행되는 어느 지점에서 상담자–청담자 상호작용이 m개의 상호 배타적이며 포괄적인 반응 상태의 하나로 간주될 수 있고 각각의 상태가 P_i의 확률을 가진 경우, 한 반응의 평균적인 불확실성(즉, 그 반응이 발생함으로써 제공되는 정보의 평균량)은 $H_1=\Sigma P_i \log_2(1/ P_i)$로 표시된다. 여기서 H_1은 그 발생 확률에 의해 가중치를 준 m개의 반응 대안 수들의 모든 정보값을 더한 것이다. 따라서 계산된 H_1값은 연계 내

반응들이 무선적으로 발생하는 무선성의 정도를 알려 주는데 이를 역으로 볼 때 여러 가지 반응들의 전반적인 조직 또는 유형화의 정도를 나타내 주는 것이라고 할 수도 있다. 위 공식에 의한 측정치는 발생 가능한 m개의 반응들이 동등한 확률을 가질 때 $\log_2{}^m$이라는 최대값을 갖고(즉, 그 반응이 일어나기 전에 불확실성이 최대라면, 최대의 정보는 그 반응이 발생함으로써 제공된다), m개의 반응들 중의 하나가 1의 확률을 가질 때 최소값인 0이 된다(즉, 그 반응이 일어나기 전에 전혀 불확실성이 없다면, 그 반응의 발생으로 인해 제공되는 정보는 하나도 없다).

연계적 반응들 간의 상호작용 유형을 분석하기 위하여 정보 모형을 적용하려면 '조건적 불확실성'의 개념에 대해 이해할 필요가 있다. 먼저, 후속되는 반응들이 독립적(또는 의존적)인가를 결정하기 위하여 H_1(한 반응에 의해 제공되는 정보의 평균량)과, 짝을 이룬 반응(또는 2연계 반응)들에 의해 제공되는 정보의 평균량을 비교해야 한다. 2연계 반응의 H값은 다음의 방식으로 구한다.

$$H(2\text{연계}) = \Sigma P_{ij}\log_2(1/P_{ij})$$

다음, H(2연계)와 H_1의 차이는 선행 반응이 주어졌을 때 다음 반응에 대한 조건적 불확실성을 의미하는데 이를 H_2로 표시할 수 있다.

$$H_2 = H(2\text{연계}) - H_1$$

반응들 간의 상위 차순 독립성(또는 의존성)을 구하려면 이와 유사한 과정을 계속해 나가면 된다. 예를 들어, 3차순 반복성의 계산은 다음과 같이 하면 된다.

$H(3\text{연계}) = \Sigma P_{ijk} \log_2(1/P_{ijk})$

$H_3 = H(3\text{연계}) - H(2\text{연계})$

H_3는 선행하는 2개의 반응들이 주어졌을 때 후속 반응에 대한 조건적 불확실성을 나타낸다. 이상의 과정을 일반 공식으로 표현하면, n번째 반응의 선행 연계에 대한 H값은

$H(n\text{연계}) = \Sigma P_n \log_2(1/P_n)$

n크기의 연계에 대한 조건적 불확실성은

$H_n = H(n) - H(n-1)$이 된다.

인접한 두 연계 사이의 조건적 불확실성의 차이(T)는 주어진 반응에 대한 예측을 선행하는 n개의 반응 연계에 둠으로써 얼마나 많은 정보가 획득되었는지(즉, 얼마나 불확실성이 감소되었는지)에 대한 측정치를 제공한다. 조건적 불확실성에 있어서의 이러한 연계 간 차이의 통계적 유의도는 이에 적합한 x^2을 사용해 구할 수 있다.

또 하나의 방법은 불확실성의 감소(정보의 증가)를 시각적으로 표현하는 것으로서 반복성의 차순에 대응하여 연계의 조건적 불확실성을 그래프로 나타내는 것이다. 뒤의 예에서도 다루겠지만 연계의 길이에 따른 조건적 불확실성이 처음에 급격하게 감소하다가 상대적으로 느리게 감소하기 시작하는 지점이 반응들 간의 의존성의 차순을 결정할 수 있는 단서를 제공한다. 특히 부가적인 선행 반응들의 첨가가 예측 정보를 더 이상 증가시켜 주지 않는 지점이 바로 반복성의 차순을 결정하는 기준점이다.

3) 분석의 실제

[그림 7-5]는 연계 길이에 따른 조건적 불확실성의 변화를 그래프로 나타내고 있다. 이 그래프에 나타난 곡선은 조건적 불확실성이 점진적으로 감소하는 분명한 꺾임 지점을 보여 주지 못하고 있다. 결과적으로 이 경우에는 그래프가 반응들 간의 의존성 또는 반복성의 차순에 관한 정보를 별로 제공해 주지 못하고 있다고 하겠다.

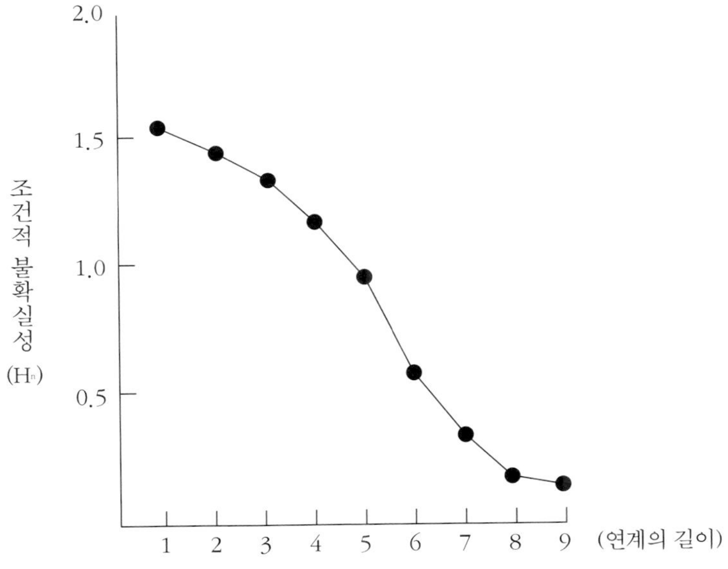

[그림 7-5] 반응 연계의 길이에 따른 반응의 조건적 불확실성

〈표 7-5〉는 6개까지의 연계에 대한 조건적 불확실성의 그 연계적 반응들에 대응하는 T값(공유된 정보)을 보여 주고 있다. 더불어 각 연계에 해당하는 x^2값과 유의수준 역시 제시되어 있다. 분석의 결과, 1개 또는 2개 길이의 연쇄적인 반응들만이 통계적으로 유의미한 것으로 나타났는데 이는

〈표 7-5〉 반응 연계의 길이에 따른 조건적 불확실성(H_n), 공유 정보(T_n) 및 x^2

n	H_n	$T_n(H_n-H_{n+1})$	x^2	df
1	1.505	.054	11.46	4 *
2	1.451	.113	24.05	12 *
3	1.338	.200	46.16	36
4	1.137	.280	58.70	108
5	.857	.348	72.30	324
6	.509	.309	63.72	972

* $p < .05$

현재의 상담과정에서 반응들의 연계 속에 2차순 반복성이 있음을 증거하는 것이다. 이것은 상담자와 청담자가 주로 직전에 선행한 반응들에 기초하여 반응을 하고 있으며 이들의 반응들이 여타 다른 선행 반응들에 의해서는 별 영향을 받지 않고 있음을 밝혀 주는 것이다.

5. 비모수적 모형

Wampold와 Margolin(1982)은 연계적인 자료 속에 들어 있는 행동의 독립성(또는 의존성)을 검증하기 위한 비모수적인 전략들을 소개하고 있다. 이 모형에 따른 연계분석은 대개 자료의 코딩 작업(coding), 이행행렬표의 작성, 연구 유형에 따른 연계분석 등의 순으로 이어진다. 연계분석 자료의 코딩 작업에 관한 사항은 김계현(1991)의 논문에서 비교적 상세히 다루고 있으므로 여기서는 이행행렬표를 작성하는 법과 연구 유형에 따른 각종 분석기법 및 통계적인 절차에 관해 검토하도록 한다. 본 절에서 소개되는 각 기법에 의한 분석결과는 SAP(Wampold & Roll, 1986)라는 전산 프로그램을 이용하면 쉽게 구할 수 있으나 각 분석방법의 의미와 통계적인 검증과정을 구체적으로 이해하기 위하여 그 과정을 상세히 다루는 것이 필요할 것이다.

1) 이행행렬표

연계분석을 위한 통계자료를 이해하기 위해서는 기초적인 표시법에 대해 알아야 한다. 일반적으로 N은 연계 행동 속에 들어 있는 행동 b_1, b_2, b_3 …… b_n 등의 행동 수를 지칭하며, 이 N개의 행동들은 K개의 구별된 상태(행동 또는 반응)들로 다시 분류된다(K<N). 여기서 하나의 상태는 특정한 하나의 행동(예컨대, 남편이 아내를 비난한다) 또는 일련의 행동들(예컨대, 남편이 아내에게 부정적으로 반응한다)을 나타낸다. 상태 i에 소속된 것으로 분류된 연계 내의 행동들의 수는 n_i라고 표시한다. 연계자료의 분석에 반드시 필요한 것은 아니지만 대개 행동의 연계를 K×K 이행행렬로 표시하는

〈표 7-6〉 이행 빈도 행렬

	후속상태			
선행상태	i……	j……	k	열의 합계
1 . . .	T_{11}	T_{1j}	T_{1k}	m_1
i . . .	T_{i1}	T_{ij}	T_{ik}	m_i
k . . .	T_{k1}	T_{kj}	T_{kk}	m_k
총계				N−1

* 연계의 마지막 행동이 상태 i가 아니면 m_i=n_i이고 상태 i이면 m_i=n_i-1임

것이 보편적이다. 〈표 7-6〉에서 볼 수 있는 것처럼 열 i와 행 j에 속하는 항, Tij는 상태 i로부터 상태 j로 연결되는 이행 수를 나타낸다. 연계의 마지막 행동은 그 후속 행동이 없으므로 이행 빈도 행렬의 전체 수는 연계 내의 행동들보다 하나 작으며 마지막 행동의 상태에 대한 열의 총계는 그 상태의 행동들 수보다 하나 작다.

2) 분석의 유형

연계분석의 유형은 몇 가지로 세분할 수 있다. 일방향적 독립성 분석(unidirectional independence), 양방향적 독립성 분석(bidirectional independence), 비평행관계의 일방향적 독립성 분석(simultaneous unidirectional independence), 동시다발적 독립성 분석(simultaneous independence) 및 지배성 분석(dominance test) 등이 그것이다. 본 절에서는 각 분석방법의 의미와 통계적인 의의도를 산출하는 방법을 Z통계로 제시하고 더불어 연계의 길이가 주는 영향에 상관없이 표준화된 독립성을 추정할 수 있는 kappa 계수를 소개하도록 한다.

(1) 일방향적 독립성 분석

일방향적 독립성 분석은 선행한 상태와 직후에 연결된 이후 상태의 연계관계를 검증하는 방법이다. 만일 상태 i 후에 뒤따르는 상태 j가 우연적 확률 이상이 아니면, i에서 j로 흐르는 일방향적 독립성이 있다고 말할 수 있다. 즉, 상태 j는 상태 i와 유의미한 사슬관계(의존관계)를 가지고 있지 못하다는 것이다. 예를 들어, 선행하는 남편의 비난하는 행동이 아내의 바가지 긁는 행동을 우연적인 빈도 이상으로 자주 야기시키면 두 상태 간에는 일방향적 독립성이 없는, 즉 의존적인 연계가 존재하는 것이며, 역으로 우연적인 빈도에 불과한 정도로 발생하면 두 상태 간에 일방향적 독립성이 있는, 즉 무의존적인 관계에 있는 것이다.

일방향적 독립성을 검증하는 통계적인 방법으로 이항 분포(binomial distribution)를 이용하는 것과 초기하학적 분포(hyper-geometric distribution)를 이용하는 방법이 있다. 초기하학적 분포에 바탕을 둔 검증방식은 다시 runs theory(Bradley, 1968)와 2차 곡면 할당(quadratic assignment paradigm: QA, Hubert & Schultz, 1976)에 의한 방식으로 구분할 수 있는데 runs theory는 QA의 특별한 경우라고 간주되므로 여기서는 QA 모형에 기초한 분석법만을 소개하기로 한다. 이후에 제시되는 여타 독립성 분석은 모두 QA 모형에 근거한 것임도 미리 밝혀 둔다.

① 이항 분포를 이용하는 경우

먼저, 다음의 공식 (3)을 이용하여 Z값을 구하고 이 Z값의 통계적인 유의도를 따진다. Z값이 큰 경우($Z \geq 1.96$, $P < .05$) 행동 i와 행동 j는 유의미한 연계를 이루는 것으로 판단되며, 우연적 확률에 불과할 때(Z값이 1.96보다 작을 때) 두 행동은 독립적인 것으로 해석된다.

$$Z_B = \frac{\text{관찰치}-\text{기대치}}{\text{변량}} = \frac{T_{ij}-n_i p_i}{n_i(p_i)(1-p_j)} \cdots\cdots (3)$$

여기서 P_j는 연계 내에서 상태 j가 우연히 발생할 무조건적 확률로서 Gottman(1979)은 이를 n_j/N으로 구할 수 있다고 하였으나, Allison과 Liker(1982)는 이 공식이 n_j/N의 표집 오차를 고려하지 못하였다고 비판하고 있다.

② 초기학적 분포를 이용하는 경우

①번의 경우와 동일한 과정과 해석을 거치며 단, Z_{QA}값을 구하는 방식은 공식 (4)와 같다.

$$Z_{QA} = \frac{\text{관찰치}-\text{기대치}}{\text{변량}} = \frac{T_{ij}-E(T_{ij})}{Var(T_{ij})} \quad \cdots\cdots (4)$$

여기서 $E(T_{ij}) = \frac{n_i n_j}{N}$

$$Var(T_{ij}) = \frac{n_i n_j (N-n_j)(N-n_i)}{N^2(N-1)}$$

$$= n_i(n_j/N)(1-n_j/N)[1-(n_i-1)/N-1]$$

(2) 양방향적 독립성 분석

양방향적 독립성 분석은 인접한 두 상태의 상호의존성을 검증하는 것이다. 즉, 인접한 2개의 상태를 상태 i와 상태 j라고 했을 때 상태 i가 상태 j에 의존하는 정도와 상태 j가 상태 i에 의존하는 정도를 동시에 검증하는 방법이다. 예를 들어, 선행하는 남편의 비난 행동이 아내의 바가지 긁는 행동을 촉발하는 영향과 아내의 바가지 긁는 행동이 남편의 비난 행동을 촉발하는 두 가지 방향의 영향을 동시에 확인할 수 있는 방법을 말한다. 물론 상태 i가 상태 j에 미치는 효과 또는 상태 j가 상태 i에 미치는 효과를 2개의 분리된 일방향적 독립성 검증을 통해서 알아볼 수도 있다.

그러나 두 가지 상태의 상호 영향관계를 파악하기 위하여 양방향적 검증 방법을 사용하는 이유는 첫째, 상호작용 관계를 탐구하는 연구자의 탐구 가설로 보아 양방향적 가설이 보다 매력이 있다는 점, 둘째, 2개의 일방향적 검증을 사용하는 경우 이 검증들이 독립적이지 않기 때문에 2개로 분리된 검증방법의 사용은 수준을 높이게 된다는 점, 마지막으로, 양방향적 방법으로 구한 Z값은 일방향적 방법으로 구한 2개의 Z값을 평균한 값보다 항상 크기 때문에 통계적 유의성이라는 측면에서 유리하다는 점(즉, 2개의 일방적 검증결과가 통계적으로 의미가 없음에도 양방향적 검증을 하면 유의미한 결과가 나올 가능성이 있다) 등이 있다. 단, 동시적 검증방법에는 동시적 효과에 미치는 각 칸(cell)들의 상대적인 기여의 정도를 알 수 없다는 단점이 있음을 유의해야 한다.

양방향적 독립성 분석은 다음의 절차를 거친다.

$$Z = \frac{(T_{ij}+T_{ji})-E(T_{ij}+T_{ji})}{\sqrt{Var(T_{ij}+T_{ji})}} \quad \cdots\cdots (5)$$

여기서 $E(T_{ij}+T_{ji}) = \frac{2n_in_j}{N}$

$$Var(T_{ij}+T_{ji}) = \frac{2n_in_j[n_in_j+(N-n_i)(N-n_i)-N]}{N^2(N-1)}$$

얻어진 Z값에 대한 해석은 앞에 제시한 (1)의 ①의 경우와 동일하다(이후의 모든 분석에서는 분석절차 중 Z값을 구하는 공식만 제시하고 이에 대한 해석은 생략하기로 한다).

(3) 비평행관계의 일방향적 독립성 분석

비평행관계의 일방향적 독립성 분석이란 사슬로 연결된 서로 다른 두 행동 집단의 일방적인 독립성을 동시에 검증하는 것을 말한다. 다시 말하면, 2개의 분리된 행동들의 일방적 독립성을 동시에 검증하는 것이다. 즉, 상태 i가 상태 j에 연계된 정도와 상태 k가 상태 l에 연계된 정도를 동시에 확인하는 방법이다. 예를 들어, 남편의 비난 행동(i)과 아내의 바가지 긁는 행동(j), 남편의 칭찬(k)과 아내의 보상 행동(l) 등 두 가지 연계 행동의 독립성(의존성)을 검증하는 것이다.

비평행관계의 일방향적 독립성 분석은 다음의 절차를 거친다.

$$Z_{SUI} = \frac{(T_{ij}+T_{k1})-E(T_{ij}+T_{k1})}{\sqrt{Var(T_{ij}+T_{k1})}} \quad \cdots\cdots\cdots\cdots\cdots\cdots (6)$$

여기서 $E(T_{ij}+T_{k1}) = \dfrac{n_i n_j + n_k n_1}{N}$

$$Var(T_{ij}+T_{k1}) = \frac{n_i n_j (N-n_i)(N-n_j)+n_k n_1 (N-n_k)(N-n_1)+2n_i n_j n_k n_1}{N^2(N-1)}$$

(4) 동시다발적 독립성 분석

동시다발적 독립성 분석은 하나의 상태와 인접한 여러 개의 상태들 간의 의존적 사슬관계를 동시에 검증하는 방법이다. 선행 상태를 i라고 하고 그와 인접 가능한 여타의 상태들을 j, k, l이라고 했을 때 i가 j, k, l 등에 동시에 미치는 영향을 알아보려는 것이다. 예를 들어, 자녀의 도벽 행동이 아버지, 어머니, 형 등 여타 가족의 행동에 끼치는 효과를 동시에 검증하려면 이 분석방법이 적절할 것이다.

동시다발적 독립성 분석은 다음의 절차를 거친다.

$$Z_{SUI} = \frac{(T_{ij}+T_{ik}+T_{i1} \cdots T_{in})-E(T_{ij}+T_{ik}+T_{i1} \cdots T_{in})}{\sqrt{Var(T_{ij}+T_{ik}+T_{i1} \cdots T_{in})}} \quad \cdots\cdots\cdots\cdots (7)$$

여기서 $E(T_{ij}+T_{ik}+T_{i1} \cdots) = \dfrac{n_i(n_j+n_k+n_1 \cdots)}{N}$

$Var(T_{ij}+T_{ik}+T_{i1} \cdots)$

$$\frac{n_i(n_j+n_k+n_1 \cdots)}{N^2(N-1)} (N-n_i) \times (N-n_j-n_k-n_1 \cdots)$$

(5) 지배성 분석

상담자와 청담자의 상호작용 과정에서 일정한 연계 유형을 찾아냈다고 하더라도 두 사람 간의 관계에서 누가 더 지배적이었는가에 대한 의문은 여전히 해결되지 않는다. 이 문제를 해결하기 위하여 Wampold(1984)는 지배성을 검증하는 통계적인 방법을 개발하였다. 일반적으로 사회적인 상호작용의 맥락 속에서 가장 큰 영향력을 발휘하는 구성원을 지배적이라고 하는데, Gottman과 Ringland(1981)는 지배성을 '예측력에 있어서의 비대칭성'이라고 정의하고 이를 보다 구체적으로 "B의 행동을 A의 행동으로부터 예측하는 것이 A의 행동을 B의 행동으로부터 예측하는 것보다 예언력이 높을 때 A가 지배적"이라는 조작적 정의를 내리고 있다. Wampold도 같은 입장을 취하고 고려해야 할 사항들이 조금씩 다른 여러 가지 경우에 적절한 분석을 수행할 수 있는 다양한 분석기법을 제시하고 있다.

① 평행관계에서의 지배성 분석

평행관계란 연계되어 있는 두 행동 간의 상호 양방향적인 영향관계를 지칭한다. 따라서 평행관계에서의 지배성 분석이란 두 행동 간의 상호 예측력의 차이를 검증하는 경우를 말한다. 상태 i에서 상태 j를 예측하는 것($\triangle p_{ij}$)과 역으로 상태 j에서 상태 i를 예측하는 것($\triangle p_{ji}$) 간의 예측력의 차이($\lambda = \triangle p_{ij} - \triangle p_{ji}$)를 검증하는 것이다. 예를 들어, 남편의 비난 행동과 아내의 바가지 긁는 행동 중 어느 것이 상대의 행동을 예측하는 예측력이 큰가를 알아보는 것이다.

이것은 다시 두 가지 유형으로 구분된다. $\triangle p_{ij}$와 $\triangle p_{ji}$의 부호가 같은 경우, 다시 말하면 상태 i의 발생이 상태 j의 발생을 증가(감소)시킬 때 같은 방향으로 상태 j의 발생이 상태 i의 발생을 증가(감소)시키는 경우와, $\triangle p_{ij}$와 $\triangle p_{ji}$의 부호가 다른 경우, 즉 상태 i의 발생은 상태 j의 발생을 증가(감소)시키는 데 역으로 상태 j의 발생은 상태 i의 발생을 감소(증가)시키는 경우다.

먼저, 부호가 같은 경우 지배성을 검증하는 절차는 다음과 같다.

$$Z_{\lambda} = \frac{\lambda - E(\lambda)}{\sqrt{Var(\lambda)}} = \frac{T_{ij}-T_{ji}}{\sqrt{Var(T_{ij}-T_{ji})}} \quad \cdots\cdots (8)$$

여기서 $\lambda = \frac{N(T_{ij}-T_{ji})}{n_i n_j}$

$$Var(T_{ij}-T_{ji}) = \frac{2n_i n_j(N-n_i-n_j+1)}{N(N-1)}$$

부호가 다른 경우 지배성을 검증하는 절차는 다음과 같다.

$$Z_{\chi} = \frac{(T_{ij}+T_{ji})-E(T_{ij}+T_{ji})}{\sqrt{Var(T_{ij}+T_{ji})}} \quad \cdots\cdots (9)$$

여기서 $E(T_{ij}+T_{ji}) = \frac{2n_i n_j}{N}$,

$$Var(T_{ij}+T_{ji}) = \frac{2n_i n_j[n_i n_j+(N-n_j)(N-n_j)-N]}{N^2(N-1)}$$

만일 위 두 가지 경우 모두에서 $\triangle p_{ij}$ 또는 $\triangle p_{k1}$값이 0에 가까우면 Z_{λ} 또는 Z_{χ} 중 작은 것을 사용하여 지배성을 검증한다.

② 비평행관계에서의 지배성 분석

비평행관계란 사슬로 연결된 2개의 행동이 서로 다른 것일 경우에 두 사슬 간의 예측력의 차이를 나타낸다. 즉, 상태 i에서 상태 j를 예측하는 것($\triangle p_{ij}$)과 상태 k에서 상태 l을 예측하는 것($\triangle p_{k1}$)을 비교하는 것이다. 예를 들어, 남편의 비난을 바탕으로 아내의 바가지 긁는 행동을 예측하는 것과 남편의 칭찬을 바탕으로 아내의 보상 행동을 예측하는 것과의 차이를 분석하는 것이다. 이 역시 평행관계에서와 마찬가지로 두 가지 유형으로 다시 세분된다.

먼저, $\triangle p_{ij}$와 $\triangle p_{k1}$의 부호가 같을 경우 지배성을 검증하는 절차는 다음과 같다.

$$Z_r = \frac{(n_k n_1 T_{ij} - n_i n_j T_{k1}) - E(n_k n_1 T_{ij} - n_i n_j T_{k1})}{\sqrt{Var(n_k n_1 T_{ij} - n_i n_j T_{k1})}} \cdots\cdots (10)$$

여기서 $E(n_k n_1 T_{ij} - n_i n_j T_{k1}) = 0$

$$Var(n_k n_1 T_{ij} - n_i n_j T_{k1}) = \frac{n_i n_j n_k n_1 (N n_i n_j + N n_k n_1 - n_i n_j n_k - n_i n_j n_1 - n_i n_k n_1 - n_j n_k n_1)}{N(N-1)}$$

$\triangle p_{ij}$와 $\triangle p^{k1}$의 부호가 다른 경우 지배성을 검증하는 절차는 다음과 같다.

$$Z_{r'} = \frac{(n_k n_1 T_{ij} + n_i n_j T_{k1}) - E(n_k n_1 T_{ij} + n_i n_j T_{k1})}{\sqrt{Var(n_k n_1 T_{ij} + n_i n_j T_{k1})}} \cdots\cdots (11)$$

여기서 $E(n_k n_1 T_{ij} + n_i n_j T_{k1}) = \frac{2 n_i n_j n_k n_1}{N}$

$$Var(n_k n_1 T_{ij} + n_i n_j T_{k1}) = \frac{n_i n_j n_k n_1 (4N n_i n_j n_k n_1 + N^2 n_i n_j - N^2 n_k n_1 - N n_i n_j n_k - N n_i n_j n_1 - N n_i n_k n_1 - N n_j n_k n_1)}{N^2(N-1)}$$

만일 위의 두 가지 경우 모두에서 $\triangle p_{ij}$와 $\triangle p_{k1}$이 0에 가까우면 Z_r이나

Z_{r}' 중 작은 것을 사용하여 지배성을 검증한다.

③ 동시다발적인 관계에서의 지배성 분석

동시다발적인 관계란 하나의 행동이 연계된 여타 행동에 영향을 미치는 일방적인 관계를 의미한다. 따라서 동시다발적인 관계에서의 지배성 분석이란 하나의 선행 행동이 사슬로 연계된 여타 후속 행동들의 발생을 예측하는 예측력의 분석을 의미한다. 즉, 선행 상태 i가 후속 상태 j, k, l 등과 연계되는 정도를 동시에 분석하는 방법이다. 예를 들면, 자녀의 행동이 부모 중 누구(어머니 또는 아버지)의 행동과 더 밀접하게 연계되어 있는가를 결정하기 위하여 이 방법을 사용할 수 있다.

동시다발적인 관계에서의 지배성 분석은 다음의 절차를 거친다.

$$Z_r = \frac{(n_k T_{ji} - n_j T_{ik}) - E(n_k T_{ij} - n_j T_{ik})}{\sqrt{Var(n_k T_{ji} - n_j T_{ik})}} \cdots\cdots (12)$$

여기서 $E(n_k T_{ij} - n_j T_{ik}) = 0$

$$Var(n_k T_{ji} - n_j T_{ik}) = \frac{n_i n_k n_k (Nn_i + Nn_k - n_i n_j - n_i n_k - 4n_j n_k)}{N(N-1)}$$

④ kappa 계수

연계분석에서 흔히 거론되는 난점의 하나로 의존성(또는 독립성) 수준의 집단 간 비교와 시간의 변화에 따른 안정성 확보에 관한 문제가 있다. 이 문제를 해결하기 위하여 Z통계가 활용되어 왔으나 Z점수는 표집의 크기, 자료의 성질에 따라 불안정하고 유동적이라는 단점과 아울러 Z값 간의 차이를 검증해 줄 만한 통계적 방법이 존재하지 않는다는 점 때문에 만족스러운 해결책이 되지 못했다. 또한 개인 내의 행동에 바탕을 두고 구한 Z값은 연계의 길이에 매우 민감하다는 단점이 지적되어 왔다. 이와 같은 단점들을 보완해 주는 대안적인 통계치로 등장한 것이 kappa 계수다(Hubert, 1977). 특히 kappa 계수는 연계의 길이에 영향을 받지 않는 안정적인 지수라는 장점 때문에 널리 활용되고 있다. 앞에서 언급한 SAP 프로그램을 이용하면 손쉽게 이 계수를 구할 수 있다. kappa 계수를 구하는 공식은 다음과 같다.

$$k = \frac{X-E(X)}{Max(X)-E(X)} \quad \cdots\cdots (13)$$

여기서 X=관찰된 이행 수
E(X)=기대(우연) 이행 수
Max(X)=가능한 최대 이행 수

6. 연계분석을 활용한 국내 연구 동향

『상담학 연구방법론』 초판이 출간된 1998년 이후 국내에서 연계분석을 활용한 연구들은 몇 개 되지 않는다. 다소 복잡한 통계분석을 해야 한다는 점이 부담으로 작용한 것 같다. 2014년 현재 한국교육학술정보원(KERIS)에 등록된 연구물 중 상담 분야에서 연계분석을 활용한 연구는 박사학위논문 2개, 학술논문 2개가 전부인 것으로 보인다. 더구나 학술논문 2개는 한 저자의 것이어서 이 연구법을 활용한 연구자의 폭이 매우 좁다는 사실을 알 수 있다.

박사학위논문은 「해결중심 상담에서 상담자-내담자 간의 언어적 상호작용 분석」(이재식, 2012)과 「상담과정에서 내담자의 자각과 통찰에 영향을 주는 상담자의 언어반응들」(김영혜, 2001)이, 그리고 학술논문은 「상담자와 내담자의 언어반응과 상담성과의 관계에 관한 단일사례연구」(이한

종, 2005)와 「상담자의 면접기술이 공격적 아동의 언어반응에 미치는 영향에 대한 단일사례연구」(이한종, 2014)가 있다. 네 가지 연구에서 공통으로 발견되는 것은 모두 언어반응에 초점을 맞추었다는 점, 상담자와 내담자의 상호작용을 탐구했다는 점이다. 이한종이 발표한 2개의 논문은 모두 단일사례연구라는 점도 주목할 만하다. 하지만 아직 연계분석은 개관연구를 수행할 만큼 그 수가 충분치 않다.

7. 맺음말

새들의 구애 행동, 원숭이들의 싸움, 아이들의 놀이 행동, 모자간의 친애 행동 등 각종 사회적 행동들은 시간의 흐름과 더불어 이루어지는 상호교섭 행동이다. 상호 교섭 행동의 역동적 성격을 적절히 드러내기 위해서는 무엇보다도 상호작용 활동의 흐름을 정교하게 추적하는 연구가 필요할 것이다. 이러한 점에서 사회적 행동을 정적인 것으로 간주하고 각종 통계기법을 적용해 온 종전의 실증적 연구법들이 사회적 상호작용 행동을 탐구하는 도구로서 문제가 있다는 것은 분명하다. 연계분석은 모든 사회적 행동을 상호 의존적으로 연결된 체제로 보고 순간순간 일어나는 사회적 행위의 연계성을 분석하려고 한다. 다시 말하면, 두 사람(또는 동물) 이상의 상호작용 행동이 어떤 과정을 통해 진행되는가를 분석하려는 것이다.

연계분석은 기본적으로 실증적 패러다임에 입각한 방법이다. 연구자는 관찰을 통해 사회적 상호작용 속에 들어 있는 안정된 특성을 찾아내고 이를 바탕으로 사회적 행동에 관한 체계적 이론을 구성하려고 한다. 그런데 관찰된 행동을 단위화하고 이를 계열자료로 환산하는 과정에서 수량화 작업은 필수적으로 요청된다. 그러나 연계분석에서 수량화된 자료를 사용하는 목적은 기존의 실증적 패러다임에 입각한 방법들과 다른 점이 있다. 종래의 양적 연구들은 일방적 인과론을 확인하는 수단으로 사용되었다. 연구되는 대상을 독립변인과 종속변인으로 나누고 독립변인의 변화가 종속변인에 미치는 영향을 계량적으로 파악하려고 한 것이다. 이 경우 확인할 수 있는 정보는 항상 독립변인에서 종속변인으로 흐르는 한 가지 방향에 관한 것뿐이다. 이에 반해 연계분석은 연이은 행동들의 상호 영향력을 판단할 수 있는 정보를 제공한다. 즉, 사회적 행동에 참여하고 있는 두 사람은 순간순간 상호 영향을 미치는 관계를 구성하고 있으므로 양방향의 영향력을 밝혀낼 필요가 있는데, 연계분석은 이것을 가능케 한다. 상호 영향관계를 다른 말로 순환적 인과성(circular causality)이라고 표현할 수도 있는데 이는 전통적인 일방적 인과성의 개념으로는 포착 불가능한 개념이다. 연계분석은 사회적 행동의 이러한 상호성, 순환성, 반복성 등을 탐구하는 데 유용한 도구다.

상담관계는 사회적 상호작용이 활발하게 일어나는 장면의 하나다. 상담자는 일방적으로 청담자에게 영향을 주기만 하는 것이 아니라 청담자로부터 영향을 받기도 한다. 상담관계에서 나타나는 이러한 상호성은 상담과정의 분석에 순환적 인과성의 개념을 도입할 것을 요청한다. 연계분석은 상담자와 청담자가 상호 영향을 주고받는 양방향적인 관계에 대한 정보를 제공한다. 상담자-청담자의 순환적 인과성을 수량적인 관계를 통해 밝혀내려는 것이다. 상담의 과정에 대한 이 같은 분석은 상담자와 청담자가 언어적 · 비언어적으로 주고받는 의사소통의 내용과 형식에 대해 보다 정밀한 검토를 가능케 함으로써 상담관계를 이해하는 보다 풍부한 자료를 제공한다. 기존의 빈도분석이나 결과분석으로는 제공할 수 없는 상담과정상의 정보를 제공할 수 있다는 것은 연계분석의 큰 장점이다.

연계분석에 관한 최근 자료들을 검토해 보면 종전에는 주로 두 행동 간의 연계를 분석하는 일에 초점을 맞추었으나 점차로 두 행동 이상의 연계적 관계를 검증하는 방향으로 발전되는 경향이 있다. 물론 사회적 행동들의 연계적 관계를 아무리 상세히 분석한다고 하더라도 상담자와 청담자의 언어적 · 비언어적 상호작용의 과정을 모두 포괄할 수는 없겠지만 이러한 분석기법의 발전은 상담학의 발전에 중대한 기여를 할 것이다.

참고문헌

김계현(1991). 상담과정 연구에서 연계분석의 이용. **현장연구방법론** 각론. 서울: 성원사.

김성은(2012). 내담자 표상분열 및 상담자-내담자 언어상호작용과 작업동맹간 관계 탐색. 중앙대학교 대학원 석사학위논문.

김영혜(2001). 상담과정에서 내담자의 자각과 통찰에 영향을 주는 상담자의 언어반응들. 이화여자대학교 대학원 박사학위논문.

이재식(2012). 해결중심 상담에서 상담자-내담자 간의 언어적 상호작용 분석. 계명대학교 대학원 박사학위논문.

이한종(2005). 상담자와 내담자의 언어반응과 상담성과의 관계에 관한 단일사례연구. **상담학연구**, 6(3), 761-775. 한국상담학회.

이한종(2014). 상담자의 면접기술이 공격적 아동의 언어반응에 미치는 영향에 대한 단일사례연구. **초등상담연구**, 13(1). 135-153. 한국초등상담교육학회.

Allison, P., & Liker, J. (1982). Analyzing sequential categorical data on dyadic interactions: A comment on Gottman. *Psychological Bulletin, 91*, 393-403.

Bradley, J. V. (1968). *Distribution-free statistical tests*. Englewood Cliffs, N.J.: Prenticehall.

Dixon, W. (Ed.) (1981). *BMDP statistical software*. Berkeley: University of California Press.

Gottman, J. (1979). *Marital interaction*. N.Y.: Academic Press.

Gottman, J., & Ringland, J. T. (1981). The analysis of dominance and bidirectionality in social development. *Child Development, 52*, 393-412.

Hubert, L. J. (1977). kappa revisited. *Psychological Bulletin, 84*, 289-297.

Hubert, L. J., & Schultz, J. V. (1976). Quadratic assignment as a general data analysis strategy. *British Journal of Mathematical and Statistical Psychology, 29*, 190-241.

Lichtenberg, J. W., & Heck, E. J. (1986). Analysis of sequence and pattern in process research. *Journal of Counseling Psychology, 33*(2), 170-181.

Russell, R. L., & Trull, T. J. (1986). Sequential analysis of language variables in psychotherapy process research. *Journal of Consulting and Clinical Psychology, 54*, 16-21.

Sackett, G. (1979). The lag sequential analysis of contingency and cyclicity in behavioral interaction research. In J. Osofsky (Ed.), *Handbook of infant development* (pp. 623-649). N.Y.: Wiley.

Shannon, C., & Weaver, W. (1949). *The mathematical theory of communication*. Urbana: University of Illinois Press.

Wampold, B. E. (1984). Tests of dominance in sequential categorical data. *Psychological Bulletin, 96*(2), 424-429.

Wampold, B. E., & Margolin, G. (1982). Nonparametric strategies to test the independence of behavioral states in sequential data. *Psychological Bulletin, 92*, 755-765.

Wampold, B. E., & Roll, R. (1986). *Sequential analysis program*. Unpublished computer program. University of Oregon.

제8장

고전분석과 상담

1. 고전분석의 성격과 연구방법

흔히 과학적 지식을 생산하는 방법은 크게 세 가지로 나뉜다. 연역적 방법, 귀납적 방법, 가설-연역적 방법이 그것이다. 연역적(inductive) 방법은 이미 알고 있는 일반적 진리를 근거로 연역적 추리에 의하여 올바른 지식에 도달하려는 방법이고, 귀납적(deductive) 방법은 개별 사례를 관찰하고 그들의 공통되는 속성을 추출함으로써 일반적 지식을 확보하는 방법이며, 가설-연역적(hypothetic-deductive) 방법은 연역적 추론을 하되, 전제로 삼은 가설이 참인지 거짓인지 객관적 실험을 통하여 검증함으로써 새로운 지식을 확보해 가는 방법이다. 오늘날 자연과학과 사회과학은 주로 가설-연역적 방법을 사용하는 것으로 알려져 있다.

Rogers를 필두로 하여 현대 상담이 시작된 이래 상담 지식은 대부분 가설-연역적 방법에 의해 구성되어 왔다. 그러니까 사람을 돕는 방법에 대한 다양한 가설들을 설정하고 실험이나 조사, 관찰과 같은 과학적 방법을 동원하여 그 가설의 진위 여부를 판단하는 방법을 통해 상담 지식을 축적해 온 것이다. 최근에 '근거이론(grounded theory)'처럼 아무런 가설을 갖지 않고 처음부터 원자료에서 출발하여 새로운 지식을 구성해 가는 순수 귀납적 방법이 활용되기 시작했지만, 아직도 상담 연구법의 대세는 가설-연역적 방법에 의존하고 있다.

그렇다면 고전에서 상담 지식을 추출해 낼 때 이 세 가지 방법 중 어느 것이 가장 적절할까? 이 질문에 답하기 위해서는 먼저 고전에 담긴 상담 지식의 종류를 따져 볼 필요가 있다. 일단 고전 자체로 돌아가 생각해 보자. 고전에 담긴 내용은 크게 세 가지 종류의 지식으로 분류된다. 하나는 세월이라는 시간적 검증 과정을 거쳐 타당성을 인정받은 지식(참 지식: 예를 들어, 논어에서 독서와 사색의 중요성을 강조하는 부분), 하나는 타당성을 인정받지 못한 지식(거짓 지식: 예를 들어, 논어에서 지나치게 예를 강조하는 부분) 그리고 나머지 하나는 아직까지 그 진위가 분명하게 판가름 나지 않았거나, 적극적으로 언명되지 않은 지식(중립적 지식: 예를 들어, 논어에서 역사인물 비평을 사용하는 부분)이다. 이 중에서 상담학자인 우리가 관심을 가지는 지식은 '참 지식'과 '중립 지식'이다. 고전에서 참 지식으로 판명된 지식은 상담학에서도 굳이 그 진위 여부를 상세하게 따지고 들 필요가 없다. 다만 상담학적 관점에서 이를 재구성하고 현대의 상황적 조건에 알맞게 다듬는 작업을 빼놓을 수는 없다. 그러니까 참 지식의 경우에 굳이 연역적, 귀납적, 가설-연역적 방법을 들이대는 대신, 논리적 정합성과 설득력을 갖춘 상담 지식으로 체계를 세우면 충분하다. 물론 필요에 따라 가설-연역적 방법을 사용하여 내용 검증을 할 수도 있다.

중립 지식은 다소 복잡하다. 일단 중립 지식 중 상담적 가치가 있는 지식을 찾아내야 하고 또 찾아낸 중립 지식에 대해 타당성을 검증하는 과정이 필요하기 때문이다. 이 과정에서 요구되는 연구방법이 바로 가설-연역적 접근이다. 고전에 담겨 있는 중립 지식을 상담 가설로 설정하고, 객관적인 절차를 거쳐서 그 내용의 타당성을 검증해 나가는 것이다. 그런데 이렇게 하려면 우선 고전에서 상담적 가치를 가진 상담 가설을 많이 끌어내야 한다. 상담 가설이 많아질수록 상담학에서 탐색할 부분도 많아지고, 결국 상담학의 지식도 확대될 것이기 때문이다. 고전과 상담을 연결해 내는 상담연구자들의 창의성이 크게 요구되는 작업이다. 이 작업이 잘 이루어지면 검증을 포함한 그다음 작업들이 활기차게 이루어질 수 있다. 추측컨대, 상담자들이 고전에서 상담적 가치가 높은 상담 가설을 많이 뽑아 낼수록 상담연구는 더욱더 활성화될 것이다.

그러므로 고전에서 상담 지식을 추출하는 방법은 크게 두 가지로 요약할 수 있다. 하나는 기왕에 참 지식으로 알려진 고전의 내용들을 상담학의 성격에 맞게 재구성하는 방법이요, 다른 하나는 고전 속에 숨어 있는 상담 지식들을 찾아낸 후 가설-연역적인 방법으로 그 타당성을 검증해 가는 방법이다. 참 지식을 상담적으로 재구성하는 방법과 중립 지식에서 상담 가설을 찾아내는 일은 기본적으로 이론적, 논리적, 사변적 탐색이 주가 된다. 물론 이렇게 발견된 상담 지식들은 과학적이고 객관적인 절차에 따라 검증되어야 한다. 상담 지식을 창출하는 데 방금 말한 두 연구 과정 모두 중요하지만, 이 글은 주로 고전에 대한 이론적, 논리적, 사변적 탐색을 어떻게 할 것인가에 초점을 두고 논의를 전개할 것이다.

2. 고전분석의 과정

고전에서 상담 지식을 추출하는 과정을 몇 가지 단계로 나누어 살펴보자.

1) 고전을 선정하는 단계

고전 서적은 모두 가치 있는 문화유산이지만 모든 고전이 다 상담적 가치를 가지고 있는 것은 아니다. 따라서 많은 고전 서적 중에서 상담적 가치를 풍부하게 담고 있는 고전을 선정하는 일이 우선되어야 한다. 고전을 선정할 때는 다음과 같은 기준을 적용할 수 있다.

첫째, 지금도 사람들에게 많이 읽히고 입에 자주 오르내리는 고전
둘째, 현대인의 내면세계와 삶의 방식에 영향을 주는 고전
셋째, 삶에 대하여 독특하고 창조적인 발상을 담고 있는 고전
넷째, 인간과 인류를 바라보는 시각에 획기적인 변화를 일으킨 고전
다섯째, 한국의 전통적 사상, 철학, 사고방식을 대표하는 고전

아울러 고전의 원문이 한글이 아니라 한문 또는 다른 외국어로 쓰여 있는 경우 가능하면 정확한 번역으로 정평이 나 있는 번역서를 선택한다. 상담 지식을 추출하는 데 원전의 자구 하나하나에 대한 정확한 번역이 꼭 필요하지는 않지만, 그래도 원전의 뜻에 가깝게 접근하는 것이 바람직하다.

2) 고전을 읽는 단계(a)

고전을 선정한 다음에는 본격적으로 고전의 내용을 이해하고 거기서 상담 지식을 찾아내는 작업에 돌입한다. 여기서 첫 번째로 해야 할 일은 고전을 깊이 읽는 일이다. 고전을 읽을 때 가능하면 다음과 같은 사항을 지키도록 한다.

첫째, 고전을 반복해서 여러 번 읽는다. 한두 번 읽는 것으로 그치지 말고 고전 속에 담긴 내용이 어느 정도 형상화될 때까지 되풀이해서 읽는다. 이때에는 특별히 다른 것을 염두에 두지 말고 오로지 내용 해독에 초점을 둔다.

둘째, 고전 내용에 대한 전체적인 게슈탈트(Gestalt)가 생기면 그다음에는 고전 내용 중 삶을 규정하는 부분, 삶을 평가하는 부분, 변화를 언급하는 부분 등 상담적 가치가 있을 만한 부분에 표시해 가며 읽는다. 그러니까 앞으로 참고할 가능성이 있다고 여겨지는 모든 부분에 표시해 둔다. 이때에는 표시되는 내용들을 분류하는 데 신경 쓰지 말고 오로지 그런 부분을 찾아내는 데 주의를 기울인다.

3) 주변 자료를 읽는 단계

선정한 고전에 대해 설명한 주변 자료들을 읽는다. 주변 자료는 해설서, 주석서일 수도 있고 또는 평론, 작가에 대한 평전 등 다양할 수 있다. 유명한 고전에 대해서는 주변 자료가 너무 풍부하여 오히려 혼란스러울 때가 있다. 이럴 경우 주변 자료를 모두 읽는 것보다 몇 가지 핵심적인 자료들에 집중하는 편이 낫다. 해당 분야 전문가의 자문을 구하거나, 가장 보편적으로 인용되는 자료를 선택하는 것도 한 가지 요령이다. 주변 자료를 읽을 때는 다음과 같은 사항에 유의한다.

첫째, 주변 자료를 읽는 목적은 이들을 통해서 고전의 의미를 보다 정확하고 풍부하게 이해하기 위해서다. 따라서 주변 자료들이 제시하는 다양한 관점과 시각을 넓게 섭렵하는 것이 좋다. 때로는 고전 해석에서 대립되거나 갈등하는 관계에 있는 학자들의 의견을 대조해 보는 것도 도움이 된다.

둘째, 특별히 의미가 있다고 여겨지는 어구나 문장(의미단위)들을 따로 기록해 놓는다. 이때 그 의미단위를 통해 머릿속에 떠오르는 다양한 생각이나 심상들도 더불어 기록한다. 이 기록은 글을 쓰는 단계에서 유용하게 활용될 것이다.

셋째, 이 분야의 학자들이 벌이는 세밀한 자구 해석에 대한 구구한 논쟁에 대해서 크게 신경 쓰지 않는다. 우리가 고전을 읽는 이유는 이를 재료로 삼아 상담 지식을 찾거나 또는 그 실마리를 얻으려는 것이지, 그 정확한 뜻에 매달리려는 것이 아니다. 따라서 자구의 정확한 해석이 무엇인가를 알기 위해서 많은 시간을 낭비할 필요가 없다. 될 수 있으면 원전에 가깝게 다가가되, 우리의 목적은 그 너머에 있음을 명심한다.

4) 고전의 중심 내용 정리하기(b)

고전과 그 주변 자료를 통해서 고전의 내용에 대한 이해가 깊어지면 이제 그 내용을 정리하기 시작한다. 이 부분은 다음과 같은 순서를 따른다.

첫째, 처음에는 상담 지식과의 연관성에 무게를 두지 말고 고전 자체에 대해 이해한 바를 체계적으로 정리한다.

둘째, 다소 거칠어도 좋으니 큰 틀 안에서 상담 지식과 연관될 법한 아이디어나 개념들을 첫째 내용에 덧붙인다. 이 내용들은 후속 작업들을 통해서 다듬어질 것이다.

5) 상담 지식 추출하기(c)

이제 고전과 그 주변 자료를 읽고 이해한 내용을 중심으로 본격적인 상담 지식을 추출할 차례다. 다음 순서를 따르면 이 작업이 보다 수월해질 것이다.

첫째, 앞에 (a)에서 표시해 놓은 모든 어구와 문장들을 한데 모은다.

둘째, 이렇게 모은 어구와 문장들을 반복해 읽으면서 그 내용과 의미가 비슷한 것들끼리 분류하고 잠정적인 이름(분류명)을 붙인다.

셋째, 분류명과 분류명에 속해 있는 어구와 문장을 다시 반복적으로 읽으면서 그들이 가지고 있을 만한 내적 관계를 찾아본다.

넷째, 앞에 이름을 붙인 여러 분류명들 사이에 어떤 관계가 존재하는지 찾아본다.

다섯째, 앞에서 정리한 고전의 중심 내용과 분류명들 그리고 분류명에 속한 어구와 문장들의 관계를 총체적으로 살핀다.

여섯째, 상담과 연관을 지으며 앞에서 찾아낸 지식들의 의미를 해석하고 체계적으로 구성하는 작업을 시작한다. 고전의 내용을 상담과 연관지을 때 몇 가지 차원으로 나누어 생각을 정리하면 도움이 될 것이다. 상담 지식을 몇 가지 차원으로 나눌 때 고려할 만한 틀을 제시해 보자.

(1) 상담 요소에 따라 나누는 방법

상담 요소를 나누는 방법은 매우 다양하지만 여기서는 상담 지식의 기저를 이루는 요소들로 인간관과 세계관, 인간 변화의 원리, 인간 변화의 수준과 단계, 상담 목적, 상담과정, 상담 방법 등 여섯 가지로 나누는 방법을 추천한다. 이는 가장 포괄적이면서도 체계적으로 상담 지식을 정리할 수 있는 장점이 있다.

(2) 변화와 적응에 대한 상담적 원리, 전략, 기법에 따라 나누는 방법

대부분의 고전은 상담 요소를 골고루 만족시킬 지식들을 풍부하게 제공하지 않는다. 기껏해야 여기저기서 상담과 연결시킬 수 있는 지식들을 산발적으로 발견할 수 있을 따름이다. 이런 경우에는 상담 지식을 추출하는 대안적 방법을 고려해야 한다.

상담적 원리, 전략, 기법에 따라 나누는 방법은 고전에서 산발적으로 얻는 변화와 적응에 대한 상담 지식을 그 추상화의 수준에 따라 가르는 방식이다. 상담 원리에는 사람의 변화와 적응에 대해 비교적 일반화된 수준의 지식을 담고, 상담 전략과 기법에는 보다 구체적이고 실제적인 수준의 지식을 담을 수 있다.

(3) 심리적인 적응(정상적 생활)과 부적응(비정상적 생활)에 대한 내용에 따라 나누는 방법

고전 속에, 특히 심리적 문제나 치료에 대한 견해가 직·간접적으로 표명되어 있는 경우에 심리적인 적응과 부적응 중심으로 그 견해를 정리할 수도 있다. 심리적인 '문제'와 '치료'에 초점을 맞추어 상담 지식을 구성해 가는 것이다. 이를 조금 더 확대하면, 정상적 생활과 비정상적 생활의 문제로 대비시키면서 상담적 아이디어를 발전시킬 수도 있다.

6) 현대 상담의 입장에서 추출한 상담 지식의 가치 평가하기(d)

1)~5)의 과정을 통해 추출한 상담 지식이 현대 상담의 발전에 어떤 기여를 할 수 있는지 평가한다. 아무리 어려운 과정을 거쳐서 추출한 상담 지식일지라도 그 내용이 기왕에 알려진 상담 지식과 유사하거나 현대 상담에 시사해 주는 바가 적다면 그 가치를 인정하기 어렵다. 처음 고전을 탐구하려고 할 때 이미 기존의 상담 지식과 다른 지식을 찾을 수 있을 것이라는 예감을 가지고 있었겠지만, 실제 발견해 낸 지식이 정말 그런 기대를 만족시키고 있는지 냉정하게 점검해야 한다. 그러므로 이 부분에서 지금까지 고전에서 발견한 상담 지식이 현대 상담에 어떤 시사점을 주는지 그 가치를 드러내는 작업을 한다.

이 작업에는 특별히 연구자의 뛰어난 창의성이 요구된다. 현대 상담에 새로운 지식을 추가하기 위해서는 기왕의 상담 지식에 대해 균형 잡힌 지식과 시각을 가지고 있어야 하고, 아울러 새롭게 발견한 상담 지식이 현대 상담의 어떤 영역에 어떤 공헌을 할 수 있는지 평가할 수 있어야 한다. 새로 발견한 상담 지식의 고유성과 특수성을 밝혀 나가는 일 역시 중요하다. 여기에다가 앞으로 탐색해야 할 각종 상담 가설들을 풍부하게 생성해 낼 수 있다면 더욱 좋다. 그런데 이렇게 하려면 새로 발견한 상담 지식을 여러 번 되풀이해 읽고 깊이 사고하며 다양한 측면에서 그 가치를 이끌어 내는 창의적인 작업에 몰입해야 한다.

7) 글쓰기

이제 본격적인 글쓰기를 시작한다. 이전의 단계에 중간중간 정리하는 부분이 있었지만 여기에 와서 비로소 종합적이고 체계적인 글쓰기를 한다. 글쓰기는 크게 세 부분으로 나뉜다. 첫째, 상담학의 입장에서 고전의 중심 내용을 해석하는 부분, 둘째, 고전에서 발견되는 상담 지식을 추출하는 부분, 셋째, 고전에서 발견한 상담 지식을 현대 상담과 연관 짓는 부분 등이다.

(1) 고전의 중심 내용에 대한 상담적 해석 쓰기(e)

(b)에서 정리해 놓은 내용과 그 이후 작업들을 통해 얻은 지식을 바탕으로 고전의 내용을 상담적으로 해석한다. 이때 고전의 모든 내용을 다 다룰 필요는 없고, 특히 상담과 상담학에 도움을 줄 것이라고 여겨지는 중심 개념들에 초점을 맞춘다. 이 과정에서 될 수 있는 대로 연구자의 상상력을 풍부하게 동원한다. 없는 내용을 만들어서 억지로 짜맞추는 것은 곤란하지만, 고전에서 실마리를 잡아 상담과 연결된 생각을 발전시키는 일은 권장할 만하다. 그렇다고 해서 고전의 원래 의미에서 지나치게 벗어난 해석을 하는 일은 삼가야 한다. 고전의 의미를 제대로 드러내는 동시에 연구자의 창의성을 살리는 해석이면 좋다. 연구자가 해석해 놓은 내용을 해당 고전의 전문가에게 검토받아 보는 것도 한 방법이다.

(2) 고전에서 추출한 상담 지식 쓰기(f)

(c)에서 추출한 상담 지식을 보다 자세하고 구체적으로 기술하는 단계다. 앞에 예시한 세 가지 차원이나 기타 다른 방법을 택하여 기왕에 추출한 상담 지식을 체계적으로 기술한다. 이때에는 현대 상담을 의식하지 말고 고전에서 발견되는 상담 지식 자체에 초점을 맞춘다. 그러니까 다른 것을 섞지 말고 고전에서 찾아낸 상담 지식들과 그 지식들 간의 관계를 정합성 있는 논리로 풀어내는 것이다. 이 작업이 잘 이루어져야 고전 특유의 상담 지식이 제 모습을 드러낼 수 있다. 이렇게 정리된 지식은 일종의 원자료로서 후속 작업에 도움을 줄 것이다.

(3) 현대 상담에 주는 시사점 쓰기

(e)와 (f)가 끝나면 이제 고전이 현대 상담에 주는 시사점을 쓸 차례다. 이 부분을 쓸 때에는 그야말로 연구자의 창의성이 매우 중요하다. (e)와 (f)가 고전의 원래 의미에 충실하게 다가서는 작업이라면, 이 부분은 (e)와 (f)에서 얻은 상담 지식을 현대 상담에 응용할 수 있는 방법을 찾는 작업이다. 그러니까 고전에 담긴 상담 지식이 시대를 뛰어넘어 현대에서도 빛날 수 있을지의 여부가 이 작업에 달려 있다.

(e), (f)를 통해 얻은 상담 지식은 현대 상담에 그대로 가져다 쓸 수 있는 것도 있고, 새롭게 해석하고 다듬어야 할 것도 있다. 연구자는 고전의 상담 지식들에서 보이는 이러한 다양한 차이를 잘 살펴서 이들을 현대 상담에 적합하도록 끌어들여야 한다. 이렇게 하려면 연구자는 창조적 상상력과 왕성한 가설 생성 능력을 활용하여 (d)에서 작업한 바를 도전적이고 설득력 있는 글로 표현해야 한다. 바로 이 부분이 고전을 탐구하는 이유라는 점을 명심하고 공력을 들여서 글을 써야 한다.

8) 가설-연역적 방법으로 추출한 상담 지식의 타당성 검증하기

이 글의 관심은 일단 고전에서 상담 지식을 찾아내고 다양한 상담 가설을 생성해 내는 데 있다. 하지만 이렇게 추출된 지식들은 엄격한 과학적 절차를 거쳐 검증될 필요가 있다. 그래야 비로소 현대 상담학의 체제 속에 당당하게 자리매김할 수 있을 것이다. 이 과정은 현대 사회과학적 연구방법론의 논리에 따라 진행하면 된다. 이에 대한 지식은 이미 널리 알려져 있으므로 따로 언급하지 않겠다.

3. 고전분석의 예(논어를 중심으로)

이제부터 논어를 예로 들어 고전에서 상담 지식을 추출해 가는 과정을 자세히 살펴보자.

1) 논어를 선정한 이유

여기에서는 상담 지식을 발굴하기 위한 고전으로 왜 논어를 선택했는지 그 이유를 분명히 밝혀야 한다.

필자는 '지금도 사람들에게 많이 읽히고 입에 자주 오르내리는 고전' '현대 한국인의 내면세계와 삶의 방식에 강하게 영향을 주는 고전' '한국의 전통적 사상, 철학, 사고방식을 대표하는 고전'이라는 이유를 들어 논어를 선택했다. 잘 알다시피 논어는 세계 4대 성인의 하나로 불리는 공자의 행적을 기록한 책으로 인류에게 지대한 영향력을 끼쳐 왔고, 지금도 영향을 끼치고 있는 불후의 고전이다. 이 속에서 상담적 가치가 들어 있는 지식을 끌어내는 일은 더 말이 필요 없을 정도로 가치 있는 작업이다.

논어는 한문으로 쓰인 글로서 주석서, 번역서, 해설서들이 상당히 많다. 이들 중에서 필자는 김용옥(2001, 2002), 박이문(2005), 성백요(1994), 왕방웅, 증소욱, 양조한(2002), 양백준(1997), 이장지(1985), 천웨이핑(2002), Herbert Fingarette(1993)의 논어 주석과 주변 자료들을 참고하였다. 이 글의 목적이 논어에 대한 정확한 해석보다 상담 지식을 추출하는 데 있으므로 논어에 대한 여러 학자들의 의견을 편의대로 가져다 썼다.

2) 논어 읽기

일단 논어를 선정한 다음에는 번역된 논어를 반복해서 읽었다. 처음에는 전체 흐름을 파악하면서 부담 없이 읽어 나갔고, 두 번째부터 다섯 번째까지는 논어에 실려 있는 세세한 부분까지 기억하려고 애를 쓰며 읽어 나갔다. 이렇게 해서 논어에 대한 전체적인 게슈탈트(Gestalt)가 생기자, 여섯 번째는 의미단위가 있다고 여겨지는 부분에 표시를 하며 읽어 나갔다. 일곱 번째 다시 읽으면서 여섯 번째 읽을 때 표시한 부분을 다시 확인하였고, 아울러 보충할 부분에 추가적으로 표시하였다.

읽으면서 표시한 부분을 일부 예로 제시하면 다음과 같다.

〈학이〉

- 사람들이 알아주지 않더라도 서운해하지 않는다면 군자가 아니겠는가.
- 말을 좋게 하고 얼굴빛을 곱게 하는 사람이 인한 이가 적다.

〈위정 2〉

- 한 사람이 교제하는 친구를 조사하고, 그가 일정한 목표를 달성하기 위해 채용한 방법을 관찰하며, 그의 심정이 무엇에 편안함을 느끼고, 무엇에 불안감을 갖는가를 알아낸다. 그렇다면 그 사람됨이 어찌 숨겨질 수 있겠느냐? 그 사람됨이 어찌 숨겨질 수 있겠느냐?
- 예전에 익힌 지식을 복습할 때, 새로운 체험과 새로운 발견을 할 수 있다면 곧 선생이 될 수 있다.

〈이인 4〉

- 어떤 잘못은 일정한 사람에 의해 저질러진다. 자세히 한 사람이 저지

른 잘못을 관찰해 보면 곧 그가 어떤 유형의 사람인가를 알 수 있다.

- 군자가 천하의 일에 대해서 반드시 어떻게 해야 한다는 규정도 없고, 또한 하지 말아야 한다는 규정도 없는데, 다만 어떻게 하는 것이 합리적이고 합당한지 이에 따라 할 뿐이다.
- 개인의 이익에 근거하여 행동하면 많은 원한을 불러들이게 될 것이다.
- 직위가 없음을 근심하지 말고, 다만 직위를 맡을 자질이 없음을 근심하라. 자기를 알아주는 사람이 없음을 걱정하지 말고, 다른 사람들로 하여금 자기의 자질을 알 수 있도록 추구하여라.
- 선생님의 학설은 다만 충과 서뿐이다. 恕에 대하여 공자 자신은 "자기가 하고 싶지 않은 것을 남에게 시키지 않는다."고 했으며, 忠은 恕의 적극적 측면, 즉 "자기가 서려 하면 먼저 남을 세우고, 자기가 통달하려면 먼저 남을 통달하게 한다."고 말했다.
- 어진 사람을 보면 마땅히 그와 같이 하려고 하며, 어질지 못한 사람을 보면 곧 자신을 반성해야 한다.

〈술이 7〉

- 인품과 덕성을 배양하지 않고, 학문을 강습하지 않으며, 의가 거기에 있음을 듣고도 오히려 몸소 그곳으로 가지 못하며, 결점이 있어도 고치지 못하는 것, 이러한 것들 모두 내가 우려하는 것이다.
- 공자께서 집에서 한가하게 지낼 때에는 그 모습이 매우 가지런하시고, 얼굴빛이 화락하시며, 심신이 편안하셨다.
- 학생을 가르치는데, 그가 마음속으로 분명함을 구하려 하나 얻지 못하는 지경에 이르지 아니하면 그를 깨우쳐 주지 않고, 그가 말하고자 하나 오히려 말이 나오지 않는 지경에 이르지 아니하면 그를 개발해 주지 아니한다. 그에게 동쪽을 가르쳐 주었는데, 그가 그것으로 서·남·북 세 방향을 미루어 알지 못하면 다시 그를 가르치지 않는다.

- 나는 참으로 행운아구나. 만약 내게 허물이 있으면 사람들이 꼭 지적해 주니 말이다.
- 공자는 온화하면서 준엄하시고, 위엄이 있으면서 사납지 않으시며, 장엄하면서 점잖으셨다.

〈태백 8〉

- 공자는 다음의 네 가지 결점을 조금도 갖고 계시지 않았다. 근거 없이 추측하지 않으시고, 덮어놓고 긍정을 하지 않으셨으며, 융통성 없이 고집을 부리지 않으셨고, 오직 나만이 바르다고 하지 않으셨다.

〈안연 12〉

- 예에 맞지 않는 일은 보지 말 것이며, 예에 맞지 않는 말은 듣지 말 것이며, 예에 맞지 않는 말은 하지 말 것이며, 예에 맞지 않는 일은 하지 말 것이다.
- "선비는 어떻게 해야 통달했다고 할 수 있습니까?" "어떻게 해야 통달하는가? 품성이 정직하고, 어떤 일이 생기면 이치를 따지며, 다른 사람의 말을 잘 헤아리고서 다른 사람의 안색을 잘 관찰하며, 생각에서도 다른 사람에게 자신을 낮추고자 원하는 것이다."
- "어떻게 해야 자기의 덕을 높이고, 자신에 대한 다른 사람의 드러나지 않은 원한을 없애며, 어떻게 어리석은 일을 분별할 수 있는지를 묻고자 합니다." 공자께서 말씀하셨다. "참 잘 물었구나. 먼저 일을 하고 나서 수확을 얻으면, 덕을 높일 수 있지 않겠느냐? 자신의 나쁜 점은 비판하되, 다른 사람의 나쁜 점은 비판하지 않으면, 보이지 않는 원한을 없앨 수 있지 않겠느냐? 우연한 분노 때문에 자기를 잊고, 심지어는 부모까지도 잊어버리게 되니, 어리석은 것이 아니겠느냐?"

〈자로 13〉

- 강직하고, 결단력 있으며, 소박하고, 말을 쉽게 내뱉지 않는 네 가지 인품을 가진 사람은 인덕에 가깝다.
- 서로 비평해 주고, 화목하게 같이 살면 선비라 할 수 있을 것이다. 친구 사이에는 서로 비평해 주고, 형제간에는 화목하게 같이 사는 것이니라.

〈헌문 14〉

- 미리 다른 사람이 나를 속이지 않을까 의심하지 말고, 또 아무런 근거 없이 다른 사람이 믿음직하지 못할까 미리 추측하지 말 것이되, 오히려 일찍 발견해 낼 수 없는 사람이 현자일 것이라!

〈위령공 15〉

- "한마디로 평생토록 받들 만한 말이 있습니까?" "아마도 서(恕)가 아닐까! 내가 하고 싶지 않은 어떠한 일을 다른 사람에게 시키지 말아야 한다."
- 군자에게 아홉 가지 생각하는 바가 있으니, 볼 때는 분명하게 보았는가를 생각하고, 들을 때는 똑똑히 들었는가를 생각하고, 얼굴의 안색은 온화한가를 생각하고, 용모와 태도는 공손한가를 생각하고, 말은 충성스럽고 솔직한가를 생각하고, 일을 행할 때에는 엄숙하고 진지한가를 생각하고, 의심스러운 것이 있을 때에는 다른 사람에게 어떻게 물을 것인가를 생각하고, 분노가 치밀어 오를 때에는 어떤 후환이 있을 것인가를 생각하고, 얻을 것을 보면 내가 마땅히 얻어야 할 것인지를 생각한다.

〈양화 17〉

- 도처에 능히 다섯 가지 인품과 덕성을 행할 수 있으면 어진 사람이라 할 수 있다. 장중하고, 관대하며, 성실하고, 부지런하고 민첩하며, 자혜로운 것이다. 장중하면 모욕을 받지 않고, 관대하면 많은 사람들의 옹호를 받게 되며, 성실하면 다른 사람에 의해서 쓰임을 받게 되고, 부지런하고 민첩하면 일의 효율이 높아져 공헌하는 바가 커지고, 자혜로우면 사람을 부릴 수 있다.
- 인덕을 좋아하되 학문을 좋아하지 않으면 그 병폐는 사람들에게 쉽게 우롱당하는 것이고, 총명함을 좋아하되 학문을 좋아하지 않으면 그 병폐는 방탕하고 기초가 없어지게 되는 것이고, 성실함을 좋아하되 학문을 좋아하지 않으면 그 병폐는 남에게 쉽게 이용당해 자기를 해치는 것이고, 솔직함을 좋아하되 학문을 좋아하지 않으면 그 병폐는 말이 날카로워 다른 사람의 마음을 아프게 하는 것이고, 용감한 것을 좋아하되 학문을 좋아하지 않으면 그 병폐는 난을 일으켜 화를 자초하는 것이고, 강함을 좋아하되 학문을 좋아하지 않으면 그 병폐는 겁 없이 함부로 행동하는 것이다.
- 제자들아, 너희들은 어찌하여 시를 연구하지 않느냐? 시를 읽으면 연상력을 기를 수 있고, 관찰력을 제고시킬 수 있으며, 다른 사람과 잘 어울리는 훈련을 할 수 있고, 풍자 방법을 배울 수 있다. 가깝게는 그 가운데의 도리를 운용하여 부모를 모실 수 있고, 멀리는 임금을 섬길 수 있을 뿐 아니라, 또한 조수 초목의 이름도 많이 알 수 있다.

3) 주변 자료 읽기

논어에 대한 번역서와 더불어 주석서, 공자에 대한 평전 등을 읽으면서 이해의 폭을 넓혀 나갔다. 아울러 자료들을 읽으면서 의미단위가 들어 있다고 판단한 문장과 어구들을 뽑아 기록해 놓았다. 이때 의미단위가 실마리가 되어 떠오르는 생각이나 심상이 있으면 함께 기록하였다. 아래에 허버트 핑가레트(1993)의 저작에서 발췌한 의미단위와 그에 대한 필자의 단상에 대한 기록을 예로 제시한다.

- 인간의 조야한 충동이 예에 의해 도야됨으로써 인간은 진정한 인간으로 형성되는 것이다. 따라서 예는 인간적 충동의 완성, 즉 충동의 문명적 표현이지, 결코 형식주의적 비인간화가 아니다. 예는 인간과 인간 간의 관계를 생동적으로 살려 내기 위한 인간 고유의 형식인 것이다(p. 29).
- 예식의 참된 모습에는 일종의 자연스러운 자발성이 있다. 예식을 올리는 개개인들이 진지하고 성실하게 몸과 마음을 움직이기 때문에 예식에는 생명력이 있다. 정말 진짜 예식이 되게 하려면 누구나 '제사에 몸소 참여'해야만 한다. 그렇지 않으면 마치 '제사를 전혀 드리지 않는 것'과 마찬가지인 것이다. 달리 말하면, 예를 잘못 집행하는 두 가지 사례가 있다. 숙련된 세련미 부족으로 예식이 부자연스럽게 억지로 진행되거나, 예식이 겉으로 보아서는 매끄럽지만 진지한 목적의식과 실천이 따르지 못하기 때문에 어딘가 기계적이며 맥이 빠져 보이는 경우다. 아름답고 생명력 있는 예식은 숙련된 예식의 세련미와 혼융하는 집행인의 '현장성'을 필요로 한다. 이런 이상적 융합이 바로 신성한 예식이라는 의미의 진정한 예인 것이다(pp. 30-31).
- 경건하고 근엄한 마음가짐을 하고 서로 자유스럽게 협동하는 가운데 예는 살아 움직인다. 신성한 의식의 완성은 예술적이며 동시에 정신적인 것이다(p. 31).

고정되고 화석화된 기능이 아니라 살아서 움직이고 상황에 맞춰 변화할 수 있는 융통성과 탄력성이 넘치는 개념으로 예를 대할 필요성이 있다.

- '예식'이 자체 안에 생명력을 가지고 있다는 사실도 그리고 최소한도라 할지라도 각각 서로 예의 진행 과정에 실제 몸소 참여해야 한다는 사실도 우리는 보통 주목하고 있지 못하다. 진정한 상호존중은 상대방에 대한 자신의 존경의 마음을 의식적으로 감지하거나, 자신의 마음을 상대방에 대한 존경에 의도적으로 초점을 맞추는 것이 아니다. 예는 그저 올바른 생활, 말하자면 자연스럽고 자발적인 행위를 하는 중에 충분히 표현되는 것이다. 이런 예식의 힘은 첫째로 배워 익힘에 달려 있다고 공자는 말하고 있다. 그것은 선천적으로 주어지는 것이 아니다(pp. 32-33).

예는 배워 익히는 것으로서 어릴 때부터 시작해야 할 교육의 내용이다. 어떤 면에서는 예가 인보다 더 중요한 개념일 수도 있다.

- 예는 사회적 형식의 조화와 아름다움, 인간 상호관계의 내재적이고 궁극적인 존엄성만을 강하게 나타내어 주는 것은 아니다. 예식은 또한 동등한 존엄성을 가진 타인과 함께 예 안에서 무리와 충돌 없이 자유스럽게 공동 참여함으로써 자신의 목적을 이루어 내는 것이며, 그 과정에서 암묵적으로 함축되는 도덕의 완성을 보게 되는 것이다. 좀 더 나아가 말하자면, 예식을 따라 하는 행위는 타인(또는 그것을 바라보는 상대방)에게도 완전히 개방되어 있는 것이다. 왜냐하면 예식은 공개적이고, 공동 참여적이며, 따라서 누구에게나 명백한 것이기 때문이다. 예식과 다른 방식으로 행동하는 것은 비밀스럽고, 요령 부득이하고, 정도에서 벗어난 것이거나, 아니면 독재적 폭력에 의한 강제성을 띤 것이기 때문이다. 궁극적으로 자기와 같은 타인들과 함께 어울려 이러한 예식에 아름답고 근엄하게 공개적인 참여를 함으로써 인간은 자기 인격을 실현하는 것이다(p. 41).
- 정신은 예식 안에서 표현되며, 그 안에서 가장 생생하게 살아나는 것

이다. 인간의 현세 영역에서 다른 초월적 세계로 관심의 방향을 전환시키지 않고서, 인간은 누구나 공개적으로 거룩한 예식을 올림으로써 그 거룩함의 내용을 참된 인간 존재의 차원으로 표현하며, 동시에 그 참된 인간 존재의 차원에 몸소 참여한다는 양방면에서의 바로 공개적인 거룩한 예식은 인간 존재의 중추적 상징으로 보여지는 것이다. 명백히 거룩한 예는 이렇게 도를 인간 문명 속에, 보다 포괄적이고 이상적이며 전면적인 예식의 조화를 통하여, 완전하게 체현해 내는 찬란한 중심점이 되는 것이다. 인간 생활은 그 전체적인 면에 있어서 마침내 하나의 광대하고 자발적이며 거룩한 예, 즉 신성스러운 예식에 공동 참여를 통하여 사람들이 서로 무리 없이 자연스럽게 어우러지고 융합해 나가는 인간의 공동체로 나타나는 것이다. 이것이 바로 공자의 '궁극적인 관심'이었다. 원자적으로 각기 고립되고 자기완결적인 개개 인간들의 삶 자체보다 더 문제가 되는 유일한 것이 바로 이 점이라고 공자께서는 거듭거듭 말씀하였다(p. 42).

논어는 공동체 속에서 드러나는 인격에 지대한 관심을 두고 있고 예의 중요성도 이런 각도에서 살피고 있다. 여기서 논어에 담긴 상담 지식을 인격 상담이라고 명명할 수 있는 가능성이 엿보인다. 상담자가 성취해야 할 인격의 표본으로서 공자의 주장을 제시하고 거기에 초점을 맞추는 작업이 의미가 있을 것이다.

• 공자에 있어 주된 도덕 문제는 어떤 사람이 자신의 자유의지에 의해 선택한 행위에 대해 그 사람의 책임 소재를 따지려는 것이 아니라, 어떤 사람이 도에 대하여 적절한 교육을 받았는지 그리고 그가 그 도를 열심히 배울 욕구를 가지고 있는지 하는 실제적인 문제들이다. 도덕 질서(예)를 따르지 못하는 행위에 대한 적절한 반응은, 비록 결과가 사악한 것이 될지라도 자유롭게 책임이 따르는 선택에 대한 자기 유

> 죄 판결이 아니라 단순한 결점, 힘의 부족, 요컨대 자기의 '인격 형성'의 부족함을 극복하기 위한 자기 재교육인 것이다…… 공자의 철학적 견해는 인간을 비극적 존재, 내적인 위기와 죄의식을 가진 존재로 보는 면에는 아무런 기초도 제공하지 않는다. 대신 그것은 인간의 존엄성을 마련하는, 사회지향적이고 행위지향적인 관점을 제공해 준다…… 내적인 인간과 내적인 갈등이라는 서양인들에게 익숙한 이미지는 공자의 개념에는 본질적인 것이 아니다. 공자가 이상화한 인간의 존엄성, 신묘함과 세련미가 있는 삶 그리고 그 안에서 실천적 · 지적 그리고 영적인 것들이 동등하게 외경되며, 하나의 행위, 즉 예의 행위 속에서 조화를 이루게 되는 그러한 삶의 모습들의 절정에서 현실화되는 것이다(pp. 66-67).

인간을 개인적 존재가 아니라 철저하게 사회적 존재로 파악하는 관점이 중요하다. 여기서 교육이나 상담의 문제 역시 개인의 내면이 아니라 사회적 관계 속에서 개인이 차지하는 위치와 역할에 집중해야 한다는 발상을 얻을 수 있다.

• 인은 영어로 선, 인간애, 사랑, 자비, 덕, 인간다움, 최상의 인간성 등등으로 번역되었다. 다양한 주석가들에게 인은 미덕, 포괄적인 덕, 정신 상태, 마음 자세와 감정의 복합체, 신묘한 존재로 여겨졌다(p. 70).

다소 애매모호한 부분이 있을지라도 인을 아주 넓은 개념으로 파악해도 좋을 듯.

• 앞에서 보듯, 인은 사람과 사람 사이의 관계와 밀접히 연결된다. 요컨대, 예 속에 정의되어 있는 특정한 형식들을 통해서 상호 간의 신뢰와 존중이 표현되는 곳에 인의 길이 있는 것이다. 이렇게 보면 예와 인은 같은 것의 양면인 것이다. 각각은 인간을 뚜렷하게 인간답게 만드는

역할에 이바지하는 인간 행위의 각각 한 측면을 지시하고 있다. 예는 우리로 하여금 인간의 행위나 관계들에 대한 전통적인 사회적 패턴에 주의를 돌리게 하는 것이며, 인은 그런 행위의 패턴을 추구함으로써 그러한 관계들을 유지하고 있는 사람에게 주목을 하게 한다. 예는 불변하는 규범을 예증하는 것으로서, 자신의 신분에 맞는 특정한 행위를 지시하며, 인은 인간됨의 방향성을 분명히 나타내는, 즉 예의 규정대로 행위하겠다는 그 사람의 심지를 명백하게 표현하는 행위와 연관된다. 예는 한 행위자의 단일하고 개별적인 몸짓, 즉 그런 몸짓을 하는 오직 그 한 개인과, 그런 특수한 행위가 늘어나는 오직 그 하나의 앞뒤 맥락과 연관하여 그 사람 자신이 특정적 · 개별적으로 하고 있는 몸짓과 연관되는 것이다(pp. 76-77).

예와 인은 같은 것의 양면이다. 이를테면 내용과 표현의 관계와 같다. 하지만 이 둘 사이에 갈등과 긴장이 있을 가능성은 얼마든지 있다. 이 부분, 즉 예와 인이 갈등을 이루는 양상을 분류하고 그에 따라 상담이 개입할 수 있는 여지를 생각해 볼 수 있을 것 같다.

- 우리가 해서는 안 될 일은 논어에 나오는 공자의 용어를 개개인의 심리적 차원의 문제로 보는 일이다. 이런 것들을 바라볼 수 있는 첫 번째 단계는 인 및 그와 관련된 다른 덕목들 그리고 예라는 것 등이 논어 원문에서 '의지' '감정' '내심의 상태'라는 말과는 전혀 관계가 없다는 것을 인지하는 일이다(p. 77).
- 논어에 서양적 의미의 내심이란 부재한다는 명명백백한 사실에 주목할 필요가 있다. 논의의 전개를 앞질러 말하자면, 나는 여기에서 단지 정신적인 것이란 공자에게는 공적인 것, 즉 '외면적인 것'—그러나 그 정신적인 것이 신이나 혹은 인간이 아닌 다른 존재들이나 비인간적인 괴력들에서 구현되었다는 의미는 결코 아니다—이라는 점을 언

급해 두려고 한다. 논어 원문을 보면 공자가 적어도 세 가지 경우에 '내적인 것'에 대해서 모호하게 언급했다는 것을 알 수 있다. 그러나 다른 한편, 그는 잘 다듬어진 용어들로 행위나 처신 그리고 행위의 규칙들에 대해 줄기차게 이야기하고 있다. 좀 더 말하자면 '내적인' '사적인' 것에 대한 그의 언급들은 언제나 그곳을 병통의 근원, 즉 도덕 발전의 결여의 장소로 지적하는 경우다. 도덕 발전을 적극적으로 규정짓는 성공이란 객관적으로 처신하는, 말하자면 상호 신뢰와 존중을 예 안에서 특수하고도 구체적으로 나타내는 일이다(pp. 81-82).

논어를 해석할 때 지나친 심리주의를 경계해야 한다. 이렇게 보면 논어 상담의 기본 성격은 개인 내면 상담이라기보다 사회적 관계와 맥락이 중시되는 상담으로 자리매김되어야 한다. 개인과 사회의 관계에 대한 논어의 독특한 관점에 주목할 필요가 있다.

- 사람은 인성의 다듬어지지 않은 원재료만을 가지고 태어나므로 인은 '먼저 어려운 일을 할 것'을 요구한다. 인간은 아직 깎이고 닦이지 않은 원재료, 즉 성숙한 인간으로 형성될 수 있으나, 아직은 조야한 충동들이나 잠재력에 불과한 것이다. 짜임새 있는 인격은 아직 이루어지지 않았다. 인은 예가 계발되는 한에서만 계발된다. 인은 예 안에서 자기 모습을 형성하는 것이다(p. 84).
- 인은 '어려운 일을 한 뒤에' 온다. 물론 예를 배우는 데는 시간과 노력, 인내가 필요하다. 그러므로 사람이 인해지기 위해서는 먼저 시간과 노력, 인내가 필요하다. 인하지 않은 사람은 예와 관계를 가질 수 없다. 자신을 예에 귀의시킬 수 있는 사람은 인하다. 이렇게 인과 예는 상호적으로 작용한다(pp. 84-85).
- 예를 수행하는 데에는 일련의 단계들로 구성된 방법이 있지만 인은 그렇지 않다. 인은 당장이라도 실현되는 것이 바람직하다. 사람은 누

군가에게 인사할 것을 결정하고 그렇게 한다. 이렇게 인사하는 것은 예다. 어떤 특정 맥락에서 우리는 공개적으로 드러난 연속된 몸동작—즉, 복잡한 일련의 손과 팔의 움직임, 규정된 인사말과 교환, 요컨대 시간과 공간의 차원에서 행위적 요소와 언어적 요소들로 분석될 수 있는 일련의 잘 조화된 행위들과 수행—을 보는 것이다. 그러나 누구에게 인사하기로 결정하는 일은, 또한 몇 단계의 정신적 행위로 반드시 나눠질 수 있는 '정신적 행위', 즉 또 다른 '내심의' 행위로 생각할 필요는 없다. 결정을 내리는 데는 내재적 · 본질적인 길 또는 방법은 없다. 사람은 간단히 결정한다(pp. 85-86).

- 인은 어려운 일을 한 뒤에 온다. 즉, 예에 의해 요구되는 행위의 솜씨를 몸에 익힌 뒤에 오는 것이다. 인간들이 상호 교제하는 데 필요한 여러 가지 개명된 솜씨들을 모두 다 익숙하게 배우기는 참으로 어렵다. 하지만 그것은 비상한 능력보다는 인내를 요구한다. 그렇다고 인내하는 방법도 인하는 방법도 특정적 · 규정적으로 있을 수 없다. 사람이 배움을 계속하느냐 그렇지 않느냐 하는 것은 인내하느냐 인내하지 않느냐의 문제인 것이다. 마찬가지로 예 안에서 자기 존엄성을 찾는 주위의 다른 사람들에 대하여 어떤 사람이 똑같은 관심과 배려를 가지고 행동하느냐 못하느냐 하는 것이 인한가 그렇지 못한가의 문제일 뿐이다. 이러한 시각에서 보면 인 되기는 쉽다. 단적으로 인하게 행동하라!…… 예는 특정한 다른 방법을 통해 배워야 하는 것이지만, 인은 원하기만 하면 즉시 가까이에도 있을 수 있는 것이다(pp. 88-89).

인과 예의 관계와 차이에 대해서 언급한 부분이다. 이 문장에서 시간적인 관계에서 보면 예가 인에 앞서야 한다는 힌트를 얻을 수 있다. 예로 훈련하며 시작된 것이 인하는 마음이 솟으면서 완성되는 것이다. 전통사회에서 왜 그렇게 예를 강조했는지 이해가 가는 대목이다.

그리고 주관적으로 불안하다는 마음 상태는 일종의 착각 또는 잘못 교육받거나 교육받지 못한 상태에 불과하다는 해석도 가능하다. 즉, 불안한 마음이 개인 심리 상태의 불균형을 일컫기는 하지만, 그 원인을 심리적인 것으로만 한정해서 설명하려고 할 때 건드리지 못하는 부분이 있을 수 있다. 상담과 교육이 함께 작용해야 할 가능성을 시사한다.

- 공자가 강조한 덕목들은 모두 정말로 '역동적이고' 사회적인 것들이다. 예를 들면, 恕(인간 관계에서의 상호 존중), 忠(충성), 信(타인에 대한 믿음)과 같은 것들은 원래부터 타인들과의 역동적인 관계를 포함하고 있다. 다른 한편, 순수성이나 결백과 같은 '정적이고' '내적인' 덕목들은 논어에서 별로 역할을 못하고 있다(p. 93).

  사람을 사람답게 만드는 힘이 사회 또는 공동체에 있다는 논어의 주장을 다시 한 번 되새길 필요가 있다. 논어 상담은 역시 이 부분을 강조하는 방향으로 가야 할 것이다.

- "덕은 외롭지 않고 반드시 이웃이 있다." 라고 공자는 말한다. 인간은 다른 사람들과 더불어 공동체 예식에 참여함으로써 변신하게 된다. 그렇게 변신할 때까지 인간은 진정한 의미의 인간이 아니며, 다만 인간으로 계발될—마치 갓 태어난 유아나 원시림의 늑대소년 또는 야만인처럼—잠재성만 있는 것이다. 예식이 어떻게 야만인을 우리가 이해할 수 있는 최고 수준의 사람으로 변환시키는가를 이해하게 될 때 비로소 예식은 정당화된다…… 어쨌든 우리는 인간의 뚜렷한 본성과 존엄성에 대한 우리의 비전을 환히 밝혀 주고 심화시켜 주는, 인간과 사회에 대한 하나의 관점을 얻게 된다. 우리가 인간을 원자처럼 고립된 개별적인 자아라기보다는 차라리 주위 사람들과 함께 참여하는 공동체 예식의 참여자로 보게 될 때, 제사 예식에 쓰이는 그릇처럼, 그 사람은 우리들 눈에 새롭고 신성한 아름다움을 지닌 존재로 보이게 되는 것이다(p. 121).

- 바람직한 일상생활: 공자께서 집에서 한가하게 지낼 때에는 그 모습이 매우 가지런하시고, 얼굴빛이 화락하시며, 심신이 편안하셨다.
- 학생 교수법: 학생을 가르치는데, 그가 마음속으로 분명함을 구하려 하나 얻지 못하는 지경에 이르지 아니하면 그를 깨우쳐 주지 않고, 그가 말하고자 하나 오히려 말이 나오지 않는 지경에 이르지 아니하면 그를 개발해 주지 아니한다. 그에게 동쪽을 가르쳐 주었는데, 그가 그것으로 서·남·북 세 방향을 미루어 알지 못하면 다시 그를 가르치지 않는다.
- 다른 사람의 의견을 듣는 법: 나는 참으로 행운아구나. 만약 내게 허물이 있으면 사람들이 꼭 지적해 주니 말이다.
- 완성된 인격의 모습: 공자는 온화하면서 준엄하시고, 위엄이 있으면서 사납지 않으시며, 장엄하면서 점잖으셨다.
- 완성된 인격: 공자는 다음의 네 가지 결점을 조금도 갖고 계시지 않았다. 근거 없이 추측하지 않으시고, 덮어놓고 긍정을 하지 않으셨으며, 융통성 없이 고집을 부리지 않으셨고, 오직 나만이 바르다고 하지 않으셨다.
- 사회적 행동 원리: 예에 맞지 않는 일은 보지 말 것이며, 예에 맞지 않는 말은 듣지 말 것이며, 예에 맞지 않는 말은 하지 말 것이며, 예에 맞지 않는 일은 하지 말 것이다.
- 사회적 행동 원리: "선비는 어떻게 해야 통달했다고 할 수 있습니까?" "어떻게 해야 통달하는가? 품성이 정직하고, 어떤 일이 생기면 이치를 따지며, 다른 사람의 말을 잘 헤아리고서 다른 사람의 안색을 잘 관찰하며, 생각에서도 다른 사람에게 자신을 낮추고자 원하는 것이다."
- 사회적 행동 원리: "어떻게 해야 자기의 덕을 높이고, 자신에 대한 다른 사람의 드러나지 않은 원한을 없애며, 어떻게 어리석은 일을 분별할 수 있는지를 묻고자 합니다." 공자께서 말씀하셨다. "참 잘 물었구

나. 먼저 일을 하고 나서 수확을 얻으면 덕을 높일 수 있지 않겠느냐? 자신의 나쁜 점은 비판하되, 다른 사람의 나쁜 점은 비판하지 않으면 보이지 않는 원한을 없앨 수 있지 않겠느냐? 우연한 분노 때문에 자기를 잊고, 심지어는 부모까지도 잊어버리게 되니, 어리석은 것이 아니겠느냐?"

- 완성된 인격: 강직하고, 결단력 있으며, 소박하고, 말을 쉽게 내뱉지 않는 네 가지 인품을 가진 사람은 인덕에 가깝다.
- 선비의 인격: 서로 비평해 주고, 화목하게 같이 살면 선비라 할 수 있을 것이다. 친구 사이에는 서로 비평해 주고, 형제간에는 화목하게 같이 사는 것이니라.
- 사회적 행동 원리: 미리 다른 사람이 나를 속이지 않을까 의심하지 말고, 또 아무런 근거 없이 다른 사람이 믿음직하지 못할까 미리 추측하지 말 것이되, 오히려 일찍 발견해 낼 수 없는 사람이 현자일 것이라!
- 사회적 행동 원리: "한마디로 평생토록 받들 만한 말이 있습니까?" "아마도 恕가 아닐까! 내가 하고 싶지 않은 어떠한 일을 다른 사람에게 시키지 말아야 한다."
- 사회적 행동 원리(군자가 생각해야 할 아홉 가지): 군자에게 아홉 가지 생각하는 바가 있으니, 볼 때는 분명하게 보았는가를 생각하고, 들을 때는 똑똑히 들었는가를 생각하고, 얼굴의 안색은 온화한가를 생각하고, 용모와 태도는 공손한가를 생각하고, 말은 충성스럽고 솔직한가를 생각하고, 일을 행할 때에는 엄숙하고 진지한가를 생각하고, 의심스러운 것이 있을 때에는 다른 사람에게 어떻게 물을 것인가를 생각하고, 분노가 치밀어 오를 때에는 어떤 후환이 있을 것인가를 생각하고, 얻을 것을 보면 내가 마땅히 얻어야 할 것인가를 생각한다.
- 완성된 인품: 도처에 능히 다섯 가지 인품과 덕성을 행할 수 있으면 어진 사람이라 할 수 있다. 장중하고, 관대하며, 성실하고, 부지런하

고 민첩하며, 자혜로운 것이다. 장중하면 모욕을 받지 않고, 관대하면 많은 사람들의 옹호를 받게 되며, 성실하면 다른 사람에 의해서 쓰임을 받게 되고, 부지런하고 민첩하면 일의 효율이 높아져 공헌하는 바가 커지고, 자혜로우면 사람을 부릴 수 있다.

- 여섯 가지 인품과 병폐: 인덕을 좋아하되 학문을 좋아하지 않으면 그 병폐는 사람들에게 쉽게 우롱당하는 것이고, 총명함을 좋아하되 학문을 좋아하지 않으면 그 병폐는 방탕하고 기초가 없어지게 되는 것이고, 성실함을 좋아하되 학문을 좋아하지 않으면 그 병폐는 남에게 쉽게 이용당해 자기를 해치는 것이고, 솔직함을 좋아하되 학문을 좋아하지 않으면 그 병폐는 말이 날카로워 다른 사람의 마음을 아프게 하는 것이고, 용감한 것을 좋아하되 학문을 좋아하지 않으면 그 병폐는 난을 일으켜 화를 자초하는 것이고, 강함을 좋아하되 학문을 좋아하지 않으면 그 병폐는 겁 없이 함부로 행동하는 것이다.
- 시의 교육적 효용: 제자들아, 너희들은 어찌하여 시를 연구하지 않느냐? 시를 읽으면 연상력을 기를 수 있고, 관찰력을 제고시킬 수 있으며, 다른 사람과 잘 어울리는 훈련을 할 수 있고, 풍자 방법을 배울 수 있다. 가깝게는 그 가운데의 도리를 운용하여 부모를 모실 수 있고, 멀리는 임금을 섬길 수 있을 뿐 아니라, 또한 조수 초목의 이름도 많이 알 수 있다.

둘째, 분류명이 같거나 유사하게 붙여진 문구들을 함께 모았다. 앞에 제시한 문구들을 예로 들어 살펴보자.

◆ 다른 사람의 의견을 듣는 법

- 나는 참으로 행운아구나. 만약 내게 허물이 있으면, 사람들이 꼭 지적해 주니 말이다.

◆ 바람직한(바람직하지 못한) 일상생활

- 인품과 덕성을 배양하지 않고, 학문을 강습하지 않으며, 의가 거기에 있음을 듣고도 오히려 몸소 그곳으로 가지 못하며, 결점이 있어도 고치지 못하는 것, 이러한 것들 모두 내가 우려하는 것이다.
- 공자께서 집에서 한가하게 지낼 때에는 그 모습이 매우 가지런하시고, 얼굴빛이 화락하시며, 심신이 편안하셨다.

◆ 발전의 원리, 복습

- 예전에 익힌 지식을 복습할 때, 새로운 체험과 새로운 발견을 할 수 있다면 곧 선생이 될 수 있다.

◆ 사람을 살피는 법

- 어떤 잘못은 일정한 사람에 의해 저질러진다. 자세히 한 사람이 저지른 잘못을 관찰해 보면, 곧 그가 어떤 유형의 사람인가를 알 수 있다.
- 사람을 살피는 법: 한 사람이 교제하는 친구를 조사하고, 그가 일정한 목표를 달성하기 위해 채용한 방법을 관찰하며, 그의 심정이 무엇에 편안함을 느끼고 무엇에 불안감을 갖는가를 알아낸다. 그렇다면 그 사람됨이 어찌 숨겨질 수 있겠느냐? 그 사람됨이 어찌 숨겨질 수 있겠느냐?

◆ 사회적 행동 원리

- 사람들이 알아주지 않더라도 서운해하지 않는다면 군자가 아니겠는가(자기주도성).
- 진정성: 말을 좋게 하고 얼굴빛을 곱게 하는 사람이 인한 이가 적다(진정성).
- 군자가 천하의 일에 대해서 반드시 어떻게 해야 한다는 규정도 없고,

또한 하지 말아야 한다는 규정도 없는데, 다만 어떻게 하는 것이 합리적으로 합당한지, 이에 따라 할 뿐이다.

- 개인의 이익에 근거하여 행동하면 많은 원한을 불러들이게 될 것이다(합리성).
- "선비는 어떻게 해야 통달했다고 할 수 있습니까?" "어떻게 해야 통달하는가? 품성이 정직하고, 어떤 일이 생기면 이치를 따지며, 다른 사람의 말을 잘 헤아리고서 다른 사람의 안색을 잘 관찰하며, 생각에서도 다른 사람에게 자신을 낮추고자 원하는 것이다."
- 예에 맞지 않는 일은 보지 말 것이며, 예에 맞지 않는 말은 듣지 말 것이며, 예에 맞지 않는 말은 하지 말 것이며, 예에 맞지 않는 일은 하지 말 것이다.
- 직위가 없음을 근심하지 말고, 다만 직위를 맡을 자질이 없음을 근심하라. 자기를 알아주는 사람이 없음을 걱정하지 말고, 다른 사람들로 하여금 자기의 자질을 알 수 있도록 추구하여라.
- 어진 사람을 보면 마땅히 그와 같이 하려고 하며, 어질지 못한 사람을 보면 곧 자신을 반성해야 한다.
- 군자에게 아홉 가지 생각하는 바가 있으니, 볼 때는 분명하게 보았는가를 생각하고, 들을 때는 똑똑히 들었는가를 생각하고, 얼굴의 안색은 온화한가를 생각하고, 용모와 태도는 공손한가를 생각하고, 말은 충성스럽고 솔직한가를 생각하고, 일을 행할 때에는 엄숙하고 진지한가를 생각하고, 의심스러운 것이 있을 때에는 다른 사람에게 어떻게 물을 것인가를 생각하고, 분노가 치밀어 오를 때에는 어떤 후환이 있을 것인가를 생각하고, 얻을 것을 보면 내가 마땅히 얻어야 할 것인가를 생각한다.
- "어떻게 해야 자기의 덕을 높이고, 자신에 대한 다른 사람의 드러나지 않은 원한을 없애며, 어떻게 어리석은 일을 분별할 수 있는지를 묻

고자 합니다." 공자께서 말씀하셨다. "참 잘 물었구나. 먼저, 일을 하고 나서 수확을 얻으면, 덕을 높일 수 있지 않겠느냐? 자신의 나쁜 점은 비판하되, 다른 사람의 나쁜 점은 비판하지 않으면, 보이지 않는 원한을 없앨 수 있지 않겠느냐? 우연한 분노 때문에 자기를 잊고, 심지어는 부모까지도 잊어버리게 되니, 어리석은 것이 아니겠느냐?"

- 미리 다른 사람이 나를 속이지 않을까 의심하지 말고, 또 아무런 근거 없이 다른 사람이 믿음직하지 못할까 미리 추측하지 말 것이되, 오히려 일찍 발견해 낼 수 없는 사람이 현자일 것이라!
- 선생님의 학설은 다만 忠과 恕뿐이다. 恕에 대하여 공자 자신은 "자기가 하고 싶지 않은 것을 남에게 시키지 않는다."라고 했으며, 忠은 서의 적극적 측면, 즉 "자기가 서려 하면 먼저 남을 세우고, 자기가 통달하려면 먼저 남을 통달하게 한다."라고 말했다.
- "한마디로 평생토록 받들 만한 말이 있습니까?" "아마도 恕가 아닐까! 내가 하고 싶지 않은 어떠한 일을 다른 사람에게 시키지 말아야 한다."

◆ 인격과 인품

- 서로 비평해 주고, 화목하게 같이 살면 선비라 할 수 있을 것이다. 친구 사이에는 서로 비평해 주고, 형제간에는 화목하게 같이 사는 것이니라.
- 인덕을 좋아하되 학문을 좋아하지 않으면 그 병폐는 사람들에게 쉽게 우롱당하는 것이고, 총명함을 좋아하되 학문을 좋아하지 않으면 그 병폐는 방탕하고 기초가 없어지게 되는 것이고, 성실함을 좋아하되 학문을 좋아하지 않으면 그 병폐는 남에게 쉽게 이용당해 자기를 해치는 것이고, 솔직함을 좋아하되 학문을 좋아하지 않으면 그 병폐는 말이 날카로워 다른 사람의 마음을 아프게 하는 것이고, 용감한 것

을 좋아하되 학문을 좋아하지 않으면 그 병폐는 난을 일으켜 화를 자초하는 것이고, 강함을 좋아하되 학문을 좋아하지 않으면 그 병폐는 겁 없이 함부로 행동하는 것이다.

- 강직하고, 결단력 있으며, 소박하고, 말을 쉽게 내뱉지 않는 네 가지 인품을 가진 사람은 인덕에 가깝다.
- 공자는 다음의 네 가지 결점을 조금도 갖고 계시지 않았다. 근거 없이 추측하지 않으시고, 덮어놓고 긍정을 하지 않으셨으며, 융통성 없이 고집을 부리지 않으셨고, 오직 나만이 바르다고 하지 않으셨다.
- 공자는 온화하면서 준엄하시고, 위엄이 있으면서 사납지 않으시며, 장엄하면서 점잖으셨다.
- 도처에 능히 다섯 가지 인품과 덕성을 행할 수 있으면 어진 사람이라 할 수 있다. 장중하고, 관대하며, 성실하고, 부지런하고 민첩하며, 자혜로운 것이다. 장중하면 모욕을 받지 않고, 관대하면 많은 사람들의 옹호를 받게 되며, 성실하면 다른 사람에 의해서 쓰임을 받게 되고, 부지런하고 민첩하면 일의 효율이 높아져 공헌하는 바가 커지고, 자혜로우면 사람을 부릴 수 있다.

◆ 교육 방법과 내용

- 학생을 가르치는데, 그가 마음속으로 분명함을 구하려 하나 얻지 못하는 지경에 이르지 아니하면 그를 깨우쳐 주지 않고, 그가 말하고자 하나 오히려 말이 나오지 않는 지경에 이르지 아니하면 그를 개발해 주지 아니한다. 그에게 동쪽을 가르쳐 주었는데, 그가 그것으로 서 · 남 · 북 세 방향을 미루어 알지 못하면 다시 그를 가르치지 않는다(학생 교수법).
- 제자들아, 너희들은 어찌하여 시를 연구하지 않느냐? 시를 읽으면 연상력을 기를 수 있고, 관찰력을 제고시킬 수 있으며, 다른 사람과 잘

> 어울리는 훈련을 할 수 있고, 풍자 방법을 배울 수 있다. 가깝게는 그 가운데의 도리를 운용하여 부모를 모실 수 있고, 멀리는 임금을 섬길 수 있을 뿐 아니라, 또한 조수 초목의 이름도 많이 알 수 있다(시의 교육적 효용).

셋째, 각 분류명에 속해 있는 문구들을 되풀이해 읽으면서 더 세부적으로 나눌 항목들이 있는지, 또 분류명들 사이에 어떤 관계가 있는지 찾아보았다. 일단은 분류명들을 크게 사회생활과 관련된 항목과 인간 변화를 일으키기 위한 항목으로 나눌 수 있다고 판단했다. 그런데 자세히 살펴보니 인간 변화를 일으키기 위한 항목은 다시 태도와 관련된 항목, 구체적인 변화 전략과 관련된 항목으로 세분하는 것이 좋겠다는 생각이 들었다. 이렇게 나누어진 소항목들의 이름은 다음과 같다.

◆ 사회생활과 관련된 항목

- 예절 지키기
- 효제하기
- 충서로 대하기
- 의를 따르기
- 배움 즐기기
- 배움 구하기
- 외모 예절 갖추기
- 실력 배양하기
- 허물 덮기
- 충고하기
- 선입견 배제하기
- 분노 다스리기

◆ 인간 변화를 일으키는 태도와 관련된 항목

- 상호 존중하는 태도
- 독선을 경계하는 태도
- 투명하게 자기를 개방하는 태도
- 모범이 되는 태도
- 관찰하는 태도

◆ 인간 변화 전략과 관련된 항목

- 개성에 맞는 처방
- 타이밍에 맞는 충고와 조언
- 사고 폭을 넓혀 가는 문답법
- 비유법
- 독서와 사색
- 꾸중과 칭찬
- 반복 학습
- 역사인물 비평
- 시, 음악, 예절
- 자기주도성 격려
- 내적 동기화
- 인품 대조법
- 제자 비평
- 점층법

넷째, 상담과 연관을 지으며 앞에서 찾아낸 항목들의 의미를 해석하고 체계적으로 구성하는 작업을 시작하였다. 이때 앞에서 언급한 바 있는 '변화와 적응에 대한 상담적 원리, 전략, 기법에 따라 나누는 방법'을 택해 기술하는 것이 좋겠다는 판단을 하였다. 그리하여 소항목들을 포함하는 큰 주제를 '논어에 제시된 바람직한 사회생활의 원리'와 '공자가 활용한 인간 변화의 원리와 전략'이라는 이름을 붙이게 되었다.

6) 현대 상담의 입장에서 논어에서 추출한 상담 지식의 가치 평가하기

앞의 작업들을 진행하면서 논어에 담긴 상담 지식이 현대 상담에 여러모로 기여할 수 있다는 확신이 들었다. 논어에 담긴 상담 지식 중에는 현대 상담과 아주 유사한 내용들도 있고 또 전혀 새로운 내용들도 있다. 요즘 개념으로 보면 공자의 행적은 상담자가 하는 일과 별반 다르지 않다. 이를테면 제자 집단을 이끌고 다니면서 수시로 인생 상담을 전개한 공자를 집단 상담의 선구자라고 해도 크게 틀리지 않는다.

그리하여 논어와 공자의 행적 중에서 현대 상담에 기여할 수 있는 대표적인 상담 지식을 몇 가지 추려 내었다. 이 상담 지식들을 가족에 대한 개입과 상담, 사회적 관계에 대한 개입과 상담, 상담자가 갖추어야 할 인격, 청담자의 발달과업, 상담 전략과 기법 등 다섯 가지로 나누어 세부적인 논의를 전개하기로 결정하였다.

7) 글쓰기

지금까지 작업한 내용을 설득력 있는 글로 표현할 차례다. 글쓰기는 크게 다섯 가지 절로 나누었다. 다섯 가지 절은 서론이라고 말할 수 있는 '왜 공자의 논어인가?' 본론이라고 말할 수 있는 '논어의 중심 개념' '논어에 제시된 사회생활의 원리' '논어가 현대 상담에 주는 시사점' 그리고 결론이라고 말할 수 있는 '맺음말' 등이다. 그중에서도 이 글의 핵심이라고 볼 수 있는 본론 부분을 어떤 방식으로 써 나갔는지 밝혀 보자.

(1) 논어의 중심 개념에 대해 쓰기

글을 쓰기 전에 선행된 여러 가지 작업을 통해서 필자의 머릿속에는 논어와 논어에 담긴 상담 지식에 대한 총체적인 그림이 그려져 있었다. 따라서 필자가 글을 쓰기 시작할 때부터 논어는 그냥 논어가 아니라 상담자의 시각과 관점에서 본 논어의 성격을 띠게 되었다. 따라서 논어의 중심 개념에 대하여 중립적 자세에서 글을 쓰려고 노력했지만, 결과는 꼭 그렇다고 말할 수 없다. 필자의 상담적 관점이 요소 요소에 스며들어 있을 것이기 때문이다. 사실 논어에서 아무리 중요한 위치를 차지하는 개념일지라도 상담 지식과 무관한 것이라면 굳이 이 글에서 다룰 필요가 없다. 논어의 중심 개념으로서 필자가 찾아낸 인, 예, 인과 예의 관계, 개인과 사회 등은 모두 논어라는 텍스트에 필자의 상담적 안목이 착점하여 찾아낸 내용임을 잊지 말아야 한다.

논어의 중심 개념에 대한 글을 쓸 때 필자는 먼저 써야 할 이야기를 미리 머릿속에 정리하였다. 그리고 이 이야기를 뒷받침하는 근거들을 논어와 주변 자료들에서 찾아서 붙이는 방식으로 기술하였다. 원래 필자의 머릿속에 정리된 이야기는 논어와 주변 자료들을 읽으면서 형성된 것이지만, 글을 쓸 때는 그 반대 방향을 취한 것이다.

이제 항목별로 글을 써 나간 순서를 제시해 보자.

첫째, '인' 항목에 대해서는 그 중요성, 의미 등을 중심으로 논의하였다.

둘째, '예' 항목에 대해서도 그 중요성, 의미 등을 중심으로 논의하였다.

셋째, '인과 예의 관계' 항목에 대해서는 동전의 양면과 같은 인과 예의 속성, 인과 예가 형성되는 순서, 예가 강조되는 이유 그리고 인과 예가 불균형을 이루는 유형 등에 대해 논의하였다.

넷째, '개인과 사회' 항목에 대해서는 논어에 개인에 대한 언급이 없는 이유, 공자가 개인이 아니라 사회 또는 사회적 관계를 주로 언급하고 있는 이유 등에 대해 논의하였다.

(2) 논어에 제시된 사회생활의 원리

논어에 산발적으로 표현되어 있는 사회생활의 원리를 끌어모아 열거하였다. 여기에 제시하는 사회생활의 원리들은 모두 현실 생활에서 '인'을 실현하는 주요한 방법이요 수단이다.

이 부분은 '논어에 제시된 바람직한 사회생활의 원리'와 '공자가 활용한 인간 변화의 전략'으로 나누었고, 공자가 활용한 인간 변화의 원리와 전략은 다시 '사람을 대하는 태도'와 '변화 전략'으로 나누어 기술하였다.

글쓰기는 앞의 작업에서 발견한 소항목들에 대한 간단한 설명과 이를 뒷받침하는 논어 구절을 덧붙이는 식으로 진행되었다. 이 부분에서는 필자의 해석을 가능하면 삼갔다. 앞으로 다양한 활용이 가능한 원자료 상태로 남겨 두는 편이 좋겠다는 판단에서다.

(3) 논어가 현대 상담에 주는 시사점

다른 부분에서도 그렇지만 특히 이곳에서는 연구자의 창의성, 통찰력 그리고 생산적 상상력이 돋보이는 글쓰기가 요구된다. 그리하여 필자는 정해진 틀에 따라가는 방법에서 벗어나, 자유롭게 생각을 펼쳐 나가는 방식으로 글을 써 나갔다. 이 과정 속에서 지금까지 작업하면서 논어에서 발견한 상담 지식과 현대 상담에 대한 필자의 상담적 식견을 한데 아우르려고 노력하였다. 더불어 앞으로 탐색해야 할 상담 가설들을 언급하는 데에도 주저하지 않았다.

논어가 현대 상담에 주는 시사점 다섯 가지는 다음과 같은 순서로 기술되었다.

첫째, '가족에 대한 개입과 상담'에서는 한국 사회에서 가족의 중요성, 가족 관계에 문제가 발생하는 경우 가족 문제에 대한 공자식 해결 방안 등에 대하여 비교적 자세하게 기술해 나갔다. 여기에다 부모-자녀 사이의 예절 문제로 고민하는 청담자를 상담하는 구체적인 방법을 밝혀 보려고 하였다. 아울러 현대 사회에서 유행하고 있는 가족 상담에서 공자가 일찌감치 통찰한 가족 예절의 중요성을 부각시키려고 하였다.

둘째, '사회적 관계에 대한 개입과 상담'에서는 개인에게 미치는 사회의 역할, 논어에 제시된 사회생활의 원리들이 오늘을 살아가는 현대인에게 주는 가치 그리고 '인'과 '예' 사이의 불균형 관계를 중심으로 현대 상담에서 생각할 거리를 정리하였다. 특히 '인'과 '예' 사이에 발생할 수 있는 불균형 관계를 몇 가지 유형으로 나누어 각각의 경우에 지혜롭게 대처하는 상담적 방법을 비교적 자세하게 논하였다.

셋째, '상담자가 갖추어야 할 인격'에서는 상담 관계의 특성, 상담자가 유지해야 하는 상담 관계의 일관성, 인격적인 관계의 의미, 이상적인 상담자로서 공자의 인격적인 모습, 상담 관계에서 상담자 인격의 중요성 등에 대하여 논하였다. 아울러 현대 상담자가 되돌아보아야 할 인격의 표준으로서 공자를 제시하고, 상담학이 앞으로 인격에 깊은 관심을 기울여야 할 필요성을 역설하였다.

넷째, '청담자의 발달과업'에서는 상담에서 발달과업이 갖는 중요성, 공자가 제시한 발달 단계와 발달과업, 공자가 제시한 발달 단계의 특성과 그에 따라 전개되어야 할 상담의 모습을 논하고 있다. 특히 공자가 제시한 첫 번째 발달 단계에 대해서는 그 특성에 어울리는 상담의 모습을 예로 들며 설명하였다. 발달과업에 대한 부분 역시 앞으로 더 탐구되어야 할 과제로 강조하였다.

다섯째, '상담 전략과 기법'에서는 앞에서 정리한 변화 전략과 기법들의 현대적 의미를 부각시켰다. 그중에서도 타이밍에 맞는 조언과 충고,

역사인물 비평, 제자 비평, 인품 대조법 등에 대해 앞으로 현대 상담이 주목해야 할 새로운 전략으로서 그 의미와 응용 방법에 대한 생각을 펼쳐 보았다.

4. 맺음말

이 글은 제목 그대로 훌륭한 고전이 있음을 전제하고, 그 고전에서 상담 지식을 추출해 가는 과정에 대해 설명했다. 실제로 한 권 또는 두어 권으로 압축된 고전에 대해서는 이 글에서 설명한 방식을 따라가면 큰 무리가 없다(박성희, 2007b). 그런데 때로는 탐구하려는 대상이 유명한 사상가이고 그 사상가의 생각이 한 권이 아니라 여러 권의 서적에 분산되어 나타날 때가 있다. 이런 경우에도 이 글에서 설명한 상담 지식 추출 방법은 여전히 효과가 있을 것이다. 고전에서 상담 지식을 추출할 때 해당 고전 이외에 다른 주변 자료들을 검토하는 과정과 탐구하려는 사상가의 생각이 담긴 모든 자료들을 꼼꼼히 검토하는 과정에 커다란 차이가 있을 것 같지 않다. 그러므로 비록 이 글이 고전을 염두에 두고 집필되었지만 사상가를 탐구할 경우에도 유사하게 적용 가능하다고 생각된다(박성희, 2007c). 물론 자료의 특성에 따라 탐구방식이 조금씩 달라지는 것은 너무도 당연한 일이다.

이 글은 고전에서 상담 지식을 추출하는 하나의 방법론적인 틀을 제시했다는 점에 의의가 있다. 전에 없던 새로운 방법론적 틀이기 때문에 생소하기도 하고 또 치밀하지 못한 부분이 발견될 수도 있다. 그럼에도 불구하고 이 방법론을 내는 이유는 첫발을 내디디지 않으면 발전은 없다는 절박한 심정에서다. 필자의 『동양상담학 시리즈』는 한국적 상담 지식과 동양적 상담 지식을 다룬 서적들이다. 그 작업을 하면서 우리 고전, 전통, 역사, 사상, 문화 속에 상담학자의 손길을 기다리는 무수한 상담 지식이 담겨 있다는 확신을 갖게 되었다. 문제는 이들을 적당한 방법으로 걸러 내어 체계화하는 일이다. 이 글은 그런 일에 관심을 가진 사람들에게 도움이 될 첫걸음으로서 가치가 있다. 앞으로 이 방법이 상담학 연구자들의 좋은 도구가 되어 훌륭한 상담 지식을 창출하는 데 이바지하기를 바란다.

지금까지 설명한 방법을 통해 『논어와 상담』이라는 제목으로 최종 완성된 글이 『동양상담학 시리즈』 제4권으로 이미 출판된 바 있다. 필요한 분은 참조하기 바란다.

참고문헌

김용옥(2001). 도올논어1. 서울: 통나무.

김용옥(2002). 도올논어2. 서울: 통나무.

박성희(2007a). 논어와 상담. 서울: 학지사.

박성희(2007b). 도덕경과 상담. 서울: 학지사.

박성희(2007c). 퇴계유학과 상담. 서울: 학지사.

박이문(2005). 논어의 논리: 철학적 재구성. 서울: 문학과 지성사.

성백요(1994). 논어집주. 서울: 전통문화연구소.

양백준(1997). 논어역주. 서울: 중문.

왕방웅, 증소욱, 양조한(황갑연 역, 2002). 논어철학. 서울: 서광사.

이장지(조명준 역, 1985). 인간공자: 현대 중국은 공자를 어떻게 평가하는가? 서울: 한겨레.

천웨이핑(신창호 역, 2002). 공자평전. 서울: 미다스북스.

허버트 핑가레트(송영배 역, 1993). 공자의 철학: 서양에서 바라본 예에 대한 새로운 이해. 서울: 서광사.

제 9 장

근거이론과 상담

1. 근거이론의 필요성

상담자는 상담을 하면서 청담자에 대한 이론을 구성한다. 청담자의 현재 심리 상태는 어떤지, 그런 상태를 야기한 원인에는 무엇이 있는지, 청담자가 처한 환경은 그에게 어떤 영향을 미치고 있는지, 어떤 처방을 내리는 것이 청담자에게 가장 좋은지 등에 대하여 나름대로 이론을 구성하고 그에 따라 자신의 행동을 조절해 나간다. 선입견 없이 청담자를 만나야 한다고 주장하는 인간중심 상담에서도 상담이 진행되면서 상담자는 서서히 청담자에 대한 이론을 갖게 된다. 하물며 특정 상담이론을 지지하거나 그 이론의 바탕 위에 상담을 전개하는 상담자의 이론지향성은 더 말할 나위 없다. 사정이 이렇다면, 청담자에 대한 이론을 구성하는 상담자의 행위는 말릴 일이 아니라 오히려 지원해야 할 일이다. 청담자의 현실을 정확하게 꼬집어 내고, 청담자가 보이는 여러 가지 증상이나 심리현상을 적절하게 설명할 수 있는 이론틀을 상담자가 갖게 되면 궁극적으로 청담자에게 도움이 된다. 문제는 상담자가 구성한 이론이 얼마나 정확하고 설득력이 있는가에 달려 있다.

앞에서 설명한 여러 연구방법들도 어떻게 보면 청담자를 이해하기 위한 이론 구성 방법이라고 표현할 수 있다. 특히 현상학적 · 심리학적 연구와 체험분석은 청담자에 대한 이론 구성과 밀접한 연관이 있다. 다만 그 치밀성과 현장성 그리고 이론적 체계화의 정도에 차이가 있을 따름이다.

근거이론(Grounded Theory: 앞으로는 편의상 GT로 기록하겠음)은 연구대상에서 수집한 자료를 바탕으로 귀납적으로 이론을 구성하는 사회학적 연구방법의 하나다. 귀납적이라는 말은 이론 구성이 현실에 들어 있는 자료에 기초해서 이루어진다는 뜻이다. 그러니까 연구자는 선입견을 가지지 않은 채 현실 또는 현장에서 수집한 자료를 뒤적이면서 이론화할 수 있는 단서들을 찾아내고 이들을 서로 얽어서 체계화된 이론을 구성한 다음, 다시 또 자료에 비추어 구성된 이론의 현실적 타당성을 검증하는 과정을 거친다는 뜻이다. 이렇듯 현실 자료와 이론화 작업을 하나로 묶어 놓음으로써 양쪽 중 어느 한쪽에 치우치지 않은 균형 잡힌 이론을 창출하는 데 도움을 주려는 방법론이 GT다. 방금 말한 대로 GT를 수행하는 데 가장 중요한 자세는 자료에 대해 열려 있는 개방성이다. 하지만 이 말이 GT만의 고유한 연구절차가 없다는 말은 아니다. GT 연구자들은 현장 자료에 개방된 자세를 취하지만 이 자료들을 GT에서 개발한 일정한 연구 과정과 절차의 틀을 따라 분석할 때 생산적인 이론이 나온다고 본다. 따라서 현실 자료에 개방된 자세 못지않게 GT가 제시한 분석과정을 엄격하게 따라가는 일도 중요하다.

원래 GT는 사회학 분야에서 질적 분석 기법의 하나로 개발된 연구방법이다. 하지만 이제는 사회학 분야를 넘어서서 여러 사회과학 분야에서 활용되는 연구방법으로 자리를 잡았다. 상담과 심리치료의 분야도 예외는 아니다(Strauss & Corbin, 1990). 상담이 시작되면 상담자들은 청담자에 대한 엄청난 자료를 수집하게 된다. 상담회기를 녹음 · 녹화할 경우 상담회기가 늘어날수록 상담자료는 엄청 불어난다. 어차피 이 자료들을 통해 청담자에 대한 이론을 구성하는 것이 상담자의 일에 속한다면, 막연한 감으로 하는 것보다 엄격하고 체계적인 과정을 거쳐 현실 검증성이 높은 이론을 구성하는 편이 나을 것이다. 이런 방법으로 상담자가 구성한 이론은 개인 청담자를 이해하는 이론으로서도 중요하지만 그 수가 충분히 집적되면 특정 상담과제를 이해하는 거시적 이론의 개발이라는 차원에서도 기여할 바가 있다. GT가 상담연구에 기여할 바가 매우 크다고 여겨지는 것은 이런 이유 때문이다.

2. 근거이론의 특성

'근거이론(GT)'은 철저하게 경험적 자료에 근거를 두고 구성하는 이론을 뜻한다. 다시 말하면, 연구하려는 현상에 대하여 체계적으로 자료를 수집하고 적절한 분석을 수행함으로써 새로운 이론을 만들고, 이 이론의 타당성을 다시 자료에 비추어 검증하면서 점차 세련된 이론으로 발전시키는 방법이다. 따라서 근거이론에서는 자료 수집, 분석, 이론 구성이 서로 긴밀하게 연결되어 있다. 자료 → 분석 → 이론 → 자료 → 분석 → 이론으로 순환되는 다단계적 이론 구성의 과정이 근거이론의 특성이라는 말이다. 바로 이 같은 근거이론의 귀납적 특성은 새로운 영역에 대한 탐구, 미지의 세계에 대한 탐구에 활용될 여지가 많다.

근거이론은 하나의 현상에 대하여 근거 있는 이론을 귀납적으로 도출하기 위하여 일련의 체계적 절차를 사용하는 질적 연구방법이다(Strauss & Corbin, 1990). 따라서 이 접근은 자료를 수집하여 숫자를 부여하거나 이들을 느슨하게 관련짓는 데서 그치지 않고, 현실에 대한 이론화된 공식을 구성하는 데 초점을 맞춘다. 이 방법을 통하여 연구자는 새로운 개념을 찾아내고 또 개념들 사이의 체계적인 관계를 창출해 내는 작업에 참여한다. 좀 더 쉽게 말하면 근거이론을 통하여 연구자는 하나의 새로운 이론을 만들어 간다.

그렇다면 근거이론이 지향하는 바람직한 이론은 어떤 것일까? 흔히 네 가지 준거가 언급된다(Glaser, 1978; Glaser & Strauss, 1967). 첫째, 적합성(fit)이다. 이론은 현실 생활의 어떤 부분을 추상화한 것이다. 만일 이론 구성의 과정에서 현실 속에 들어 있는 다종 다양한 자료들이 제대로 수집되고 분석되었다면, 그 이론은 일상생활의 실제 영역에 충실히 들어맞게 된다. 이런 경우 현장과의 적합성이 보장될 수 있다. 둘째, 이해 가능성(understanding)이다. 현실을 잘 드러내는 이론이라면 연구를 수행하는 사람에게나 연구대상자 모두에게 쉽게 이해되고 그럴듯하다고 여겨져야 한다. 연구자에게만 이해되는 이론이라면 실제 생활을 설명하는 공식으로서 별 쓸모가 없다. 셋째, 일반성(generality)이다. 이론은 구체적인 사실 자료들로부터 도출되기는 하지만 그 자료들을 벗어나 다양한 맥락에서 적용 가능할 정도로 충분한 추상성과 일반성을 가져야 한다. 주어진 자료들을 설명하는 데서 그치는 이론은 지나치게 특수화되어 그 유용성이 떨어진다. 넷째, 통제성(control)이다. 어떤 현상에 대한 이론은 그 현상과 관련된 행동을 조절하고 통제할 수 있는 힘을 가지고 있어야 한다. 아울러 그 이론을 적용할 때 필요한 조건들을 분명하게 명시하여야 한다.

3. 근거이론의 역사

연구방법론으로서의 근거이론은 두 명의 사회학자인 Barney Glaser와 Anselm Strauss에 의해 시작되었다. 서로 다른 배경을 가진 이 두 사람은 상호 협력하여 질적 자료를 분석하는 방법을 발전시켰다. Anselm Strauss는 오랜 역사의 질적 연구 전통을 간직한 시카고 대학 출신이다. 시카고 대학에서 그는 상호교섭론(interactionist)과 실용적 글쓰기(practical writing)의 영향을 많이 받았는데, R. E. Park, W. I. Thomas, J. Dewey, G. H. Mead 등이 그에게 많은 영향을 끼친 주요 인물들이다. 시카고 전통이 그에게 가르친 교훈을 몇 가지로 요약하면, 첫째, 실제로 무슨 일이 벌어지고 있는지 알기 위해서는 현장에 가야 한다는 연구의 현장성, 둘째, 하나의 학문을 발전시키는 원동력으로서 현실에 뿌리를 내린 이론의 중요성, 셋째, 끊임없이 발전하는 경험과 체험의 성격, 넷째, 자기가 사는 세상을 변화시키는 개인의 능동적 역할, 다섯째, 변화와 과정 그리고 삶의 가변성과 복합성에 대한 강조, 여섯째, 조건, 의미, 행동 사이의 상호관계 등을 들 수 있다. 또한 현장연구에 대한 실제 경험을 가진 사람으로서 Strauss는 자료 수집, 분석, 코딩 절차 사이에 들어 있는 미묘한 상호작용에 대하여 깊은 관심을 가지고 있었다(Strauss et al., 1964).

Barney Glaser는 컬럼비아 대학에서 훈련을 받고 주로 질적 연구방법론의 혁신자로 알려진 Paul Lazarsfeld로부터 많은 영향을 받았다. 질적 분석을 수행하면서 Glaser는 공식처럼 잘 다듬어진 사고의 중요성을 강조하였고, 코딩과 연구 과정에 체계적 절차의 적용을 중시하였다. 컬럼비아 대학의 연구 전통은 또한 이론의 개발과 연계하여 실증연구의 중요성을 소홀히 하지 않았다.

이 두 사람은 1967년 근거이론 연구에 대한 최초의 서적을 발간한 이후 계속해서 이 연구방법을 정교화해 나갔다(Glaser, 1978; Glaser & Strauss, 1967; Strauss, 1987; Strauss & Corbin, 1990). 이들은 이전에 사회학에서 유행하던 연역적 이론 지향성에 반대하여 이론은 자료들, 특히 행동, 상호작용, 사람들의 사회적 과정 등 현장에 있는 자료들 속에 '뿌리를 둔 것(grounded)' 이어야 한다는 주장을 흔들림 없이 펼쳐 나갔다. 그러나 공동작업을 통해 『죽음에 대한 인식(Awareness of Dying)』, 『죽을 때(Time for Dying)』 등과 같이 인구에 회자되는 많은 작품들을 함께 출판하였음에도 불구하고, 두 사람은 근거이론에 대하여 이견을 갖게 되었고 종국에는 Glaser(1992)가 Strauss에 대하여 비판을 통렬히 가하는 상황에 이르게 된다. 그리하여 두 사람의 우정은 깨졌지만, 근거이론에 대한 연구와 출판은 계속 이어져서 오늘날 이 연구방법은 사회학, 간호학, 교육학, 여타 사회과학 영역에서 인기 있는 도구로 자리를 잡게 되었다(Creswell, 1998).

최근 일단의 학자들이 등장하여 현장 자료와 객관적 연구절차에 초점을 두고 실증주의적 연구 전통에 충실하게 GT의 틀을 잡으려는 Glaser, Strauss의 입장을 비판하고 있다(Best, 1995; Charmaz, 2000; Conrad, 1990).

이들에 의하면, 기존의 GT는 개인의 주관적 세계 안으로 들어가는 것을 어렵게 하여 경험에 대한 이해를 제한하며, 사회적인 세계와 주관적인 경험의 표상을 축소시키고, 전문관찰자로서의 연구자의 권위에 의존하며, 분석과정에 객관적 절차를 지나치게 강조하는 잘못을 저지르고 있다고 한다. 따라서 GT 연구과정에 연구참여자 또는 연구참여자의 경험을 포함시키는 방향으로, 다시 말하면 구성적 색채를 강화하는 방향으로 GT가 수정되어야 한다고 주장한다. 종래의 GT를 객관주의적 GT(objective grounded theory)라고 한다면 이들이 주장하는 GT는 구성주의적 GT(constructive grounded theory)라고 이름 붙일 수 있다(Charmaz, 2000). 우리는 이 글에서 객관주의적 GT를 다룰 것이다.

4. 근거이론의 절차

근거이론은 크게 보아 자료 수집(sampling), 자료분석(coding), 이론화(theorizing)의 과정을 거친다. 이 중에서 근거이론의 특성을 가장 명료하게 드러내는 과정이 자료분석이다. 이 자료분석을 통해서 수집된 자료로부터 실제적인 이론(substansive theory)을 이끌어 내는 일이 가능하기 때문이다. 그렇다면 근거이론의 자료분석은 어떤 방식으로 이루어질까? Strauss와 Corbin(1990)은 『질적 연구의 기초(*Basics of qualitative research*)』라는 책에서 GT를 14장으로 나누어 설명하고 있는데 이 중 5장에서 10장에 이르는 6개의 장이 GT 분석과정의 핵심을 이룬다. 여기에 실린 내용은 이 6개의 장에 실려 있는 내용 중 코딩과 관련된 핵심 부분을 발췌하여 재구성한 것이다. 보다 상세한 정보를 원한다면 원전을 참고하기 바란다(이 글을 다 쓴 후에 필자는 Strauss와 Corbin의 『*Basics of qualitative research*』가 국내에 번역되어 출판되었다는 사실을 알았다. 관심 있는 이는 신경림의 번역본을 참고 바란다).

근거이론의 분석은 코딩(coding)이라고 불린다. 코딩은 자료를 잘게 나누고, 개념화하고, 새로운 방식으로 다시 조직하는 절차를 말하는데, 이는 자료로부터 이론이 형성되는 핵심 과정에 속한다. GT 분석에는 세 가지 주요한 코딩 절차가 들어 있다. 개방 코딩(open coding), 축 코딩(axial coding), 선택적 코딩(selective coding)이 그것이다. 하지만 이 세 가지 코딩의 구분은 인위적인 것이다. 어떤 단계에는 어떤 코딩을 해야 한다는 식으로 고정된 것이 아니라는 말이다. 연구의 진행 과정과 더불어 이 세 가지 코딩은 언제든 다시 검토될 수 있다(대개 개방 코딩과 축 코딩은 연구의 초기에 사용되지만 연구가 진척되면서 언제든 다시 검토될 수 있다). 그리고 자료수집과 자료분석은 상호 영향을 주는 긴밀한 관계를 맺고 있다. 자료 속에서 분석할 내용이 발견되기도 하지만 분석이 자료수집의 방향을 정해 주는 역할을 하기 때문이다.

그러면 이제부터 GT 분석의 핵심 과정인 코딩의 절차와 방법을 보다 상세히 살펴보도록 한다.

1) 개방 코딩

개방 코딩은 분석의 한 부분으로서 자료에 대한 면밀한 조사를 통하여 주어진 현상에 특별한 이름을 붙이고 범주화하는 과정을 포함한다. 이 기초적인 첫 번째 분석 단계가 없으면, 이후에 따르는 나머지 분석과 의사소통이 일어날 수 없다. 개방 코딩을 하는 동안 자료는 분별이 가능한 부분으로 잘게 나누어지고 자세하게 조사된다. 연구자는 자료 속에 반영되어 있는 현상에 대하여 계속 질문을 던지면서 파고드는데 이 과정에서 자료 안에 담긴 유사성과 차이점이 소상하게 드러난다.

(1) 절차

개방 코딩 과정은 두 가지 분석절차가 기본이 된다. 첫째는 비교하기(making of comparison)이고 둘째는 질문하기(asking of question)다. GT는 때로 '지속적으로 질문을 던지며 비교하는 분석 방법'이라고 불릴 정도로 이 두 절차를 중시한다. 이 두 절차는 GT의 개념에 정확성과 특수성을 동시에 부여하는데, 다음 설명을 통해서 이 두 가지 절차가 어떻게 사용되는지 알아보도록 하자.

① 현상에 이름 붙이기(labeling phenomena)

수집된 원자료(raw data)는 연구자에 의해 가공되기 전에는 의미 없는 자료 덩어리에 불과하다. 따라서 이 자료 덩어리를 잘게 나누어 모종의 개념을 부여하는 작업은 GT 분석의 첫걸음이 된다. 여기서 잘게 나누고 개념화를 한다는 말은 관찰한 내용, 문장, 문단 하나하나를 떼어 내고 각각 분별이 가능한 사건(incident), 아이디어(idea), 사상(事象, event) 등에 이를 대표할 만한 이름을 부여한다는 뜻이다. 그러면 이를 어떻게 해 나갈까? 우리는 자료 하나하나에 대해서 '이것은 무엇이지? 이것은 무엇을 나타내고 있지?'와 같은 질문을 던진다. 이런 식으로 계속해서 사건과 사건을 비교하며 동일한 이름을 부여할 수 있는 유사한 현상들을 찾아 나간다. 이 방법을 보다 잘 이해하기 위하여 다소 긴 예를 하나 들어 보자.

당신이 꽤 이름난 음식점에 있다고 상상하자. 이 음식점은 3층으로 되어 있는데, 1층은 바, 2층은 작은 식사 장소, 3층은 주 식사 장소와 부엌이 있다. 부엌은 열려 있어서 그 안에서 하는 일을 밖에서 볼 수 있다. 3층에는 와인, 술, 유리잔 등도 배치되어 있다. 저녁 식사를 기다리는 동안 당신은 부엌에 서 있는 빨간 옷을 입은 여인을 바라본다. 호기심이 생겨서 당신은 그녀가 하는 일이 무엇인지 알아보려고 귀납적인 분석을 하기로 마음먹는다.

그녀는 작업공간(a work site)인 부엌 주변을 여기저기 둘러보면서 무슨 일이 일어나고 있는지 주의 깊게 살피고 있다. 이 행동을 보면서 당신은 그녀가 여기서 무엇을 하고 있는지 물어보고, 지켜보기(watching)라는 이름을 붙인다. 그러면 무엇을 지켜볼까? 그것은 부엌일(kitchen work)이다.

다음, 어떤 사람이 그녀에게 다가와 무언가를 묻고 그녀는 대답한다. 이 행동은 지켜보는 행동과 다르다. 그리하여 당신은 이 행동을 정보 전달하기(information passing)라고 이름 붙인다. 그녀는 주변에 일어나는 모든 일을 주목하는 것 같다. 당신은 이를 주의 기울이기(attentiveness)라고 이름 붙인다. 빨간 옷을 입은 그 숙녀는 어떤 사람에게 다가가서 무엇인가를 말한다. 이 사건은 또한 정보의 전달을 포함하고 있기 때문에, 당신은 이를 다시 정보 전달하기라고 이름 붙인다.

부엌에서 일어나는 이 모든 활동의 중심에 서 있으면서도 그녀가 그것을 방해하는 것처럼 보이지 않는다. 이 현상을 기술하기 위하여 당신은 불침입성(unintrusiveness)이라는 용어를 사용한다. 그녀는 재빠르고 조용하며, 효율성 있게(efficiency) 걸어 돌아서 식사 장소로 들어가는데 여기서도 역시 지켜보는(watch) 일을 한다.

그녀는 모든 사람과 모든 일을 따라가며 감찰(monitoring)하는 것처럼 보인다. 하지만 무엇을 감찰하는가? 당신이 예민하게 관찰하면 그녀가 서비스의 질(quality), 즉 웨이터가 고객에게 어떻게 반응하고 상호작용하는지, 서비스에 걸리는 시간(timing of service), 즉 고객이 자리에 앉아 주문한 후 그 음식이 배달되는 데 얼마나 걸리는지, 그리고 그 서비스에 대한 고객의 반응과 만족(customer response and satisfaction)을 감찰한다는 사실을 알 수 있을 것이다.

웨이터 한 사람이 커다란 파티를 열기 위한 주문을 받아 오자, 그녀는 부엌으로 들어와 도움을 제공한다(providing assistance). 그 여인은 자신이

해야 할 일을 잘 알고 있고, 거기에 능숙해서 경험이 많아(experienced) 보인다.

그녀는 부엌 옆에 있는 벽으로 걸어가 정보를 얻기 위하여(information gathering) 일정표를 들여다본다. 지배인이 내려오자 그들은 잠시 이야기를 나누고 빈자리를 둘러본 후 자리를 잡은 고객들이 식사를 어느 정도 하고 있는지 살펴본다. 두 사람은 협의(conferring)를 하는 중이다.

이 예는 현상에 이름 붙이기가 무슨 뜻인지 이해하는 데 충분한 도움을 줄 것이다. 흔히 초보자들은 개념화와 단순한 요약하기를 구분하지 못할 때가 있다. 제대로 이름을 붙이려면 단순히 사실을 기술하거나 일어난 일을 요약하는 것이 아니라 여러 행동을 묶어서 표현할 수 있는 개념을 찾아내는 것이 중요하다. 예를 들면, 일정표 읽기, 청소된 유리컵의 개수 세기, 요리사에게 질문하기 등의 행동이나 사건들은 '정보 수집(information gathering)'이라는 하나의 개념으로 압축될 수 있다.

② 범주 발견하기(discovering categories)

분석을 하다 보면 때로는 찾아낸 수십, 수백의 개념들로 인해 혼란스러울 때가 있다. 어떤 자료 속에 들어 있는 특정한 현상이 확인되고 연구자가 그에 대한 개념들을 찾아낸 후에는 이를 무리 지어 묶을 필요가 있다. 이렇게 동일한 현상에 속하는 것으로 보이는 개념들을 묶는 것이 범주화다. 하나의 범주에 의하여 대표되는 현상에도 하나의 이름을 부여한다. 하지만 이 이름은 그 아래 포섭되는 개념들에 주어진 이름보다는 더 추상적이어야 한다. 범주는 다른 개념들이나 하위범주들을 끌어모을 수 있기 때문에 개념적 힘을 갖는다.

범주화는 다양한 방식으로 이루어질 수 있다. 먼저, 이름 붙이기 과정을 따라가면서 각각의 개념을 취하고 그 개념이 어떤 종류의 현상을 포함하고 있는지, 그것이 앞에 있는 다른 현상과 유사한지 차이가 있는지 물어볼 수 있다. 또는 한 걸음 물러서서 찾아낸 개념들 전체를 바라보면서 유사한 특성을 지닌 개념들끼리 묶을 수도 있다.

앞에 나온 예를 살펴보면 여인의 감찰하기, 협의하기, 지켜보기 등은 일의 흐름을 평가하고 유지하기 위한 활동이라는 범주로 묶을 수 있다. 또한 주의 기울이기, 불침입성, 경험 많음 등은 일의 흐름을 평가하고 유지하는 데 능한 사람의 속성이라는 범주로 묶을 수 있다. 그리고 이 두 가지 범주의 일을 수행하는 여인은 음악을 지휘하는 지휘자처럼 음식점의 일을 총지휘하는 역할을 맡고 있으므로 음식 지휘자(food orchestrator)라는 범주를 사용할 수 있다. 따라서 우리는 여기서 음식 지휘자라는 하나의 상위범주와 일의 흐름을 평가하고 유지하는 활동 및 좋은 음식 지휘자가 되기 위한 조건이라는 2개의 하위범주를 발견할 수 있다.

③ 범주에 이름 붙이기(naming a category)

범주에는 어떻게 이름을 붙일까? 앞의 예에서 '음식 지휘자'라는 범주의 이름은 연구자가 발명한 것이다. 대부분의 이름들은 이렇게 연구자로부터 나온다. 연구자가 선택하는 이름은 그것이 대표하는 자료들과 논리적으로 잘 연결된 것이어야 하며, 그것이 칭하는 바를 신속하게 떠올릴 수 있게 할 정도로 인상적이어야 하고 동시에 추상적인 개념이어야 한다. 하지만 연구자는 처음부터 올바른 이름을 찾아야 한다는 중압감을 느낄 필요는 없다. 나중에 보다 적절한 이름이 떠오르면 먼저 것을 바꿀 수도 있다. 중요한 것은 하나의 범주에 이름을 붙임으로써 이를 기억하고 그에 대해 생각하고 무엇보다도 그것을 분석적으로 발전시키기 시작했다는 점이다.

어떤 이름들은 연구자가 전공하고 있는 학문 분야나 전문 분야에서 읽었던 개념 풀에서 가져올 수도 있다. 또는 연구자 스스로 보이는 현상들을 포괄할 수 있는 새로운 이름을 발명할 수도 있다. 예를 들어, 당신이 놀이 중인 아동에 관해 연구한다고 치자. 당신이 지금까지 관찰한 바를 '움켜쥐기' '숨기' '무시하기' 등과 같은 용어를 사용하여 코딩하였다고 치자. 이에 대해 당신이 질문을 던지며 자료를 분석하고 골똘히 생각한 결과, '장난감을 함께 갖고 놀기를 피하려는 전략'이라는 말이 머리에 떠올랐다고 하자. 그러면 당신은 '아, 이 모든 것들이 장난감을 공유하기를 피하려는 전략'임을 알게 되고, 아이들의 움켜쥐고, 숨고, 피하고, 무시하는 행동들을 바로 그 한 가지 주제 아래로 묶을 수 있다.

④ 속성 및 차원과 관련하여 범주 개발하기(developing categories in terms of their properties and dimensions)

속성은 범주의 특성 또는 특징을, 차원은 연속선상 위에 놓인 속성들의 위치를 말한다. 하나의 범주를 개발할 때 연구자는 먼저 속성들에서 시작하여 나중에 이를 차원화한다.

속성과 차원을 인지하고 이를 체계화하는 작업은 매우 중요하다. 왜냐하면 이들은 범주와 하위범주들 간의 관계 그리고 나중에는 범주들 간의 관계를 지을 수 있는 토대를 제공하기 때문이다. 따라서 속성과 범주 그리고 그들의 관계의 성격을 이해하는 일은 GT를 개발하기 위한 모든 분석적 절차를 이해하는 데 필수적이다.

위에서 정의한 대로 속성은 어떤 현상의 특성이나 특질을 말한다. '색깔'이라는 범주를 살펴보면, 그 속성에는 명도, 채도, 색감 등이 포함된다. 이 속성들은 각기 나름대로의 방식으로 차원화될 수 있다. 색깔은 그 명도가 낮은 것에서 높은 것으로, 색감은 밝은 것에서 어두운 것으로, 채도는 높은 것에서 낮은 것으로 연속선 위에 위치를 표시할 수 있다.

처음에 설명한 예에서 지켜보기에 대해 속성과 차원을 적용해 보자. 먼저, 우리는 여인의 지켜보는 행동에 대한 빈도(frequency)를 기록할 수 있다. 그 여인은 한 지역을 다른 지역에 비해 얼마나 자주 지켜보는가? 둘째, 정도(extent)라는 속성도 생각해 볼 수 있다. 그 여인은 한 지역을 다른 지역에 비해 얼마나 많이 지켜보는가? 셋째, 강도(intensity)라는 속성이다. 그 여인이 어떤 지역을 지켜보는 강도가 높은가 낮은가? 그리고 이것은 시간이 지남에 따라 달라지는가? 넷째, 기간(duration)이라는 속성이다. 그녀는 어떤 지역을 얼마나 긴 시간 동안 바라보는가? 이를 간단히 도식화하면 다음과 같다.

범주	속성	차원적 범위 (각 사건에 적용된)
지켜보기	빈도	자주 ········· 결코 없음
	정도	많게 ········· 적게
	강도	높게 ········· 낮게
	기간	길게 ········· 짧게

⑤ 개방 코딩을 하는 다양한 방법들(variations on ways of doing open coding)

개방 코딩을 하는 몇 가지 방법들을 살펴보자.

첫째는 면담과 관찰 자료들을 한 줄씩 분석하는 방법이다. 여기에는 구절에 대한 자세한 조사와 때로는 어휘에 대한 조사도 포함되는데, 지루하기는 하지만 가장 정밀하면서도 가장 생산적인 작업이다. 줄간 분석을 통하여 조기에 범주를 생성해 내면 다음 면담이나 관찰에서 무엇에 초점을 맞출 것인지, 그 범주가 지칭하는 현상적인 사례들을 찾기 위하여 어디에 갈 것인지에 대해 도움을 얻을 수 있기 때문에 분석 작업이 수월해진다.

문장 또는 문단 단위로 코딩을 할 수도 있다. 연구자는 면담, 현장 기록, 문서 등 수집된 자료를 읽으며 문장이나 문단 단위로 어떤 중요한 아이디어가 담겨 있는지 확인하고 이름을 붙인다. 그리고 되돌아가 그 개념에 대해 보다 자세한 분석을 한다. 이 접근은 아무 때나 가능하지만, 연구자가 이미 정의된 몇 가지 범주들을 가지고 있고 이들을 중심으로 코딩하기를 원한다면 특히 유용하게 사용될 수 있다.

문서, 관찰, 면담 자료 전체를 취하고 다음과 같이 묻는 방법을 사용할 수도 있다. 여기에서 무슨 일이 진행되고 있는가? 이 문서를 앞에 내가 코딩했던 것과 유사하게 또는 다르게 만드는 것은 무엇 때문일까? 이런 질문에 답을 얻으면 자료로 돌아가 찾아낸 범주와의 유사점과 차이점을 분석한다.

⑥ 코드 기록 작성하기(writing your code notes)

개념을 나타내기 위하여 처음 붙이는 이름들은 흔히 면담 자료, 현장 기록 또는 여타 문서 자료들에 곧바로 쓰여지기도 한다. 나중에 연구자는 자료 옆에 쓰여진 내용들 중 적절하다고 여겨지는 개념과 범주들을 선택하여 메모의 형태로 코드 노트(code note)를 작성한다. 코드 노트를 작성하는 방법은 매우 다양하므로 연구자는 자기에게 가장 좋은 방법을 활용하면 된다.

2) 축 코딩

개방 코딩이 자료들을 파헤쳐 범주, 속성, 차원적 위치 등을 찾는 데 초점을 둔다면, 축 코딩은 범주와 하위범주들 사이의 관계를 새롭게 재구성하는 데 초점을 둔다. 다시 말하면, 축 코딩은 속성과 차원의 수준 너머에 있는 범주를 개발하는 데 관심을 둔다.

축 코딩에서 연구자는 하나의 범주를 현상(phenomenon), 조건(conditions), 맥락(context), 작용/상호작용적 전략(action/interactional strategies),

결과(consequences) 등과 관련하여 구체화해 나가는데, 이렇게 하여 구체화된 범주들을 우리는 하위범주라고 부른다. 하위범주 역시 범주이지만 주 범주와의 관계 속에서 파악되므로 하위라는 말을 덧붙인 것이다. 축 코딩에서는 소위 패러다임 모형(paradigm model)을 통하여 하위범주들을 주 범주와 관련시키는데 이 과정을 하나씩 살펴보자. 먼저, 패러다임 모형과 이를 구성하는 요소들의 의미를 이해하도록 하자.

(1) 패러다임 모형

GT는 인과적 조건, 현상, 맥락, 개입 조건, 작용/상호작용적 전략, 결과 등을 뜻하는 일련의 관계 속에서 하위범주와 주 범주를 연계시킨다. 아주 단순화시키면 그 모형은 다음과 같이 정리할 수 있다.

a) 인과적 조건 → b) 현상 → c) 맥락 → d) 개입 조건 →
e) 작용/상호작용적 전략 → f) 결과

이 모형을 사용하면 연구자는 수집된 자료에 대하여 보다 체계적으로 사고를 전개할 수 있고 또 그들을 매우 복합적인 방식으로 관련지을 수 있다. 따라서 이 모형은 연구자가 구성하려는 GT 분석에 정밀성과 체계성을 더해 줄 것이다.

이 패러다임과 관련하여 범주들이 어떻게 연관되는지에 대해 설명하기 전에 패러다임 요소들의 특성을 보다 자세히 살펴보자.

① 인과적 조건

인과적 조건(causal conditions)은 어떤 현상의 발생과 진전의 원인이 되는 사상과 사건들을 칭한다. 예를 들어, 다리가 부러져 고통을 느낀다면, 인과적 원인은 다리의 부러짐이 되고 현상은 고통이 된다. 그런데 실제 생활에서 한 가지 현상이 한 가지 원인에 귀착되는 경우는 별로 없고 대부분 다수의 원인들과 다수의 현상들이 서로 얽혀 있다. 다리의 부러짐과 고통에 대해 앞에서 설명한 속성과 차원을 적용하여 보다 세부적으로 분석하면 다음과 같이 표현할 수 있다.

인과적 조건	→	현상	
부러진 다리		고통	
부러진 다리의 속성		고통의 구체적 차원	
여러 개의 파편		강도	높음
복합적인 부러짐		지속 기간	지속적
나타나는 감각		위치	다리 아래

인과적 조건들 또는 이따금 그렇게 불리는 바 선행 조건들은 흔히 자료들 속에서 다음과 같은 용어들로 표현된다. '언제(when)' '~ 반하여(while)' '왜냐하면(since)' '무엇 때문이냐 하면(because)' '~로 인해(due to)' '~ 탓에(on account of)'. 만일 그런 언어적 단서가 생략되어 있다면, 현상에 초점을 맞추고 자료들 속에서 그에 선행한 것으로 보이는 사상, 사건, 일들을 체계적으로 재검토함으로써 인과적 조건들을 찾아낼 수 있다.

② 현상

현상(phenomenon)은 일련의 작용/상호작용들이 관련되어 있는 중심 아이디어, 사건, 일 등을 뜻한다. 이 자료가 지칭하는 대상은 무엇일까, 여기서 일어나는 작용/상호작용은 모두 무엇에 관한 것인가 등을 질문함으로써 얻을 수 있는 답이 바로 현상이다.

③ 맥락

맥락(context)은 하나의 현상에 속하는 일련의 특정화된 속성들을 나타낸다. 다시 말하면, 하나의 현상에 속하는 사상, 사건들을 차원적 범위에 따라 위치시키는 것을 뜻한다. 동시에 맥락은 그 안에서 특정한 현상을 관리, 취급, 실행하고 또 그에 반응하기 위해 취해지는 작용/상호작용 전략들을 담고 있는 일련의 특수한 조건들을 말하기도 한다. 예를 들어, "장기간 지속되는 강렬한 고통에 시달리는 조건 아래에서, 우리는 그것을 통제하기 위하여 이러저러한 수단을 택한다."라고 말한다면, 이는 맥락을 기술하는 진술에 해당한다.

앞에 예를 든 다리의 부러짐과 고통에 대한 맥락은 다음과 같이 표현할 수 있다.

인과적 조건	→	현상
부러진 다리		고통

부러진 다리의 속성	고통의 구체적 차원	
여러 개의 파편	강도	높음
복합적인 부러짐	지속 기간	지속적
감각 유무	위치	다리 아래
두 시간 전에 부러짐	주기	초기
미끄러운 거리에서 넘어짐	도움 받음	곧

고통 관리 맥락

고통이 있는 조건 아래에서: 지속적으로, 높은 강도로, 다리 아래 부분에, 고통 주기가 시작된 초기에, 그곳에서 곧바로 도움을 얻었고, 그러고 나서:

④ 개입 조건

개입 조건(intervening conditions)은 작용/상호작용적 전략에 영향을 주는 광범한 일반적 조건을 일컫는다. 이 조건은 시간, 공간, 문화, 경제적 지위, 기술적 지위, 경력, 역사 그리고 개인적 전기 등을 포함하는데, 이들은 현재 문제가 되는 현상으로부터 가까운 것에서 멀리 떨어진 것까지 다양하게 걸쳐 있다. 이 조건이 작용/상호작용을 어떻게 촉진하고 억제하는지 부러진 다리의 예로 돌아가면 이해가 쉬울 것이다.

어떤 사람이 도시가 아니라 깊은 숲 속에서 다리가 부러졌는데 동행이 아무도 없다고 가정해 보자. 이 조건은 의료적 치료를 받고 고통을 감소시키는 데 걸리는 시간의 양에 차이를 줄 수 있다. 또한 그 사람의 나이, 다른 병이나 조건들의 유무, 고통에 대한 과거 역사, 고통과 그 치료에 대한 이데올로기와 철학 등과 같은 전기적 특성 역시 중요하다. 거기에다 고통을 관리할 때 필요한 절차와 투약, 그들의 사용에 대한 지식, 사용 가능한 장비 등등도 영향을 주는 조건에 속한다.

⑤ 작용/상호작용적 전략

작용/상호작용적 전략(action/interactional strategies)은 맥락 속에 또는 특정화된 일련의 지각된 조건들 아래에서 어떤 현상을 관리 · 취급하고, 그에 적절한 반응을 실행하기 위하여 고안된 전략을 말한다. 물리에서 말하는 작용-반작용의 법칙과 유사하게 모든 개인 · 집단의 반응에는 작용이 있고 작용에 대한 상호작용이 있기 마련이다.

작용/상호작용적 전략은 본질상 발전적이고 과정적인 특성이 있다. 따라서 이 전략은 움직임 또는 시간의 전개에 따른 변화에 따라 연구될 수 있다. 둘째, 우리가 말하는 작용/상호작용은 어떤 현상에 반응하여 또는 현상을 관리하기 위하여 목적적, 목표지향적으로 선택되는 것이므로 모종의 전략과 전술을 통해서 일어난다. 물론 모든 작용/상호작용이 목적에 부합하는 것은 아니다. 셋째, 실패한 작용/상호작용도 실제로 발생하고 일어난 것이라면 중요하게 살펴보아야 한다. 다시 말해, 만일 어떤 사람이 어떤 상황에서 보통 그렇게 하던 일상적 반응을 하지 않으면 연구자는 '왜?'라고 물어야 한다. 넷째, 작용/상호작용을 촉진하거나 억제하는 개입 조건들은 항상 있기 마련이다. 이러한 조건들 역시 발견되어야만 한다.

지금까지 논의한 바를 앞에서 예를 든 다리 부러짐과 고통에 적용하면 다음과 같이 표현할 수 있을 것이다.

인과적 조건	현상
부러진 다리	고통

부러진 다리의 속성	고통의 구체적 차원	
여러 개의 파편	강도	높음
복합적인 부러짐	지속 기간	지속적
감각 유무	위치	다리 아래
2시간 전에 부러짐	주기	초기
숲에서 넘어짐	도움 받음	오래 기다림
	결과에 대한 가능성	높은

고통 관리 맥락

고통이 있는 조건들 아래에서:

강렬한, 지속적인, 다리 아래 부분에, 고통 주기의 초기에, 도움을 받기 위해 오래 기다리고, 결과에 대한 가능성이 높은, 그리고:

고통 관리를 위한 전략들
다리에 부목을 댄다
비상 도움을 받으러 간다
사람을 따뜻하게 한다

개입 조건들
응급조치의 훈련 부족
담요 없음
도움을 받으러 가기 위해 먼 길을 가야 함

⑥ 결과

어떤 현상에 반응하기 위하여, 또는 이를 관리하기 위하여 취해지는 작용이나 상호작용은 어떤 결말이나 결과(consequences)를 가져온다. 물론 이들이 항상 예측 가능하거나 의도대로 되는 것은 아닐 수도 있다. 작용/상호작용의 실패 역시 결말이나 결과들을 가져온다. 이 결과들을 찾아내는 것 역시 GT에서 중요하다.

부러진 다리 때문에 야기된 고통스러운 상황이 마무리되는 결말의 하나로 고통 경감을 들 수 있다. 다리의 부러짐을 예로 삼아 보면, 다친 사람이 숲 속에서 친구들과 함께 있고 또 친구들 중 일부가 응급조치 훈련을 받았다고 한다면, 그 친구들은 부상자의 다리를 정렬해 놓고, 부목을 대고, 도움을 청하러 갈 것이다. 이러한 일련의 행동을 한 결과, 부상자의 고통은 경감될 수 있을 것이다. 그러나 그 부상자가 혼자 있고, 누군가가 오기를 막연히 오랫동안 기다려야만 하는 상황이라면, 고통 경감은 없을 수도 있다. 사실 누군가가 빨리 오지 않는다면, 그 사람은 고통으로 인해 충격을 받고 몸에 심한 스트레스를 받을지도 모른다.

(2) 패러다임의 도구에 의하여 범주들을 연계시키고 개발하기

범주들을 연계하고 개발하는 주요 수단으로 축 코딩에서도 질문과 비교하기를 사용한다. 축 코딩의 실제 과정은 매우 복잡한데 여기에는 구분이 가능한 네 가지 분석 단계가 포함되어 있다. 첫째, 범주와 하위범주들을 가설적으로 관련짓기, 둘째, 실제 자료를 가지고 설정한 가설 입증하기, 셋째, 자료에 들어 있는 범주와 하위범주들의 속성 및 차원을 지속적으로 탐색하기, 넷째, 자료 속에 발견되는 속성과 차원들의 다양한 형태를 비교함으로써 현상의 다양성에 대한 탐색 시작하기 등이 그것이다.

(3) 하위범주들을 범주와 연결시키기

축 코딩에서는 주로 범주와 범주 사이의 관계를 캐묻는 질문을 한다. 예를 들어, '고통 경감이라는 범주는 그 고통을 감소시키기 위하여 취해진 전략의 결과로서의 고통이라는 범주와 어떻게 관련되는가?'라는 식으로 하나의 범주가 다른 범주와 어떤 관련을 맺는지 따지는 것이다. 여기서 연구자는 관계 지을 대상이 코딩된 특정 사건, 사상, 속성, 차원이 아니라 범주들이라는 사실에 주목해야 한다.

(4) 자료에 비추어 진술들 입증하기

앞에서 말한 질문에 대한 답으로 범주들을 관계 지으면, 연구자는 다시 자료로 돌아와 그 관계를 지지하거나 논박하는 증거, 사건, 사상들을 찾는다. 연구자는 면담자료, 문서자료 등을 하나하나 검토하여 범주에 대한 관계적 진술이 타당한가를 검증하는 것이다. 만일 그 관계가 자료에 의해 지지되면 연구자는 그 관계를 일종의 관계문으로 진술한다. 예를 들어, '고통을 당하는 조건이 생기면 관절염 환자들은 그 고통을 관리하기 위한 전략을 사용한다'는 식으로 표현할 수 있다.

연구자는 관계에 대한 진술을 입증하기 위해 자료 속에서 증거를 찾을 뿐 아니라 그 진술을 지지하지 않는 사례들도 찾아야 한다. 진술한 관계를 부정하거나 들어맞지 않는 사례들이 발견되면 연구자는 이들이 제공하는 정보가 무엇인지 분석하고 이를 포괄할 수 있는 대안을 찾도록 노력한다.

(5) 속성 및 차원적 위치와 관련하여 범주와 하위범주들을 지속적으로 개발하기

범주와 하위범주들을 연관짓고, 자료에 비추어 관계 진술을 입증하는 작업과 병행하여, 연구자는 자료들 속에서 혹시 있을지 모르는 여타 속성과 차원적 위치를 찾는 작업을 계속한다. 개방 코딩을 하는 동안 찾아낸 속성이나 차원 이외에 자료 속에 다른 어떤 것들이 더 들어 있는지 분석함으로써 보다 밀도 있게 범주들을 발굴하고 이론적 정밀성을 높이기 위한 작업을 실행하는 것이다.

(6) 차원 수준에서 범주들 연결하기

주요 범주들을 관련짓는 방법은 선택적 코딩 부분에서 상세히 논할 것이다. 하지만 주요 범주들에 대한 연결의 과정이 실제로 시작되는 것은 축 코딩에서다. 연구자는 분석을 하는 동안 현상의 속성에 속하는 사상, 사건들의 차원적 위치와 관련하여 자료 속에 나타나는 패턴을 주목하게 된다. 예를 들어 말하면, 긴 기간 동안 강렬한 고통을 당하는 사람들이 고통을 관리하는 방식과 짧은 기간 가벼운 고통을 당하는 사람들이 고통을 관리하는 방식 사이의 차이에 주의를 기울일 수 있다. 이렇게 현상의 속성에 들어 있는 차원 속에서 모종의 패턴을 찾아 이를 기록한 자료는 이후 선택적 코딩을 위한 중요한 근거를 제공한다. 이 작업은 현상에 대해서뿐 아니라 조건, 전략, 결말 등에 대해서도 동일하게 적용될 수 있다.

(7) 복잡성

축 코딩에서의 절차, 기법, 단계들이 매우 복잡한 것은 사실이다. 하지만 실제 세계에 들어 있는 복잡성과 움직임을 가능한 한 많이 사로잡아서 GT를 개발하려고 한다면 이는 어쩔 수 없이 거쳐야 하는 과정이다. 물론 현실 세계 모두를 잡아낼 수는 없지만, 조밀하고 정확한 GT를 개발하기 위하여 정해진 절차에 따라 작업을 진행하는 일은 매우 중요하다.

(8) 귀납적 사고와 연역적 사고 사이로 움직이기

축 코딩을 하는 동안 연구자는 귀납적 사고와 연역적 사고 사이를 끊임없이 오고 간다. 자료와 더불어 작업할 때 연구자는 연역적으로 관계 진술문을 제안하고, 가능한 속성과 차원들을 제시한다. 그러고는 실제로 사건과 사건을 비교하면서 자료에서 연역한 내용의 정확성을 검증한다. 그러니까 잠정적 가설 제시와 자료에 비춘 점검 사이에 끊임없는 상호작용이 존재하는데, 이런 과정을 통해 자료에 의해 지지되지 않는 연구자의 이론과 가설은 철저하게 배제될 수 있다. 귀납과 연역 사이를 오고 가는 이러한 움직임이 GT를 근거 있게 만드는 힘이 된다.

(9) 관계를 추적하기

코딩을 하는 동안 이따금 전략, 조건, 결말로 보이는 것을 우연히 만날 때가 있다. 만일 연구자가 그와 같은 사건이나 사상을 만나면, 다시 자료를 추적하여 그것이 속하는 현상과 그 상황에 적합하게 보이는 여타 조건들을 찾아낼 수 있다. 또한 이것 이외에 다른 어떤 전략들이 사용되고 어떤 결말을 낳는지 발견할 수도 있다. 이렇게 목적을 갖고 관계들을 추적해 가면 보다 신속하고 체계적인 분석이 가능하다.

(10) 소규모 틀 작업과 여타 기록 기법들

지금까지 여러 가지 분석과정을 이야기하였는데 이를 통해서 얻은 정보들을 기록하여 관리하는 일도 그리 쉬워 보이지 않는다. '소규모 틀 작업'은 분석의 결과를 간단하게 기록하는 방법으로서 분석 상황을 몇 가지 국면으로 나누고 각 국면에 등장하는 사건과 현상, 속성, 맥락, 전략 등을 간단하게 언급해 두는 기법이다.

그 밖에 속성, 차원, 범주, 관계에 대한 진술들을 논리적 도식으로 표시하거나, 대문자나 진한 글씨로 예를 곁들여 가며 메모해 두는 방법 등이 있다.

3) 선택적 코딩

선택적 코딩을 설명하기 전에 먼저 여기서 사용되는 주요 용어들을 정의할 필요가 있다.

- 이야기(story)는 연구의 중심 현상에 관해 묘사하는 이야기를 뜻한다.
- 이야기선(story line)은 이야기를 개념화한 것으로 핵심 범주를 뜻한다.
- 선택적 코딩은 핵심 범주를 선택하여 이를 체계적으로 다른 범주들과 관련시키며, 그들의 관계를 타당화하고, 더 다듬고 개발시켜야 할 범주들을 알차게 채우는 과정을 뜻한다.
- 핵심 범주(core category)는 그 주변에 다른 모든 범주들이 통합되는 중심 현상을 뜻한다.

자료를 수집하고 분석하는 긴 시간이 지나면 이제 범주들을 통합하여 하나의 GT를 구성하는 과제에 직면하게 된다. 선택적 코딩이란 이 통합의 과정을 의미한다. 이 통합의 과정은 축 코딩과 크게 다르지 않다. 단지 분석의 추상화 수준이 보다 높아진 것일 따름이다.

연구자는 개방 코딩과 축 코딩을 통해서 선택적 코딩을 하기 위한 근거를 충분히 개발하였다. 이제 연구자는 속성 및 차원들로 구체화된 범주들과 그 범주들에 풍요로움과 정밀도를 더해 주는 패러다임 모형에 입각한 관계들을 가지고 있다. 여기에서 연구자는 주요한 범주들 사이에 있을 만한 관계를 주목하고, 연구를 시작할 때 바라던 대로 모종의 이론을 구성하는 단계에 돌입해 있을 수 있다. 그렇다면 아직은 거친 형태로 존재하는 이론을 어떻게 하면 체계적이고 이해가 가능하고 근거가 확실한 그림으로 발전시킬 수 있을까?

이를 달성하기 위해서는 몇 가지 통과해야 할 단계들이 있다. 첫 단계는 이야기선을 분명히 하는 일이고, 둘째는 패러다임을 통해서 핵심 범주와 보조 범주들을 관련시키는 일이며, 셋째는 차원적 수준에서 범주들을 관련짓는 일이며, 넷째는 자료에 비추어 그 관계들을 검증하는 일이며, 다섯째는 더 다듬고 발전시킬 필요가 있는 범주들을 채우는 일이다. 하지만 이 단계들이 반드시 직선적으로 전개되는 것은 아니며 또 실제 분석과정에서 분명히 구별되는 것도 아니라는 점을 유념할 필요가 있다.

(1) 이야기선을 설명하기

통합을 하려면 먼저 연구의 중심 현상에 대하여 묘사하는 이야기를 개념화할 필요가 있다. 다시 말하면, 연구의 중심 현상에 대한 이야기선을 구성해야 한다. 이따금 연구자는 이야기선을 끌어내는 데 많은 어려움을 겪는다. 왜냐하면 연구자가 자료 속에 흠뻑 젖어 버리면 모든 것이 다 중요하게 보이고, 두드러져 보이는 현상이 여러 개가 될 수 있기 때문이다. 이야기선을 끌어낼 때에도 비교하며 질문하기가 핵심 과정이라는 점을 연구자는 잊지 말아야 한다.

(2) 이야기 찾기

핵심이 되는 이야기를 찾기 위하여 연구자는 몇 가지 문장으로 자신이 파악한 이야기의 본질을 직접 써 보도록 한다. 연필과 종이를 가지고 쓰든, 컴퓨터나 타자기를 사용하든 연구자는 자신이 중요한 문제라고 여기는 사항을 몇 가지 문장으로 진술할 필요가 있다. 이때 지나치게 자세하거나 장황하게 기술하지 말고 중요하다고 여겨지는 이야기의 전반적인 개요를 분명히 드러내도록 한다.

(3) 기술한 내용을 바탕으로 개념화 작업하기: 이야기선

이야기를 찾아 문장으로 묘사한 후에는 이 이야기를 좀 더 깊이 파고들어 개념화하는 작업, 다시 말하면 이야기선을 발전시켜야 한다. 개방 코딩과 축 코딩에서 그랬던 것처럼 찾아낸 중심 현상에 이름을 붙이는 것이다. 여기에서 연구자는 앞에서 묘사한 이야기 속에 들어 있는 모든 것들이 포괄될 정도로 충분한 추상적 범주를 찾아야 한다. 만일 이러한 범주가 발견된다면 이 범주가 바로 '핵심 범주'(core category)가 된다. 어떤 경우에는 핵심 범주를 찾기가 쉽지 않은데, 그렇더라도 연구자는 중심되는 현상을 찾고 반드시 거기에 이름을 붙여야 한다.

(4) 두 가지 이상의 중심 현상 중에서 선택하기

어떤 경우에는 자료 속에 있는 2개의 현상이 연구자에게 모두 중요하고 흥미로운 현상으로 보일 때가 있다. 하지만 GT에서 요구하는 충실하고 정밀한 이론을 개발하려면 그 둘 사이에서 하나만을 선택하여야 한다. 2개의 핵심 범주들을 충분히 개발하여 통합하고, 그에 대하여 명료하고 정밀한 이론을 구성한다는 것은 숙련된 연구자에게도 매우 어려운 일이다. 가능하다면 연구자는 하나의 중심 현상을 먼저 선택하여 이론을 완성하고 나중에 두 번째 현상을 다루는 것이 바람직하다.

(5) 연구자가 이야기선을 정의할 수 없다면?

이따금 GT 연구자가 자신이 담당하고 있는 실무 영역에서 연구를 수행하는 연구자-실무자일 때가 있다. 이런 경우 이야기선을 적절히 묘사하여 개념화하고 핵심 범주를 선택할 만큼 자료로부터 충분히 거리를 두는 데 어려움을 겪을 수 있다. 상황이 이렇다면, 연구자의 말을 들어 주고 여러 가지 문제를 정리하는 데 도움을 줄 수 있는 숙련된 연구자나 교사 또는 동료가 필요하다. 도움을 주는 사람은 연구자에게 '당신의 자료 속에는 어떤 현상들이 거듭해서 나타납니까? 당신이 발견한 것에 대해 요약해 주실 수 있겠어요? 당신이 다른 사람에게 전달하고 싶은 이 연구의 본질적인 메시지는 무엇인가요? 이 영역에 대하여 당신은 무엇이 중요하다고 생각합니까 그리고 왜 그런지요?' 등의 질문을 통해 연구자의 생각을 정리하도록 도와줄 수 있다.

(6) 속성과 핵심 차원들을 결정하기

다른 범주들과 마찬가지로 핵심 범주 역시 속성과 차원들을 담고 있다. 만일 연구자가 이야기를 적절하게 묘사했다면, 거기에는 핵심 범주는 물론 그 범주가 포함하고 있는 속성과 차원들 역시 분명히 드러나야 한다.

핵심 범주의 속성이 확인되면, 다음 단계에서는 핵심 범주와 여타 다른 범주들을 연관짓는 일을 해야 한다. 그러니까 핵심 범주를 중심으로 보조 범주들의 위치와 역할을 결정하는 것이다.

여기서 핵심 범주의 성격과 준거에 대해 간단히 설명하는 것이 좋을 것이다. 핵심 범주가 반드시 '기본적인 심리사회적 과정'이어야 할 필요는 없다. GT는 기본적으로 행동지향적 모형이므로 어떤 방식으로든 이론은 행동 변화를 보여 주어야 하고 그렇지 않으면 행동 변화가 일어나지 않는 현상에 대한 이유를 설명해야 한다. 하지만 핵심 범주 그 자체가 '과정'일 필요는 없으며, 더욱이 '기본적인 심리사회적'인 것이어야 할 필요는 없다. 그리고 일단 연구자가 중심 현상을 결정하고 이를 핵심 범주로 이름 붙이면 핵심 범주는 분석의 초점으로서 나머지 모든 절차 패러다임 모형을 관통하는 기준이 된다.

핵심 범주를 선정하는 준거에 대해서도 약간의 설명이 필요하다. 핵심 범주는 그들이 걸러 내는 현상에 들어맞아야 하고 이를 잘 묘사해야 한다. 또 다른 범주들을 보조 범주들로서 포괄하여 관련지을 정도로 그 폭이 충분히 넓어야 한다. 핵심 범주는 그 위성들과 가지런한 체계적 관계를 유지하고 있는 태양과 같아야 한다.

(7) 여타 범주들을 핵심 범주와 관련짓기

범주들을 핵심 범주와 관련짓는 것은 패러다임 조건, 맥락, 전략, 결과들에 의해서 이루어진다. 물론 범주들에 주어진 이름이 반드시 이 패러다임적 용어들을 포함할 필요는 없지만, 어떤 범주가 패러다임의 어떤 부분을 지칭하는지는 분명히 확인해야 한다. 이렇게 하면 패러다임적 관계에서 하위범주들이 어떻게 관련되는지 명료하게 정리할 수 있다. 이를 단순 도식으로 그려 보면, A(조건들)는 B(현상)로 이끄는데, 이는 C(맥락)로 이끌고, 다시 D(작용/상호작용, 전략들 포함)로 이끌어 결국 E(결말)로 끝난다는 식으로 정리할 수 있다. 이런 방식으로 핵심 범주와 여타 범주들의 관계를 분명히 할 필요가 있다.

(8) 이야기로 돌아가기

이야기선에 맞추어 범주들을 패러다임적 관계에 따라 정리하는 작업은 생각보다 쉽지 않다. 이 작업이 잘 진전되지 않으면 연구자는 처음에 진술한 이야기로 돌아가 무엇인가 잘못되거나 빠진 것이 있는지 살펴보거나 아예 새롭게 이야기를 재구성할 수도 있다. 가능한 한 이야기를 정확하고 논리적이며 연계적 순서에 따라 진술해 놓으면 범주들을 패러다임적 관계에 따라 정리하는 데에 큰 도움이 될 것이다.

(9) 유형 찾아내기

축 코딩을 하는 동안 연구자는 범주들의 속성과 차원들 사이에 반복되는 일종의 '유형'을 주목하게 된다. 또 축 코딩을 하며 범주들을 구축하는 동안 연구자는 범주들 사이에 어느 정도 자연스런 통합이 가능하다는 사실을 짐작하게 된다. 다시 말하면 자료들 속에 다소 느슨하고 엉켜 있기는 하지만 개념적 관계망이 있다는 점을 지각하는데, 연구자는 선택적 코딩을 할 때 이들을 분류하고 다듬어 나간다. 이 '개념적 망' '유형'들을 찾아내고 그에 따라 자료를 묶는 작업이 바로 연구자가 구성하려는 고유한 이론을 구축하는 작업이기도 하다.

(10) 관계의 체계화와 공고화

범주들 사이에서 발견한 관계를 체계화하고 공고화하기 위하여 연구자는 연역적 · 귀납적 사고를 동원한다. 다시 말해서, 연구자는 자신이 발견한 관계가 타당한지 지속적으로 질문을 던지고, 잠정적 가설을 설정하고, 비교하고, 자료에 비추어 검증하는 작업을 반복한다. 이를 통해 연구자가 발견한 유형과 개념적 관계의 망을 보다 체계적으로 정리하고 완성도를 높여 나간다.

(11) 범주 묶기

이제 연구자는 맥락의 차이에 따라 범주들이 어떻게 묶이고 나뉠 수 있는지 분류하는 작업을 한다. 다시 말하면, 주요 범주들의 속성과 차원이 맥락에 따라 어떻게 나타나는지를 분석하는 것이다. 예를 들어, '고통 관리하기' 범주에 대하여, 이 범주는 각각의 맥락에서 어떻게 달리 표현되는지, 어떤 방법들이 사용되는지, 어떤 전략들이 사용되는지, 전략을 사용한 결과는 어떤지 등에 대해 체계적으로 분류한다. 범주 묶기 작업 역시 비교하는 질문을 던지면서 이루어진다.

(12) 이론 근거 지우기

자료에 비추어 구성한 이론의 타당성을 검증하는 것으로 이론 근거 지우기는 완성된다. 연구자는 다이어그램이나 이야기 메모 형태로 이론적 논의를 펼쳐 놓음으로써 이 작업을 시작한다. 그리고 다양한 맥락 조건들 아래에서 범주들이 맺고 있는 관계에 대한 진술을 완성(이론을 구성하고) 한 후, 자료에 비추어 이 진술의 타당성을 검증한다.

① 이론 펼쳐 놓기

연구자는 중심 현상에 초점을 두고 패러다임 모형에 따라 지금까지 분석과정에서 찾아낸 여러 가지 다양한 측면들에 대하여 상세한 이론적 논의를 전개한다. 이론을 구성하기 위한 직전 단계에서 관련된 제반 사항들을 자세하게 펼쳐 놓기 때문에 보통 이 부분이 차지하는 분량은 매우 긴 편이다. 뒤에 소개된 연구 사례를 보면 이론 펼쳐 놓기가 어떤 방식으로 이루어지는지 보다 구체적으로 이해할 수 있을 것이다.

② 관계에 대한 진술을 만들고 타당화하기

그림이든 이야기 메모 형식이든 펼쳐진 이론의 다양한 측면을 바탕으로 연구자는 관계에 대한 본격적인 진술을 하고 이 진술들을 자료에 비추어 타당화할 준비를 한다. 먼저, 연구자는 맥락에 따라서 각각의 범주들이 어떤 관계를 맺고 있는지 진술한다. 그 후 자료에 비추어 범주들 사이의 관계에 대한 진술의 타당성을 검증한다.

범주들 사이의 관계에 대한 진술문의 성격을 이해하기 위하여 Strauss와 Corbin(1990)이 인용한 '질병을 관리하는 임산부에 관한 연구'에 나오는 간단한 예문을 하나 들어 보자.

> “임산부들이 임신에 대한 위험이 낮고 임신 과정이 잘 유지되고 있다고 지각하면, 그들은 아기를 맞을 준비를 할 것이다. 혹은 임산부들이 임신에 대한 위험이 높고 임신 과정이 잘 유지되지 않고 있다고 지각하면, 위험이 조절될 때까지 아기를 맞을 준비를 지연시킬 것이다.”(p. 139)

그 후 연구자는 이러한 진술문이 각각의 사례에 잘 들어맞는지 점검한다. 다시 말하지만, 이때 연구자는 사례 하나하나와 진술문 간의 정밀한 일치 여부가 아니라 일반적인 수준에서 진술문이 대부분의 사례를 적합하게 설명하고 있는지 판단하도록 한다. 이런 과정을 통해 적절하다고 여겨질 때까지 이론적 진술을 수정하고 다듬는 작업을 계속한다.

③ 이론에 들어맞지 않는 사례 처리하기

이따금 연구자는 이론에 정확하게 들어맞는 전형적인 사례를 만나게 된다. 그러나 대개 이론과 완벽하게 일치하는 사례는 그리 흔치 않다. 따라서 연구자는 사례들이 이론의 큰 틀 속에서 무리가 없고 적절하다고 여겨진다면 받아들이는 것이 좋다. 하지만 이론에 부합하지 않는 사례들이 있는데도 억지로 짜맞추기를 해서는 곤란하다.

이론에 부합하지 않는 사례가 발생하는 경우 특별한 이유가 있을 수 있다. 예를 들면, 어떤 중심 현상으로 이끄는 조건에 변화가 일어나거나, 또는 미처 고려하지 못했던 다른 개입 조건들이 원인이 될 수 있다. 이런 경우, 조건에 변화를 일으킨 과정이나 개입 변인들을 끌어들여 이론을 다시 구성해야 할 것이다. 하지만 연구자는 하나의 사례나 면담을 큰 사건 전체로 취급해서는 안 된다. 연구자는 사건들, 발생한 일들을 분석하는 것이지 사례 하나하나를 분석하는 것이 아니라는 점을 기억해야 한다.

④ 범주의 갭 메우기

상세히 살펴봐도 이론적 틀에 무리가 없고 조건과 과정들이 제대로 설명되고 있어 만족할 만한 상태라면, 연구자는 범주들로 되돌아가서 빠져 있는 부분을 채우도록 한다. 이것은 이론에 개념적 밀도(conceptual density)를 더해 줄 뿐 아니라 개념적 특수성(conceptual specificity)도 증가시켜 준다. 대개 이 메우기 작업은 출판을 위해 글을 쓰는 단계까지도 계속되는데, 이는 글쓰기 자체가 이론적 공식에 빠져 있는 자잘한 틈들을 드러내기 때문이다.

이로써 선택적 코딩에 대한 소개를 마무리한다. 하지만 지금까지 다룬 3개의 코딩 절차들을 반드시 순서대로 따라야 하는 닫힌 과정으로 받아들일 필요는 없다. 여기서는 각각의 분석절차를 독자가 이해하기 쉽게 연결시켜 글을 전개했을 따름이다. 이들을 사용하는 데 익숙해지면 자유자재로 그들 사이를 오가며 이론을 구성하는 수준에 도달할 것이다.

5. 근거이론의 사례

지금까지 GT에서 이론을 구성하는 절차와 과정에 대하여 살펴보았다. 이제 이 방법이 구체적으로 어떻게 적용되는지 연구 사례를 하나 살펴보도록 하자. 지면 관계상 연구 논문의 내용 전체를 실을 수는 없으므로 필요하다고 여겨지는 부분을 발췌하여 소개한다. 여기서 참고한 논문은 Morrow와 Smith(1995)의 'Constructions of survival and coping by women who have survived childhood sexual abuse'이다. 제목에서 알 수 있듯이 이 논문은 아동기에 성적 학대를 받았던 11명의 여인들을 대상으로, 이들의 경험을 이해함과 동시에 피해자들이 아동기 성적 학대에 어떻게 대응하고 살아왔는지에 대한 이론 모형을 구성하려고 하였다.

1) 연구방법

성적 학대 경험에 대한 연구 참여자들(피험자)의 이해를 분명히 하기 위하여 첫째, 귀납적으로 코드, 범주, 테마들을 개발하였고, 둘째, 자료로부터 작업 가설 또는 주장들을 뽑아냈으며, 셋째, 성적 학대, 생존, 대응 경험에 대한 참여자들의 이야기를 분석하였다.

(1) 참여자

연구 참여자는 아동기에 성적으로 학대를 받았던 11명의 여인들로서 연령은 25세에서 72세까지 걸쳐 있었다.

(2) 절차

• **현장으로 들어가기**: 연구 참여자들은 특정한 도시 지역에서 일하는 심리치료자들을 통하여 추천을 받았다. 연구자는 심리치료자들에게 연구내용을 상세히 설명하는 편지를 보내고, 유사한 편지를 심리치료자들이 추천한 사람들에게도 보냈다. 이렇게 해서 아동기에 성적 학대의 경험이 있는 11명의 여인들이 연구에 참여하게 되었다.

연구 참여자들이 연구자를 만났을 때 연구의 목적과 범위를 설명하였고 처음 면담시간을 정했다. 연구에 참여하겠다는 동의서를 받은 후에, 음성 녹음과 비디오 녹화를 시작하였다. 모든 참여자는 연구를 위해 별칭을 사용하였고, 연구내용을 출판하기 전에 미리 사전 점검할 기회를 주겠다는 약속을 받았다.

• **자료원**: 연구 참여자들은 60~90분 사이의 심층, 개방 면담에 참여하

였는데, 그동안 두 가지 질문이 던져졌다. "당신이 성적으로 학대를 당할 때 당신에게 일어났던 일을, 말하고 싶은 데까지, 지금 나에게 말해 주세요." "당신을 살아남을 수 있게 한 제일 중요한 방법은 무엇이었습니까?" 연구 참여자가 이야기하는 동안 연구자는 적극적으로 경청하고, 공감적인 반영을 하면서 장단을 맞춰 주었다.

처음 면담이 끝난 후에 7명은 집단상담에 참여하였다. 4명은 개인 사정상 참가하지 못했다. 집단은 살아남기와 대처방식에 초점을 맞추고 상호작용을 촉진하는 환경으로 구성되었다. 처음 집단상담에서 참여자들은 희생, 살아남은 자, 대처방식 등에 대하여 브레인스토밍을 하였다. 두 번째부터는 자료분석에서 발견된 범주와 참여자들 자신이 궁금해하는 질문들을 중심으로 상담이 이루어졌다. 연구자는 참여-관찰자 역할을 하였고 초기에는 수동적으로 참여하다가 끝으로 가면서 참여의 양을 늘려 나갔다.

문서 자료도 추가되었다. 이 자료에는 참여자의 일기, 예술 작품, 어릴 때부터 참여자가 기록해 온 개인 기록 등이 포함되어 있다.

• **자료 수집, 분석, 글쓰기**: 질적 연구의 엄격성을 유지하려면 충분한 자료에 의해 뒷받침되는 증거들을 확보하여야 한다. 이 연구의 자료는 220시간 분량의 음성 녹음자료와 비디오 녹화자료로 구성되어 있는데, 이 중 165시간은 면담 자료, 24시간은 집단상담 자료, 25시간은 16개월에 걸쳐 추후 조사를 하면서 얻은 자료들에 해당한다. 음성 녹음자료와 일부 비디오 녹화자료는 연구자의 한 사람인 Mowrer에 의해 전사되었다. 여기에다가 16시간 정도의 현장 기록과 메모가 추가되었다. 그리하여 전체 자료는 2,000쪽이 넘는 전사, 현장 기록, 참여자들이 내놓은 문서들을 포함하고 있다.

분석과정은 GT를 특징짓는 방식대로 자료 속에 몰입하여 반복적으로 분류하고, 코딩하고, 비교하는 작업으로 이루어졌다. 분석의 실제는 개별

용어, 어구, 문장 등으로 구성된 텍스트를 정밀하게 조사하는 개방 코딩으로 시작되었다. 코드와 범주의 이름을 개발하기 위하여 참여자가 사용하는 언어가 활용되었는데, 이들은 생존과 대처 전략을 나타내는 짧은 표현들이었다. 이 코드와 범주들은 체계적으로 비교 · 대조되는 과정을 거쳐서 복합적이고 포괄적인 범주들을 산출해 내었다.

연구자의 한 사람인 Mowrer는 분석과정을 기록하고 풍부하게 하기 위하여, 흐릿하던 생각을 분명히 드러내기 위하여, 자료 전집을 확장하기 위하여 분석적이고 자기성찰적인 메모를 작성하였다. 분석적 메모에는 질문, 곰곰이 생각한 내용, 자료와 생성되기 시작하는 이론에 대하여 심사숙고한 내용 등이 포함되어 있다. 자기성찰적인 메모는 참여자들의 이야기에 대한 연구자의 개인적인 반응을 수록한 내용이다. 두 가지 종류의 메모 역시 분석을 위한 자료 전집에 포함되었다. 범주 내에 들어 있는 코드들을 정리하고 재정리하는 작업을 촉진하기 위하여 움직일 수 있는 꼬리표가 붙은 커다란 포스터 보드가 사용되었다.

개방 코딩이 끝난 후 축 코딩을 하였는데, 이 과정에서 하나의 범주와 하위범주들 사이의 관계를 지음으로써 새로운 방식으로 자료들을 얽어놓았다. 이 과정을 통해 범주들을 산출해 내고 현장성 있는 범주 이름을 할당하였다. 뒤를 이어 선택적 코딩을 실시하였다. 선택적 코딩은 핵심 범주를 선정하고, 이를 체계적으로 다른 범주들과 관련시키며, 그러한 관계를 자료에 비추어 검증하고, 더 다듬고 발전시킬 필요가 있는 범주들을 채워 넣는 통합의 과정이다.

연구자가 더 이상의 새로운 코드나 범주를 끌어내지 못하고 모든 자료들을 GT의 패러다임 모형의 핵심 범주에 의해 설명할 수 있을 때까지(GT에서는 이를 satruated data라는 말로 표현한다) 코드와 범주들은 계속해서 분류되고, 비교되고, 대조되었다. 범주의 핵심적인 위치를 결정하는 준거로는 첫째, 여타 범주들과의 관계에서 차지하는 중심성, 둘째, 자료 속에 등장하는 범주의 빈도, 셋째, 포괄성 및 여타 범주들과 관련짓는 데 드는 노력의 용이성, 넷째, 보다 일반화된 이론을 지향하는 의미의 명료성, 다섯째, 범주의 상세한 내용이 파헤쳐질 때 이론적 힘을 줄 수 있는 활동성, 여섯째, 차원, 속성, 조건, 결과, 전략 등과 관련하여 최대한의 다양성을 인정하는 허용성 등이 활용되었다.

연구자는 자료를 수집하고 분석하고, 연구에서 발견한 바를 글로 작성하는 동안 주 단위로 질적 연구를 수행하는 다양한 학문적 배경을 지닌 사람들을 만났다. 그들은 분석과 글쓰기에 대하여 검토를 해 줌으로써 연구자의 이론적 민감성을 향상시키고, 선택적 주의 편중 현상을 극복하며, 상황에 대한 수용성을 높여 주었다.

사람은 자신이 믿으려고 하는 쪽으로 생각이 쏠리기 마련이므로 이론적 엄격성을 성취하려면 이 생각을 입증하지 않는 증거를 적극적으로 탐색해야 한다. 그리하여 분석의 결과 만들어 낸 여러 가지 주장들이 틀리지 않는지 판단하기 위하여 이 잡듯이 자세히 자료를 수색하였다. 이런 맥락에서 불일치 자료분석(discrepant data analysis)을 수행하였고, 불일치가 일어나는 이유를 판단하기 위하여 참여자들과 대화를 나누기도 하였다.

2) 결 과

이들은 연구의 결과를 Strauss와 Corbin(1990)이 제안한 패러다임 모형의 틀에 따라 제시하고 있다. 여기서는 각각의 요소에 대하여 이들이 전개한 모든 이론적 내용을 실을 여유가 없다. 따라서 각 요소별로 이들이 찾아낸 주요 범주들 및 그 관계를 도식으로 표현한 부분과 전략 항목에 대한 이론적 논의를 소개하는 것으로 만족하고자 한다. 단, 이론적 논의의 전개 과정에 대한 하나의 모델을 보여 주기 위해서 전략에 대한 이론적 논의는 거의 전문을 싣도록 한다.

먼저, 아동기에 성학대를 당한 여인들이 어떻게 살아남게 되었고 어떤 대처방식을 사용했는지 주요한 범주들을 포함시켜 설명한 이론 모형은 다음과 같다.

(1) 아동기 성학대에 대처하고 생존해 온 방식에 대한 이론 모형

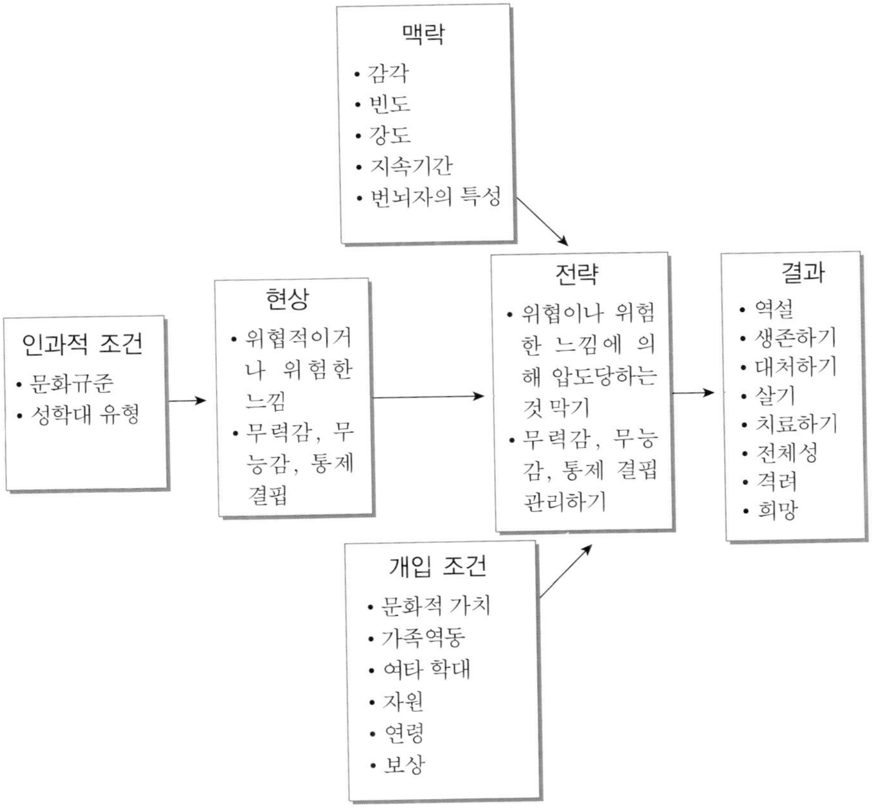

(2) 아동기 성학대에 대처하고 생존하기 위해 사용한 전략

앞에서 언급한 맥락과 개입 조건을 고려할 때, 아동기에 당한 성학대에 대처하고 살아남기 위하여 여인들이 사용한 두 가지 핵심 전략을 찾을 수 있었다. 하나는 위협적이거나 위험한 느낌에 의해 압도당하는 것을 피하는 것이고 다른 하나는 무력감, 무능감, 통제력 결핍 등을 관리하는 것이다. 도움을 받을 수 있는 자원이 별로 없었기 때문에, 참여자들이 기술한 대부분의 전략들은 내부지향적이고 정서에 초점을 맞추고 있었다.

㉠ 위협적이거나 위험한 느낌에 의해 압도당하는 것 피하기

성적으로 학대받은 일은 아동 희생자들 속에 혼란과 강렬한 감정을 일으켰다. 비탄, 고통, 격노한 느낌 등 자신을 압도하는 느낌을 처리하는 인지 기능이 결여되어 있었으므로, 이 아동들은 압도당하지 않도록 자신을 지키는 전략들을 개발하였다. 이 전략들에는 고통을 주는 느낌의 강도 줄이기, 느낌을 회피하거나 도피하기, 압도당하는 느낌을 보다 덜 위협적인 느낌과 바꾸기, 느낌을 털어내거나 해방시키기, 위협적인 느낌을 생성해 내는 경험을 알지 못하거나 기억에서 지워 버리기, 압도당하는 느낌을 관리가 가능한 부분으로 나누기 등을 포함하고 있다.

이 연구의 참여자들이 활용한 첫 번째 전략은 느낌의 강도를 줄이는 것이었다. 참여자들은 학대받은 경험을 다양한 방법으로 재구성함으로써 결과적으로 느낌의 강도를 낮추었다. 여기에는 부정적인 느낌에 대해 무뎌지거나, 마비되거나, 경험 자체를 배제해 버리는 방법과 자신을 위로하는 방법이 포함된다. 학대받은 경험을 정신적으로 또는 언어적으로 다시 구성함으로써 희생자들은 자신에게 고통을 가한 사람을 용서하거나 외상의 중요성을 최소화하는 방법을 사용한 것이다. "나는 결코, 결코 그를 비난하지 않았어요. 그는 어린애에 불과했거든요. 그렇게 할 수밖에 없었지요."라고 말한 리자의 보고는 첫 번째 방법에 속한다. 일어나는 강렬한 느낌을 약화시키기 위하여 참여자들은 알코올, 약물, 담배, 음식을 섭취함으로써 그러한 느낌을 무디게 하거나 마비시켰고, 때로는 잠을 많이 자거나 우울해지는 방법을 취하기도 하였다. 리사는 자신이 느끼고 싶지 않은 분노하는 심정을 가라앉히기 위하여 우울해지는 방법을 택했다. 참여자들은 여러 가지 방법으로 솟아나는 느낌을 막으려고 하였다. "느낌은 단어들 안에 있잖아요."라고 말한 폴라는 말하지 않음으로써 느낌을 벗어나려고 하였고, 메건은 "나는 머리로 살았어요."라고 고백하였다. 이처럼 부정적인 감정들이 솟아나면, 참여자들은 '마비' 되거나 의식적으로 그들을 억압하였다. 참여자들은 자신을 위로하는 다양한 방법에 의존하기도 하였다. 아마야는 자신의 밖에서 위안을 찾았다. "할머니는 매우 영적인 분이었어요. 그녀는 우리에게 록을 연주하고 노래를 불러 주곤 하셨어요." 외부로부터 위안을 찾기 어려웠던 사람들은 동물이나 인형에 의지하기도 하였다. "나는 종이 인형과 놀이를 하곤 했지요. 그들은 나의 친구들이었어요. 결코 나를 해치지 않으니까요." 또 참여자들은 만족되지 않은 감정적 욕구를 충족시키기 위하여 여러 가지 방법을 사용하였다. "내가 예쁘다는 것을 증명하고 사람들이 나를 사랑하게 하기 위해서 나는 성을 이용했어요." 메건은 가족들로부터 인정, 관심, 애정을 받기 위하여 어릴 때부터 '엄마 닭'이 되었다. 참여자들은 영적인 측면에서도 다양하게 대응하였는데, 일부는 신에게 기도를 하거나 분노를 표시함으로써 영적 위로를 받기도 하였고 일부는 그들이 받은 학대와 종교가 연관되어 있다고 생각해서 종교 체제를 거부하기도 하였다. 키티 같은 사람은 신은 자신이 감당할 만한 것만 준다고 믿음으로써 또 다른 영적인 길을 찾기도 하였다.

압도당하는 경험으로부터 자신을 보호하는 두 번째 전략은 위협적이거나 위험한 느낌을 회피하거나 도피하는 방법이다. 많은 경우에 알코올, 약물 등 앞에 설명한 유사한 하위 전략들이 약간 다른 목적으로 사용될 수도 있다. 앞의 예에서, 알코올은 느낌을 무디게 하고 마비시켜 그 강도를 감소시키기 위한 방법의 하나로 사용되었다. 그러나 똑같은 알코올이 도피하기 위하여 사용되기도 한다. 도피하고 회피하기 위해 사용하는 전략은 학대로부터 물리적으로 피하고 도망을 치거나, 학대를 무시하거나, 정신적으로나 감정적으로 학대의 현실성을 외면하려는 행동으로 나타난다. 물리적으로 학대로부터 도피하기 위하여 참여자들은 자신의 방으로 들어가거나, 도망가거나, 이사를 하거나, 일찍 결혼을 하거나, 다른 사람과 자신을 분리시키려는 노력을 하였다. 물리적인 도피가 어려우면, 어떤 참여자들은 자살을 생각하고 실제로 자살을 시도하기도 하였다. 성적 학대 또는 이와 연관된 학대를 방지하기 위하여 참여자들은 범죄자의 주의를 흩트리거나, 말을 걸어 학대 행위를 방해하거나, 그만하라고 소리치기도 하였다.

벨비아의 경우 "나는 그전처럼 지내기를 원했기 때문에 '그냥 책이나 읽자'고 계속 그에게 요구했다."고 기억하고 있다. 참여자들은 또한 위험을 알아채는 민감성이 높아졌고 또 벌을 받거나 더 학대받지 않기 위하여 그들이 당한 학대에 대해 다른 사람들에게 거짓말을 하였다고 보고하였다. 참여자들은 실제로 그리고 상징적으로 숨는 행동을 통해 학대에서 도피하려고 하였다. 아난다는 계곡 속에 도피처를 발견하였고, 메건은 아주 착해짐으로써 사람들 눈에 띄지 않으려고 노력했다. 다누의 고통은 그녀가 지은 시에 잘 나타나 있다. "나는 자부심이 강한 처녀가 되고 싶지 않았다. 나는 좀 더 조용해지려고 하였고, 좀 더 비밀스럽게 홀로 남고 싶었다. 아무도 나를 알아채지 못하는 편이 좀 더 안전하다는 걸 알고 있었기에." 로렌과 키티는 그들의 몸을 헐렁한 옷 속에 감추었다. 학대받은 경험을 무시하거나 회피하기 위하여 참여자들은 간절히 기원하고, 환상에 사로잡히고, 부인하고, 피하고, 최소화하는 일에 몰두하였다. 그리하여 학대받은 경험이 그들의 마음속에서 잊혀질 때까지 점차로 현실성을 잃어 갔다. 어떤 경우에는 희생자들이 정신적으로나 감정적으로 다른 곳으로 떠나 버리는 일도 있다. 키티의 경우, "마음아, 나를 거기로부터 떼어 내!"라고 말하면 그렇게 되어 버렸다. 어떤 사람은 시야가 좁혀지는 현상, 몸이 떠다니는 현상을 경험하기도 하고, 자신이 자기 몸 또는 다른 사람들과 일정한 간격을 두고 떨어지거나 분리되는 현상을 체험하기도 하였다. 아난다는

"영적으로 이 위성으로부터 떠나가는" 것 같았다고 묘사하였다.

압도당하는 경험을 피하기 위하여 참여자들이 사용한 또 하나의 방법은 위협적이고 위험한 느낌을 보다 고통이 적은 다른 느낌과 교환하는 것이었다. 즉, 압도당하는 느낌을 보다 강렬한 다른 느낌으로 바꾼다든가, 위협이 덜한 대리 느낌으로 대치한다든가, 불쾌감을 주지 않는 활동을 함으로써 떨쳐버리는 식이다. 그들은 실제로 몸을 문질러 닦음으로써 더러워진 느낌을 없애려고 하였다. 어떤 사람은 감정적인 고통을 벗어나기 위하여 자해행위와 같이 자기 몸에 고통을 가하는 방법을 사용하였다. 키티는 "신체적 고통은 나의 느낌으로부터 나를 떼어 냅니다. 그래서 나의 거식증이 시작되었지요. 먹지 않음으로써 생기는 고통 말이에요. 고통을 당하고 있는 동안은 느낄 수가 없잖아요." 고통과 비탄의 느낌을 위험하다고 경험한 여인들은 자신을 압도하려고 위협하는 고통이 일어나면 즉각 성을 내고 분노하는 것으로 이를 대치해 버리는 능력을 개발하였다. 또 어떤 사람들은 분노하는 심정을 눈물로 바꾸었다. "나는 약 2초간 화를 내다가 울어 버려요. 슬픔으로 바뀌는 거지요." 불쾌감을 벗어나게 하거나 즐거운 느낌을 주는 활동에 관심을 돌림으로써 고통스러운 느낌을 벗어나려는 사람들도 있다. 참여자들의 다음과 같은 말이 여기에 해당한다. "아삭아삭 씹는 소리는 고통을 잊게 해 줘요." "그런 때는 다른 것들을 둘러봐요."

압도당하는 느낌을 벗어나는 네 번째 방법은 느낌을 해소하거나 풀어 버리는 일이다. 감정을 쏟아 내기 위하여 일기에 글을 쓰거나 말하는 활동이 이에 속한다. 유머를 사용하는 방법은 특히 효과가 있었다. 긴장을 풀기 위하여 큰 소리로 외치거나 비명을 지르는 사람도 있었다. 격렬한 운동 선수인 폴라는 운동에서 자해행위에 이르는 다양한 신체 전략을 사용하였다. 그녀는 고통스러운 느낌을 해소하기 위하여 피부에 십자가 형태의 상처를 내기도 하고 토하기도 하였다. "나를 정화시킬 거예요. 어, 그러면 기분이 좋아지고, 나아지고, 그리고 그런 느낌들을 없애 버리니까요." 예술 활동이 긴장 해소를 도와주기도 한다. "요즘에도 그런 느낌이 생기면, 그림을 그려요. 그게 꼭 기분을 좋게 만들지는 않아도 압박을 덜 느끼게 해 줘요."

고통스러운 느낌을 피하기 위하여 학대받은 경험 자체를 지워 버리거나 기억하지 못하는 방법은 다섯 번째 전략에 속한다. 이는 머릿속의 기억, 객관화된 지식, 단서 또는 증거, 신체 감각, 통찰, 느낌이나 감정 등이 복잡하게 얽혀 있는 전략이다. 머릿속의 기억은 성적으로 학대당했던 경험을 좀처럼 잊을 수 없게 만드는 가장 어려운 측면이다. 비바의 예에서 볼 수 있듯이, 거의 모든 참여자들은 성적 학대와 관련하여 어느 정도의 기억 상실을 경험하고 있었다. "내가 기억하는 게 있기는 있는데, 어느 지점까지만 생각이 나요. 그다음에는 무슨 일이 일어났는지 모르겠어요." 어떤 사람들은 자신이 성적으로 학대를 당했다는 사실을 모르거나 일반 지식의 하나처럼 느낌을 빼 버린 채 객관화시키고 있다. 오드리는 "내가 그 사건에 대해 알게 된 것은 나를 학대했던 사람이 1년 전 전화를 걸어 나에게 말해 주었기 때문이지요." 그들이 당한 성적 학대에 대해 외부 증거와 단서를 찾으려는 피해자의 수색 작업은 집요하다. 어떤 사람들은 형제나 부모(학대와 관련되지 않은 부모)를 추궁해 그 사실을 확인하려고 하였고, 어떤 사람들은 언제쯤 성적 학대가 일어났는지 단서를 잡기 위해 어떤 장소나 사진에 대한 느낌에 의존하기도 한다. "내가 열한 살이었을 때, 우리 가족은 커다란 집으로 이사했어요. 내 생각에는 거기에서 그게 시작된 것 같아요. 옛날 집에 대해서는 생각나는 게 하나도 없거든요." 이따금 피해자들은 머릿속 기억이나 지식이 없는 상태에서 흔히 '신체 기억' 또는 신체적 감각을 경험하기도 한다. 키티는 성적 학대에 대해 말할 때마다 골반에 강렬한 고통을 느낀다. "누군가가 공격당하는 이야기를 하기만 해도, 나는 복부와 내 몸의 여자 부분에 아픈 고통을 경험하고는 합니다." 어떤 사람들은 성적 학대에 대하여 이야기하면 구토, 떨림을 느끼기도 한다. 통찰은 피해자로 하여금 자신이 학대를 당했다는 지식에 접하게 하는 역할을 한다. 참여자들의 보고에 의하면, 갑작스러운 알아차림이나 예감의 형태로 다가오는 통찰은 그 순간에 대해 알게 하는 강한 힘을 가지고 있지만 쉽게 의혹 속으로 사라져 버린다고 한다. 느낌이나 감정은 모든 증거 중에 가장 믿지 못할 증거인데, 특히 다른 형태의 지식에 의해 뒷받침되지 않으면 더욱 그렇다. 공포, 깊은 슬픔, 수치심 등의 강도에도 불구하고 이 연구에 참여한 여인들은 성적 학대를 당한 증거로서 자신의 느낌이나 감정을 신뢰하기보다는 차라리 자신이 '미쳤다'고 믿는 편이었다. "나는 이 모든 고통과 이 증상들을 지니고 있지만 아마 엄마가 나를 떨어뜨려서 내 머리에 이상이 생겼거나 아니면 엄마가 우스꽝스럽게 옷을 입혀서 그런 게 아닐까."라는 식이었다.

압도하는 느낌을 관리가 가능한 작은 부분으로 나누기에는 감정을 서로 다른 구획으로 분할하거나 또는 감정을 인지, 감각, 행동, 통찰 등과 분리하는 복합적인 과정이 들어 있다. 나누기는 기억을 상실시키고 경험에 대한 지식을 위태롭게 하는 방법의 하나인데, 참여자들은 해리시키기(dissociating), 압도적인 감정 나누기, 인지 기능 나누기 등 세 가지 방법을 사용하였다. 참여자들은 의식 변질 과정을 설명하기 위하여 '해리'라는 말보다는 '떼어 내기'라는 평이한 용어를 사용하였는데, 하여튼 느낌으로부터 도피하기 위하여 이 방법에 의존하였다. 압도적인 감정 나누기는 압도적이거나 본질이 다른 감정적 상태를 보다 잘 관리하기 위하여 구획된 부분으로 나눌 때 발생하였다. 연속선상의 한쪽 끝에는 무너지기 쉬운 자아를 숨겨 주는 가면이나 겉치레가 차지하고 있었다(다른 쪽 끝에는 압도적인 감정). 피해자들은 또한 자신의 다른 부분을 개발하기도 하였다. 기억상실증, 행동의 왜곡, 운동협응장애, 자아-지각의 왜곡, 해리장애 등 보다 심한 자기 분열 현상도 발견할 수 있었다.

감정적 상태 나누기에 더하여, 어떤 피해자들은 자신의 감정, 행동, 사고, 신체적 감각, 통찰들을 아예 분리해 버리기도 하였다. 키티는 그녀의 몸 밖으로 기어 나오는 법을 배웠다고 한다. "나는 비명 지르는 나를 볼 수 있었지만, 들을 수는 없었어요. 나는 말 그대로 얼어 버려서 아무것도 할 수 없었어요. 나는 그때 왜 나는 아무것도 할 수 없을까? 왜 나는 움직일 수 없을까? 궁금했어요."

㉡ 무력감, 무능감, 통제력 결핍 관리하기

감정에 의해 압도당하지 않기 위하여 전략을 개발한 것처럼 참여자들은 성학대에 직면하여 경험하는 무력감을 관리하기 위한 전략도 개발하였다. 무력감, 무능감, 통제력 결핍을 관리하기 위하여 피해자들은 여섯 가지 종류의 생존 및 대처방식을 사용하였다. 저항전략 만들기, 통제력에 대한 환상을 갖기 위해 성학대 경험을 새로 구성하기, 외상 극복을 시도하기, 성학대 이외의 다른 생활 영역에 대한 통제력 갖추기, 다른 사람들로부터 확인을 받거나 증거 찾기, 힘 거부하기 등이 그것이다.

참여자들이 무력감을 관리하는 방식의 하나로 저항 또는 반항이 있다. 메건은 먹기를 거부했다. 키티는 "그들은 나를 어떻게 할 수 없어요. 나는 자살하지 않을 거예요. 그들이 이긴다면 모르지만." 이라고 말하며 저항했다. 어떤 사람은 통제력에 대한 환상을 갖기 위하여 성학대를 재구성하였다. 메건은 자신의 성학대를 통제할 수 있다고 믿었다. "어떻게든 내가 좋아지고 제대로 일할 수 있다면, 나는 더 이상 그렇게 되지 않을 거예요." 이따금 그들이 당한 성학대를 반복해 떠올리면서 외상을 극복하려고 애쓰는 사람들도 있었다. "만일 내가 느낄 수 있는 고통을 만들어 낼 수 있다면, 내가 통제할 수 있게 되는 거야. 그러면 다르지, 전혀 달라지지." 어떤 사람들은 성학대를 당한 다른 사람들을 돕기도 한다. 참여자들은 대부분 성학대 이외의 다른 생활 영역에 대해 통제력을 갖추려고 노력하였다. 바

바라는 "……구세주가 되었어요. 나는 하얀 말을 탑니다. 구조하러 가는 거지요." 메건은 "성학대에 대해서 나는 어쩔 수가 없어요. 하지만 집안일은 잘 해낼 수 있어요."라고 표현하였다. 모든 참여자들은 그들이 지각한 현실을 통제하기 위하여 다른 사람들의 확인이나 증명을 받으려고 하였다. 오직 리즈만이 힘을 거부했다. "나는 그녀처럼 되고 싶지 않아요. 그녀는 매우 힘이 셌어요. 나는 내 속에 있는 힘조차 두려워요."

6. 근거이론을 활용한 국내 연구 동향

필자는 2004년도 출간된 『상담학 연구방법론』에서 grounded theory를 '근거이론' 대신 '귀납적 이론 구성'이라고 번역했다. 그 이유는 세상에 근거 없이 형성된 이론이란 있을 수 없을 뿐 아니라, grounded theory의 특성이 귀납적 방법에 있다고 생각했기 때문이다. 하지만 우리 학계에서는 그런 논리적 이유보다 현실적 편리함을 선호하여 근거이론이라는 역어를 주용어로 채택한 듯하다. 이번 개정판에서 '귀납적 이론 구성'을 연구자들에게 친숙한 '근거이론'으로 바꾼 이유다.

지난 15여 년 동안 근거이론은 한국의 연구자들에게 그야말로 파격적인 인기를 누린 연구방법으로 자리를 잡았다. 2014년 현재 한국교육학술정보원(KERIS)에 등록되어 있는 자료를 분석해 보면 이런 현상을 확연하게 알 수 있다. 국내에서 1999년까지 근거이론을 활용한 학위논문과 학술논문은 각각 8건, 17건이었는데 2000년도부터 2014년도까지 그 숫자는 각각 567개와 673개로 현격하게 늘어났다. 근거이론을 다룬 단행본 역시 1999년도까지 서너 권에 불과했는데, 2014년에는 무려 100권에 달하는 것으로 나타났다. 근거이론을 상당히 비중 있게 다룬 단행본의 수도 어림잡아 50권이 넘는 것으로 보인다. 근거이론을 활용한 학문 분야도 사회과학 분야를 총망라할 정도로 그 폭이 넓어졌다.

국내에서 근거이론에 처음 관심을 가진 간호학(김수지, 신경림, 1996)을 비롯하여 사회학(김병섭, 2008), 의학(손행미, 2005), 사회복지학(홍현미라 외, 2008), 교육학(홍영기, 2011), 상담학(박승민 외, 2012), 심리학(이훈, 2012), 정신치료학(민소영, 2002), 보건학(유승흠, 2005), 체육학(원영신, 2003), 노인학(권중돈 외, 2011), 여성학(김종임 외, 2007), 정치학(고려대학교, 한국과학기술부, 2004), 행정학(남궁근, 2010), 예술학(김미숙, 2008) 등등 질적 연구에 관심을 가진 거의 모든 사회과학 분야에서 근거이론을 활용하고 있다. 상담학도 예외는 아니다. 앞의 한국교육학술정보원에 등록된 학위논문들 중 상담과 직접 관련된 연구는 50개가 넘고, 상담의 폭을 조금 넓히면 그 숫자가 100개를 넘는 것으로 추산된다. 현재 한국에서 대안적 연구방법으로서 가장 주목을 받는 연구법은 단연 근거이론이라고 말해도 과언이 아니다.

근거이론이 이렇게 인기 있는 연구방법으로 자리를 잡은 이유를 몇 가지 추론해 보자. 첫째, 계량적 연구로 밝히기 어려운 보다 큰 차원에서의 '의미'를 밝히는 데 근거이론이 유리하다는 점이다. 사소한 숫자의 차이를 벗어나 거시적 입장에서 의미의 관계를 구성하는 데 근거이론이 잘 들어맞은 것이다. 둘째, 방대한 원자료를 편리하게 분류할 수 있는 컴퓨터 보조 프로그램의 발달이다. 다양한 컴퓨터 프로그램을 통해 자료를 코딩, 분류, 통합하는 과정에 도움을 받음으로써 보다 수월하게 자료를 관리하고 분석할 수 있다는 점은 연구자에게 매우 매력적일 것이다. 셋째, 현실 지향성이다. 근거이론이 가지고 있는 귀납적 특성은 근거이론을 현장 또는 현실 문제와 직접 연결시키는 장점이 있다. 따라서 근거이론을 통해 얻은 결론은 곧바로 현장 문제의 이해와 해결에 활용될 수 있다. 이는 이론과 실천이 따로 논다는 비판을 불식시키고, 연구자로 하여금 현장 문제의 해결책을 제시한다는 자부심을 갖게 했을 것이다. 넷째, 근거이론이 가지고 있는 구성적인 특성이다. 이론 구성에 활용하는 자료는 현실 자료이지만, 이 현실 자료를 바탕으로 연구자는 자기만의 독특한 이론을 구성할 수 있다. 따라서 연구자의 창의성과 개성이 뚜렷이 반영된 이론을 창출할 수 있다. 다섯째, 근거이론은 다른 연구자들의 반박과 비판으로부터 비교적 자유롭다. 이는 앞의 구성적 특성에 기인하는 것으로서 연구자가 구성한 이론에 대한 비판은 상당히 조심스럽게 이루어질 수밖에 없다. 구성주의적 입장에서 보면 동일한 자료를 놓고도 전혀 다르게 해석할 가능성은 항상 열려 있으므로 연구자에게 '왜?'라는 질문을 던지기가 어렵고 또 판단의 기준이 모호하기 때문에 '왜?'라는 질문에 대해 연구자가 제시한 답변이 정확하지 않다거나 왜곡되었다는 판정을 내리기가 쉽지 않다. 따라서 준비되지 않은 연구자가 손쉽게 근거이론을 활용할 가능성을 배제할 수 없다. 격이 떨어지는 연구물이 더러 보이는 것은 이런 이유에서일 것이다.

규모로 보나 내용으로 보나 이제 근거이론에 대한 국내 연구물을 본격적으로 개관하고 종합하는 연구가 필요한 시기라고 생각된다. 이는 필자의 현재 역량을 넘어서는 것이므로 근거이론에 통달한 연구자가 나서기를 기대한다.

7. 맺음말

다른 질적 연구와 마찬가지로 GT에서도 방대한 원자료를 어떻게 관리하는가는 심각한 문제 중 하나다. 이를 해결하기 위한 하나의 방편으로 등장한 것이 컴퓨터 보조 프로그램이다. 이것을 통해서 코딩, 분류, 통합하는 과정에 도움을 받음으로써 보다 수월하게 자료를 관리하고 분석할 수 있게 된 것이다. GT에서 가장 많이 활용하는 자료 관리 컴퓨터 프로그램은 NUD · IST(non-numerical undtructured data indexing, searching, and theorizing: Richards & Richards, 1994)이다. 1991년 호주에서 개발된 이 프로그램은 패키지 스타일로 구성된 질적 분석방법으로서 개인 컴퓨터에서도 사용이 가능하다(이 프로그램은 Sage Publication에 속해 있는 Scolari로부터 구입할 수 있다고 함). NUD · IST를 활용하면, 자료를 저장하고 조직하기, 주제 탐색하기, 주제 중첩시키기, 다이어그램 그리기, 판형 창출하기, 분석하고 보고하기, 제목 달기, 표제 달기, 인용하기, 비교표 만들기, 추상화 수준 찾기 등에 도움을 받을 수 있다(Creswell, 1998). NUD · IST 이외에도 Folio VIEWS 등 GT를 포함하여 질적 연구를 수행할 때 활용할 만한 많은 컴퓨터 프로그램들이 있다(Weitzman & Miles, 1995).

지금까지 살펴본 GT 방법에는 실증적인 성격과 구성적인 성격이 모두 포함되어 있다. 현실 자료가 연구의 출발점일 뿐 아니라 이론 구성의 매 단계에서 준거가 된다는 점은 GT의 실증적인 성격을 잘 반영한다. 반면, 새로운 이론을 구성한다는 차원에서 보면 GT가 기본적으로 구성적이라는 점을 부인할 수 없다. GT가 전통적인 연구방법과 최근의 포스트모더니즘적 접근의 가운데에 위치한다는 말은 이런 특성 때문에 나온 것이다(Charmaz, 2000). 바로 이런 특성 때문에 GT는 양쪽 접근을 아우를 수 있는 장점을 가지지만 동시에 어느 하나에도 충실하지 못하다는 비판을 받을 수 있다. 예를 들면, 극단적인 실증주의자들은 자료를 수집하고 새롭게 등장하는 이슈에 따라 분석의 방향을 바꾸는 GT의 접근방식을 오염된 방법이라고 비판하고, 포스트모더니스트들은 GT 연구자가 무의식적으로 자기 이야기를 자료에 덮어씌울 뿐 아니라 연구 참여자들을 자료라는 파편으로 해체해 버린다고 비판한다. 이런 점에서 GT는 화해가 어려운 두 가지 연구 경향을 끌어안으려는 모험을 하고 있다고 평가할 수 있다.

GT 연구 전통 내에서도 실증적 · 객관적 접근을 강조하는 입장과 구성적 입장을 강조하는 입장이 나누어진다. 우리가 앞에서 소개한 Glasser, Strauss, Corbin 같은 사람은 전자에 속한다고 볼 수 있다. 이들은 전통 과학의 실증적 전범을 충실히 지키려고 한다. 적절히 통제된 체계적 연구절차를 따라가면 참으로서의 실재를 발견할 수 있으며, 최종적으로 현실 검증이 가능한 이론을 구성할 수 있다고 믿는다. 이렇게 구성된 이론은 현상에 대한 충실한 이해를 도울 뿐 아니라 미래에 대한 통제와 예측까지 가능하도록 이끌어 준다고 본 것이다. 반면, 구성주의적 GT를 주장하는 이론가들은 이에 동조하지 않는다(Charmaz, 2000; Denzin, 1991). 우선 이들은 실제(the reality)와 참(the truth) 사이를 구별한다. GT 연구자가 접할 수 있는 자료는 유일하고 보편적이고 영속하는 참 진리가 아니라 사람들이 살아가면서 경험하는 실제다. 그런데 이 실제는 유일하지 않을 뿐더러 바라보는 시각에 따라 달라지는 가변성을 갖고 있다. 따라서 실제는 경험하는 자에게 생생하면서도 보기에 따라 다르게 지각될 수 있는 유동적인 현실세계를 말한다. 그러니까 이들은 현실세계의 존재를 인정하고 그 실제를 이론적으로 설명하려고 애쓰는 실제주의자들이다. 다만 그 실제가 한 가지 고정된 방식으로 이해될 수 없는 열린 세계라는 점을 강변하고 있다.

구성주의적 GT에 의하면, GT 연구자가 구성한 이론 역시 현실세계를 보는 하나의 시각에 불과할 따름이다. 따라서 어떤 현실세계를 두고 구성될 수 있는 이론의 수가 꼭 하나일 필요도 없고 좋은 이론이라고 해서 최종 이론이라고 주장할 필요도 없다. 다양한 이론들 중 어느 것이 현실세계 또는 현실세계를 살아가는 사람들의 체험에 대한 다양한 목소리, 관점, 시각들을 풍요롭게 담아내는가가 보다 중요한 문제다.

GT는 원래 사람들의 상호작용이 활발하게 일어나는 사회적 과정을 분석하기 위하여 개발된 연구방법이다. 따라서 개인의 심리에 초점을 맞추는 상담/심리치료에 이 방법이 어떻게 적용될 수 있을지 의심하는 사람도 있을 수 있다. 하지만 개인의 심리가 사회적 성격을 띤다는 점 그리고 개인의 심리도 실은 다양한 요소들 간의 상호작용으로 구성된다는 점을 고려하면 상담/심리치료 연구에 GT를 적용하지 못할 이유는 없다. 그리고 상담과정을 통해서 산출되는 청담자에 대한 자료가 개인의 내면세계와 내면에서 진행되는 사회적인 관계를 생생하게 드러낼 수 있는 현장 면담 자료라는 점 역시 GT를 적용할 수 있는 충분한 근거가 될 수 있다.

서론에서 언급한 대로 상담을 하다 보면 상담자는 자연스레 청담자에 대한 이론을 구성하게 된다. 기왕이면 이 이론 구성의 과정이 보다 체계적이고 정교하게 이루어져서 보다 타당도와 신뢰도가 높은 이론이 산출되는 것이 바람직할 것이다. GT는 바로 여기에 도움을 줄 수 있는 연구방법이다. 다만 상담자는 자신이 청담자에 대하여 구성해 낸 이론에 의해 장님이 되는 잘못을 저지르지 말아야 한다. 이론은 청담자에 대한 이해를 돕는 도구이지 거꾸로 청담자를 규정하고 그에 맞추어 청담자를 재단하는 잣대가 되어서는 곤란하다. 상담자가 청담자에 대한 이론을 구성하되 청담자에 대해 언제나 열린 자세를 취해야 하는 것은 이 때문이다.

참고문헌

고려대학교, 한국과학기술부(2004). 지속적인 수자원 확보를 위한 정치적 이해갈등의 조정 및 협력관계 제도화 연구. 과천: 과학기술부.

권중돈, 김유진, 엄태영(2011). 노년기 자살행동 경험의 의미와 과정에 관한 근거이론 연구. **노인복지연구, 52**, 419-446. 노인복지학회.

김미숙(2008). 강강술래의 예술치유 현상에 관한 질적 연구. 전남대학교 대학원 박사학위논문.

김병섭(2008). **편견과 오류 줄이기: 조사연구의 논리와 기법**. 파주: 법문사.

김종임, 박영숙, 이명선, 배정이, 이숙희, 허명행, 안경애, 김혜원, 안숙희(2007). **여성건강문제의 재조명: 페미니스트 접근**. 서울: 엘스비어코리아.

남궁근(2010). **행정조사방법론**. 파주: 법문사.

민소영(2002). 만성 정신분열환자의 살아온 경험. 이화여자대학교 대학원 박사학위논문.

박승민, 김광수, 방기연, 오영희, 임은미(2012). **근거이론 접근을 활용한 상담연구 과정**. 서울: 학지사.

손행미(2005). **만성 간 환자와 대체요법**. 파주: 한국학술정보.

Strauss, Anselm L. (1996). **근거이론의 이해: 간호학의 질적 연구 수행을 위한 방법론** (신경림, 김수지 공역). 서울: 한울미디어.

원영신(2003). **스포츠 사회학 플러스**. 서울: 대경북스.

유승흠(2005). **보건학 연구방법과 논문쓰기**. 서울: 계축문화사.

이춘(2012). **(혼외관계심리) 당신도 모르는 비밀**. 서울: 대서.

홍영기(2011). 교육과정 재구성 및 개발과정에서의 근거이론 접근. **통합교육과정 연구, 5**(2), 1-18.

홍현미라, 권지성, 장혜경, 이민영, 우아영(2008). **사회복지 질적 연구방법론의 실제**. 서울: 학지사.

Best, J. (1995). Lost in the ozone again: The postmodernist fad and interactionist foibles. In N. K. Denzin (Ed.), *Studies in symbolic interaction: A research annual* (Vol. 17, pp. 125-134). Greenwich, CT: JAI.

Charmaz, K. (2000). Grounded theory: Objectivist and constructivist methods. In N. K. Denzin, & Y. S. Lincoln (Eds.), *Handbook of qualitative research* (pp. 509-535). Thoudands Oaks, CA: Sage.

Conrad, P. (1990). Qualitative research in chronic illness: A commentary on method and conceptual development. *Social Science and Medicine, 30*, 1257-1263.

Creswell, J. W. (1998). *Qualitative inquiry and research design: Choosing among five traditions*. Thousand Oaks, CA: Sage.

Denzin, K. (1991). *Images of postmodern society*. Newbury Park, CA: Sage.

Glaser, B. G., & Strauss, A. (1965). *Awareness of dying*. Chicago: Aldine.

Glaser, B. G., & Strauss, A. (1967). *The discovery of grounded theory*. Chicago: Aldine.

Glaser, B. G., & Strauss, A. (1968). *Time for dying*. Chicago: Aldine.

Glaser, B. G. (1978). *Theoretical sensitivity*. Mill Valley, CA: Sociology Press.

Glaser, B. G. (1992). *Basics of grounded theory analysis*. Mill Valley, CA: Sociology Press.

Morrow, S. L., & Smith, M. L. (1995). Constructions of survival and coping by women who have survived childhood sexual abuse. *Journal of Counseling Psychology, 42*, 24-33.

Richards, T. J., & Richards, L. (1994). Using computers in qualitative research. In N. K. Denzin & Y. S. Lincoln (Eds.), *Handbook of qualitative research* (pp. 445-462). Thousands Oaks, CA: Sage.

Strauss, A., & Corbin, J. (1990). *Basics of qualitative research: Grounded theory procedure and technique*. New bury Park, CA: Sage.

Strauss, A., Bucher, R., Ehrlich, D., Schatzman, L., & Sabshin, M. (1964). *Psychiatric ideologies and institutions*. Glencoe, IL: Free Press.

Strauss, A. (1987). *Qualitative analysis for social scientists*. New York: Cambridge University Press.

Weitzman, E. A., & Miles, M. B. (1995). *Computer programs for qualitative data analysis*. Thousand Oaks, CA: Sage.

제 10 장

이야기 분석과 상담

1. 이야기 분석의 필요성

인류학자들은 인간을 사고하는 존재(Homo sapiens), 상징을 사용하는 존재(Homo symbolicus)일 뿐 아니라 이야기하는 존재(Homo narrans)라고도 규정한다. 이야기를 만들고 전하는 생활이 인간의 고유한 특성으로 꼽힐 만큼 중요하다는 지적이다.

사실 주위를 둘러보면, 우리가 이야기 속에 둘러싸여 있음을 쉽게 알 수 있다. 주변의 수많은 책과 읽을거리들, 신문과 방송에 담긴 내용들의 대부분이 무엇인가에 대한 이야기이고, 사람들이 주고받는 대화 속에도 이야기가 가득 들어 있다. 이야기가 없으면 무슨 재미로 살 수 있을지 궁금할 정도로 사람들은 이야기 속에 푹 빠져 산다. 옛날이야기라면 펄쩍 뛸 듯 좋아하던 어린 시절부터 TV 드라마와 소설을 즐기는 노년기에 이르기까지 이야기는 사람들의 삶 속에 깊이 스며들어 있다. 그래서 그런지 사람들은 세상을 그리고/또는 자신의 체험을 이야기를 통해 드러내고 전달하는 일을 끊임없이 지속한다. 따라서 이야기가 삶을 표현하고 의미를 부여하는 기본적인 수단의 하나라는 데는 이론이 있을 수 없다.

이야기의 중요성을 인식한 사회과학자들 사이에는 사람들이 이야기를 통해서 자신의 경험에 다가서고 이를 의사소통한다는 생각이 널리 퍼져 있다. 다시 말하면, 사람들은 '말로 표현된 세계(storied world)에 산다'는 것이다. Bruner(1991)는 이론적 · 명제적 · 패러다임적 지식과 더불어 이야기(narrative)가 독특한 '앎의 방식'을 제시한다고 주장한 바 있다. 과학적 지식 이외에 인간의 삶을 드러내는 또 하나의 통로를 이야기에서 찾을 수 있다고 본 것이다. 이야기에 대한 관심은 심리학과 상담학에서도 발견할 수 있다. 인지이론가들은 개인의 지각 방식인 인지도식(schema)이 부적응 행동에 미치는 영향에 주목하고 인지도식에 대한 개입을 치료 목표의 하나로 삼고 있는데, Russell(1991)은 이 인지도식이 이야기 형식을 취한다는 점에 착안하여 이야기에 초점을 둔 새로운 심리치료 방법을 제안하고 있다. 임상 도구로 흔히 사용되는 TAT, CAT, Wechsler 기억 척도, 수단-목적 문제해결 검사 등을 비롯하여, 최근에 많이 활용되고 있는 독서치료(bibliotherapy), 은유기법(metaphor) 등도 따지고 보면 모두 이야기를 상담 도구로 삼는 전략들이다.

이야기는 내용과 구조 양자의 측면에서 상담에 중요한 정보를 제공한다. 청담자가 세상을 어떻게 지각하고 있는지, 어떤 종류의 갈등과 문제를 가지고 있는지, 주변 사람들과 어떤 방식으로 대인관계를 맺고 있는지 등등 청담자가 이야기하는 경험의 내용이 상담에 중요한 의미를 갖는다는 점은 더 말할 필요도 없다. 아울러 이야기에 사용되는 어휘의 복잡성, 인과적 계열성, 논리적 정합성, 구조적 조밀성 등과 같은 구조적인 특성 역시 상담에 중요한 정보를 제공할 수 있다. Gee(1986)는 표면상 유사한 점이 없어 보이는 흑인 소녀와 노년기에 속한 백인 여성 교사의 이야기 전개의 특성을 분석한 결과, 구조적인 차원에서 두 이야기가 동일하다는 사실을 발견하였다. 이야기를 전개하는 양식에 다소 차이는 있지만, 가장 낮은 수준에서는 정보 단위(idea unit)가 줄(line)에 담겨 있고 최고 수준에서는 주제(text)가 절(section)에 담겨 있으며 이 사이에는 여러 개의 줄로 구성된 연(stanza)이 매개하고 있다는 것이다. 의식을 하든 하지 않든 사람들이 이야기를 펼쳐 나갈 때 적용하는 언어 구조에 상당한 일반성이 있음을 제시하는 연구다. 또 Gee(1991)는 정신분열증 환자를 대상으로 연구하여 내용적 일관성이 결여된 정신분열증 환자의 이야기 전개에서도 나름대로 상당히 체계적인 구조적 특성을 발견할 수 있었다. 삶을 살아오며 획득한 개인적 정합성이 분열증 같은 심리적 혼란 상태에서도 지속된다는 점을 이야기 구조 분석이 드러내 준 것이다. 이렇게 보면 이야기 구조와 개인의 삶이 밀접한 연관을 가지고 있음을 부인하기 어렵다. 따라서 이야기 전개

구조에 변화를 일으킴으로써 개인의 삶을 변화시킬 수 있다는 주장도 충분히 가능하다. 상담자들이 청담자의 이야기에 관심을 갖고 상담 효과를 일으키는 자원으로 이를 활용하려는 근거가 바로 여기에 있다.

실제 상담 대화에서 청담자의 이야기가 차지하는 비율은 상당히 높은 편이다. 여기서 이야기는 상담에서 주고받는 대화 중에서 특정 화제를 중심으로 펼쳐지는 줄거리가 담긴 대화를 뜻한다. 예를 들면, 어린 시절 아버지에 대한 이야기, 어젯밤 아내와 다툰 이야기, 주변 다른 사람에 대한 이야기, 상상으로 펼치는 아동의 이야기 등등이 여기에 속한다. 상담 대화를 진행하면서 쉽게 만나는 이런 이야기들로부터 청담자에 대한 정보를 얻고 이를 상담에 유용한 자료로 활용할 수 있다는 점이 이야기 분석이 갖는 고유한 매력이라고 여겨진다.

(한글 번역어인 '이야기'는 영어의 narrative와 story 둘 다를 지칭한다. 일반적으로 story는 줄거리가 있는 특정한 사건에 관한 이야기를, narrative는 story들로 구성된 대화 전체를 지칭할 때 사용한다. 이 글에서는 story와 narrative를 구분하지 않고 모두 이야기라는 말로 통일해서 쓰기로 한다.)

2. 이야기 연구의 역사와 종류

상담/심리치료에서 이야기의 기능과 역할에 대한 연구가 본격적으로 이루어지기 시작한 것은 비교적 최근의 일이다. 이야기에 대한 연구가 임상적 관찰에 머물다가 심리치료와 관련된 기능과 역할 탐색으로 발전한 것은 1975년 Luborsky로부터 비롯되었다(McLeod & Sophia, 1996). Luborsky와 그의 동료들(1994)은 1975년 임상 경험을 쌓아 오면서 관찰한 결과, 상담자/치료자와 청담자가 펼치는 이야기에 귀를 기울이면 청담자의 중심 관계 유형을 찾아낼 수 있다는 사실에 주목하였다. 그는 특히 다른 사람들과의 상호작용에 대한 청담자의 이야기 속에서 반복되는 측면에 주의를 기울였다. 그 결과 Luborsky와 그의 동료들은 중심 관계 유형을 찾아내기 위하여 상담시간에 청담자가 말한 이야기의 내용과 구조를 분석하는 틀을 만들게 된다.

이들에 의하면, 관계를 표현하는 이야기에는 세 가지 요소가 포함된다고 한다. 첫째, 다른 사람(들)에 대한 청담자의 기대, 둘째, 청담자의 이런 기대에 대한 다른 사람(들)의 대응, 셋째, 다른 사람의 대응에 대한 청담자의 반응 등이 그것이다. 이런 틀을 바탕으로 이들은 이야기에 표현되는 다양한 유형의 소망과 대응 반응을 코딩하기 위한 범주를 개발하고 이를 핵심 갈등 관계 주제(Core Conflictual Relationship Theme: CCRT)라는 개념으로 정리하였다. 아울러 CCRT를 사용한 후속 연구들을 통해 성공적으로 심리치료가 진행되면 이야기 속에 표현되는 관계가 변화한다는 사실을 보여주기도 하였다.

심리치료에서 이야기가 수행하는 역할을 이해하는 데 CCRT가 커다란 기여를 하였지만, 이 방식이 이야기에 담겨 있는 다양한 차원들을 모두 포괄하는 것은 아니다. 여기에 이들과 다른 접근방식들이 등장하게 된다. Russell은 이야기의 조직적 특성에 초점을 맞추고 이를 코딩하기 위한 틀을 개발하였다. 이야기에는 구조적 연관성, 주관성의 표상, 복잡성 등 세 가지 조직적 특성이 들어 있는데 상담자는 이 특성들을 잘 이해하여 청담자의 이야기 수준에 조율해 들어가거나 새로운 변화를 일으켜야 한다는 것이다. 구조적 연관성(structural connectedness)에는 일종의 '이야기 전개 문법'으로서 이야기를 구성하는 사건들이 인과적으로 연결되고/되거나 시간적으로 순서 지어진 계열성의 정도가 포함된다.

예를 들면, 사람들은 이야기를 만들 때 사건들을 마구잡이로 배열하지 않고 '배경 → 주 사건 → 내적 반응 → 시도 → 결과 → 대응' 처럼 일련의 연계를 따라 배열할 뿐 아니라, 이야기를 기억할 때도 그 배열에 따르는 경향이 있다고 한다. 주관성의 표상(representation of subjectivity)은 이야기가 말하는 사람의 주관적인 관점에 대한 정보를 전한다는 사실을 지적한다. 이야기가 단순히 사건의 내용을 전달하는 데서 그치지 않고 말하는 사람의 시각을 반영하고 있다는 것이다. 복잡성(complexity)은 이야기에 담겨 있는 문장의 길이, 형용사, 부사와 같은 수식어의 비율, 활용되는 어휘 수준 등을 뜻한다. 만일 청담자의 이야기가 짧은 문장, 단순한 어휘, 적은 수의 개념으로 구성되어 있다면, 상담자는 청담자가 내면 노출을 꺼린다는 사실과 더불어 청담자의 경험 부족과 심리적인 성숙 수준을 의심할 필요가 있다고 한다.

Angus와 Hardke(1994)는 상담 대화에서 발견되는 이야기를 코딩하고 분석하는 또 하나의 다른 체계를 발전시켰다. 이야기 과정 코딩 체계(Narrative Process Coding Scheme: NPCS)라고 불리는 이 방법은 이야기를 화제 마디(topic segment)에 따라 나누고, 화제 마디를 다시 이야기 처리 양식에 따라 코딩하는 작업으로 구성된다. 이야기 처리 양식은 외부 사건에 초점 맞추기, 내부 경험에 초점 맞추기, 반성적 분석 등 세 가지 유형으로 나뉜다. 외부 사건에 초점 맞추기는 청담자가 어떤 사건이나 이슈에 대해 상세한 기술을 하는 경우, 내부 경험에 초점 맞추기는 청담자가 자신의 소감이나 느낌을 기술하는 경우, 반성적 분석은 청담자가 자신이 기술한 사건이나 주관적 경험에 대해 반성적·해석적 분석을 하는 경우를 말한다. 이들의 분석에 의하면, 청담자의 이야기 속에 들어 있는 화제 마디, 반성적 분석, 내부 경험에 초점 맞추기 등의 빈도와 상담 결과 사이에 상당한 상관이 있다고 한다.

지금까지 소개한 이야기 연구들은 두 가지 공통된 특징을 가지고 있다. 하나는 청담자들이 표현한 이야기의 연계성 및 구조적 특징에 관심을 둔다는 점이고, 다른 하나는 청담자의 이야기 전개 방식을 강조한다는 점이다. 그런데 이 세 종류의 이야기 연구는 연구 전략으로서 모두 하향(top-down) 형식을 취하고 있다. 다시 말하면, 이야기 과정에 대한 모형을 조작적으로 정의한 후 코딩 매뉴얼을 구성하고 훈련된 평정자로 하여금 설정된 기준에 따라 평정케 하여 양적인 측정치를 얻어 내는 방식이다. 이 전략은 기본적으로 실증주의적 연구 전통에 뿌리를 두고 있다.

실증주의적 연구 전통을 떠나 이야기 전개 과정을 분석하는 대안의 하나로 질적 · 인간과학적 접근을 제시한 사람이 있다(Rennie, 1994). 그는 어떤 사건이나 경험의 의미는 사회적으로 구성되는 것이며 보는 시각에 따라 얼마든지 달라질 수 있다는 구성적 · 해석적 입장에서 이야기를 분석하자는 제안을 한다. 이야기 분석의 목적이 이야기에 들어 있는 객관적 사실을 찾아내는 것이 아니라 이야기를 전개하는 사람의 체험 내용을 이해하는 데 두어져야 한다는 지적이다. 따라서 분석의 초점이 표현된 이야기의 외부적 특성이 아니라 이야기를 말하는 청담자의 경험 내용에 맞추어진다. 이런 관점에서 Rennie는 상담이 끝난 후 청담자에게 상담 중에 펼친 이야기를 회상하도록 하여 이야기를 할 때 어떤 체험을 하였는지 분석하는 방법을 사용하였다. McLeod와 Balamoutsou(1996) 역시 이야기에 대한 질적 분석의 중요성을 지적하고 사례연구를 수행한 바 있다. 그러나 이들은 Rennie와 달리 상담 축어록 속에 등장하는 이야기 과정에 대한 질적 분석을 시도하여 주요 유형을 찾아내고 그에 따라 청담자의 이야기 내용을 해부하는 방식을 취하고 있다.

지금까지 소개한 이야기 연구방법들 중 일부에 대해 분석방법과 연구사례를 중심으로 조금 더 자세히 살펴보도록 하자.

3. 이야기 분석방법과 연구 사례

1) 핵심 갈등 관계 주제 분석

(1) 핵심 갈등 관계 주제의 배경 및 주요 가정

앞에서 언급한 대로 Luborsky는 임상 경험을 통해 청담자들의 중심 관계 유형이 세 가지 요소를 중심으로 형성된다는 사실을 주목하였다. 즉, 청담자가 다른 사람으로부터 무엇을 원하는지, 다른 사람이 이에 어떻게 반응하는지, 그리고 그들의 반응에 청담자가 다시 어떻게 대응하는지를 살펴보면 청담자가 사람들과 어떤 방식으로 상호작용하는지 알 수 있다는 것이다. Luborsky가 제안한 중심 관계 유형은 Freud가 말하는 전이(transference)의 개념과 상당히 유사한 측면이 있다. 이에 그는 핵심 갈등 관계 주제(Core Conflictual Relationship Theme: CCRT) 방법을 Freud의 전이 개념 분석과 관련짓고, 전이 관계를 찾아내는 신뢰 있는 측정 도구로 개발하기도 하였다.

CCRT에는 중요한 4개의 가정이 깔려 있다. 첫째, 상담회기 동안 이야기된 관계 일화(relationship episode)가 CCRT를 뽑아 내는 주요 자원이라는 점, 둘째, CCRT는 관계 일화로부터 신뢰 있게 추출될 수 있다는 점, 셋째, CCRT는 이야기 전반에 걸쳐 있는 빈도에 기초를 둘 때 보다 유용하다는 점, 넷째, 관계 일화의 겉모습은 매우 다양하지만 그곳으로부터 일관성 있는 유형 추출이 가능하다는 점 등이다.

(2) CCRT의 절차

① 이야기 자료 추출: CCRT는 청담자가 상담회기 동안 말과 행동으로 드러내는 이야기들로부터 도출된다. 이야기로부터 CCRT를 구성하는 공

식에는 두 가지 단계가 있다. 하나는 관계 일화를 찾아 위치를 밝히는 것이고, 다른 하나는 이 일화들에서 CCRT를 추출하는 것이다. 여기서 관계 일화는 다른 사람이든 자신이든 관계에 대한 이야기가 들어 있는 부분을 일컫는다.

먼저, 훈련받은 평정자가 관계 일화를 찾아낸다. 평정자는 상담 축어록 위에 관계 일화가 들어 있는 부분을 찾아내어 표시를 해 둔다. 각각의 관계 일화에는 청담자와 상호작용하는 다른 사람이 포함되어 있어야 한다. 이때 이야기가 가지고 있는 구조, 예를 들면 시작, 중간, 끝으로 이어지는 줄거리를 주목하면 관계 일화를 찾기가 보다 쉽다. 말 멈추기, 새로운 화제로 전환하기, 화제를 바꾸겠다는 직접적인 언급 등에서도 이야기가 시작되는 단서를 찾을 수 있다. '이 사건에서처럼, 예를 들면 이 사건에서' 등과 같은 어구도 이야기가 시작되는 지점을 나타낸다.

② 채점: CCRT 채점은 이야기 자료 추출 작업에 의해 상담 축어록에 표시된 관계 일화들을 대상으로 진행된다. 채점은 다시 몇 가지 단계로 나누어진다. 1단계에서는 각 관계 일화에 들어 있는 요소의 유형을 찾아내고 (앞에 언급한 세 가지 유형 중에 어디에 속하는지 밝히는 작업), 2단계에서는 이를 요약(범주화)하며, 1' 단계에서 각 관계 일화에 들어 있는 요소들을 개관하여 다시 확인하고, 2' 단계에서 이를 다시 요약한다.

채점 과정에서 결정해야 할 차원의 하나는 청담자의 이야기를 적절한 수준에서 요약(범주화)해야 한다는 점이다. 요약의 내용이 너무 추상적이거나 너무 구체적이면 신뢰성이 떨어지거나 지나치게 잡다해지는 단점이 있기 때문이다. 또 하나는 긍정적 반응과 부정적 반응을 구별하는 차원이다. 긍정적 반응이란 실제 또는 상상 속에서 청담자의 자기 소망이 충족되는 때를, 부정적 반응이란 청담자의 소망이 좌절되는 때를 뜻한다.

요약 또는 범주화 작업은 두 가지 종류로 구분된다. 하나는 맞춤형 범주

(tailor-made category)다. 맞춤형 범주는 채점하는 평정자들이 추출된 이야기를 읽고 요약한 범주를 말한다. 그런데 이 맞춤형 범주는 평정자에 따라 다를 수 있기 때문에 그만큼 신뢰도가 떨어진다. 이에 대한 대안으로 개발된 것이 표준 범주(standard category)다. Luborsky와 그의 동료들(1990)은 채점의 신뢰도를 높이기 위하여 여러 차례의 시도를 거쳐 표준 범주를 개발하였다. 이 표준 범주에는 청담자의 소망, 청담자의 소망에 대한 다른 사람의 반응, 다른 사람의 반응에 대한 청담자의 반응 등 세 요소별로 각각 8개 범주가 포함되어 있다. 일반적으로 CCRT를 분석하는 경우 평정자가 먼저 맞춤형 범주를 추론해 내고 이 범주들을 표준 범주에 따라 다시 분류하는 작업을 거친다고 한다(표준 범주의 내용은 자료를 구할 수 없어 여기 밝히지 못함).

CCRT 채점 방식을 이해하기 위하여 채점하는 예를 하나 들어 보자.

CCRT 채점	관계 일화
	동생과 올케에 대한 일화(완성도 4.5)
W : 나쁜 관계에서 빠져나오기(18, 23) →	// 어쨌든, 나는 동생네 집에서 가능한
RO : 거부하기(4, 14) →	한 빨리 나오고 싶어요. // RO 거기서는 2등 시민처럼
RO : 억압하다(6, 8) →	대접받아요. // RS 나의 자존심을 위하여
RS : 자신에 대해 나쁘게 느끼다 →	좋지 않아요. // 그들은 둘 다
(26?, 17?)	중독자에다 중독자 기질을 갖고 있어요.
W : 좋은 관계 속에 있기(3, 2) →	// (쉼) W 내 생각엔-나는, 나는
	온전한 사람들과 같이 있고 싶어요. // …… 예.
RS : 나쁘게 느끼다(22?, 20?) →	옛날 테이프가 돌기 시작했어요. // RS 근데 그게
	정말 나빠요. 무슨 뜻이냐 하면
	내가 그들 주변에 있으면 부정적으로 생각하기 시작해요.
	왜냐하면 그들은 둘 다 부정적이에요. // 그들은

RO : 부정직한(8, 15?) →	[RO] 부정직해요. // → [RO] 그들은 내게 잘해 주는 척해요.
RO : 그녀를 억압하기(8, 4) ↗	하지만 나는 그들 아파트 세의 반을 지불하고 있어요. //
	그런데도 나는 옷장도 없고, 그들의 잡스런 물건이 널린
	이 쬐그만 방을 차지하고 있을 따름이고, 에 그들이 사는
RS : 분노(21, 6) →	주변에서 일해야 해요. // → (쉼) [RS] 그래서 나는 에 그냥
	그들을 참을 수 없어요. //

- 완성도는 이야기 내용의 상세화의 정도를 의미하는 것으로 평정자들이 5점 척도에 평정하게 되어 있음. 사고 단위는 //로 표시되어 있고, 각각의 사고 단위에 포함되어 있는 맞춤형 CCRT는 왼쪽 여백에 기술되어 있음. 괄호 속에 들어 있는 숫자는 맞춤형 CCRT에 대응하는 표준형 CCRT의 유목을 가리킴

(3) CCRT 방법 적용 사례

하나의 사례를 들어 CCRT 방법이 적용되는 과정을 보다 구체적으로 살펴보도록 하자. 여기 소개된 사례는 Luborsky와 그의 동료들(1994)의 논문에 실린 것으로 청담자의 이름은 니나라는 가명을 쓰기로 한다.

첫 번째 단계는 채점을 하기 위하여 축어록을 준비하는 일이다. 이 준비를 위하여 별도의 평정자들이 6개의 관계 일화를 찾아내었다. 이 관계 일화들을 읽으면 되풀이해 일어나는 성적 학대 경험을 포함하여 그녀가 다른 사람들과 어떻게 상호작용하는지에 대한 임상적 정보를 얻을 수 있다. 첫 번째 관계 일화는 니나가 외국에서 공부할 때 만난 지 얼마 되지 않아 결혼한 남편에 관한 이야기다. 그들에게는 공통점도 많았지만 차이점도 많았다. 남편이 과격한 혁명옹호자라면 니나는 평화주의자라는 식으로. 몇 달 후 남편은 사라졌고 그 결과 그들은 이혼하게 되었다. 두 번째 일화에서 그

녀는 이전의 남자친구와 남편이 없는 동안 그녀를 강간했던 남편의 친구에 대하여 이야기했다. 세 번째 일화는 그녀와 같은 호텔에 머물던 평화단원에 의해 강간당했던 사건에 대한 이야기였다. 네 번째 일화는 고대로부터 전해 오는 치유 전통을 가르쳐 줌으로써 그녀에게 신뢰를 얻게 된 샤먼 지도자가 어떻게 그녀와 다른 여자 학생을 강간했는지에 대한 이야기였다. 다섯 번째 일화는 여행을 하는 동안 그녀의 여자 친구와 성관계를 가진 현재의 남자친구에 대한 이야기였다. 그는 여행을 떠나기 수 분 전에 니나의 여자친구와 성관계를 가졌다고 그녀에게 털어놓았다. 여섯 번째 일화에서 니나는 엄마에게 저항하는 것이 얼마나 힘든지에 대하여 기술하였다. 말로는 그녀가 독립해야 한다고 격려하면서도 엄마는 모든 일을 자기가 떠맡으려고 한다는 것이다.

• 맞춤형 CCRT

청담자의 중심 관계 유형을 신뢰 있게 추출하기 위하여 이 관계 일화에 CCRT를 적용하였다. 보통의 CCRT 방법은 상담자가 각각의 청담자에게 가장 적합한 CCRT 용어들을 선정한다는 점에서 맞춤형이라고 말할 수 있다. 여기서는 세 명의 평정자가 앞에 설명한 절차를 따라서 6개의 일화들을 채점하였다. 세 평정자의 채점 결과를 요약하였는데, 가장 높은 빈도로 나타난 요소 유형들을 결합하여 각각의 CCRT를 구성하였다. 세 평정자들 각각이 구성한 맞춤형 CCRT는 〈표 10-1〉과 같다. 이 결과를 보면, 의견 일치 수준이 상당히 높다는 점을 알 수 있다. 세 평정자가 구성한 CCRT를 종합하면 다음과 같은 진술로 표현될 수 있다.

> 나는 지배당하는 것을 거부하고 싶고 굴복하기를 강요당하거나 힘에 눌리고 싶지 않다. 하지만 다른 사람들은 군림하고 통제하고 나를 힘으로 누른다. 그러면 나는 지배당하고, 굴복하고, 무기력하고, 희생된다고 느낀다.

〈표 10-1〉 맞춤형 CCRT

평정자 1	평정자 2	평정자 3
* 소망(W)		
W#1 굴복하고 억압당하지 않기 4	W#1 자신을 주장하기 6	W#3 지배에 저항하고 극복하기 5
W#2 지원, 배려, 안전 획득하기 2	W#2 가까워지기 3	W#2 다른 사람을 신뢰하기 위해 3 가까워지기, 개방하기
* 다른 사람으로부터의 반응(RO)		
RO#5 나를 통제하고 위압하기 5	지배하고 힘으로 겁주기 4	지배하기, 착취하기, 위압하기 3
* 자아로부터의 반응(RS)		
억압과 지배당하고, 희생됨을 느낌 3	굴복하고, 굽히기 4	무력함, 허약한 굴복, 무저항 4

• 표준 범주 CCRT

세 평정자 사이의 의견 일치 수준을 보다 쉽게 알아보도록 각 평정자가 채점한 요소들을 표준 범주로 번역하였다. 표준 범주를 사용한 결과, 세 평정자의 의견 일치도가 보다 보기 쉽고 신뢰 있게 정리되었다.

〈표 10-2〉에서 세 명의 평정자 간 의견 일치도를 평가하는 가장 좋은 방법은 가장 빈번하게 평정된 표준 소망 범주의 빈도를 점검하는 것이다. 가장 빈번하게 평정된 소망은 소망 3번에 해당하는 '다른 사람의 지배를 극복하기'다. 평정자 1은 이 소망을 6개의 일화 중 4개에서 발견하였고, 평정자 2와 평정자 3은 6개 중 6개를 발견하였다. 그다음으로 빈도가 높은 소망은 소망 1번에 해당하는 '나의 독립과 자율을 주장하기'인데, 세 평정자 모두 6개의 일화 가운데 4개에서 이를 찾아내었다. 6개의 일화 중 1개에서 3개의 빈도를 보인 소망들은 4개를 찾을 수 있었다. 소망 6번의 '굴복하기', 소망 7번의 '다른 사람들과 접촉하기', 소망 9번의 '수용적이고, 다른 사람들에게 자신을 열어 놓기', 소망 15번의 '도움, 배려, 보호를 얻

기' 등이 그것이다.

다른 사람들로부터의 반응(RO)에 대한 의견 일치도 평가 역시 동일한 방식을 적용할 수 있다. 세 평정자 모두 가장 빈도가 높다고 찾아낸 반응은 RO 1번으로 '지배하기, 통제하기, 간섭하여 겁주기, 침입하기'다. 세 평정자는 다른 사람으로부터 오는 이러한 반응을 6개의 일화 중 5개에서 발견하였다.

다른 사람의 반응에 대한 청담자의 반응(RS)에서 가장 빈도가 높은 반응은 RS 1번으로 '수동적이기, 복종적이기, 압도되기, 고분고분 따르기, 공손하기, 다른 사람의 힘에 굴복하기'로 나타났다.

이 청담자에 대하여 평정자들 사이의 의견 일치는 각 요소들 내에서 가장 높은 빈도를 가진 항목들에서 가장 높았다. 빈도가 낮은 항목들에서는 의견 일치 수준이 그리 분명하지 않았다.

〈표 10-2〉 표준형 CCRT

	채점한 빈도수/평정자		
	평정자 1	평정자 2	평정자 3
* 소망(W)			
W#3 다른 사람의 지배를 극복하기; 다른 사람에 의해 부과되는 의무로부터 자유로워지기; 억압당하지 않기	4	6	6
W#1 나의 독립과 자율을 주장하기	4	4	4
W#9 다른 사람들에게 수용적(개방적)이기	2	2	3
* 다른 사람으로부터의 반응(RO)			
RO#1 지배하기, 통제하기, 간섭하여 겁주기, 침입하기	5	5	4
불공정하기, 착취하기, 이용하기	2	3	4
* 자아로부터의 반응(RS)			
RS#1 수동적이기, 복종적이기, 압도되기, 고분고분 따르기, 공손하기, 통제된('나는 다른 사람들의 힘에 굴복한다')	2	4	4

표준 범주에 근거하여 구성된 CCRT는 다음과 같이 종합될 수 있는데 이 내용은 앞의 맞춤형 CCRT와 매우 유사함을 알 수 있다.

> 나는 다른 사람들의 지배를 극복하고 독립과 자율을 유지하기 원한다. 하지만 다른 사람은 지배하고, 통제하고, 공정하지 않고, 착취하려고 한다. 그러면 나는 수동적이고, 굴복하고, 압도되고, 무력하고, 무능하게 반응한다.

(4) CCRT의 활용 가치

Luborsky와 그의 동료들은 CCRT의 활용 가치에 대하여 다음과 같은 제안을 하고 있다. 상담연구에 CCRT를 어떻게 활용할 수 있을지에 대한 궁금증을 풀기 위하여 이들의 제안을 소개한다.

① CCRT는 신뢰 있게 적용 가능한 도구로서 측정의 신뢰성은 (상담과정에 대한) 정밀한 탐색을 촉진시킨다는 점에서 중요한 의미가 있다.
② CCRT는 청담자의 중심 관계 유형을 알아보기 위한 다른 방법들에 비하여 시간을 절약해 준다.
③ 이 방법은 임상적으로 편리하고 적절하다. CCRT 방법을 적용하기 위하여 필요한 일은 청담자가 현재 또는 과거에 자신이나 다른 사람들과 관련하여 일어났던 사건에 대해 이야기하는 것인데, 이는 상담시간에 항상 일어나는 일이다(따라서 상담과정을 방해하지 않고서도 분석에 필요한 자료를 획득할 수 있다).
④ CCRT의 중심 관계 유형은 Freud와 여타 역동 심리치료자들이 전이라고 부르는 내용과 매우 유사하다(따라서 전이와 관련된 분석의 도구로서 유용성이 있다).
⑤ CCRT에 초점을 맞추면 청담자에게 유익한 해석을 생성해 내는 데 도움이 된다는 증거가 있다. 예를 들어, 니나의 CCRT 분석결과는 나

중에 그녀에 대한 해석을 하는 데 큰 도움이 되었다.

⑥ 이 방법은 다양한 종류의 방대한 연구를 이끌어 왔다. 『전이의 이해』(Luborsky & Crits-Cristoph, 1990)라는 책이 출판된 이래 CCRT에 대한 연구와 임상적 적용의 수가 현격하게 늘어났다. CCRT 소식지(newsletter)가 창간되었고, 1993년도에는 CCRT와 관련된 연구가 72개 이상 진행되고 있을 정도로 CCRT 척도 자체에 대한 연구, CCRT의 임상적 적용에 관한 연구, CCRT와 상담과정 변인 간의 관계에 대한 연구들이 증가하고 있다.

2) 이야기의 3차원 구조 분석

(1) 3차원 구조 분석의 내용

이야기에는 어떤 현상에 대해 개인이 지각하고 이해하는 틀, 다시 말하면 인지도식이 반영되어 있다. 따라서 이야기와 개인의 인지도식 사이에 상당한 연관성이 있을 수 있다. 이야기가 인지도식을 제시하는 방식의 한 형태라는 점에 착안한 연구자들은 이 둘의 관련성을 탐색하기 시작하였다. 이들에 의하면 사람들의 이야기에는 자신의 삶에서 중요한 경험들을 조직하고 이해하고 관련짓고 저장하는 인지도식이 표상되어 있다. '이야기로 표현된 인지도식(narrative schema)'이라는 용어는 이런 맥락에서 등장하게 된다.

이야기로 표현된 인지도식은 본질상 이야기 구조 내지는 조직과 밀접한 연관을 갖는다. 인지도식이라는 말이 본래 틀, 구조, 조직이라는 뜻을 담고 있기 때문이다. Russell과 Van Den Broeck(1992)은 이야기로 표현된 인지도식을 세 가지 차원에 따라 분석할 수 있다는 3차원 구조 모형을 제시하고 있다. 이야기 속에 구조적 연결성, 주관성의 표상, 인지적 · 언어적 복잡성으로 나뉘는 세 가지 차원의 특성이 들어 있다는 것이다. 따라서 이야기에 담겨 있는 이 세 가지 구조적인 특성을 제대로 분석하면 개인의 인지도식을 보다 잘 이해할 수 있다고 주장한다. 아울러 이야기 구조의 변형을 통해서 개인의 인지 구조에 변화를 일으키는 일도 충분히 가능하다고 보았다.

이야기로 표현된 인지도식의 중요성을 인정하면, 인지도식의 구조와 내용을 이해하고 인지도식을 표상하는 방식에 바람직한 변화를 일으킬 수 있는 기법에 대한 지식을 확보하는 일이 중요하게 부각된다. 상담자의 입장에서 말하면, 한편으로는 이야기를 통하여 청담자의 인지도식을 이해하고 다른 한편으로는 그 인지도식에 변화가 일어나도록 청담자의 이야기 구성과 전개 방식에 개입해 들어갈 수 있어야 한다는 뜻이다.

이 글에서는 Russell과 그 동료들이 제시한 이야기 인지도식의 세 가지 구조에 대하여 설명하고 연구 예를 소개할 것이다. 순서가 바뀐 듯하지만, 그전에 청담자의 이야기 인지도식에 변화를 일으키기 위하여 상담자가 수행해야 할 역할에 대한 이론적 논의를 간단히 살펴보자.

① 이야기 인지도식의 변형을 위한 상담자의 역할

이야기 인지도식에 변형을 일으키는 작업과 관련된 이론은 크게 2개의 발달이론에 뿌리를 두고 있다고 한다. 하나는 MacIntyre(1981)에 의해 주장되는 바 '과학 지식 표상의 승계론'이고 다른 하나는 Vygotsky(1936/1986, 1978)의 '문제해결 과제에 있어서 근접발달 영역론'이다. MacIntyre는 프톨레마이우스의 천동설을 승계한 코페르니쿠스의 지동설을 통해, 자연에 대한 새로운 이해의 성취는 의미의 구성을 형성하고 제한하는 이야기에 담긴 표상의 망에 달려 있다고 설명하고 있다. 지동설은 천체의 운행을 새롭게 이해하는 방식을 제공하였을 뿐 아니라 과거 과학이 천체의 운행을 이해하던 방식(천동설)에 대한 새로운 이해이기도 하다. 여기서 신과학으로서의 지동설은 구과학으로서의 천동설에 비해 천체의 운행을 설명하는 적절한 방식이라는 점도 중요하지만, 지동설의 입장에 설 때 천동설의 설명 방식까지 이해할 수 있다는 점도 중요하다. 그러니까 신과학이 구과학을 단순히 갈아치우는 것이 아니라 그 설명 체제 속에 끌어안고 간다는 사실이다. 과학적 지식의 승계에서 일어나는 이러한 현상은 갈등과 위기 상황에서 개인이 자신의 이야기 표상을 변화시키는 방식과 동일하다고 한다. 자신의 경험에 대하여 처음의 이야기에 담겨 있던 표상이 보다 발전된 이야기 표상 속에 포섭됨으로써 같은 경험에 대해 새로운 이해가 가능해질 뿐 아니라 처음에 가졌던 이해에 대해서도 보다 잘 이해할 수 있게 된다는 것이다.

이야기에 표현된 표상을 변화시키는 데는 분화와 통합이라는 2개의 과정이 들어 있다. 분화란 경쟁 관계에 있는 이야기가 이전의 이야기보다 더 상세히 어떤 현상을 설명할 수 있어야 한다는 뜻이고 통합이란 이전 이야기에 비해 경쟁 관계에 있는 이야기의 정합성과 정확성이 우월해야 하며 이전의 이야기들을 하위요소들로 포섭할 수 있어야 한다는 뜻이다. 그렇다면 청담자의 이야기에 분화와 통합이 일어나도록 촉진하는 환경은 무엇일까? 바람직한 상담관계가 구성되었다고 전제할 때, 이야기에 변화를 촉진하는 최선의 조건은 무엇일까? 여기에 Vygotsky가 학습과 인지발달 이론에서 제시한 근접발달 영역론이 적절한 방법이 될 수 있다. 근접발달 영역은 "아직 성숙하지 않았지만 성숙의 과정에 있는 기능들, 내일은 성숙하겠지만 오늘은 씨앗의 상태로 있는 기능들"(Vygotsky, 1978, p. 86)을 말한다. 따라서 최적의 학습이 일어나려면 주어지는 과제가 개인의 현재 최고 성취 수준과 보다 심화된 지식을 가지고 있는 사람에 의해서 제공되는 힌트, 전략, 해석들을 통하여 획득될 수 있는 과잉 성취 사이 어딘가에 있어야 한다. 그러므로 이전의 이야기를 대치할 새로운 이야기에 표상되는 내용은 청담자의 현재 이야기 인지도식의 범위를 지나치게 넘어서서도 안 되며, 그 안에 편하게 머무르는 것이어서도 안 된다.

이렇게 보면 청담자의 이야기에 변화를 일으키려는 상담자의 역할은 분명해진다. 우선 상담자는 이야기로 표현된 인지도식의 세 가지 차원 각각에 대하여 보다 분화된 이야기들을 대안으로 찾을 수 있어야 한다. 그리고 세 가지 차원에 대해 분화된 이야기들의 상대적인 정합성, 정확성, 적용 범위 등을 평가하는 작업을 해야 하며 마지막으로 선택된 새로운 이야기 속에 이전의 이야기들을 통합시키는 작업을 해야 한다. 이 과정에서 변화를 일으키는 새 이야기가 청담자의 현재 수준을 너무 벗어나지 않고 적정 범위를 유지할 수 있도록 조절하는 역할을 잘 수행해야 할 것이다.

② 이야기로 표현된 인지도식의 세 가지 차원

• **구조적 연관성**: 이야기 표상에 들어 있는 중요한 차원의 하나는 그 구조다. 구조는 이야기 표현 속에 어떤 사건들이 등장하여 어떤 역할을 하고 있는지를 보여 준다. 지금까지 구조 변인에는 두 가지 유형이 주로 탐구되었다. 이야기로 표상되는 내용을 기술하는 사건 범주(event category)와 사건 범주들 사이에 존재하는 일련의 관계(the set of relations)가 그것이다. 이 두 유형의 구조적 변인은 이야기에 대해 우리가 예상하는 기대, 즉 모종의 범주에 속하는 사건들이 등장하여 모종의 관계를 구성할 것이라는 기대와 일치한다.

선행 연구들은 몇 가지 사건 범주들의 집합 또는 이야기 문법들을 제안한 바 있다(Stein & Glenn, 1979). 이야기 문법은 이야기로 표상된 내용이 어떤 사건이 일어나게 된 배경, 처음 발단 또는 갈등, 주인공의 내적 반응 또는 계획, 목표지향적인 시도, 결과 또는 결말, 대응 또는 얻은 교훈 등에 대한 정보를 담고 있다고 알려 준다. 이 범주들이 어떤 사건에 대해 이해하거나 기억하는 데에 대단히 중요하게 작동한다는 사실은 이미 인지발달 심리학자들이 밝혀 놓은 바 있다(Mandler, 1984; Mandler & Goodman,

1982). 이 사건 범주들은 신화, 민담, 기타 여러 문학 장르에서도 어김없이 발견되는 것으로 이야기를 구성하는 핵심 요소에 해당한다.

사건 범주들의 관계에 대해서도 몇 가지 유형을 찾을 수 있다. 시간적 관계, 인과적 관계, 상호 지시적 관계, 명제적 관계 등이 여기에 속한다. 사건들 사이의 연관성과 정합성의 정도는 사람들이 그 사건을 지각하고 기억하는 데 의미 있는 영향을 미친다. 예를 들어, 마구 배열된 사건들보다 시간 순서에 따라 펼쳐진 사건들을, 인과적 연관성이 결여된 사건들보다 인과적 연관성을 풍부하게 담고 있는 사건들을, 특별한 지칭 대상이 없는 대명사보다 분명한 지시 대명사로 연결된 문장들을, 이야기 속에서 차지하는 위계 구조가 낮은 명제보다는 위계 구조가 높은 명제들을 사람들은 더 잘 기억하고 더 의미 있다고 판단한다.

• **주관성의 표상**: 이야기는 말하는 사람의 관점과 시각에서 주인공(이야기를 말하는 사람일 수도 있고 아닐 수도 있음)과 묘사되는 사건들 사이의 관계를 표현한 것이다. 따라서 이 관계들은 이야기를 펼치는 사람이 사건들을 어떻게 경험하는지에 대한 정보를 제공해 준다. 그러므로 구체적인 사건들 속에서 이야기를 하는 사람의 동기, 의도, 목표, 태도, 자세 등 주관성을 찾아낼 수 있다.

다음 세 가지 문장 표현을 통해서 이 관계들을 검토해 보자. 첫째, '나는 집에 갔다', 둘째, '나는 열심히 집에 갔다', 셋째, '나는 집에 가고 싶었다.' 세 가지 문장은 모두 집에 간다는 단순한 사실을 표현하고 있지만 전해 주는 의미가 다르다. 첫 번째 문장은 말하는 사람의 동기나 의도를 밝히지 않은 채 사건을 기술하고 있다. 그러나 두 번째와 세 번째 문장은 집에 간다는 단순한 사실에 대하여 말하는 사람이 갖는 동기나 태도에 대한 분명한 정보를 전달하고 있다. 두 번째 문장에 들어 있는 '열심히'라는 낱말은 집에 가는 행위를 할 때의 태도를, 세 번째 문장에 들어 있는 '싶었다'

는 낱말은 집에 가려고 하는 사건에 대한 욕구와/또는 의도를 보여 준다. 이러한 관계들을 드러내는 이야기들은 그렇지 않은 이야기들보다 더 오래 기억된다고 알려져 있다(Zahorodny, 1988). 신화, 민담, 동화 등에 등장하는 이야기들도 거의 대부분 사건과 주관성 사이의 관계를 표현하고 있다.

사건을 주관적 의미와 관련지어 그려 내는 일은 경험을 표현하는 데 매우 중요한 사항이다. 상담 대화에서는 이 주관적인 시각을 드러내고 구체화함으로써 청담자의 경험 속 깊이 자리하고 있는 감정의 세계에 접근하는 일이 핵심 과제의 하나에 속한다. 청담자가 말하는 어떤 사실보다 그 사실에 대한 청담자의 주관적인 시각과 체험을 들으려는 적극적 경청이 중시되는 것도 이런 이유 때문이다.

• **인지적/언어적 복잡성**: 이야기로 표현된 인지도식은 이야기하는 사람의 인지적/언어적 복잡성 수준에 대한 정보를 제공한다. 일부 연구에 의하면 복잡한 이야기를 만들고 이해하는 능력에 발달상 차이가 나타난다고 한다(Ackerman, 1985; Van Den Broeck, 1989). 또한 이야기 자극과 과제를 통해서 인지적/언어적 역량의 차이를 측정할 수 있다는 보고도 있다.

인지적/언어적 복잡성은 이야기 정교화의 정도와 이야기에 사용된 언어의 복잡성으로 표시할 수 있다. 보다 구체적으로 이야기 정교화의 정도는 하나의 이야기에 담겨 있는 이야기 구성(plot)의 수에 따라, 언어 복잡성은 이야기에 사용된 어휘의 다양성, 문장 수 등을 기준으로 평가할 수 있다.

청담자의 인지적/언어적 복잡성을 살피는 일 역시 상담에서 중요하다. 만일 청담자 이야기의 복잡성 수준이 매우 낮다면, 상담자는 청담자의 경험 세계가 빈곤한지, 심리적인 관심 보이기가 부족한지를 알아낼 필요가 있다. 아울러 청담자의 인지/언어 정교화와 복잡성 수준에 맞추어 대화를 이끌어 가는 일도 중요하다.

(2) 3차원 구조 분석의 절차

여기서는 Russell, Van Den Broeck, Adams, Rosenberger와 Essing (1993)에 실린 내용을 중심으로 3차원 구조 분석의 절차와 사례를 소개할 것이다. 단, 소개의 편의를 위해 필자 나름대로 내용과 순서를 재구성하였음을 미리 밝혀 둔다.

3차원 구조 분석의 절차를 설명하기 전에 먼저 분석의 단위가 되는 마디(segment)를 구하는 방식에 대해서 간단히 언급할 필요가 있다.

이야기들은 마디로 분절하였다. 마디는 독립절과 그에 따른 종속절로 구성되어 있다(종속절이 없을 수도 있음). 예를 들면, '사고로 그는 강아지를 반으로 잘랐습니다. 그래서 그는 그 강아지를 다시 꿰맸습니다. 그리고 오랜 후에 그 강아지는 결국 자기 모양을 찾았고 다리를 제대로 움직였습니다' 등 각각의 절이 하나의 마디로 취급되었다. 두 명의 연구 보조원을 2주 동안 훈련시키고 무선적으로 선정한 7개의 이야기에 대하여 마디로 나누게 한 결과, 87%의 높은 일치율을 얻을 수 있었다고 한다.

① 이야기의 구조적 연관성

• **인과적 연관성:** 인과적 연관성은 마디로 나뉜 이야기 사이의 인과적 연관성의 수를 이야기 마디의 수로 나눈 값으로 정의되었다. 두 진술 A, B 사이에 인과적 연관성은 '어떤 상황에서의 필요성'이라는 준거에 의하여 검증되었다. 즉, 만일 A가 일어나지 않았다면, B도 일어나지 않았다고 판단될 경우에, 사건 A는 그 상황에서 사건 B를 위해 필요한 것으로 판단되었다. 예를 들어, 다음에 나올 아동 청담자의 진술 '사고로 그는 강아지를 반으로 잘랐습니다'의 진술은 '그래서 그는 그 강아지를 다시 꿰맸습니다'의 진술과 인과적인 것으로 판단되었다. 만일 강아지가 반으로 잘려지지 않았더라면, 이 이야기의 상황에서 그것을 다시 꿰매는 일은 발생하지

않았을 것이기 때문이다.

• **시간적 순서:** 시간적 순서에 따르는 정도는 이야기 문법 범주들이 전개되는 순서가 정해진 흐름과 어긋나는 일탈 횟수로 평가되었다. 문법 범주로 사용된 6개의 범주는 배경, 시발 사건, 내적 반응, 시도, 결말, 반응 등이었다. '배경'은 이야기 사건이 발생하는 맥락 정보를 제공하는 마디로, 예를 들면 '옛날에 작은 강아지 한 마리가 있었어요'라는 진술이 이에 속한다. '시발 사건'은 이야기가 시작되는 사건으로 '그의 주인이 나무를 패고 있었습니다'라는 진술이 이에 속하고, '내적 반응'은 이야기의 주인공으로 하여금 행동하도록 자극하는 인지적 또는 정서적 진술로서 '이 강아지는 주인이 그에게 뼈를 주어야만 치료될 수 있다는 생각을 했습니다' 같은 것이 이에 속한다. '시도'는 목표를 성취하기 위하여 주인공이 취하는 행동으로서 '(뼈를 얻기 위해서) 나는 뒷발을 딛고 일어설 거야'라는 진술이, '결말'은 목표 성취나 실패를 나타내는 상태로서 '그래서 그의 주인은 강아지에게 뼈를 주었습니다'라는 진술이, '반응'은 목표 성취와 관련하여 주인공의 느낌이나 관점을 표현하는 정서적 또는 철학적 진술로서 '그 이야기의 교훈은 복잡한 질병을 빨리 치료할 수는 없다는 것입니다'는 말이 각각 그 예가 될 수 있다.

시간적 순서에 따르는 정도를 계산하려면 일단 허용 가능한 시간적 순서가 어떤 것인지 확인할 필요가 있다. 허용 가능한 시간적 순서에는 첫째, 이야기 문법의 순서에 따라 전개된 마디들(배경 → 시발 사건 → 내적 반응 → 시도 → 결말 → 반응의 순서), 둘째, 6개 범주가 다 등장하는 것은 아니지만 오른쪽으로 흐르는 화살표의 흐름에 맞는 마디 전개, 셋째, 동일한 마디의 반복(시발 사건 → 시발 사건), 넷째, 시도 → 내적 반응, 결말 → 내적 반응, 결말 → 시도로 이어지는 마디 등이 포함된다. 그 외의 다른 모든 흐름은 시간적 순서를 일탈한 것으로 간주한다. 따라서 하나의 이야기 속에 들어 있는 시간적 순서의 일탈 횟수를 전체 시간적 순서의 수로 나눈 값을 시간적 순서의 값으로 사용한다.

② 이야기에 표현되어 있는 주관성

• **역할 취하기 수준:** 역할 취하기 수준은 네 단계로 나뉜다.

0단계는 자기중심적 역할 취하기다. 자신과 다른 사람이 물리적으로 분리되어 있음을 알기는 하지만 다른 사람의 주관적 관점을 구별할 수 없는 수준이다.

1단계는 주관적 역할 취하기다. 다른 사람의 주관적 관점이 있을 것이라고 인정하면서도 자신의 관점 속으로 이를 포섭하지 못하는 수준이다.

2단계는 자아반성적 역할 취하기다. 자신의 행동과 의도에 미치는 다른 사람의 사회적 관점을 취할 수 있는 보다 복잡한 역량을 갖춘 수준이다.

3단계는 상호 역할 취하기다. 하나의 해설자로서 또는 이야기 속 등장인물의 하나로서 제3자적 관점을 취하는 수준을 말한다.

역할 취하기 수준을 분석하기 위하여 각각의 이야기는 하나의 전체로서 다루어지며 그중에서 등장하는 가장 높은 수준이 이야기하는 사람의 역할 취하기 수준으로 간주된다.

• **자아인식 수준:** 자아인식은 관찰하는 자와 관찰의 대상이 되는 자로서 자신을 볼 수 있는 인식 수준을 말하는 것으로 다음 다섯 단계로 나뉜다.

0단계는 자아에 대한 신체적인 개념을 갖는 수준이다. 자아를 자기 몸과 동일시하거나 몸의 연장으로 본다.

1단계는 내부와 외부 사이에 분화가 일어나는 수준이다. 주관적 경험의 내부 영역으로 심리적 자아가 있다는 인식이 어렴풋이 생긴다.

2단계는 내성적 자아 수준이다. 자아에 대하여 2인칭의 사회적 관점을 취하는 역량을 발달시킨다.

3단계는 관찰자 그리고 관찰대상으로서 자아를 보는 개념이 생기는 수준이다. 제3자로서의 조망 취하기 능력이 보다 세련되어 있다.

4단계는 무의식이 출현하는 수준이다. 의식적 노력에 의해 도달할 수 없는 내적 영역이 있다는 사실을 인식하는 수준이다.

자아인식 수준의 분석에서도 각각의 이야기는 하나의 전체로서 다루어지며 그중에서 등장하는 가장 높은 수준이 이야기하는 사람의 자아인식 수준으로 간주된다.

- **이야기를 펼치는 사람과 사건들 사이의 심리적 관계의 분석**: 이 부분은 이야기에 등장하는 사건과 이야기를 펼치는 사람이 어떤 심리적 관계를 맺고 있는지 분석한다. 여기에는 명세화(specification)와 서술화(predication) 2개의 범주가 포함된다. 명세화와 서술화 모두 기본 사건에 특정한 언어적 수식어가 덧붙여진 형태로 표현되는데, 명세화는 문법적인 주어가 1개, 서술화는 문법적 주어가 2개다. 명세화에 사용되는 수식어는 주로 부사, 보조 동사, 전치사구들이다. 예를 들어, '나는 뒷발을 딛고 일어서겠다'는 진술은 의지를 표현하는 명세화가 담긴 진술인데 이 진술의 바탕이 되는 기본 사건은 '나는 뒷발을 딛고 일어선다'는 표현이며 명세화하는 수식어구는 '겠다'에 해당한다. 이 문장은 기본 사건이 이야기하는 사람의 의도 또는 노력과 관련을 갖는 것이기 때문에 의지의 명세화라고 부를 수 있다. 동일한 기본 사건에 대해 다른 유형의 명세화도 가능하다. '나는 뒷발을 딛고 설 수 있다, 나는 열정적으로 뒷발을 딛고 일어선다, 나는 이따금 뒷발을 딛고 일어선다, 그는 뒷발을 딛고 일어서기 시작했다, 그는 뒷발을 딛고 일어서기를 그만두었다, 그는 여전히 뒷발을 딛고 일어서 있다, 그는 정말로 뒷발을 딛고 일어섰다' 등은 모두 명세화하는 표현들로서 각각 양식, 태도, 기간, 주도성, 결과, 양상, 정도의 명세화라고 불릴 수

있다.

서술화에서는 언어적 수식어가 새로운 서술적 표현이 덧붙는다. 다시 말해, 새로운 서술구가 기본 사건에 덧붙여진 형태를 취한다. 서술화에 포함되는 2개의 주어는 동일인일 수도 있고 다른 사람일 수도 있다. 예를 들어, '그것이 어리석은 생각이라는 점을 그는 알지 못했다'는 진술은 지식의 서술화라고 불리는 유형의 서술화다. 여기서 기본 사건은 '그것은 어리석은 생각이었다'에 해당하고 서술하는 수식어는 '그는 알지 못했다'에 해당한다. 동일한 기본 사건에 대해 다른 유형의 서술화도 가능하다. '그것이 어리석은 생각이기를 그는 바란다, 그것이 어리석은 생각이었다고 그는 생각한다, 그것은 어리석은 생각이었다고 그는 말했다, 그것은 어리석은 생각이었어'라고 그는 내게 말했다. '그것이 어리석은 생각이기를 그는 바랐다, 그것이 어리석은 생각인 것처럼 그는 꾸몄다, 그것이 어리석은 생각이었다고 그는 매우 기뻐했다' 등은 모두 서술화하는 표현들로서 각각 가정, 주관화, 기술, 재진술, 간청, 외양, 태도의 서술화라고 불릴 수 있다.

명세화와 서술화 점수는 발언 수에 대한 명세화 표현 수의 비, 발언 수에 대한 서술화 표현 수의 비로 구할 수 있다.

• **정교화와 복잡성:** 인지적/언어적 복잡성은 두 가지 방식으로 구할 수 있다. 개념의 복잡성과 개념의 참신성이 그것이다. 이 두 특성을 분석하기 위하여 사용된 분석의 단위는 각 이야기 속의 마디에 등장한 낱말들이다. 개념의 복잡성은 각 이야기에 등장하는 낱말 총수의 평균으로, 개념의 참신성은 하나의 이야기 속에 등장하는 새로운 낱말의 수(types로 부르기도 함)를 전체 낱말 수(token으로 부르기도 함)로 나눈 값을 뜻한다.

(3) 3차원 구조 분석 적용 사례

Russell과 그의 동료들은 Gardner(1971)의 아동 상담에 등장하는 이야기에 3차원 분석을 적용하였다. Gardner의 아동 상담에는 상호 이야기하기 기법(mutual storytelling technique)이 활용되고 있는데 이 기법은 청담자가 말을 하면 바로 뒤를 이어 청담자의 이야기를 상담자가 다시 말하는 방식으로 구성되어 있다. 아동이 실제 또는 상상의 사건을 이야기하면 상담자는 청담자의 이야기 속에서 발견되는 갈등과 문제에 대하여 보다 건강하고 적응력이 높은 방식으로 이야기를 재구성하여 되돌려 준다. 상담자가 재구성한 이야기를 통해 제공하는 새로운 시각과 대처방식이 궁극적으로 아동 청담자의 인지도식을 바꾸어 상담 효과를 가져올 수 있다는 전략이다. 이 연구에서는 청담자와 상담자의 이야기가 모두 분석의 대상이 되었는데 여기서는 이들 이야기의 일부를 발췌해 싣기로 한다.

> 먼저, 모든 이야기들을 각각의 변인에 따라 코딩하였다. 일부 표집된 자료에 대한 코딩과 측정방법들을 배우기 위해 약 50시간의 훈련 기간이 필요하였다. 코딩의 정확성과 평정자 간 신뢰도를 높이기 위하여 집단을 구성하여 상호 토론과 피드백을 권장하였다. 훈련이 끝난 후, 이야기들을 무선화시켜 두 명의 다른 채점자(coder)들에게 배부하였다. 코딩을 하는 사람은 연구대상의 지위(아동 또는 상담자)와 연구 가설에 대해 모르는 상태였다. 측정의 신뢰도를 평가하기 위한 공통 이야기 하나를 포함한 5개의 이야기로 구성된 소책자를 만들어 채점자들에게 배부하였다. 코딩의 준거를 벗어나 코딩하는 것을 방지하기 위하여 코딩하는 기간 내내 코딩에 대한 훈련을 계속하였다.

앞에서 설명한 3차원 구조 분석 절차에 따라 아동이 말한 이야기의 일부를 분석한 결과는 〈표 10-3〉과 같다(영어 원본을 번역한 한글 자료를 중심으로 분석한 결과, 원래 영어 자료에 들어 있는 분석 수치와 다른 결과가 나타났

〈표 10-3〉 아동의 이야기

마디	문법[a]	인과적 연계[b]
1. *옛날에* 작은 강아지 한 마리가 있었습니다.	S	4, 16
2. 물론 그에게는 주인이 있었어요.	S	3, 6
3. 그런데 어느 날 그의 주인이 장작을 패고 있었어요.	IE	5
4. 그 작은 강아지는 주변에서 놀고 있었어요.	IE	5
5. *사고로* 그는 그 강아지를 반으로 잘랐어요.	IR/C	6
6. 그래서 그는 그 강아지를 다시 원래대로 꿰맸어요.	A/IE	7
7. 하지만 그는 그 강아지를 다시 잘못 꿰맸어요.	IE/C	9
8. 뒷발은 하늘을 향하게 해 놓고 앞발은 아래를 향하게 해 놓았어요.	C	7, 11
9. 그래서 그 강아지는 세상에서 제일 이상했어요.	C	10, 19
10. 물론 그 강아지는 주인에게 "**나한테 뼈를 주세요**"라고 말했어요.	IE/A	11
11. "나는 내 뒷발을 딛고 *설게요*.	A	12
12. 그리고 나는 놀랄 만한 재주를 *하겠어요*.	IE/A	13, 14
13. 나는 당신을 위해서 공중제비를 *하구요*.	IE/A	15
14. 당신이 내게 **바라는** 건 뭐든지 *할게요*.	IE/A	15
15. 제발 나한테 뼈를 주세요."	IE/A	17
16. 그 강아지의 이름은 스누피였어요.	S(v)[c]	
17. 그래서 그의 주인은 그에게 뼈를 주었어요.	C(v)	18
18. 그러자 그의 뒷발은 빙 돌았어요.	C	19
19. 그리고 그는 보통 강아지처럼 되었어요.	C	

정교화/복잡성: 낱말/마디 = 5.7(111/19), type/token 비율 = 0.66(73/111)
주관성의 표상: 역할 취하기 = 0, 자아 인식 = 1.0
명세화/마디 = 0.32(6/19), 서술화/마디 = 0.05(1/19)
구조적 연계성: 기준 일탈 = 2/19 = 0.11[d], 인과적 연계성 = 1.2.[e]

주. 이 이야기를 말한 아동은 10.5세의 소년으로 읽기와 철자법에 문제가 있었다. 이탤릭체 글자는 명세화, 굵은 글자는 서술화, 밑줄 친 글자나 마디는 관점 취하기 그리고 고딕체의 굵은 글자는 자아 인식을 뜻한다.

문법[a]에서 S=배경(setting), IE=시발 사건, IR=내적 반응(internal response), A=시도(attempt), C=결말(consequence) 그리고 R=반응(reaction)을 뜻하며, 인과적 연계[b]는 해당 마디가 인과적으로 연계되어 있는 마디를 뜻한다. 기준 일탈[c]은 이전의 마디로부터 (v)표시가 되어 있는 마디로 이동하였음을 뜻하는데, [d]는 기준 일탈의 수를 마디 수(원래 자료에는 명제 수로 되어 있는데 이를 구하기가 쉽지 않아 마디 수를 사용하였음)로 나누어 구한 값이며, [e]는 인과적 연계성을 마디 수로 나눈 값이다.

〈표 10-4〉 상담자의 이야기

마디	문법	인과적 연계
1. *옛날에* 작은 강아지 한 마리가 있었습니다.	S	2
2. 그리고 이 작은 강아지는 장작을 패고 있는 주인 곁에 서 있었어요.	S	3, 4, 5
3. 그런데 실수로 또는 *사고로* 그의 주인은 그를 반으로 잘랐어요.	IE	6
4. 그의 주인은, 좋은 마음을 가진 사람이었지만,	S(v)c	
5. 잘못을 *많이* 저지르곤 했어요.	S	6
6. 그래서 실수로, 그 주인은 그 강아지를 다시 꿰맸는데	IE	7, 8
7. 그의 발들은 뒤에서 공중을 향해 들려 있고	IE	9, 29, 39
8. 다른 발들은 땅에 있었어요.	IE	9
9. 그건 정말 우스웠어요.	IE/C	10, 11, 24, 27, 37
10. 그런데 이 강아지에게 생각이 **떠올랐어요**.	IR/IE	11,17
11. 만일 그의 주인이 그에게 뼈 하나를 주면	IR	20
12. 이것으로부터 그가 치료*될 수 있다*고.	IR	21
13. 이것이 어리석은 생각이라는 것을,	IE	11
14. 그 같은 문제를 치료하는 게 *그리* 쉽지 않다는 것을	IE	12
15. 그는 **몰랐어요**.	IR/IE	13, 17
16. 뼈 하나를 먹었다고 그냥 치료되는 건 아니니까요.	R(v)	14, 22, 23
17. 그래서 그는 주인에게 뼈를 달라고 졸랐어요.	A(v)	18, 19
18. 그러자 그의 주인은 *마침내* 좋다고 말했어요. "좋았어,	C	19
19. 너에게 뼈를 하나 *주지*."	C	20
20. 그리하여 그는 뼈를 먹었어요.	C/A/IR	21
21. 그리고 매우 실망했어요.	C/A/IR	24
22. 이것이 그를 치료하지 못했다는 것을	IR/C	21, 23, 38
23. 그가 **알고 나서**요.	IR	21
24. 그래서 그는 자기가 할 수 있는 일을 **궁리해 봤어요**.	IR	25
25. 그래서 그는 마을에 있는 의사에게 가기로 **결심했어요**.	IR/IE	26
26. 의사는 그를 검사하고서 말했어요. "너에게 필요한 것은 특별한 수술이야. 그 후에는 네가 *열심히* 연습하고 *고되게* 훈련해야 해."	C/IE	27
27. 그래서 그는 수술하러 갔어요.	A	28
28. 그리고 그들은 그를 쭉 펴 주었어요.	C/IE	29, 30, 31

29. 그들은 그의 발들이 *있어야* 할 곳에 놓아주고	C/IE	36
30. 그의 몸을 돌려놓았어요.	C/IE	31
31. 그리고 연습을 하라는 처방을 *길게* 해 놓았는데	C/IE	32, 33
32. 거기에는 그가 해야 할 일과 더불어	C/A	34, 41
33. 의사와 치료자들과 협력해야 할 것이 *아주* 많았어요.	A	34, 42
34. 그리고 오랜 시간이 지난 후에	C	37, 40
35. 그는 *마침내* 제 모습으로 돌아와서,	C	
36. 그의 다리들을 움직였고,	C	37
37. **행복하고**, 건강한 강아지가 되었어요.	IR	
38. 이 이야기의 교훈은 복잡한 질병을 *빨리* 치료할 수는 없다는 것입니다.	R(v)	
39. 만일 당신이 복잡한 질병이나 의학적 문제를 가지고 있다면	R	40, 41, 42
40. 시간이 *오래* 걸려야 한다는 것과	R	
41. 낫기 위해 *아주* 열심을 내야 한다는 것,	R	38
42. 그리고 당신 스스로 협력해야 한다는 것을 알아야 합니다.	R	38

정교화/복잡성: 낱말/마디 = 5.93(249/42), type/token 비율 = 0.76(189/249)
주관성의 표상: 역할 취하기 = 3, 자아-인식 = 1.0
명세화/마디 = 0.38(16/42), 서술화/마디 = 0.12(5/42)
구조적 연계성: 기준 일탈 = 4/42 = 0.10[d], 인과적 연계성 = 1.5(61/42).[e]

음을 미리 밝혀 둔다. 특히 type/token 비율에서 영어 원자료보다 아주 높은 값이 나왔는데 이는 한글로 표현된 어휘들 중에서 조사를 포함하여 형태가 다른 모든 어휘들을 새로운 어휘로 간주한 데 따른 결과다).

그리고 연습 삼아 아동의 이야기에 뒤이어 이어진 상담자의 이야기를 분석한 결과도 살펴보자(〈표 10-4〉 참조).

〈표 10-3〉과 〈표 10-4〉를 비교해 보면, 기대했던 대로 상담자의 이야기는 아동의 이야기에 비해 구조적 연계성이 높고 주관성의 표현도 많이 나타났다. 구조적 연관성의 측면에서 볼 때 상담자의 이야기는 아동의 이야기보다 인과적 연계가 많은 반면, 시간적 순서의 일탈은 적은 것으로 밝

혀졌다. 주관성의 측면에서는 아동의 이야기보다 상담자의 이야기에서 묘사된 사건과 이야기 주인공의 심리적 관계에 대한 표현이 더 자주 나타났다. 그리고 상담자의 이야기에 등장하는 주인공이 역할 취하기와 자아 인식에서도 상대적으로 수준이 높았다. 정교화와 복잡성에서는 상담자의 이야기에 참신성이 높게 나타난 반면, 개념적 반복(type/token 비율)은 오히려 더 많은 것으로 나타났다. 마디당 사용된 어휘 수도 상담자의 이야기에 더 많았다.

(4) 3차원 구조 분석의 활용 가치

Russell과 그의 동료들(1993)은 3차원 구조 분석의 활용 가치를 다음과 같이 정리하고 있다.

첫째, 3차원 구조 분석에서 개발한 측정 도구들은 심리치료의 맥락에 적용할 만한 신뢰성을 가지고 있다.

둘째, 이 도구들은 치료의 핵심인 심리치유의 과정에 대한 통찰을 제공할 수 있을 정도로 그 민감성이 뛰어나다.

셋째, 3차원으로 구성된 틀은 청담자가 이야기 행동을 통해 의미를 만들어 가는 방식에 대한 미세 분석을 가능하게 한다. 이야기의 구조적 연계성, 주관성, 정교화/복잡성 차원에 대한 미세 분석은 청담자가 지닌 인지도식의 정체를 파악하게 하는 중요한 실마리들이다.

이 밖에도 상담의 전개와 더불어 청담자의 인지도식이 어떻게 변화해 가는지, 상담 효과와 3차원의 구조적 특징이 어떤 관련을 갖는지, 상담자의 이야기 모델링이 청담자의 인지도식에 어떤 영향을 미치는지, 다양한 상담과정 변인들과 3차원의 구조적 특징이 어떤 관련을 갖는지 등 3차원 구조 분석이 상담 분야의 연구에 활용될 수 있는 가능성은 매우 다양하다고 여겨진다. 이 글에서 참고한 Gardner의 상호이야기 기법에 대한 분석은 상담자-청담자의 이야기를 비교·분석하고 아울러 상담자에 의해 수정된 이야기가 청담자의 인지도식에 일으키는 변화를 추적한 연구다.

3) 이야기 과정 코딩 체계

(1) 이야기 과정 코딩 체계의 배경 및 주요 가정

상담과 심리치료 문헌에서 이야기(narrative)에 대한 논의는 세 가지 개념을 중심으로 전개되어 왔다. 첫째, 상담 기간 동안 청담자가 상담자에게 말하는 이야기 하나하나(individual stories), 둘째, 여러 개의 다양한 이야기들을 하나의 정합성 있는 틀로 포괄하는 주제가 담긴 이야기(thematic story-line), 셋째, 청담자로 하여금 자기 자신과 자신이 주변 사람들과 맺고 있는 관계를 보다 종합적이고 분화된 방식으로 이해할 수 있도록 돕는 탐구의 양식 또는 인지/정서적 양식으로서의 이야기 과정(narrative processes) 등이 그것이다. Angus와 Hardke(1994)에 의하면, 이야기에 대한 이 세 가지 접근방식 중 지금까지의 연구는 주로 처음 두 가지 방식에 집중되었다고 한다. 하지만 상담과정에 등장하는 대화와 이야기는 상담자와 청담자가 상호작용을 통해 의미를 구성해 가는 과정이라고 볼 수 있으므로 이야기 과정 또는 담론이라는 측면에서 분석하는 것이 보다 타당하다는 것이다. 따라서 상담 기간 동안 상담자와 청담자가 참여한 일련의 과정, 활동, 전략들을 개념화하는 작업으로서 이야기 과정 전체를 주요 분석대상으로 삼자는 입장이다. 이렇게 보면 이야기 과정은 상담 대화 전체 또는 상담에서 펼쳐지는 담론 전부라고 말해도 크게 틀리지 않는다.

Angus와 Hardke(1994)는 상담에서 일어나는 이야기 과정에 대한 종합적인 분석은 다음 세 가지 양식과 관련하여 상담자-청담자 사이의 언어적 상호작용의 특성을 드러낼 수 있어야 한다고 주장하였다. 여기서 세 가지는 첫째, 상상 또는 실제 사건에 대한 묘사, 둘째, 그 사건들과 연관된 주관적인 체험과 느낌에 대한 묘사, 셋째, 과거에 일어났거나 현재 일어나고 있거나 미래에 일어나리라고 예측되는 느낌과 사건들에 대한 반성적 분석 등이다. 하지만 지금까지 선행 연구는 이야기 과정의 세 가지 양식 중 주로 첫 번째 것, 즉 상담 기간 동안 발생한 사건에 대한 묘사에 대해 주로 탐구하였다. 또한 상담대화를 기록한 축어록에서 세 가지 이야기 과정 양식을 찾아내는 체계적인 방법도 찾기가 어렵다. 따라서 이야기 과정의 마지막 두 양식을 탐구함과 동시에 이야기 과정을 체계적으로 코딩할 방법을 찾아내는 일이 필요한데, 이런 요구를 충족시키기 위하여 개발된 전략이 이야기 과정 코딩 체계(Narrative Processes Coding System: NPCS)다.

(2) NPCS의 절차

NPCS의 구체적인 절차는 두 단계로 구성된다. 상담 대화에 대한 축어록을 바탕으로 첫째, 주제 내용의 이동이 있을 때 이를 화제 마디로 나누는 작업, 둘째, 화제 마디를 세 가지 이야기 과정으로 더 세분하는 작업이 여기에 속한다. 둘째 작업은 이야기 과정의 연계(narrative processes sequence)라고 부르기도 한다. 먼저, 화제 마디에 대하여 살펴보자.

① 화제 마디 찾기

NPCS 평정 체제의 첫 단계는 평정자가 상담 축어록을 읽으면서 상담 중에 논의된 화제나 이슈를 찾는 작업으로 시작된다. 상담 대화 중에 어떤 화제들이 등장하였는지, 그 화제에 대한 대화가 끝나고 새로운 화제로 이동해 가는 위치가 어디인지를 정확히 찾아내는 것이다. 흔히 상담 대화는 특정 생활 영역을 중심으로 전개될 때가 많다. 가족, 일, 학교, 직장 등 일상생활의 영역이 대화의 주제가 되는 것이다. 이런 경우에는 화제가 이동하는 마디를 비교적 쉽게 찾을 수 있다. 친구 이야기를 하다가 가족 이야기로 옮겨 가는 경우 주제 이동의 위치를 찾는 일은 그리 어렵지 않다. 하지만 어떤 영역에 대한 대화는 다면적이어서 하나의 주제나 이슈에 대하여 다양한 측면들이 상세하게 탐색되기도 한다. 친구에 대한 이야기를 하는데 그 내용이 친구의 성격에서 친구의 외모로 이동해 가는 경우가 여기에 해당한다. 따라서 화제 마디는 특정 내용 영역에 대한 기술 또는 개관이거나 특정 내용 영역의 다양한 측면들에 대한 정교화로 나뉠 수 있다.

여기서 유의해야 할 사항은 화제 마디의 단위가 대화로 구성된 상담자와 청담자 사이의 상호작용이라는 점이다. 그러니까 청담자의 이야기에 한정하여 화제 마디를 추출하는 것이 아니라 상담자 청담자 두 사람이 함께 전개하는 대화에서 화제 마디가 추출된다. NPCS가 때로 담론분석이라고 불리는 이유는 여기에 있다.

화제 마디를 찾을 때 도움이 될 수 있는 몇 가지 단서들이 있다. 화제 내용의 변화, 문법적인 시제의 변화, 대화 속도의 변화, 상담자가 던지는 질문, 청담자의 말에 대한 상담자의 긍정 반응, 대화 사이에 나타나는 긴 쉼, 이전 이슈에 대한 요약 등이 일부 단서가 될 수 있다.

② 이야기 과정의 연계 찾기

상담 축어록을 화제 마디로 나눈 후에는 각 마디를 이야기 과정 양식에 따라 더 나눈다. 이렇게 하여 얻은 맥락의 단위들을 이야기 연계라고 부른다. 이야기 연계에는 외부/사건, 내부/사건, 반성적 사건 등 3개의 범주가 포함되는데 이들은 상호배타적이다.

첫째, 외부/사건에 대한 초점: 청담자가 실제이건 심상이건 또는 과거, 현재, 미래 어느 시점에 대한 것이건 어떤 사건에 대해 상세한 기술을 할 때 이야기 연계는 외부/사건으로 코딩된다. 외부/사건 양식에는 두 가지 내용이 포함된다. 어떤 사건이나 이슈에 대한 전반적 개관과 특정 사건에 대한 세세한 진술이다.

둘째, 내부/사건에 대한 초점: 청담자 또는 상담자가 자신의 주관적 체험, 느낌 상태, 정서적 대응 등을 상세히 기술할 때 내적 연계가 일어났다고 보고 내부/사건으로 코딩한다. 대개의 경우 청담자가 자기 주변에 있는 중요한 사람들에 대해 언급할 때 내적 연계가 일어난다. 이따금 상담자에 대한 느낌이 표현되는 경우도 있다.

셋째, 반성적 사건에 대한 초점: 어떤 사건에 대한 기술 또는 주관적 경험에 대한 진술에 대하여 반성적 · 해석적인 입장에서 대화를 전개할 때 반성적 연계가 일어났다고 보고 반성적 사건으로 코딩한다. 청담자가 자기 자신 또는 주변의 중요한 사람들의 느낌과 행동을 새롭게 이해하는 데 대화의 초점을 맞출 때 반성적 연계가 일어난다. 반성적 연계는 대부분 이전의 행동이나 사고 패턴, 욕구, 소망, 필요 등을 탐사하거나 그에 대해 질문을 던지는 내용으로 구성된다.

(3) NPCS 방법 적용 사례

다소 긴 듯하지만 Angus와 Hardke(1994)에 실린 사례를 중심으로 화제 마디와 이야기 과정의 연계를 찾는 방법을 살펴보자.

① 화제 마디 찾기

먼저, 특정 내용 영역에 대해 상세히 개관하는 예를 들어보자.

상담자: 안녕하세요? 기분이 어떠신가요?

청담자: 좋아요. 이번 주는 아주 요란한 주였어요. 시어머니가 오셨거든요. 앞으로도 두 주 동안 우리와 함께 머물 거래요. 그녀가 집을 다 차지해 버렸어요. 그녀는 모든 것을 청소해요. 심지어 밖에 나가 왁스를 사다가 한 시간 이상 부엌 싱크대를 문질러 닦아 내기도 해요. 그게 그렇게 더럽지도 않았는데 말이에요. 그녀가 우리 집에 도착하기 전에 티 없이 청소를 했거든요. 그 전날 밤에는 혹시 빠진 게 있으면 다시 청소하려고 자다가 일어나서 검사까지 했어요. 그녀는 항상 그런 식이에요.

상담자: 좋아요, 시어머니가 방문하러 오셨고, 그 다음날 부엌으로 가 봤더니 그녀가 싱크대를 청소하고 있었다는 거지요?

청담자: 예, 그녀는 목요일 오후에 도착했어요. 남편이 공항에서 모시고 왔지요. 다음 날 아침 나는 애들을 학교에 데려다 주고 돌아왔는데 부엌에서 싱크대를 닦고 있는 거예요, 왁스로 말이에요. 그래서 당황한 표정으로 서 있다가 "휴가 중이시잖아요, 싱크대가 더러우면 제가 청소할게요."라고 말했죠. 그랬더니 네가 바쁜 거 아니까 그냥 도와주기 위해서 그러는 거라나 뭐라나 대답하더라구요.

상담자: 흠, 으음.

청담자: 예, 하여튼 그녀는 언제나 그런 식이에요.

상담자: 흠, 으음, 시어머니가 그런 식으로 행동하면 당신은 어떻게 느끼시나요?

청담자: 그녀가 간섭한다고 느껴져요. 그녀는 손님이잖아요. 모르겠어요. 너무나 좌절되어서 그냥 비명을 지르고 싶어요. 그녀는 나를 가망이 없는 아주 작은 어린애로 만들어 버려요. 남편에게 그 말을 할 수도 없어요. 그이는 시어머니 편만 들어요. 정말 화가 나요. 그녀가 주위에 있으면 그냥 어린아이가 된 느낌이에요.

상담자: 흠, 으음. 그녀가 방문하면 그녀는 부모님이 되고 당신은 어린아이가 된 것처럼 느낀다는 말이군요?

청담자: 예. 예를 들어, 그녀가 청소를 하거나 또는 애들 옷을 제대로 입히지 않는다고 말하면 내가 또 잘못했구나 하고 느껴요. 아주 미치겠어요. 아무리 열심히 노력해도 그녀를 기쁘게 해 줄 수가 없어요. 그녀가 방문하러 온다는 사실을 알게 될 때 공황 반응이 나타나기 시작한다고 생각돼요.

상담자: 공황 반응이요?

청담자: 그녀가 도착하기 전 일주일 동안 두통이 있었어요. 위장이 뒤틀려서 거의 먹지도 못했구요. 아주 긴장이 많이 되고 신경이 곤두섰어요. 시어머니가 무언가 나에 대해 비난할 거리를 찾아낼 거라는 걸 아니까요.

상담자: 으흠, 음.

청담자: 그런데 왜 내가 그녀를 즐겁게 하려는 생각에 사로잡혀 있는지 잘 모르겠어요. 그녀는 대개 일 년에 딱 두 번 방문하거든요. 그러니까 우리가 정말 가까운 것은 아니라는 말이지요. 남편에게 말하면 그냥 2주일만 참고 있다가 잊어버리면 될 걸 뭐 그러냐고 해요. 그런데 그게 안 돼요. 그녀가 나를 별로 생각해 주지 않는다고 느껴서 그런가 봐요. 그녀는 남편과 내가 결혼하는 걸 반대했어요. 우리는 그때 학교에 다니고 있었지요. 시어머니는 남편이 보통 가정주부가 아니라 직업을 가진 사람과 결혼하기를 기대했다는 인상을 항상 나에게 줘요. 그런데 왜 내가 그녀에게 대항할 용기가 없는지 모르겠어요. 왜 그녀가 내 집에 끼어드는 걸 내버려 두는 걸까요? 언제나 그녀가 주도권을 쥐도록 만들어요. 나는 자신을 위해 일어나서 청소하는 시어머니의 행동거지에 대한 내 의견을 모두 털어놓아야겠어요. 내가 그녀에게 대들면 그녀는 나를 좀 더 존중해 줄 거예요. 아니면 적어도 잔소리는 멈추겠지요!

상담자: 흠, 음. (쉼) (이동/화제 마디 #1의 끝/화제 마디 #2의 시작) 취업 면접이 있다고 지난주에 이야기했었는데, 어떻게 됐지요?

특정 내용 영역(시어머니)의 한 가지 측면을 더 정교하게 다루는 화제 마디의 예를 들어 보자.

청담자: 예, 그리고 그녀는 항상 이런 식이에요. 청소하는 일만 그런 게 아닙니다. (이동/화제 마디 #1의 끝–현재/화제 마디 2의 시작–과거). 예를 들면, 지난 번 시어머니가 왔을 때 나는 딸 은영이를 생일 파티에 데려가려고 준비시키던 중이었어요. 그 주 토요일에 새로 산 빨간 놀이옷을 입히고, 문을 열고 나가려고 하는데 시어머니가 나를 세워 놓고 "너 설마 애를 저렇게 입혀서 파티에 보내려고 하는 건 아니겠지? 그렇지?" 하며 다그치더라구요. 그때 나는 은영이가 완벽하게 좋아 보인다는 생각이 들었고, 사실 정말 괜찮았거든요. 그 옷은 최근에 많은 아이들이 즐겨 입는 그런 종류의 놀이옷이었어요. 은영

이를 위해서 파티를 열어 주었을 때도 적어도 세 명의 아이들이 그런 옷을 입었었거든요.

상담자: 흠, 음.

청담자: 하지만 늘 그랬던 것처럼 또 그녀가 원하는 대로 했어요. 엄마가 제일 잘 알지 않겠어요? 그런데도 내가 아무 말도 하지 않았다는 사실을 믿을 수가 없어요. 물론 은영이도 행복하지 못했죠. 그래서 우리는 파티에 늦게 도착하게 되었어요. 우리가 거기 도착했을 때 아이들은 대부분의 놀이를 끝냈고 이미 생일 케이크를 먹고 있었어요. 나는 그녀에게 아주 화가 많이 났고 우리가 집에 도착하면 그녀에게 그것을 보여 주어야 한다고 생각했어요.

상담자: 누구한테 화가 났다구요?

청담자: 오, 은영이가 아니라 시어머니에게요! 우리가 돌아왔을 때 그녀는 거실에 앉아 TV를 보고 있었는데, 나는 인사말도 하지 않은 채 그녀 옆을 지나쳐 곧바로 은영이를 재우러 2층으로 갔어요. 나중에 내가 내려왔을 때 그녀는 파티가 어땠냐고 물었지요. 그때 내가 아주 퉁명스러웠다고 생각됩니다. 그 후로 나는 기분이 나빴어요.

상담자: 기분이 나빴다구요?

청담자: 예, 죄의식 같은 거요. (이동/화제 마디 #2의 끝/화제 마디 #3 시작) 그녀가 싱크대 청소하는 것을 보고 짜증이 나 있는데 그냥 그녀가 하고 싶은 대로 내버려 두라고 남편이 말할 때처럼 죄의식을 느껴요.

② 이야기 과정의 연계 찾기

앞에서 화제 마디를 찾기 위하여 소개한 상담 사례를 다시 활용하여 사건 연계를 추출하고 이를 세 가지 사건으로 코딩하는 예를 들어 보자.

• **외부/사건에 초점 맞추기**

상담자: 안녕하세요? 기분이 어떠신가요?

청담자: 좋아요. 이번 주는 아주 요란한 주였어요. 시어머니가 오셨거든요. 앞으로도 두 주 동안 우리와 함께 머물 거래요. 그녀가 집을 다 차지해 버렸어요. 그녀는 모든 것을 청소해요. 심지어 밖에 나가 왁스를 사다가 한 시간 이상 부엌 싱크대를 문질러 닦아 내기도 해요. 그게 그렇게 더럽지도 않았는데 말이에요. 그녀가 우리 집에 도착하기 전에 티 없이 청소를 했거든요. 그 전날 밤에는 혹시 빠진 게 있으면 다시 청소하려고 자다가 일어나서 검사까지 했어요. 그녀는 항상 그런 식이에요.

상담자: 좋아요, 시어머니가 방문하러 오셨고, 그 다음날 부엌으로 가 봤더니 그녀가 싱크대를 청소하고 있었다는 거지요?

청담자: 예, 그녀는 목요일 오후에 도착했어요. 남편이 공항에서 모시고 왔지요. 다음날 아침 나는 애들을 학교에 데려다 주고 돌아왔는데 부엌에서 싱크대를 닦고 있는 거예요, 왁스로 말이에요. 그래서 당황한 표정으로 서 있다가 "휴가 중이시잖아요, 싱크대가 더러우면 제가 청소할게요."라고 말했죠. 그랬더니 네가 바쁜 거 아니까 그냥 도와주기 위해서 그러는 거라나 뭐라나 대답하더라구요.

상담자: 흠, 으음.

청담자: 예, 하여튼 그녀는 언제나 그런 식이에요.(이동/이야기 연계의 끝/외부적)

• 내부에 초점 맞추기

상담자: 흠, 으음.

청담자: 예, 하여튼 그녀는 언제나 그런 식이에요.

상담자: 흠, 으음.(이야기 연계의 끝/외부적) (이동/이야기 연계의 시작/내부적) 시어머니가 그런 식으로 행동하면 당신은 어떻게 느끼시나요?

청담자: 그녀가 간섭한다고 느껴져요. 그녀는 손님이잖아요. 모르겠어요. 너무나 좌절되어서 그냥 비명을 지르고 싶어요. 그녀는 나를 가망이 없는 아주 작은 어린애로 만들어 버려요. 남편에게 그 말을 할 수도 없어요. 그이는 시어머니

편만 들어요. 정말 화가 나요. 그녀가 주위에 있으면 그냥 어린아이가 된 느낌이에요.

상담자: 흠, 으음. 그녀가 방문하면 그녀는 부모님이 되고 당신은 어린아이가 된 것처럼 느낀다는 말이군요?

청담자: 예. 예를 들어, 그녀가 청소를 하거나 또는 애들 옷을 제대로 입히지 않는다고 말하면 내가 또 잘못했구나 하고 느껴요. 아주 미치겠어요. 아무리 열심히 노력해도 그녀를 기쁘게 해 줄 수가 없어요. 그녀가 방문하러 온다는 사실을 알게 될 때 공황 반응이 나타나기 시작한다고 생각돼요.

상담자: 공황 반응이요?

청담자: 그녀가 도착하기 전 일주일 동안 두통이 있었어요. 위장이 뒤틀려서 거의 먹지도 못했구요. 아주 긴장이 많이 되고 신경이 곤두섰어요. 시어머니가 무언가 나에 대해 비난할 거리를 찾아낼 거라는 걸 아니까요.

상담자: 으흠, 음. (이야기 연계의 끝/내부적)

- **반성적 사건에 초점 맞추기**

상담자: 공황 반응이요?

청담자: 그녀가 도착하기 전 일주일 동안 두통이 있었어요. 위장이 뒤틀려서 거의 먹지도 못했구요. 아주 긴장이 많이 되고 신경이 곤두섰어요. 시어머니가 무언가 나에 대해 비난할 거리를 찾아낼 거라는 걸 아니까요.

상담자: 으흠, 음. (이야기 연계의 끝/내부적) (이동/이야기 연계의 시작/반성적)

청담자: 그런데 왜 내가 그녀를 즐겁게 하려는 생각에 사로잡혀 있는지 잘 모르겠어요. 그녀는 대개 일 년에 딱 두 번 방문하거든요. 그러니까 우리가 정말 가까운 것은 아니라는 말이지요. 남편에게 말하면 그냥 2주일만 참고 있다가 잊어 버리면 될 걸 뭐 그러냐고 해요. 그런데 그게 안 돼요. 그녀가 나를 별로 생각해 주지 않는다고 느껴서 그런가 봐요. 그녀는 남편과 내가 결혼하는 걸 반대했어요. 우리는 그때 학교에 다니고 있었지요. 시어머니는 남편이 보통

가정주부가 아니라 직업을 가진 사람과 결혼하기를 기대했다는 인상을 항상 나에게 줘요. 그런데 왜 내가 그녀에게 대항할 용기가 없는지 모르겠어요. 왜 그녀가 내 집에 끼어드는 걸 내버려 두는 걸까요? 언제나 그녀가 주도권을 쥐도록 만들어요. 나는 자신을 위해 일어나서 청소하는 시어머니의 행동거지에 대한 내 의견을 모두 털어놓아야겠어요. 내가 그녀에게 대들면 그녀는 나를 좀 더 존중해 줄 거예요. 아니면 적어도 잔소리는 멈추겠지요!

상담자: 흠, 음. (이야기 연계의 끝/반성적)

(4) NPCS의 활용 가치

Angus와 Hardke(1994)는 NPCS의 가치를 다음과 같이 요약하고 있다.

첫째, 상담과 심리치료의 과정을 측정하는 표준화된 척도와 측정 도구에 의해 활용될 수 있도록 정확하게 이야기 과정의 코드를 표적으로 잡아낼 수 있는 체계적 방법을 제공한다.

둘째, 개별 상담회기나 상담 전반에서 일어나는 이야기 연계의 빈도와 유형을 찾아낼 수 있다. 따라서 상담 양식 또는 상담 결과와 이야기 연계의 특징이 어떻게 관련되는지 보다 객관적으로 분석하는 방법을 제공한다. 예를 들어, 성공한 상담과 실패한 상담에서 발견되는 사건의 유형별 발생 빈도 차이를 분석하는 일이 가능하다.

Angus와 Hardke는 하나의 예비 연구를 통해 두 번째 부류에 속하는 연구를 수행한 바 있다. 이들은 결과가 좋은 상담 3개와 결과가 좋지 않은 상담 3개를 비교 분석하여 성공집단에서는 상담회기가 증가함에 따라 반성적 연계가 증가하는 반면, 실패집단은 반성적 연계의 빈도는 줄어들고 내적 연계가 점차 증가한다는 사실을 발견하였다. 외부 사건 연계의 빈도에서는 집단 간 차이가 나타나지 않았다.

4) 이야기 과정의 해석적 분석

(1) 이야기에 대한 해석적 분석의 배경 및 주요 가정

상담 축어록에 등장하는 이야기의 내용과 구조를 일정한 틀과 절차에 따라 분석하여 얻는 객관적 정보도 중요하지만, 이야기 속에서 발견되는 청담자의 체험 내용에 대한 해석적 정보 역시 중요하다. 어떤 경우에는 객관적 방법으로는 접근이 불가한 정보가 해석적 방법에 의하여 쉽게 얻어질 수도 있다. 예를 들어, 이야기에 담겨 있는 어떤 사건이 청담자에게 던지는 주관적 의미의 세계를 객관적으로 걸러내기 어려울 때가 많다. NPCS의 상담 사례에서 시어머니에 대한 며느리의 느낌이 가지고 있는 개인적 특성은 화제 마디나 사건을 범주화한다고 해서 분명히 드러나지 않는다. 이런 경우에는 오히려 해석적인 관점에서 이야기 전체를 대상으로 청담자의 느낌을 재구성해 보는 방법이 실재에 보다 근접한 정보를 제공할 수 있다.

앞에서 구성적 · 해석적인 관점에서 이야기를 분석하고자 한두 가지 연구 흐름을 언급한 바 있는데, 여기서는 그중 해석적인 성향이 보다 강하다고 여겨지는 McLeod(1997)의 연구를 중심으로 살펴보도록 한다. 단, 해석적 절차는 일종의 열려 있는 절차이므로 방법의 타당성이 보장되기만 한다면 얼마든지 새로운 방법이 등장할 수 있다는 점을 미리 지적해 두자. 그리고 여기에 인용된 서적과 논문은 모두 McLeod의 글에 실려 있는 것들로서 더러는 이 글의 필자가 읽지 않았음에도 불구하고 이에 대해 더 깊이 공부하기 원하는 독자를 위해 그대로 실어 놓았음을 밝혀 둔다.

(2) 이야기에 대한 해석적 분석의 절차

이 연구에서 채용된 방법은 Gee(1986, 1991), Mishler(1986, 1991), Riessman(1993) 등의 연구에 영향을 받은 것으로 이들은 모두 주제를 코딩하거나 이야기를 범주화하는 방식보다 이야기 전체의 통합성을 중시해야 한다고 주장하였다. 그러니까 이야기를 작은 단위들로 분절하는 방식이 아니라 보다 커다란 맥락에서 이해하는 방식을 취하자는 전략이다.

이 연구는 또한 개인 사례 연구를 중심으로 결론을 도출하는 사례 연구 방법을 적용하였다(Dewaele & Harre, 1976; Yin, 1989). 사례 연구방법은 먼저 하나의 사례를 분석하여 의미 틀을 찾아내고 다른 사례들의 분석을 통하여 이를 검증하고, 다듬고, 정련시켜 나간다. 여기서 각각의 사례는 그 자체가 하나의 연구가 된다.

이 연구는 또한 해석적 · 사회구성적 접근을 취하고 있는데, 여기서 공동연구자들은 텍스트를 읽고 해석하면서 읽은 내용에 대한 합의에 도달할 뿐 아니라 대안적인 해석, 서로 갈등이 되는 해석, 개인의 주관이 담긴 해석 등을 풍부하게 생성해 내기도 한다(Runyan, 1980).

(3) 이야기에 대한 해석적 분석방법의 적용 예

여기에 보고된 연구는 단기 상담이다. 청담자는 45세의 남자로 이혼한 경력이 있으며 영국 대학에서 경영학을 공부하는 독일 학생이다. 그는 이전에 상담을 해 본 경험이 없었다. 상담자는 42세의 남자로 영국인이며 청담자 중심 접근을 선호한다. 청담자는 연구 목적을 위해 단 회기 상담을 자원했다. 상담 대화가 녹화되는 상태에서 50분간 상담이 진행되었다. 청담자는 도움의 정도를 평가하는 5단계 척도에 '많이 도움이 되었다'는 4수준에 표시하였으며, 사후 면담에서 그 상담회기가 매우 만족스럽고 유용한 체험이었다고 보고하였다.

녹화 테이프는 문맥의 정확성을 최대화하기 위하여 공동연구자 두 사람이 모두 전사하였다. 그 후 두 연구자는 그 축어록 텍스트에 들어 있는 모든 이야기 과정을 객관적으로 찾아내기 위하여 그리고 각자가 가지고 있는 이야기 이론에 대한 사전 이해를 끌어들이면서도 새롭게 발견되는 범주들에 대해 열린 자세를 취할 수 있도록 각자 별도로 자료를 분석하였다. 그리고 나서 공동연구자들은 각자가 해 놓은 작업을 토론하며 서로 합의하는 해석을 구성해 나갔다.

이 연구에서 가장 어려웠던 방법상의 문제는 이 사례에 대하여 구성한 해석적 틀을 어떻게 제시할지 결정하는 일이었다. 질적 연구를 통해 발견한 사실들을 전달하기 어렵다는 사실은 이미 이 분야의 많은 연구자들이 인정하는 바다(Miles & Huberman, 1994; Riessman, 1993). 우리는 질적 분석을 통해서 앞의 상담에서 내장됨(embeddedness), 상호 구성(co-construction), 긴장(narrative tensions), 관점(point of view), 이야기 표시점(narrative marker) 등 다섯 가지 주요 이야기 유형을 찾아냈다. 각각의 유형에 대하여 약간의 설명을 붙이며 보다 자세히 살펴본 후 이 상담 사례에 대하여 종합적인 해석을 달아 보자. 단, 모든 질적 연구가 그렇듯 이 연구결과의 타당성에 대한 판단은 여기에 제시된 자료를 읽는 독자들에게 달려 있다.

• 내장됨

이 상담에서 나타나는 한 가지 중요한 특징은 주제의 일관성이었다. 청담자가 말한 모든 내용들은 주제의 차원에서 볼 때 하나의 이야기처럼 보였다. 이 상담에는 5개의 구분이 가능한 작은 이야기들이 들어 있는데, 이들은 모두 청담자의 자아에 관한 내용들이었다. 이 이야기의 핵심은 상담이 시작된 초기에 제시된다. 〈표 10-5〉는 상담자와 청담자의 처음 발언을 담고 있다. 이 부분에서 이야기 내장됨을 발견할 수 있다. 청담자는 문제에 대한 간단한 진술(4~9줄)로 시작한다. "어떤 상황에서는 나는 친한 친구에게도 나의 느낌을 말할 수 없어요. 만일 그들에게 내가 느끼는 바를 말하면 그들에게 상처를 주고 그러면 그들이 더 이상 내 친구가 되지 않을 것이고, 그러면 불편해지니까요." 그리고 나서 청담자는 "2주일 전에 친구 하나가 네덜란드에서 전화를 걸었어요."로 시작되는 보다 상세하고 정교한 예를 제시함으로써 인지도식 수준이 높은 이야기를 제공한다. 이 예는 복잡한 이야기로서 처음에는 따라가기가 그리 쉽지 않다. 하지만 찬찬히 들여다보면 그 의미의 일부가 이전 이야기와 관계된다는 점을 알 수 있다. 따라서 이것은 이미 언급된, 보다 일반화된 이야기 속에 내장되어 있다고 말할 수 있다.

처음에 상담 테이프가 전사되었을 때는 〈표 10-5〉의 형태로 정리되었다. 그런데 이 정리 방식을 Gee(1991)가 제시한 절차에 따라 〈표 10-6〉에서 보는 연의 형식(stanza form)으로 배열하면 훨씬 더 이해하기 쉽다. 이 기법은 원래 말의 박자와 쉼에 주의를 기울여 얻은 정보를 이용하여 실제 행해진 이야기에 독자들이 쉽게 참여할 수 있도록 이야기를 새롭게 배열한 것이다. 이야기를 이렇게 배열하면 그 안에 있는 의미가 훨씬 더 투명하게 드러난다.

〈표 10-5〉와 〈표 10-6〉에서 발췌된 상담 사례의 마지막 줄에 있는 표현을 비교해 보면, 〈표 10-6〉의 표현이 청담자의 느낌이나 생각을 훨씬 더 생생하게 드러내는 듯하다. 진술 양식의 차이가 글을 읽는 독자에게 이렇듯 다른 느낌을 줄 수 있다.

어쨌든 이 상담 사례에서 '그녀가 나를 강요한다고 느껴요'라는 데에서 볼 수 있듯이 독자는 청담자가 친구와의 관계 속에서 자신을 되돌아보는 순간을 접할 수 있다. 그런데 관계 속에 들어 있는 자기(self-in-relation)의 모습에 대해 감정을 섞어 이렇듯 강력하게 표현한 진술도 알고 보면 이미 처음에 언급된 의미 체계 속에 내장되어 있었던 것이다. 이런 시각에서 보면, 상담자 또는 청담자 중 누가 주도했든 상관없이 일련의 이야기들은 처음 이야기에 소개된 의미를 부각하고 확장시키고 있다는 점을 알 수 있다.

〈표 10-5〉 상담 초기의 전사 내용

1 상담자: 자, 말하고 싶은 것이면 어디서 시작하든, 무엇이든
2 말하고 싶은 것에서 시작하면 됩니다.
3 청담자: 저, 저는, 음, 오래전부터 내가 씨름하고 있던 문제 하나를
4 말하고 싶어요. 어떤 상황에서는 나는
5 친한 친구에게도 나의 느낌을 말할 수 없어요.
6 만일 그들에게 내가 느끼는 바를 지금 이 순간처럼 말하면 그들에게 상처를 주고
7 그러면 그들이 더 이상 내 친구가 되지 않을 것이라고 생각하기 때문입니다.
8 그렇게 느끼는 것은
9 아주 불편합니다.

10 상담자: 그래서, 그건…… 그게 일반적인 것은 아니라는 것을 알겠는데요.
11 그것은 어떤 특정한 사건에서, 당신이 무엇인가에 대해 강한 느낌이나
12 감정을 가지고 있고, 그렇게 되면 당신은 그것이 그들을
13 쫓아 버리는 것같이 느끼는군요.

14 청담자: 예를 하나 들어 드릴 수 있어요. 2주일 전에 친구 하나가
15 네덜란드에서 저에게 전화를 걸었어요. 나는 9월 중순에
16 다시 네덜란드로 돌아갈 예정이었고 우리는 방이 여러 개인 아파트를 빌려서
17 함께 쓰자고 결정했어요. 근데, 내가
18 네덜란드에 있었을 때 나는 그녀에게 "내가 어디서
19 일을 찾을 수 있을까?" 그리고 "내가 어디서 일을 찾아야 할지 모르겠어."라고 말을 꺼낸
20 적이 있었어요. 나는 정말 어디에서 내가 일을 찾을 수 있는지 그리고 내가 무엇
21 을 할 수 있는지 정말 몰라요. 그러자 그녀는 어떤 학교의 교사 한 사람을 안다고 말했어요.
22 나는 교사예요. 아니, 나는 교사였어요.
23 나는 그 사람에게 전화를 걸어서 가르칠 시간을 얻을 수 있는지
24 물어볼 수 있어요. 그래서 내가 그렇게 할 수 있다고 말했죠. 그러고 나서 나는 여기에
25 돌아왔어요. 그런데 몇 주일 전에 그녀는 나에게 전화를 걸어서
26 "너 그 사람에게 전화했니?" 하고 물어서 "아니"라고 대답했어요.
27 그리고 나는 이 느낌…… 기분 나쁜 느낌……을 가지게 되었어요. 왜 그녀는

내 마음대로 하게,
28 내 스스로 알아서 하게 내버려 두지 않을까? 왜 그녀는 그렇게 하라고 나를 강요하는 것일까?
29 나는 그녀에게 "네가 염려해 주는 것은 정말 고마워. 하지만
30 솔직히 나는 싫어 그리고 내가 그것을 하리라고 생각하지 않아." 라고 말을 할 수가 없어요.
31 왜냐하면 그때 그렇게 하면 그녀가 나를 거부할 거라는 두려움을 가지고 있었거든요. 그래서 나는 그녀에게
32 말하지 않았어요. 그녀가 나를 강요한다고 느낀다고

〈표 10-6〉 연의 형식으로 표현한 상담 초기의 전사 내용

2주일 전에
친구 하나가 네덜란드에서 저에게 전화를 걸었어요.

나는 9월 중순에
다시 네덜란드로 돌아갈 예정이었고 우리는 방이 여러 개인 아파트를 빌려서
함께 쓰자고 결정했어요.
근데, 내가 네덜란드에 있었을 때
나는 그녀에게
"내가 어디서 일을 찾을 수 있을까?"
"내가 어디서 일을 찾아야 할지 모르겠어." 라고 말을 꺼낸 적이 있어요.

나는 정말 어디에서 내가 일을 찾을 수 있는지 그리고 내가 무엇
을 할 수 있는지 정말 몰라요.

그러자 그녀는 어떤 학교의 교사 한 사람을 안다고 말했어요.

나는 교사예요.
아니, 나는 교사였어요.

나는 그 사람에게 전화를 걸어서
가르칠 시간을 얻을 수 있는지

물어볼 수 있어요.

그래서 나는
그렇게 할 수 있다고 말했죠.

그러고 나서 나는 여기에 돌아왔어요.
그런데 몇 주일 전에
그녀가 나에게 전화를 걸어서
"너 그 사람에게 전화했니?" 하고 물어서
"아니"라고 대답했어요.

그리고 나는 이 느낌…… 기분 나쁜 느낌……을 가지게 되었어요.
왜 그녀는 내 마음대로 하게,
내 스스로 알아서 하게 내버려 두지 않을까?
왜 그녀는 그렇게 하라고 나를 강요하는 것일까?

나는 그녀에게 "네가 염려해 주는 것은 정말 고마워.
하지만 솔직히 나는 싫어 그리고 내가 그것을 하리라고 생각하지 않아."라고 말을 할 수가 없어요.
왜냐하면 그때 그렇게 하면
그녀가 나를 거부할 거라는 두려움을 가지고 있었거든요.

그래서 나는 그녀에게 말하지 않았어요.

그녀가 나를 강요한다고 느낀다고

• 상호 구성

모든 이야기는 관계적 사건이다. 이야기는 청중을 전제하고 있는 바, 청중의 성격에 따라 이야기가 펼쳐지는 방식, 이야기의 내용에 차이가 나타난다. 앞의 상담 대화에서도 상담자가 청중으로서뿐 아니라 이야기의 능동적인 상호 구성자로 기능하고 있는 예를 발견할 수 있다. 예를 들어, 상담자의 공감적 반영이 어디에 초점을 맞추느냐에 따라 청담자의 주의가 쏠리는 내용이 달라진다. 〈표 10-5〉의 줄 10~13에 걸쳐 상담자는 청담자가 이야기했던 세 가지 내용, 즉 '친한 친구에게도 나의 느낌을 말할 수 없어요, 그러면 그들이 더 이상 내 친구가 되지 않을 것, 그렇게 느끼는 것은 아주 불편합니다' 중 앞의 두 가지만 반영하는 경우가 보다 구체적인 예에 속한다.

이야기의 구성 과정에 상담자가 보다 능동적으로 참여하는 방식의 하나는 '합창하는 상담자(therapist-as-chorus)'라고 묘사할 수 있는 개입 방식을 통해서다. 이런 유형의 진술에서 상담자는 청담자의 이야기를 강하게 긍정하고 박자를 맞춰 준다. 〈표 10-7〉에서 '내가 하고 싶은 대로 놔 둬' '강요하지 마'라는 상담자의 말은 청담자를 위하여 또는 청담자로서 말하고 있다는 효과를 가져온다. '예' '옳아요'라고 동의를 표시하는 청담자의 반응에서 이를 엿볼 수 있다.

상호 구성의 세 번째 방식은 '상담자의 이야기 다듬기'로서 청담자가 이전에 언급했던 이야기에 담겨 있던 요소를 드러내고 탐색하는 상담자의 반응을 통해서 이루어진다.

네 번째 방식은 '상담자가 제시하는 상위 이야기'로서 상담자가 지지하는 이론 모형을 바탕으로 청담자에 대한 해석의 틀을 제시하는 것을 말한다. 예를 들어, 앞의 상담회기 뒷부분에서, 청담자가 자신의 분노를 표출

〈표 10-7〉 합창하는 상담자

상담자; 그래서…… 당신이 진정 말하고 싶은 것은: '내가 하고 싶은 대로 놔 둬'(청담자: '예') '강요하지 마'(청담자: '옳아요')

하는 것에 대해 두려움을 표시하자 "내가 보기에 분노와 증오 같은 느낌도 모두 정상적인 반응입니다. 따라서 그런 느낌도 표현하는 것이 좋지요"라고 말한 상담자의 반응이 여기에 속한다.

이야기 생성에 참여하는 방금 언급한 네 가지 상담자 반응은 모두 상담자의 개입 유형이라고 볼 수 있다. 하지만 때로는 청담자가 이야기하는 화제가 현재 상담자와의 관계 속에서도 동일하게 반영될 때가 있는데, 이런 경우에도 상담자는 청담자와 함께 공동으로 의미를 구성해 가는 과정에 참여하게 된다. 예를 들어, 앞의 상담 사례에서 청담자가 처음에 언급한 "나는 친한 친구에게도 나의 느낌을 말할 수 없어요."라는 말은 다음 상담시간 50분 동안 상담자와 청담자 사이에 어떤 일이 일어날지 예측하는 이야기로 해석될 수도 있다.

• 긴장

이 청담자의 경험에 대한 이야기는 긴장 또는 대조되는 내용을 중심으로 짜여져 있다. 주요한 긴장의 하나는 자기가 현재 어떠한지와 앞으로 어떻게 되고 싶은지 사이에서 발견된다. 이 상담회기에서 상담자와 청담자에 의해 상호 구성되는 이야기 전체가 실은 이 주제에 집중되어 있다. 청담자는 친한 친구에 대하여 자신이 느끼는 감정을 모두 표현할 수 있어야 한다고 믿고 있고, 상담자 역시 이 표준적인 문화적 신념을 함께 가지고 있다. 그들은 함께 당위와 현실 사이에 존재하는 이 긴장을 해소하고, 이야기를 마무리할 수 있는 정의적인 상태와 행동에 대하여 탐색하였다. 이를 위하여 상담시간 동안 어린 시절의 경험을 재현하고, 분노를 회피하는 방법, 압력을 받을 때 당하는 어려움과 주장성의 결핍을 논하는 등 청담자의 의지와 정서적 상태에 대하여 검증하였다.

• 관점

청담자의 주관성, 관계 속에 있는 자아에 대한 감각은 다양한 이야기 과정을 통하여 의사소통되었다. 〈표 10-7〉에 들어 있는 이야기 마디는 하나의 이야기에 들어 있는 네 가지 다른 관점을 보여 준다. 첫째, "나는 9월 중순에 다시 네덜란드로 돌아갈 예정이었고 우리는 방이 여러 개인 아파트를 빌려서 함께 쓰자고 결정했어요."라는 말은 외부 사건에 대하여 1인칭의 관점에서 직접 이야기하는 경우다. 둘째, "나는 교사예요. 아니, 나는 교사였어요."라는 표현은 청담자가 말을 하다가 현재 상황에 대해 반성적 인식이 들어서, 다시 말하면 상담자에게 이 말을 해 두는 것이 이해에 도움이 되리라고 여겨서 이야기를 바꾸는 경우다. 셋째, 이야기가 고조되어 정서적 강도가 높은 상태에 도달하면 "너 그 사람에게 전화했니?" 또는 "내가 그것을 하리라고 생각지 않아."라고 하듯이 마치 그 상대방이 방 안에 함께 있는 것처럼 직접 화법을 쓰는 경우다. 마지막으로, 끝 부분에 '그녀가 나를 강요한다고 느낀다'는 말은 이야기를 전체적으로 돌이켜보는 경우에 속한다.

이 상담 사례에서 청담자는 하나의 관점에 오래 머무르지 않고 계속 관점을 변경시키며 이야기를 하고 있다. 이는 이야기 연구에서 관점의 개념이 사용되는 방식에 대해 의문을 불러일으킨다. Russell과 그의 동료들(1993), Angus와 Hardke(1994)는 관점이 비교적 안정된 특성이라고 보았지만, 꼭 그런 것 같지는 않다. 이 사례의 경우 청담자의 관점 이동이 매우 빈번할 뿐 아니라 관점 이동이 다른 사람과 관계를 맺는 방식의 표출이라는 점에서도 중요한 것 같다. 이 이동들을 통해서 드러나는 양상은 대체로 '능동적이기' → '다른 사람의 침입' → '반성적인 자기 몰두' → '다른 사람에 의해서 해방/구출되기' 순으로 이어진다. 이 양상은 앞에 추출된 부분뿐 아니라 상담회기 중 나타난 다른 이야기들에서도 유사하게 발견되고 있다.

이 청담자는 자신의 주관 세계에 대한 지각을 상담 초기에 말했던 비유를 통해 표현하고 있는데, 이 비유에서 그는 자신의 내부에 있는 문이 닫혀 있고 그 닫힌 문 밖으로 빠져나올 수 없다고 묘사하였다. 이 비유는 상담이 진행되는 동안 여러 지점에서 되풀이해 나타나고 있는데, 이는 주관성 또는 관점의 또 다른 표현이라고 해석할 수 있다.

이 청담자의 관점 이동을 상담자와 청담자 사이에 벌어지는 관계와 관련지어 볼 수도 있다. 단회 상담으로 끝난다는 점을 알고 있는 상담자는 능동적으로 말을 많이 하였는데, 청담자가 이를 간섭 행동 또는 공격 행동으로 경험했을 가능성이 매우 높다. 따라서 청담자에 의해 표현된 주관성은 상담자와의 관계 속에 있는 자아의 모습을 보는 또 하나의 관점으로서 두 사람에 의해 상호 구성된 것이라고 말할 수도 있다.

• 이야기 표시점

이야기 표시점은 이야기 흐름의 중요한 특징에 듣는 이를 집중시키기 위한 언어적·비언어적 사건이나 신화를 말한다. 듣는 이가 무슨 일이 일어나는지 추적하는 데 도움을 주는 것이다. 이 상담 사례에도 다양한 이야기 표시점이 나타나지만 몇 가지만 간단하게 살펴보자. 이야기 표시점에 속하는 중요한 범주의 하나로 '이야기 세계에 들어가기'를 들 수 있다. 청담자는 '나는 하나의 문제에 대해서 말하고 싶어요' 또는 '예를 하나 들 수 있어요' '내가 어렸을 적에' 등과 같은 어구를 통해서 어떤 이야기를 하겠다는 신호를 보내고 있다. 그 외에 이야기 내에 어떤 구조를 제공하거나 강조를 하기 위하여 잠시 쉬거나 경과음을 내는 '언어적 표시점', 언제 어디에서 어떤 일이 일어났는지를 밝혀 주는 '정향 표시점' '어떤 상황에서는' '이따금' 등의 어구를 사용하여 평상시와 다른 특별한 결과가 있었음을 알려 주는 '고유한 결과 표시점' 등이 많이 보인다. 여기서 정향 표시점은 전반적인 인생사 속에 이야기가 속하는 위치를 알리고 듣는 이로 하여금 이야기를 이해하는 데 필요한 정보를 제공하기 위하여 사용된다.

• 상담 사례에 대한 종합 해석

이 상담회기에서, 상담자는 청담자로 하여금 문제가 되는 경험 영역에 대하여 자세히 이야기하도록 이끌었다. 상담이 진행되는 동안 여러 지점에서 청담자는 요약, 이야기에 대한 압축된 해석, 상황에 따른 설명을 통하여 자신의 경험을 이야기로 표현하였는데, 다양한 배경과 관계 속에서 동일한 이야기 주제가 반복적으로 나타났다. 이 청담자는 '언제' '이따금' 그리고 쉼, 음성의 변화 등과 같은 언어적 단서로 구성된 이야기 표시점을 통하여 그의 폭넓은 인생사 전반 속에 개개 이야기의 위치를 안배하였다. 이 이야기들의 의미는 여러 가지 방식으로 전달되었다. 먼저, 이야기들은 청담자의 사고와 행동양식 그리고 그와 관계를 맺고 있는 사람들에 대한 정보를 담고 있었다. 둘째, 이야기들은 청담자의 주관적 체험의 질, 예컨대 주체로서의 감각, 다른 사람의 필요를 알아채는 역량, 느낌의 구조 등을 표현하고 있다. 셋째, 이야기의 극적인 성격은 이야기에 의해 전달되는 긴장 또는 대조에 의해 고조되었는데, 정상과 이상을 대비시키는 긴장을 즐겨 사용하였고 애매하고 미완성된 표현을 자주 등장시켜 상담자의 개입을 자극하기도 하였다. 이야기를 말함으로써, 청담자는 다른 사람에게, 이 경우에는 상담자에게, 자신의 특유한 체험 세계를 의사소통하려고 애썼다. 개개 이야기의 중요한 기능은 의미 맥락에 어울리도록 감정과 느낌을 줄거리에 맞추고, 정서적 경험의 위치를 자리 잡아 주려는 데 있었다.

상담자는 이야기의 상호 구성에 능동적으로 참여하였다. 상담자는 관심과 참여를 보여 주는 단서 또는 '더 말해 보세요, 계속하세요' 등과 같이 대화에 직접 초대하는 언사를 통하여 청담자의 이야기를 격려하였다. 상담자는 이야기의 어떤 부분에 선택적으로 주의를 기울인다든가, 이야기의 일부를 '다시-서술'한다든가, 여러 이야기들을 하나로 엮어 공통의 주제를 끌어낸다든가 하는 방식으로 이야기의 편집자 또는 연출자 역할을 수행하기도 하였다. 또한 상담자는 '합창' 역할도 담당하였다. 이럴 때 상담자는 이야기에 의해 전달되는 본질적인 의미에 알맞게 감정을 강조하거나 타이밍을 절묘하게 맞춤으로써 마치 '청담자의 구두를 신은 듯' 말을 하고 들은 말을 되돌려 주었다. 청담자에 의해 생성되는 이야기들에 반응하고 참여함에 있어서, 상담자는 이야기에 의해 전달되는 '관점'이나 '음성'과 같은 이야기의 구조적인 측면에 민감한 것처럼 보였다. 또 상담자는 청담자가 이야기하고 있는 화제의 당사자가 됨으로써 이야기에 직접 참여하기도 하였다(상담 대화에서 즉시성과 같은 의미임).

이 상담은 전체적으로 대부분의 이야기가 처음 이야기로 되돌아가거나 처음 이야기에서 의미를 찾을 수 있다는 점에서 깃들인(nested) 또는 내장된 이야기라고 말할 수 있다. 상담 대화 뒤에 연이어 나오는 이야기들은 처음 이야기에 의해 소개된 긴장을 해소하기 위하여 동원된 것으로 보인다. 이따금 이야기 사이의 의미를 연결시키기 위하여 반복적인 비유법과 이미지가 활용되기도 하였다.

(4) 이야기에 대한 해석적 분석의 활용 가치

McLeod와 Balamoutsou(1996)는 이야기에 대한 해석적 분석의 활용 가치에 대해 특별한 언급을 하지 않고 있다. 다만 행간의 뜻을 살펴보면 상담시간 동안 상담자와 청담자 두 사람이 이야기를 통해 의미를 만들고 이를 소통하는 과정을 보다 깊이 이해할 수 있게 한다는 데 가치를 두고 있는 듯하다. 모든 해석학적 연구가 그러하듯, 이야기에 대한 해석적 분석도 이야기에 대한 어떤 인과적 · 일반적 법칙을 구성하려고 하지 않는다. 다만 청담자와 상담자의 체험 세계가 이야기 속에 어떻게 녹아들어 있는지 새롭게 이해할 수 있는 해석의 지평을 또 하나 열어 놓을 따름이다. 따라서 상담 대화에 들어 있는 이야기를 통해서 청담자의 체험, 상담자의 체험, 그리고 청담자와 상담자가 상호작용을 통해 구성해 가는 의미의 세계에 접근하는 하나의 통로로서 해석적 분석의 가치가 있다고 말할 수 있다.

이야기에 대한 해석적 분석의 또 하나의 가치는 상담에 대한 말이 아니라 상담으로부터 직접 흘러나오는 말이 분석의 대상이 된다는 점이다. 그러니까 분석의 대상이 상담과 관련된 객관적 지식이 아니라 상담에 참여하는 사람들의 주관적 체험이다. 따라서 이 분석 기법은 상담자와 청담자의 내밀한 정신세계를 드러낼 가능성이 그만큼 높다. 물론 해석의 과정에서 해석하는 이의 주관이 작용할 여지가 많다는 단점이 있지만, 다루는 대상 자체가 개인의 내밀한 체험 내용이라는 점에서 개인의 실존에 보다 가까이 다가갈 수 있다는 장점이 있다.

4. 맺음말

보통의 상담 축어록을 보면 많은 이야기들이 들어 있다. 이야기의 길이는 짧은 것에서부터 긴 것까지 매우 다양하지만 상담 대화의 상당 부분이 이야기로 채워진다는 점은 분명하다. 무엇인가에 대해 이야기를 하기 위해 상담을 한다는 사실을 생각해 보면 충분히 이해되는 현상이다.

상담 대화에서 이야기가 차지하는 비중에 비해 상담연구에서 이야기 연구에 대한 관심은 의외로 낮은 편이다. 연구의 수도 그리 많지 않고, 이야기를 분석하는 연구방법이 다양하게 개발되지도 않았다. 특히 우리나라에서는 이야기 분석 기법을 적용한 상담연구는 고사하고 이야기 분석방법을 소개한 자료조차 찾기가 쉽지 않다. 이는 상담연구에 이야기 분석을 적용하기 시작한 시기가 늦은 데에 커다란 원인이 있겠지만, 상담에서 펼쳐지는 이야기의 중요성을 간과한 데에도 일부 원인이 있다고 여겨진다.

이야기는 크게 형식과 내용이라는 차원에서 분석이 가능하다. 무엇인가를 이야기한다는 것은 내용으로서 이야기할 거리가 있다는 뜻이며, 또 어떤 형식으로든 표현하고 전달하는 행위를 하고 있다는 뜻이기도 하다. 따라서 이야기 속에 담긴 내용과 형식에 어떻게 접근하는가에 따라 다양한 이야기 분석방법이 나올 수 있다.

이 글에서는 네 가지 이야기 분석방법을 소개하였다. 그중에는 이야기 형식의 분석에 치우친 방법도 있고 이야기 내용의 분석에 치우친 방법도 있다. 하지만 이들 모두 그동안 소홀히 다루어졌던 상담 대화 속의 이야기를 분석하여 상담에 활용할 수 있는 소중한 정보를 캐낼 수단을 제공하고 있다. 이야기라는 실마리를 통해 상담과정을 깊이 있게 이해하는 일, 청담자의 의식적 · 무의식적 체험 세계를 이해하는 일, 청담자의 변화 과정을 추적하는 일, 상담자-청담자의 상호작용 양식을 확인하는 일이 모두 가능해진 것이다. 이런 점에서 앞으로 상담연구자들은 이야기 분석에 깊은 관심을 갖고 이를 계속 발전시켜야 할 것이다. 아울러 이야기 분석을 활용하여 상담과정을 분석하는 국내 연구물이 많이 생산되기를 기대한다.

이야기 분석 기법을 소개하기 위하여 이 글에서 참고한 자료는 대부분 1996년 이전에 발표된 논문들이다. 자료를 수집하는 데 어려움이 있기도 했지만, 이야기 분석방법에 대해 상세히 소개한 내용이 비교적 초기에 발표된 논문들에 담겨 있었기 때문이다. 앞으로 상담에서 펼쳐지는 이야기에 대한 분석을 소개하는 글은 보다 새롭고 풍부한 자료를 인용하기 바란다.

참고문헌

Ackerman, B. P. (1985). Constraints on retrieval search for episodic information in children and adults. *Journal of experimental Child Psychology, 40*, 152-180.

Angus, L., & Hardke, K. (1994). Narrative processes in psychotherapy. *Canadian*

Psychology, 35, 190-203.

Bruner, J. (1991). The narrative construction of reality. *Critical Inquiry, 18*, 1-21.

Dewaele, J., & Harre, R. (1976). The personality of individuals. In R. Harre (Ed.), *Personality* (pp. 189-246). Oxford: Blackwell.

Gardner, R. A. (1971). *Therapeutic communication with children: The mutual storytelling technique*. New York: Aronson.

Gee, J. P. (1986). Units in the production of narrative discourse. *Discourse Processes, 9*, 391-422.

Gee, J. P. (1991). A linguistic approach in narrative. *Journal of Narrative and Life History, 1*, 15-39.

Luborsky, L., Barber, J. P., & Diguer, L. (1992). The meanings of narrative told during psychotherapy: The fruits of a new observational unit. *Psychotherapy Research, 2*, 277-290.

Luborsky, L., & Crits-Cristoph, P. (Eds.) (1990). *Understanding transference: The CCRT Method*. New York: Basic Books.

Luborsky, L., Popp, C., Luborsky, E., & Mark, D. (1994). The Core Conflictual Relationship Theme. *Psychotherapy Research, 4*, 172-183.

MacIntyre, A. (1981). *After Virtue: A study in moral theory*. University of NotreDame Press.

Mandler, J. M. (1984). *Scripts, Stories and Scenes*. Hillsdale, NJ: Erlbaum.

Mandler, J. M., & Goodman, M. S. (1982). On the psychological validity of story structure. *Journal of Verbal Learning and Verbal Behavior, 21*, 507-523.

McLeod, J. (1997). *Narrative and Psychotherapy*. London: Sage.

McLeod, J., & Sophia. (1996). Representing narrative process in therapy: Qualitative analysis of a single case. *Counseling Psychology Quarterly, 9*, 61-76.

Miles, M. B., & Huberman, A. M. (1994). *Qualitative data analysis*. New York: Sage.

Mishler, E. G. (1986). *Research interviewing: Context and narrative*. Cambridge,

MA: Harvard University Press.

Mishler, E. G. (1991). Representing discourse: The rhetoric of transcription. *Journal of Narrative and Life History, 1*, 255-280.

Ochs, E., & Capps, L. (2002). Narrative authenticity. In D. Weinberg (Ed.), *Qualitative research methods* (pp. 127-132). Oxford: Blackwell.

Rennie, D. L. (1994). Storytelling in psychotherapy: The client's subjective experience. *Psychotherapy, 31*, 234-243.

Riessman, C. K. (1993). *Narrative analysis*. New York: Sage.

Runyan, W. M. (1980). Alternative accounts of lives: An argument for epistemological relativism. *Biography, 3*, 209-224.

Russell, R. L. (1991). Narrative views of humanity, science and action: Lessons for cognitive therapy. *Journal of Cognitive Psychotherapy, 5*, 241-256.

Russell, R. L., & Van Den Broeck, P. (1992). Changing narrative schemas in psychotherapy. *Psychotherapy, 29*, 344-354.

Russell, R. L., Van Den Broeck, P., Adams, S., Rosenberger, K., & Essing, T. (1993). Analyzing narratives in psychotherapy: A formal framework and empirical analyses. *Journal of Narrative and Life History, 3*, 337-360.

Stein, N. L., & Glenn, C. G. (1979). An analysis of story comprehension in elementary school children, in Freedle, R. O. (ed.), Advances in Discourse Processes: New Directions in Discourse Processing, vol. 2. Norwood, NJ: Ablex.

Van Den Broeck, P. W. (1989). Causal reasoning and inference making in judging. The importance of story statements. *Child Development, 60*, 286-297.

Vygotsky, L. (1936/1986). *Thoughts and language*. Cambridge, MA: MIT Press.

Vygotsky, L. (1978). *Mind in society*. Cambridge, MA: Harvard University Press.

Yin, R. K. (Ed.) (1989). *Case study research: Design and methods*. Newbury Park, CA: Sage.

Zahorodny, W. (1988). The influence of subjunctivity on narrative remembering. Unpublished dissertation, New School for Social Research, New York.

찾아보기

인명

내용

저자 소개

박성희(Park Sunghee)
1957년 서울 출생
서울대학교 사범대학 교육학과 졸업
서울대학교 대학원 교육학과 교육상담학 석 · 박사
한국행동과학연구소 상담실 책임연구원
미국 위스콘신 대학교 상담학과 객원교수
캐나다 브리티시컬럼비아 대학교 교육심리, 상담, 특수교육학과 객원교수
현재 청주교육대학교 초등교육학과 교수
e-mail: sunghee@cje.ac.kr

〈저서 및 역서〉
공감, 공감적 이해(원미사, 1994)
사람들의 행동을 변화시키는 특이한 방법들(역, 양서원, 1995)
공감과 친사회행동(문음사, 1997)
상담학 연구방법론(양서원, 1997)
상담실 밖 상담이야기(학지사, 1999)
인성교육(공저, 한국교육학회, 1999)
상담의 새로운 패러다임 – 상담과 상담학 시리즈 1
(대한민국학술원선정 우수도서, 학지사, 2003)
상담의 실제 – 상담과 상담학 시리즈 2(대한민국학술원선정 우수도서, 학지사, 2003)
상담의 도구 – 상담과 상담학 시리즈 3(대한민국학술원선정 우수도서, 학지사, 2003)
공감학: 어제와 오늘(학지사, 2004)
꾸중을 꾸중답게, 칭찬을 칭찬답게(학지사, 2005)
초등학교 현장 상담대화기법(학지사, 2005)
새내기 상담가를 위한 상담과 심리치료(공저, 교육과학사, 2006)
동양상담학 시리즈 전 13권(학지사, 2007)
동화로 열어가는 상담 이야기(이너북스, 2007)

황희처럼 듣고 서희처럼 말하라(이너북스, 2007)
마시멜로 이야기에 열광하는 불행한 영혼들을 위하여(이너북스, 2008)
공감(이너북스, 2009)
담임이 이끌어 가는 학급상담(학지사, 2009)
선생님은 해결사 전 10권(이너북스, 2010)
행복한 삶을 위한 생각처방전(이너북스, 2010)
진정성(이너북스, 2011)
수용(이너북스, 2012)
학교폭력 상담 시리즈 전 3권(공저, 학지사, 2012)
상담이론과 실제(공저, 학지사, 2013)
학교폭력의 예방 및 대책(공저, 학지사, 2013)
인간관계의 필요충분조건(학지사, 2014)
자녀와 쿨하게 소통하기(공저, 학지사, 2014)
한국형 초등학교 생활지도와 상담(개정판)(공저, 학지사, 2014)

2판

상담학 연구방법론(Counseling Research Methodology, 2nd ed.)

사회과학 연구방법의 새로운 지평

2004년 3월 15일 1판 1쇄 발행
2013년 4월 25일 1판 3쇄 발행
2014년 11월 10일 2판 1쇄 발행

지은이 • 박성희
펴낸이 • 김진환
펴낸곳 • (주) 학지사
121-838 서울특별시 마포구 양화로 15길 20 마인드월드빌딩
대표전화 • 02-330-5114 팩스 • 02-324-2345
등록번호 • 제313-2006-000265호

홈페이지 • http://www.hakjisa.co.kr
커뮤니티 • http://cafe.naver.com/hakjisa

ISBN 978-89-997-0554-0 93370

정가 20,000원

저자와의 협약으로 인지는 생략합니다.
파본은 구입처에서 교환해 드립니다.

이 도서의 국립중앙도서관 출판시도서목록(CIP)은 서지정보유통지원시스템 홈페이지(http://seoji.nl.go.kr)와 국가자료공동목록시스템(http://www.nl.go.kr/kolisnet)에서 이용하실 수 있습니다.
(CIP 제어번호: CIP2014029636)